Für Danielle, die Liebe meines Lebens

Für Romijn und Benjamin. Dank euch dreht sich
für mich die Erde auf die allerschönste Weise.

Wir zusammen, für immer!

PEP LIJNDERS

INSIDE LIVERPOOL FC

INTENSITÄT IST UNSERE IDENTITÄT

Aus dem Englischen von Ronit Jariv
und Sonja Kerkhoffs

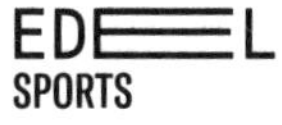

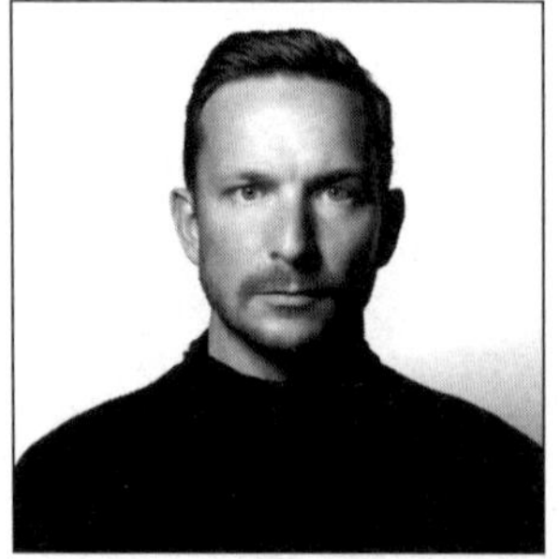

ZUM AUTOR

Pep Lijnders, 1983 in den Niederlanden geboren, begann 2002 als Techniktrainer beim PSV Eindhoven. Über den FC Porto kam er 2014 zum FC Liverpool. Dort stieg er vom U18-Trainer zum Co-Trainer von Brendan Rodgers und Jürgen Klopp auf. Zusammen gewannen sie 2019 die Champions League und 2020 die englische Meisterschaft.

IMPRESSUM

Projektleitung: *Dr. Marten Brandt*
Übersetzung: *Ronit Jariv, Sonja Kerkhoffs*
Lektorat: *Alexander Kerkhoffs*
Layout und Satz: *Datagrafix GSP GmbH, Berlin | www.datagrafix.com*
Abbildungen Bildstrecke Innenteil: *alle John Powell / Liverpool FC außer S. 7 o.: Nick Taylor / Liverpool FC*
Umschlaggestaltung: *Groothuis. Gesellschaft der Ideen und Passionen mbH | www.groothuis.de*
Lithografie: *Frische Grafik, Hamburg*
Druck und Bindung: *GGP Media GmbH, Pößneck*

2. Auflage 2024
© 2023 Edel Verlagsgruppe GmbH
Neumühlen 17
D-22763 Hamburg
ISBN: 978-3-98588-055-3

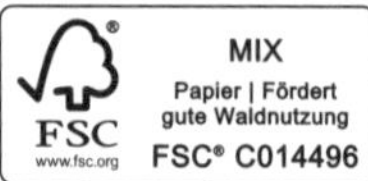

LIEBE LESERINNEN, LIEBE LESER

wie schön, dass Sie ein Buch von EDEL SPORTS lesen! Wir lieben große Geschichten, herausragende Persönlichkeiten und starke Meinungen aus der faszinierenden Welt des Sports und freuen uns sehr, dass Sie diese Leidenschaft mit uns teilen. Sport ist Emotion, Entertainment und Business zugleich. Geben Sie uns gern Ihr Feedback auf Instagram (@edel.sports) oder schreiben uns an: *info-edelsports@edel.com*

UNSER VERLAGSHAUS

Mit Standorten in Hamburg und München zählt die Edel Verlagsgruppe zu den größten unabhängigen Buchanbietern Deutschlands. Zur Gruppe gehören die Verlage Dr. Oetker Verlag, Edel Sports, KARIBU und ZS.

EDEL Sports – Ein Verlag der Edel Verlagsgruppe
www.edelsports.com
www.instagram.com/edel.sports

Inhalt

Vorwort

Jürgen Klopp

Ich kannte diesen jungen, enthusiastischen, klugen holländischen Fußballtrainer, der vor Ideen nur so sprühte, noch nicht lange, als mir auffiel, dass er sich ständig Notizen machte. Auf elektronischen Geräten oder mit Stift und Papier. Bei Staff-Meetings, Teambesprechungen, Unterhaltungen zwischen Tür und Angel oder direkt nach Trainingseinheiten und Spielen. Einfach ständig. Irgendwann fragte ich ihn: „Warum machst du das?"

„Weil all diese Informationen und Erfahrungen wertvoll sind … das ist wie eine Goldmine."

Dieser junge Trainer war Pepijn Lijnders, von dem ich damals noch nicht wusste, dass er mal einer der wichtigsten Personen in meinem Berufsleben werden würde. Als ich 2015 beim FC Liverpool anfing, bat mich unser Besitzer Mike Gordon ausdrücklich, Pep im Trainerteam zu behalten. Es war eher eine Bitte als eine Forderung. Heute wage ich gar nicht, mir vorzustellen, wie anders und weniger erfreulich die Dinge wohl gelaufen wären, wenn ich mich quergestellt hätte.

Wir haben Erfolge und Niederlagen zusammen erlebt, unglaubliche Hochs und ein paar schmerzvolle Tiefs. Er ging zum

NEC Nijmegen, kehrte aber nach kurzer Zeit wieder zurück. Und seitdem kann sein Anteil an unseren Erfolgen nicht überbewertet werden. Ich bin mit zwei sensationellen Assistenztrainern gesegnet – Pep und Peter Krawietz – und werde von Vitor Matos und vielen anderen wunderbaren, talentierten Staff-Mitarbeitern unterstützt.

Aber Pep ist einzigartig. So jemandem wie ihm bin ich noch nie begegnet. Er ist ein Arbeitstier und vom Fußballtraining geradezu besessen; er glaubt leidenschaftlich an den Trainingsprozess. Seiner fast obsessiven Angewohnheit, alles zu protokollieren und zu dokumentieren, verdankt sich schließlich dieses Projekt. Dieses Tagebuch, dieses Buch über unsere Geschichte der Saison 2021/22.

Wie immer ging er äußerst gewissenhaft an die Sache ran. Aber zunächst noch zögerlich. Wir waren im Juli 2021 gerade von Österreich nach Evian gekommen, für die letzte Phase unseres Sommer-Trainingslagers, als er das Projekt ansprach. Damals wusste noch keiner von uns, was für ein Abenteuer wir in den nächsten neun Monaten erleben würden, aber Pep spürte, dass sich da etwas ganz Besonderes zusammenbraute. Seine einzige Motivation war, unseren Fans einen tieferen Einblick in unsere Welt zu geben. Sie daran teilhaben zu lassen, wie wir unsere Entscheidungen treffen und warum.

Eines der Dinge, die Pep auszeichnen, ist, dass er seine Fußballleidenschaft mit allen teilen will. Er kennt da keine Hierarchien, Überheblichkeit oder Vorurteile sind ihm fremd, was im Profisport beileibe nicht auf alle zutrifft. Er findet nicht, dass fachliche Infos nur einem kleinen Kreis vorbehalten sein sollten oder dass nur Vereinsmitarbeiter, Profitrainer oder -spieler bestimmte Sachverhalte verstehen können.

Ich weiß nicht, ob es so etwas wie Fußball-Sozialismus gibt, aber wenn ja, dann ist Pep einer seiner Bannerträger. Er glaubt, dass wir das Spiel, das wir lieben, bereichern, wenn wir Ideen und Erfahrungen teilen. Und dass das Fanerlebnis dadurch noch beglückender wird. Ich bin sicher, so ein Projekt wird in manchen Kreisen auf Skepsis stoßen, aber das ist mir, ehrlich gesagt, vollkommen egal. Beim FC Liverpool gehen wir eigene Wege. Die Menschen, die dies lesen, werden sich unserem Team und Verein gewiss noch verbundener fühlen.

Es geht nicht darum, Geheimnisse preiszugeben oder einen Schleier zu lüften. Was wir tun, ist nicht so wichtig, und wir sollten uns nicht einbilden, dass es sich um irgendetwas Mystisches handelt. Es geht um Fußball, den großartigsten und populärsten Sport der Welt. Es geht um Gemeinschaft und Engagement. Um ein Erlebnis, das die Menschen zusammenbringt, wie es nur wenige Ereignisse vermögen. Es geht darum, Fremde zu Freunden und Individuen zu einem Kollektiv zu machen.

Ich bin so stolz auf Pep. Er ist wie ein Familienmitglied für mich. Ich liebe den Kerl. Ich hoffe, ihr habt so viel Spaß beim Lesen über unsere Saison 21/22 wie wir, als wir sie erlebten.

You'll Never Walk Alone
Jürgen

Prolog

Alles fing mit der Saisonvorbereitung an, in den 28 Tagen, die wir gemeinsam in zwei Trainingslagern in Österreich sowie zum Schluss im französischen Evian verbrachten. Damit meine ich natürlich das, was sich in der Saison 2021/22 für den FC Liverpool auf dem Platz entwickelte, aber auch dieses Buch. Hätte ich mir vorstellen können, wie die Saison ausgeht? Natürlich nicht. Vor allem wegen der allseits bekannten Schwierigkeiten, mit denen wir in der Saison 2020/21 zu kämpfen hatten.

Als wir mit unserem ersten Trainingslager in Saalfelden begannen, hatte ich das Gefühl, uns stünde eine Alles-oder-nichts-Saison bevor. So viel Druck hatte ich während der Saisonvorbereitung noch nie verspürt. Die unglaublichen Leistungen unserer Spieler in der Endphase der vergangenen Spielzeit bildeten einen guten Ausgangspunkt – und die Aussicht auf die Champions League. Nun ging es darum, alle Puzzleteile wieder zusammenzuführen und erneut als ein starkes Kollektiv aufzutreten und vorne mitzumischen.

Dieser Monat weg von zu Hause war sowohl körperlich als auch mental hart, legte aber das Fundament für das, was wir später erreichten. Während dieser Phase wurde alles geplant und visualisiert. Neue Ideen wurden eingeführt und alte optimiert. Das Team brauchte Inspiration und Positivität. Deshalb nahm ich das Angebot an, ein Tagebuch für die offizielle Website des Klubs zu schreiben. Ich fühlte, dass wir dadurch – mit einer wegweisenden Saison vor der Brust – eine zusätzliche Botschaft an die Mannschaft, den ganzen Staff und natürlich unsere Fans senden konnten. Als wir nach Liverpool zurückkamen, konnten wir voller Stolz sagen, dass wir eine unglaubliche Saisonvorbereitung absolviert hatten – und dieses Buch nahm seinen Lauf.

Wir waren in Evian, als James Carroll vorschlug, aus dem Ganzen ein Buch zu machen. Ich glaube, er erwähnte das leicht scherzhaft per WhatsApp, aber ich antwortete sofort: „Okay, lass uns das machen – warum warten?" Ich sagte James, dass wir dann auch wirklich *all-in* gehen sollten – sprich ohne Geheimnisse, ohne etwas zurückzuhalten. Und wenn die Saison nicht nach Plan verlief? Darüber diskutierten wir, kamen aber überein, dass wir das Buch dann trotzdem schreiben würden. Warum? Weil es gerade auch diese schwierigen Momente sind, die eine Saison ausmachen.

Was ich jetzt weiß und auch schon damals wusste: Unsere Reise ist etwas Besonderes und verdient es, dass man darüber berichtet. Ganz gleich, wie die Saison 2021/22 für uns enden würde: Ich wollte alles detailliert berichten. Das Wie und Warum der Geschehnisse auf und neben dem Platz. Ich habe das Privileg, zu dem kleinen Kreis von Menschen zu gehören, die diese Aspekte wahrheitsgemäß aus unmittelbarer Nähe schildern können. Ich liefere keine Spekulationen von Außenstehenden, sondern erzähle, was während dieser neun Monate wirklich im AXA-Trainingszentrum geschah. Die Entscheidungen. Die Kämpfe. Die Siege. All das habe ich auf diesen Seiten zu dokumentieren versucht.

„Wie viel wollen wir preisgeben und öffentlich machen?“ Alles. „Alles?“ Wir werden einfach ehrlich sein. Je mehr unsere Gegner über uns wissen, desto besser, denn umso mehr Sorgen werden sie sich machen. Außerdem: Wie stoppt man Unberechenbarkeit? Wie stoppt man Flexibilität? Wie stoppt man Intensität? Und wenn etwas in diesem Buch klar wird, dann, dass wir uns ständig weiterentwickeln. Das Liverpool von heute ist nicht das von morgen oder gestern.

Am Ende hängt eh alles von den Spielern ab. Diesem unglaublichen Team, das wir beim FC Liverpool haben. Sie machen den Unterschied aus; sie heben unser Spiel auf ein Level, das der Gegner mit Videoanalysen nie voll erfassen kann. Wieso? Weil sie in Sekundenbruchteilen intuitiv Entscheidungen treffen. Du kannst dich nicht vorbereiten auf einen Pass von Thiago Alcantara, eine direkte Ballannahme von Bobby Firmino oder darauf, dass Trent als Einziger im ganzen Stadion eine Lücke sieht und den Ball genau dorthin spielt.

Über einen Zeitraum von neun Monaten – 63 Spiele oder „Finale“ – dokumentierten wir die Saison Woche für Woche. Während der freien Zeit im Hotel oder unterwegs machte ich mir Notizen. Zwei-, dreimal die Woche setzten wir beide uns zusammen, um darüber zu sprechen, oder ich schickte sie an James, oft noch spätnachts. Viele unserer Gespräche fanden in den frühen Morgenstunden statt, vor allem, wenn die Mannschaft abends gespielt hatte. Wir brainstormten und warfen uns auf unsere Art die Bälle zu. Durch das Schreiben konnte ich mich besser fokussieren, wurden meine Gedanken in geordnete Bahnen gelenkt. So konnte ich alles besser analysieren und einordnen.

Dieses Buch ist nicht nur für Liverpool-Fans gedacht, sondern für alle, die Fußball lieben. Es gibt schon so viele Bücher über das spanische Tikitaka oder deutsche Trainingskonzepte.

Aber was in diesem Buch steht, ist eine Kombination: Ich bin in Johan Cruyffs Niederlanden geboren und aufgewachsen, wurde ausgebildet in Portugal, wo ich auch entscheidende Erfahrungen sammelte, und habe mit dem besten Fußballtrainer der Welt gearbeitet, Jürgen Klopp. In dieser Saison, meinen Entscheidungen und meinem Input stecken 20 Jahre Erfahrung.

Seit sich mein Traum von einer Profikarriere als Fußballer aufgrund einer Knieverletzung in Luft aufgelöst hatte, bin ich leidenschaftlich an Trainingsabläufen und Coaching interessiert. Damals fing ich an, die Trainer zu studieren, die ich aus unterschiedlichen, aber naheliegenden Gründen bewunderte: Sacchi, Cruyff, Coerver und John Wooden. Zusammen bildeten sie ein komplettes Gesamtpaket. Und auch heute noch lerne ich täglich neue Dinge, die dem Team und den Spielern, mit denen ich arbeite, direkt helfen werden. Dieser Prozess endet nie.

Ich hatte das große Glück, für einige europäische Spitzenvereine zu arbeiten: PSV Eindhoven, FC Porto und jetzt natürlich den großen FC Liverpool. Und ich durfte mit einigen Toptalenten arbeiten, wie beispielsweise Trent Alexander-Arnold, der aus unserer eigenen Kaderschmiede kam. Er ist der Beweis dafür, wie erfolgreich Training und Coaching bei einem jungen Talent sein können. Ich bin so stolz auf den Mann und Spieler, der er geworden ist – von meinem Kapitän der Ü16 zu einem der besten Spieler der Welt, der mit 23 bereits jeden nur erdenklichen Pokal im Vereinsfußball gewonnen hat.

Ich hoffe, dieses Buch zeigt, was mir in dieser Saison so durch den Kopf ging. Wie wir die Sache angingen, Spiel für Spiel, Woche für Woche, Monat für Monat. Im Leben geht es um Chancen und Timing; das lernen wir alle auf die gute oder die schmerzhafte Art. Dieses Buch war die Chance und diese Saison sorgte für das richtige Timing. Gemeinsam haben wir etwas daraus gemacht.

Ich hoffe auch, dass ich einige von euch mit unseren Gedanken und Ideen inspirieren kann. Wie bereits erwähnt, wurde alles in „Echtzeit“ geschrieben und nichts rückblickend korrigiert oder verändert. Dies ist eine wahrheitsgemäße Chronik unserer Saison mit all ihren Erfolgen und Fehlern, Höhen und Tiefen. Jürgen hatte mir schon oft gesagt, dass ich ein Buch schreiben solle. Ich bin besonders stolz darauf, dass ich es „live“ während einer der besten Spielzeiten dieses fantastischen Fußballklubs getan habe.

In unserer gemeinsamen Zeit haben wir die Champions League und die Premier League gewonnen, die Klubweltmeisterschaft und die beiden englischen Pokalwettbewerbe. Aber entscheidend ist, was man nach dem Sieg macht. Als Staff und Team treffen wir täglich so viele Entscheidungen – kleine und richtig große.

Unsere Welt ist so schnelllebig, dass man fast nie Zeit hat zurückzublicken, denn das nächste Spiel steht immer schon vor der Tür. Und das Einzige, was zählt, ist, dieses nächste Spiel zu gewinnen. Deshalb sind alle vorangegangenen Entscheidungen, die kleinen Pläne und die Entwicklung der Beziehungen zwischen Staff und Spielern schnell vergessen.

Vielen Dank, James, für deine Hilfe bei diesem Buch. Ich bin sehr stolz darauf. Dank dir können wir die Menschen auf unsere Reise mitnehmen. Weil sie endlich aufgeschrieben wurde – und zwar von jemandem, der unmittelbar an den Entscheidungen beteiligt war und viele davon selbst angestoßen hat. Was ihr lesen werdet, ist die Wahrheit, meine Wahrheit.

Viel Spaß dabei.

Pep Lijnders

„Eines Tages werden wir dein Buch zusammen schreiben." Pep hat recht: Diese Nachricht schickte ich ihm tatsächlich per WhatsApp, halb scherzhaft und, ganz ehrlich, mit null Erwartungen. Es war der Abend unserer Ankunft in Evian, wo der letzte Teil unserer 28-tägigen Saisonvorbereitung 2021 begann. An diesem Sonntag saßen wir noch bis spätabends in der Bar im Hilton, während es draußen in Strömen regnete, und sprachen über Peps Trainingslager-Tagebuch-Kolumne für die Vereinswebsite, an der wir gemeinsam gearbeitet hatten. Peps Reaktion auf meine WhatsApp-Nachricht: „Warum warten? Lass uns loslegen!" Das war wie ein Energieschub. Verflogen war die Müdigkeit, die sich nach drei Wochen unterwegs mit täglichem Content-Output für die Plattformen des Klubs einzuschleichen drohte.

So entstand an Ort und Stelle das Konzept für dieses Buch und von da ab dokumentierten wir die folgenden neun Monate so detailliert wie möglich. Und so wahrheitsgemäß wie möglich. Wir verpflichteten uns gegenseitig, das Projekt bis zum Schluss voller Überzeugung und mit ganzem Einsatz durchzuziehen, ganz gleich, wie die Saison ausging. Pep hatte zu keinem Zeitpunkt Bedenken – er wollte es machen, weil er daran glaubte, dass dies eine gute Saison für den FC Liverpool werden würde.

Natürlich hätten wir nie erahnen können, dass sie *so* gut werden würde, mit zwei gewonnenen nationalen Pokalwettbewerben und einem herausragenden Abschneiden sowohl in der Premier League als auch in der Champions League. Der Tenor unserer Unterhaltungen ging von „Das wird gut" über „Wir haben uns eine super Saison ausgesucht" bis hin zu „Was für eine Saison, um darüber ein Buch zu schreiben!".

Für mich war es ein unschätzbares Privileg, einen solch tiefen Einblick bekommen zu haben. Ich darf mich glücklich schätzen, auf dieser Reise mit dabei gewesen zu sein.

Nichts von dem, was ihr hier lesen werdet, wurde verändert oder geschönt. Dies sind Peps Worte und Gedanken, wie sie während der Saison festgehalten wurden. Pep ließ in seinem Enthusiasmus und Einsatz für das Buchprojekt nie nach – ich musste ihm nie hinterherlaufen. Pünktlich wie ein Uhrwerk schickte er mir seine Notizen zwei- oder dreimal die Woche – auch in den hektischsten Phasen der Spielzeit. Oder wir trafen uns in seinem Büro im AXA-Trainingszentrum beziehungsweise an den Spieltagen im Hotel The Titanic. Pep ist einer der engagiertesten und zuverlässigsten Menschen, die ich je kennengelernt habe. Wenn er etwas macht, dann gibt er 100 Prozent.

Ganz am Anfang unterhielten wir uns ehrlich darüber, was wir tun würden, wenn die Saison nicht positiv oder erfolgreich verlaufen würde. Seine Antwort wischte alle leisen Zweifel, die ich hatte, beiseite: „Wir machen es dann trotzdem, weil wir es sind. Vergiss nicht: Wir sind Liverpool."

Das reichte mir.

James Carroll

Staff

Jürgen Klopp – Cheftrainer
Pep Lijnders – Assistenztrainer
Peter Krawietz – Assistenztrainer
Vitor Matos – Elite Development Coach
Andreas Kornmayer – Fitness- und Konditionstrainer
Ray Haughan – General Manager für organisatorische Belange der A-Mannschaft
John Achterberg – Torwarttrainer der A-Mannschaft
Jack Robinson – Torwartassistenztrainer der A-Mannschaft
Claudio Taffarel – Torwarttrainer
Alex Inglethorpe – Direktor der Nachwuchsakademie
Nick Marshall – Stellvertretender Direktor der Nachwuchsakademie
Matt Newbury – Leiter Senior Academy Recruitment
Barry Lewtas – Trainer Ü23
Andreas Schlumberger – Leiter Regeneration und Performance
Jim Moxon – Vereinsarzt
Conall Murtagh – Fitnesstrainer der A-Mannschaft
Lee Nobes – Leiter Physiotherapie
Chris Morgan – Physiotherapeut der A-Mannschaft
Lena Aschenbrenner – Physiotherapeutin für Prävention und Performance
Paul Small – Masseur
Mona Nemmer – Leiterin Ernährung
Mark Leyland – Performance-Analyst (verließ den Verein im Dezember 2021)
Daniel Spearritt – Performance-Analyst
James French – Analyst der Gegner
Lee Radcliffe – Leiter Zeugwart
Brendan McIlduff – Zeugwart

Thomas Gronnemark – Berater Einwurftrainer
Mike Gordon – Präsident
Billy Hogan – Chief Executive Officer
Michael Edwards – Sportdirektor
Julian Ward – Stellvertretender Sportdirektor
Danny Stanway – Geschäftsführer
Jonathan Bamber – Senior Vice President, Chefjustiziar
Danielle McNally – Persönliche Assistentin des Cheftrainers
Jane Ashton – Leiterin Spielerbetreuung
Warren Scott – Senior Manager, Platzwart
Marc Kosicke – Manager von Jürgen Klopp und Pep Lijnders
Dr. Niklas Häusler – neuro11
Patrick Häntschke – neuro11

Kader 2021/22

(nur eingesetzte Spieler)

Tor

Alisson Becker
Adrián
Caoimhín Kelleher

Abwehr

Virgil van Dijk
Trent Alexander-Arnold

Andrew Robertson
Joel Matip
Ibrahima Konaté
Konstantinos Tsimikas
Joe Gomez
Harvey Elliott
Neco Williams
Conor Bradley

Mittelfeld

Jordan Henderson
Diogo Jota
Fabinho
Naby Keita
Thiago Alcantara
James Milner
Alex Oxlade-Chamberlain
Curtis Jones
Tyler Morton
Owen Beck
Elijah Dixon-Bonner
Max Woltman

Angriff

Sadio Mané
Mohamed Salah
Roberto Firmino
Luis Díaz

Takumi Minamino
Divock Origi
Kaide Gordon

Spielplan 2021/22

August 2021
Sa., 14.08. Norwich City – FC Liverpool 0:3 (1. Spieltag PL)
Sa., 21.08. FC Liverpool – FC Burnley 2:0 (2. Spieltag PL)
Sa., 28.08. FC Liverpool – FC Chelsea 1:1 (3. Spieltag PL)

September
So., 12.09. Leeds United – FC Liverpool 0:3 (4. Spieltag PL)
Mi., 15.09. FC Liverpool – AC Mailand 3:2 (CL Gruppenphase, 1. Spieltag)
Sa., 18.09. FC Liverpool – Crystal Palace 3:0 (5. Spieltag PL)
Di., 21.09. Norwich City – FC Liverpool 0:3 (EFL Cup 3. Runde)
Sa., 25.09. FC Brentford – FC Liverpool 3:3 (6. Spieltag PL)
Di., 28.09. FC Porto – FC Liverpool 1:5 (CL Gruppenphase, 2. Spieltag)

Oktober
So., 03.10. FC Liverpool – Manchester City 2:2 (7. Spieltag PL)
Sa., 16.10. FC Watford – FC Liverpool 0:5 (8. Spieltag PL)
Di., 19.10. Atletico Madrid – FC Liverpool 2:3 (CL Gruppenphase, 3. Spieltag)
So., 24.10. Manchester United – FC Liverpool 0:5 (9. Spieltag PL)
Mi., 27.10. Preston North End – FC Liverpool 0:2 (EFL Cup Achtelfinale)

Sa., 30.10. FC Liverpool – Brighton & Hove Albion 2:2 (10. Spieltag PL)

November
Mi., 03.11. FC Liverpool – Atletico Madrid 2:0 (CL Gruppenphase, 4. Spieltag)
So., 07.11. West Ham United – FC Liverpool 3:2 (11. Spieltag PL)
Sa., 20.11. FC Liverpool – FC Arsenal 4:0 (12. Spieltag PL)
Mi., 24.11. FC Liverpool – FC Porto 2:0 (CL Gruppenphase, 5. Spieltag)
Sa., 27.11. FC Liverpool – FC Southampton 4:0 (13. Spieltag PL)

Dezember
Mi., 01.12. FC Everton – FC Liverpool 1:4 (14. Spieltag PL)
Sa., 04.12. Wolverhampton Wanderers – FC Liverpool 0:1 (15. Spieltag PL)
Di., 07.12. AC Mailand – FC Liverpool 1:2 (CL Gruppenphase, 6. Spieltag)
Sa., 11.12. FC Liverpool – Aston Villa 1:0 (16. Spieltag PL)
Do., 16.12. FC Liverpool – Newcastle United 3:1 (17. Spieltag PL)
So., 19.12. Tottenham Hotspur – FC Liverpool 2:2 (18. Spieltag PL)
Mi., 22.12. FC Liverpool – Leicester City 5:4 (EFL Cup Viertelfinale)
Di., 28.12. Leicester City – FC Liverpool 1:0 (20. Spieltag PL)

Januar 2022
So., 02.01. FC Chelsea – FC Liverpool 2:2 (21. Spieltag PL)
So., 09.01. FC Liverpool – Shrewsbury Town 4:1 (FA Cup 3. Runde)

Do., 13.01. FC Liverpool – FC Arsenal 0:0 (EFL Cup Halbfinale)
So., 16.01. FC Liverpool – FC Brentford 3:0 (22. Spieltag PL)
Do., 20.01. FC Arsenal – FC Liverpool 0:2 (EFL Cup Halbfinale)
So., 23.01. Crystal Palace – FC Liverpool 1:3 (23. Spieltag PL)

Februar
So., 06.02. FC Liverpool – Cardiff City 3:1 (FA Cup 4. Runde)
Do., 10.02. FC Liverpool – Leicester City 2:0 (24. Spieltag PL)
So., 13.02. FC Burnley – FC Liverpool 0:1 (25. Spieltag PL)
Mi., 16.02. Inter Mailand – FC Liverpool 0:2 (CL Achtelfinale)
Sa., 19.02. FC Liverpool – Norwich City 3:1 (26. Spieltag PL)
Mi., 23.02. FC Liverpool – Leeds United 6:0 (19. Spieltag PL)
So., 27.02. FC Chelsea – FC Liverpool 10:11 (EFL Cup Finale)

März
Mi., 02.03. FC Liverpool – Norwich City 2:1 (FA Cup Achtelfinale)
Sa., 05.03. FC Liverpool – West Ham United 1:0 (28. Spieltag PL)
Di., 08.03. FC Liverpool – Inter Mailand 0:1 (CL Achtelfinale)
Sa., 12.03. Brighton & Hove Albion – FC Liverpool 0:2 (29. Spieltag PL)
Mi., 16.03. FC Arsenal – FC Liverpool 0:2 (27. Spieltag PL)
So., 20.03. Nottingham Forest – FC Liverpool 0:1 (FA Cup Viertelfinale)

April
Sa., 02.04. FC Liverpool – FC Watford 2:0 (31. Spieltag PL)
Di., 05.04. Benfica Lissabon – FC Liverpool 1:3 (CL Viertelfinale)

So., 10.04. Manchester City –FC Liverpool 2:2 (32. Spieltag PL)
Mi., 13.04. FC Liverpool – Benfica Lissabon 3:3 (CL Viertelfinale)
Sa., 16.04. Manchester City – FC Liverpool 2:3 (FA Cup Halbfinale)
Di., 19.04. FC Liverpool – Manchester United 4:0 (30. Spieltag PL)
So., 24.04. FC Liverpool – FC Everton 2:0 (34. Spieltag PL)
Mi., 27.04. FC Liverpool – FC Villareal 2:0 (CL Halbfinale)
Sa., 30.04. Newcastle United – FC Liverpool 0:1 (35. Spieltag PL)

Mai
Di., 03.05. FC Villareal – FC Liverpool 2:3 (CL Halbfinale)
Sa., 07.05. FC Liverpool – Tottenham Hotspur 1:1 (36. Spieltag PL)
Di., 10.05. Aston Villa – FC Liverpool 1:2 (33. Spieltag PL)
Sa., 14.05. FC Chelsea – FC Liverpool 5:6 (FA Cup Finale)
Di., 17.05. FC Southampton – FC Liverpool 1:2 (37. Spieltag PL)
So., 22.05. FC Liverpool – Wolverhampton Wanderers 3:1 (38. Spieltag PL)
Sa., 28.05. FC Liverpool – Real Madrid 0:1 (CL Finale)

Juli
Sa., 30.07. FC Liverpool – Manchester City 3:1 (FA Community Shield, engl. Supercup)

Woche 1

„Training ist unser Transfer"

Bestimmt haben sich einige da draußen gewundert, warum wir vor dem Saisonstart – nach vier Wochen in Trainingslagern in Österreich und Frankreich – beschlossen, direkt nach der Heimkehr zu Hause an zwei aufeinanderfolgenden Tagen Freundschaftsspiele gegen Athletic Bilbao und Osasuna Pamplona auszutragen.

Ehrlich gesagt, wollten wir schon immer an zwei Tagen hintereinander im Anfield spielen: ein Miniturnier, um die Vorsaison abzuschließen, so ähnlich, wie es Bayern München mit dem Audi Cup macht. Das Ganze erfordert viel Planung, aber wir waren sicher, dass wir davon profitieren würden.

Von Evian waren wir am Samstagabend zurückgekehrt. Am John Lennon Airport schüttete es, aber die Stimmung war gut. Wir vom Trainer- und Betreuerteam waren uns alle einig, dass der Monat unterwegs extrem erfolgreich gewesen war und sich dies im Laufe der Saison auszahlen würde.

In den Trainingslagern hatte zwischen Spielern und Staff eine unglaublich gute Stimmung geherrscht, und wir wollten, dass das jetzt auch zu Hause so blieb. Also besprachen wir mit Mona Nemmer, dass man doch ab und zu gemeinsam auf der Terrasse grillen könne, und schlugen Ray Haughan vor, im Flur des AXA-Trainingszentrums (ATC) Tischtennisplatten aufzustellen.

Am Morgen des Bilbao-Spiels saß ich in Jürgens Büro, um mit ihm für die anstehenden beiden Partien die Aufstellung und Wechsel zu besprechen sowie die Trainingspläne für die letzte Woche vor dem Start der Premier League und unsere erste Partie der Saison gegen Norwich City durchzugehen.

Der Kader, der im ersten Testspiel gegen Bilbao antreten sollte, war schon im Hotel. Also trainierten wir erst mit den Jungs, die gegen Osasuna spielen würden, und fuhren dann auch rüber zum Hotel.

Vorher traf ich mich noch mit einem unserer Analysten, Mark Leyland, um mehr Informationen über Osasunas Standardsituationen zu erhalten. Es handelte sich zwar „nur" um ein Freundschaftsspiel, aber wir nehmen auch solche Spiele ernst und bereiten uns entsprechend vor.

Als ich den Trainingsplatz betrat, hielt ich kurz inne und sog das Gefühl ein, wieder „zu Hause" zu sein. In unserer Basisstation. Die Plätze im AXA sind dank des Deso (einem Hybridrasen) superschnell, was uns hilft, an unserem Passspiel zu arbeiten. Du weißt erst, wie gut die eigenen Plätze sind, wenn du im Trainingslager auf „normalen" Plätzen spielst – ein großes Lob gebührt an dieser Stelle unserem Greenkeeping-Team.

Als wir nach draußen gingen, wussten wir aber auch aus einem anderen Grund, dass wir wieder in Kirkby waren: der Wind! Sogar die teuren Schutzwände konnten ihn an diesem Morgen nicht brechen.

Viele Menschen fragen mich, wie der Umzug von Melwood ins neue Trainingszentrum in Kirkby war. Sehr emotional natürlich, da Melwood mit so viel Geschichte, so vielen Erinnerungen verbunden ist. Aber das ATC ist einfach anders und wir müssen hier neue Erinnerungen kreieren.

In Melwood fügte sich für uns alles. Wir konnten von dieser Kultstätte Abschied nehmen, nachdem wir die Premier League und die Champions League gewonnen hatten und unser eigenes, neues Kapitel zu Liverpools unglaublicher Geschichte hinzugefügt hatten. Das Timing für den Umzug war also perfekt.

Ich erfuhr, dass Nat Phillips Oberschenkelprobleme hatte, also beschlossen wir, dass Rhys Williams 20 Minuten gegen

Bilbao und am nächsten Tag 30 gegen Osasuna spielen würde. Joe und Virgil waren noch nicht bereit für volle 90 Minuten und Rhy hatte sich bei uns enorm weiterentwickelt. Klar war, dass wir für die neue Saison fünf Innenverteidiger brauchten, vor allem, da Virgil und Joe lange Verletzungspausen hinter sich hatten.

Und Nat war nicht der Einzige, der fehlte. Shaq [Xherdan Shaqiri] hatte sich im Training eine Oberschenkelzerrung zugezogen und damit den Platz frei gemacht für Kaide Gordon – ein vielversprechendes junges Talent, das in der Saisonvorbereitung auf sich aufmerksam gemacht hatte. Ich freute mich schon sehr darauf, ihn in Anfield auflaufen zu sehen, da er uns den ganzen Sommer über so beeindruckt hatte. Er ist erst 16 – unsere Scouting-Abteilung hat da mal wieder tolle Arbeit geleistet.

In dieser Saison würden wir ein neues Mannschaftshotel haben: das Titanic in Liverpools historischen Docklands. Es fühlt sich wie ein Neustart für uns an, aber ich werde das Hotel in der Hope Street vermissen. Als ich damals bei Liverpool unterschrieb, wohnte ich drei Tage dort. Der Geruch des Holzbodens und der Holztäfelung, das Telefonat mit meinem besten Freund, dem ich erklärte, warum ich nach England statt zu Ajax gehe, die Verhandlungen mit dem Verein, das Gespräch mit Alex Inglethorpe und Michael Beale über unsere Fußballvisionen in einem Restaurant in der Nähe – daran werde ich mich immer erinnern.

Kurz vor Beginn von Jürgens Team-Meeting schrieb mir Vitor eine Textnachricht, in der er mir mitteilte, dass Lautaro Martinez vielleicht von Inter Milan zu Tottenham wechseln würde. Das würde vermutlich bedeuten, dass Harry Kane zu Manchester City kam. Wir mussten auf jeden Fall dieses Jahr als Kollektiv stark sein. Darin lag unsere Chance. Wir mussten innerhalb des Kaders eine Atmosphäre schaffen, die aus uns allen das Beste herausholte. „Training ist unser Transfer", sagte ein Staff-Mitglied immer zu mir. Das trifft es genau.

Vor der Besprechung fragte mich Jürgen, ob wir beim hohen Pressen an unserem Plan festhalten wollten. Die Antwort war „Ja", aber wir mussten erklären, dass die Strategie variierte, je nachdem, ob der Gegner einen oder zwei Mann auf der Sechserposition hatte. Das hatten wir nach unseren Testspielen gegen Bologna Anfang August in Evian als verbesserungswürdig ausgemacht: direkt nach einem Angriff den Ball zu beobachten und sofort ins hohe Pressing umzuschalten. Einer unserer mutigsten Spielansätze, es brauchte aber eine Weile, um genau die richtige Dynamik zu finden, die bei allen Gegnern funktionierte. Jetzt hatten wir das Gefühl, die idealen Abläufe gefunden zu haben. Man muss die Momente genießen, in denen plötzlich alles ineinandergreift. Wir hatten das in Bezug auf unseren Abstoß-Spielaufbau nach dem Auswärtsspiel gegen Bayern München in der Champions League 2019 erlebt und diesen seitdem nie verändert.

Mo Salah und Virgil betraten den Konferenzraum gemeinsam. Sie sitzen lustigerweise immer an genau denselben Plätzen. Virgil roch gut, was ich ihm auch sagte. Wenn man einem der beiden ein Kompliment macht, dann kichert er darüber immer mit dem anderen. Dasselbe gilt für Robbo [Andrew Robertson] und Trent. Ich mag diese Vertraulichkeit zwischen den Jungs.

Virgil und Sadio zum Beispiel wetteifern beim Aufwärmen vor einem Spiel immer darum, wer am höchsten springen kann. Ich muss immer Schiedsrichter sein ... und erkläre immer Sadio zum Sieger!

Nach dem Meeting fragte mich Virgil, was ich für ihn geplant hätte. „Vielleicht 60 Minuten", sagte ich. „Minimum 70", erwiderte er. Ich bin auf seiner Seite, aber in der Halbzeitpause werden wir mit Jürgen dieselbe Diskussion führen und dann entscheiden. Die besten Spieler muss man manchmal zu ihrer eigenen Sicherheit zügeln.

Beim Meeting vor dem Match gegen Bilbao sagten wir den Jungs, der einzige Unterschied wäre, dass es keine drei Punkte zu holen gäbe. Wir wollten alles geben – denn warum sollte man alles bekommen, wenn man nicht alles gibt? Den Unterschied machen immer die letzten vier oder fünf Prozent aus. Wir hassen den Begriff „Freundschaftsspiel", bevorzugen „Vorsaison-Testspiel" – und dieses würde das härteste sein. Zum einen, weil es über die vollen 90 Minuten ging, und zum anderen, weil wir in dieser Saison oft Mittwochnacht von einem Auswärtsspiel zurückkehren und am Samstag drauf schon wieder würden spielen müssen.

Wir mussten also gemeinsam die richtige Atmosphäre schaffen. So hatte ich es für dieses Wochenende geplant. Während der Saisonvorbereitung braucht man auch Schwierigkeiten und Herausforderungen. Jürgen sprach darüber, was wir im Vergleich zum letzten Spiel besser machen konnten: dass wir uns nach einer eigenen Chance oder einem Abstoß des Gegners schneller neu formieren.

Seine abschließende Botschaft war einfach, aber wichtig: Lasst es uns genießen, vor all den Fans zu spielen, und lasst uns ihnen Freude bereiten.

Wir fuhren rüber nach Anfield und beim Reingehen sah ich einen meiner Sprüche in großen Lettern an der Wand prangen: „Unsere Identität ist unsere Intensität". Es erfüllt mich mit Stolz, dass die Spieler das sehen, wenn sie aus der Kabine kommen. „Kommt als Teamkameraden zusammen und geht als Familie", steht an der Wand des Spielerrestaurants. Wow! Wenn es einen Spruch gibt, der für den FC Liverpool steht, dann dieser.

Im Restaurant hängen viele Mannschaftsfotos, es ist toll dort. Vor der Pandemie aßen wir nach einem Spiel immer zusammen hier. Solche Aktionen wurden auf unserer Reise zur Meisterschaft so wichtig. Früher ließen wir uns immer Fast Food von Nando's liefern … das spricht für sich. Mit Mona haben wir uns auf diesem Gebiet enorm weiterentwickelt.

In unserem Trainerraum im Anfield hängen drei Fotos. Eines zeigt die Coaches, wie sie den CL-Pokal nach dem Spiel in Madrid hochhalten … ich kann noch immer das Bier riechen, wenn ich es ansehe. Auf dem zweiten sieht man uns – den gesamten Kader – mit dem Henkelpott in Madrid; Hendo hält ihn so ausdrucksstark hoch. Und auf dem dritten singen alle Spieler und Mitarbeiter nach dem Barcelona-Spiel *You'll Never Walk Alone* mit unseren Fans auf der Kop. Ich stehe zwischen James Milner, Virgil und dem Boss. Das war ein unglaublicher Moment und beweist, dass die Fußballgötter manchmal gnädig sind, wenn viele Menschen auf die Erfüllung desselben Traumes hinarbeiten.

Es war toll, dass diese letzten Vorsaison-Tests in unserem eigenen Stadion stattfanden, eine Woche vor dem Ligastart, um die Routinen durchzugehen, bevor es ernst wurde. Als wir beim Aufwärmen beieinanderstanden, sangen die Fans im Anfield schon. Jürgen drehte sich zu mir um und sagte: „Das ist der Beweis, dass die Menschen das Stadion ausmachen", und zu Vitor: „Wir sollten diese Augenblicke genießen."

Das Spiel selbst war so intensiv, vor allem in der ersten halben Stunde, dass Jürgen später meinte, er wäre sich wie bei einem Autorennen vorgekommen.

Meiner Meinung nach ist Konzentration die Basis für ein gutes Spiel – daraus entsteht dann auch die gewünschte Intensität. Und wir zogen alle an einem Strang, alle zusammen pressten. Das war eine FC-Liverpool-Vollgasveranstaltung – nach den ganzen Reisen und Trainingseinheiten war es genau das, was wir sehen wollten. Innerhalb unserer Pressingzone waren wir kompakt und aggressiv – wir gaben alles.

Querpässe von Robbo zu Trent und umgekehrt; schnelle Abstöße von Alisson, um die Maschine wieder in Gang zu setzen. Die Kombinationsfreude von Mo und Sadio würde uns in dieser Saison 15 bis 20 Tore mehr bringen, war ich überzeugt. Das war ein Fokus im Training gewesen, da Sadio und Mo in Eins-gegen-eins-Offensivsituationen einfach überirdisch sind. Damit können wir so viele gegnerische Abwehrreihen aushebeln, und wenn sie vor oder nach solchen Momenten kombinieren, sind wir nicht aufzuhalten.

Die vielen Chancen, die wir gegen Bilbao rausspielten, zeigte uns, dass das „Erster Pass nach vorne"-Konzept funktionierte. Die Kompaktheit zwischen Sadio, Mo und Jota. Das Team jagte als Rudel. So viele kurze, schnelle Pässe, die unser Spiel beschleunigten. Wir erzielten dank unseres bedingungslosen Pressings ein Tor – darüber hatten wir im Team-Meeting gesprochen –, doch dass Robbo kurz vor der Halbzeit verletzt wurde, war natürlich ein bitterer Schlag für uns.

In der Pause besprachen wir, wie wir gegen Inaki Williams und Bilbaos zweiten Stürmer verteidigen und trotzdem mit den anderen Spielern nach vorne schieben konnten, um offensiv enger beieinanderzustehen. Alle ihre Konter entstanden, weil wir mit Naby, Harvey und den Außenverteidigern nicht hoch genug verteidigten. Wir mussten unser Gegenpressing verbessern. Nichts ist schlimmer für den Gegner als gnadenloses Gegenpressing.

Das Spiel endete 1:1, aber wir waren zufrieden. Anschließend lobte Jürgen die vielen guten Phasen, betonte aber auch, dass wir in diesen nicht genug Tore erzielt hatten. Außerdem waren wir in der zweiten Hälfte bei Ballbesitz passiver geworden, wodurch wir mehr laufen mussten. Der Ball wird nie müde, also sollten wir das Spiel öfter verlagern. Wenn du passiv wirst, rächt sich das auf allen Ebenen, weil im Fußball jeder jedem Probleme bereiten kann. In diesen Momenten hätten wir diesen Extrapass spielen, den Ball mit kurzen, schnellen, flachen Pässen länger halten sollen, um Bilbao viel mehr in Bewegung zu halten. Dadurch wäre in der Mitte mehr Raum entstanden. Du machst den Gegner passiv und kannst dann den frei gewordenen Raum nutzen.

Nach dem Spiel gingen Jürgen und ich zum Bus, um uns etwas zu essen zu holen, da wir den Bus aufgrund der Coronabestimmungen immer noch nach den Spielen als unser „Restaurant“ benutzten. Als wir einstiegen, saß Billy Koumetio auf meinem Platz und Marcelo Pitaluga auf dem von Jürgen. Das gab natürlich ein großes Gejohle unter den älteren Spielern … aber wir nahmen ihnen das nicht krumm.

Am späten Sonntagabend rief Jürgen an, um mir mitzuteilen, dass Lyon ein Angebot für Shaq abgegeben hatte. Das letzte Jahr seines Vertrags brach an und er war bereit, noch etwas Neues zu beginnen. Aber ihr Einstiegsangebot war unserer Meinung nach zu niedrig. Ich sagte dem Boss, dass dies für alle Beteiligten der richtige Zeitpunkt sein könne: Nächstes Jahr würde er ablösefrei gehen können und Shaq hatte deutlich gemacht, dass er eine neue Herausforderung suchte.

Wir sprachen auch noch ein bisschen über das Team und das Spiel. So viele Dinge stimmten uns positiv und gegen Osasuna würden wir auch Hendo [Jordan Henderson] und Thiago auf der Bank haben.

Um sie vorzubereiten, legte Vitor mit den beiden am Morgen des Osasuna-Spiels eine Extra-Einheit ein. Sie machen eine Übung, die wir „spine“ [Rückgrat] nennen, bei der die zentralen Spieler durch Dummys hindurch kombinieren und gegenpressen müssen. Ein gutes Team wird nicht einfach geboren, sondern entsteht durch viele, viele Übungen, die sich immer und immer wieder mit denselben Aspekten beschäftigen. Durch die ständige Suche nach dieser bestimmten Intensität, wodurch wir Vollgas geben können und der Gegner nicht. Das war es, was wir wollten: jedem Gegner durch so viele Beschleunigungen wie möglich Probleme zu bereiten. Zeig kollektive Intensität, provozier sie offensiv und kapp defensiv ihre Passwege. Ein roter Block, der den Ball im Rudel jagt. Die Qualität von Hendo und Thiago in diesem Sondertraining spiegelte das Talent unseres gesamten Kaders wider.

Eines der größten Geheimnisse unseres Erfolges ist die Art, wie Jürgen mit den Spielern kommuniziert. Es heißt, die Art und Weise, wie man mit seinen Spielern spricht, wird zu deren innerer Stimme – und genau das passiert täglich mit unserem Kader. So viel Positivität, so viel Willen, so viel Spielintelligenz. Jürgen will den Gegner immer überraschen. Seine Ansprache an die Jungs vor dem Training gibt den Ton vor. Es ist dann an mir, den anderen Trainern und den Spielern, diesen Ton einzusetzen, um uns zu verbessern. Spiele kontrollieren, indem wir dominant sind. Und unberechenbar.

Am Montagmorgen setzte ich mich im AXA mit Mark und Greg zusammen, um über Norwich zu sprechen. Norwichs Hauptstärken liegen darin, wie sie die Mitte dichtmachen und wie aggressiv sie in und rund um den Strafraum agieren. Das waren wichtige Informationen, um die Trainingseinheiten der Woche vorzubereiten.

Allerdings hatte Norwich vor zwei Tagen gegen Newcastle mit einer Fünferabwehrkette gespielt. Greg meinte, das hätte vielleicht an Newcastle gelegen, aber ich glaubte, dass sie auch gegen uns mit fünf starten würden. Warum im letzten Spiel der Vorsaison etwas ändern, wenn du in den letzten zwei Jahren nie mit einer Fünferkette gespielt hast? Wir sind es aber gewohnt, dass Teams ihre Strukturen und Spielideen ändern, um unsere Stärken auszuhebeln. Deshalb mussten wir uns auf uns selbst konzentrieren und unberechenbar bleiben beziehungsweise noch unberechenbarer werden – daran hatten wir den ganzen Sommer hart gearbeitet.

Danach wurden wir von unserer medizinischen Abteilung auf den neuesten Stand gebracht. Andreas Schlumberger, den Jürgen aus Deutschland gut kannte, war Anfang des Jahres zu uns gestoßen.

Schlumbi hofft immer, dass Spieler in der Reha-Zeit nicht ihre Koordination verlieren. Virgil ist unglaublich beweglich und managte seine Reha vorbildlich: nicht zu viel Krafttraining, ständiger Fokus auf seine Bewegungen. Kommunikation und Vertrauen sind hierbei entscheidend und wir haben mit Schlumbi einen Weltklasse-Reha-Coach. Dass wir Virgil im ersten Spiel der Saison einsetzen konnten, hatte viel mit seiner persönlichen Motivation zu tun, aber auch mit der genauen Planung von Schlumbi und seinem Team.

Als wir zum Hotel rüberfuhren, erhielt Jürgen die Nachricht, dass Robbo wahrscheinlich wegen eines kleinen Risses im Knöchelgelenk drei Wochen lang pausieren musste und erst nach der Länderspielpause wieder einsatzbereit sein würde. Das bedeutete: Einsatz für „Cross-tas“ [Kostas Tsimikas]! Er hatte eine gute Saisonvorbereitung absolviert und war nun bereit für den nächsten Schritt. Die Vorsaison ist so wichtig für neue Spieler. Ich hatte am Sonntag beim Training mit ihm über seine Querpass-Fähigkeiten gewitzelt und er meinte: „Sag mir einfach, wo das Paket hingeliefert werden soll, und ich lege es dort ab.“ Es war wichtig für ihn, gegen Osasuna 70 Minuten auf dem Platz zu stehen.

Als wir im Titanic ankamen, waren wir immer noch dabei, ein Spiel für den Tag nach dem Norwich-Match zu organisieren.

Erst dann würde unsere Saisonvorbereitung abgeschlossen sein. Ray fragte mich, ob Wrexham eine Option sein könne, aber ich fand, wir bräuchten einen stärkeren Gegner. Also versuchte er, die Hearts [Heart of Midlothian] einzuladen, nachdem sowohl die Rangers als auch Celtic abgesagt hatten. Ich sagte ihm, es sei wichtig, alle für die Saison so fit wie möglich zu kriegen. Wir brauchten dieses Spiel, um Hendo und Thiago die Chance zu geben, volle 90 Minuten zu spielen.

Die Botschaft beim Team-Meeting lautete einfach: Inspiriert das Stadion! Wir mussten von der ersten bis zur letzten Sekunde Willen und gute Organisation zeigen und gut kommunizieren. Alles reinwerfen, auf die beste Art aggressiv sein. Unser Gegenpressing musste wild sein, wir mussten sie aus allen Richtungen jagen. Curtis hatte vor allem die Aufgabe, zwischen den Linien zu beschleunigen und, wie gestern geübt, den ersten Pass nach vorne zu spielen. Osasuna würde sicher mit langen Bällen kommen – in der vergangenen Saison lagen sie in der spanischen Liga bei langen Bällen an zweiter Stelle –, also war es für uns wichtig, zuerst am Ball zu sein, wenn der Ball in der Luft war.

Wieder war das Anfield fast voll besetzt. Schon erstaunlich, wie anders es im Vergleich zur vorigen Saison war, zum Stadion zu fahren, sogar für ein Freundschafts- oder Testspiel. Die Spieler reagierten darauf und gewannen ein gutes Spiel mit 3:1.

Die Saisonvorbereitung war erfolgreich, wenn zwei verschiedene Aufstellungen so Fußball spielen. Das war unser bestes Gegenpressing der Vorsaison. Es gab auch einige großartige Einzelleistungen, vor allem von Taki, Ox [Alex Oxlade-Chamberlain], Fabinho und Roberto. Sobald Bobby [Roberto Firmino] ins Geschehen eingriff und sich freispielte, wurden wir so unberechenbar, dass es überall Optionen gab. In diesem Moment konnte ich mir unser Team nicht ohne Bobby vorstellen. Er verteidigt wie kein anderer.

Und was für eine Leistung von Ben Woodburn. Er ist intelligent, bewegt sich gut und bringt den Gegner mit dem Ball, aber auch mit seinen Bewegungen ohne Ball, ständig aus dem Konzept. Ich war so stolz auf ihn.

Nach dem Osasuna-Spiel gab es von Jürgen ein kurzes Lob für die Mannschaft: „Das einzig Schlechte an heute Abend ist die Tatsache, dass es ein Testspiel war.“ Kaide, Harvey und Owen hatten einen weiteren Schritt in ihrer Entwicklung gemacht und alle hatten mindestens 45 Minuten auf dem Platz gestanden. Und auch für unsere Nachwuchsarbeit war es ein wichtiger Schritt. Alle diese Spieler befinden sich auf unterschiedlichen Stufen ihrer Entwicklung, aber alle bauen sich gerade das Fundament für eine Profikarriere auf. Was wir daraus lernten: Wenn man ein starkes kollektives Konzept hat, ist es für junge Spieler wie Harvey, Owen und Kaide viel leichter, sich durchzusetzen und konstant auf hohem Niveau zu spielen.

Als ich an diesem Abend nach Hause fuhr, erinnerte ich mich daran, wie besonders das war, was wir in den letzten zehn Spielen der vergangenen Saison gemacht hatten. Als Fabinho wieder auf der Sechs spielte, der wichtigsten Position, fingen wir wieder an, das Mittelfeld zu dominieren. Thiago, Gini [Georginio Wijnaldum] und Bobby bildeten mit ihm das Rückgrat der Mannschaft. Da kam vieles zur richtigen Zeit zusammen. Die Kontinuität war wieder da. Unsere Erfolge der letzten drei Jahre hatten alle damit zu tun, wie wir mit Widerständen und Rückschlägen umgingen – das beste Beispiel ist das Halbfinale gegen Barcelona. In diesen Momenten hielten wir uns an den Plan, gingen unseren Weg konsequent weiter. So erreichten wir über lange Strecken Kontinuität.

Ich war fest davon überzeugt, dass wir nach dieser Saisonvorbereitung stark genug waren für alles, was uns erwartete.

Woche 2

Erster Pass nach vorne

Wir waren Samstagabend aus Evian zurückgekehrt und hatten Sonntag und Montag gegen Athletic Bilbao und Osasuna Pamplona gespielt. Den Dienstag hatten die Jungs frei, danach wollten wir so richtig mit den Vorbereitungen für das Norwich-Spiel loslegen.

Ich nutzte den Tag, um die Trainingswoche vorzubereiten, und dachte über unsere Optionen für die erste Startelf der Saison nach, da ich wusste, dass Jürgen mich nach meiner Meinung fragen würde, sobald wir wieder in Kirkby waren. Seit dem Sommer beschäftigte mich der Gedanke, mehr zu rotieren, ohne dadurch an Stabilität einzubüßen. Die Stärke des gesamten Kaders zu nutzen und aufgrund seiner Qualität jeden Wettbewerb mit ganzer Kraft in Angriff nehmen zu können. Unser Kader ist relativ klein, es wäre also nicht besonders schlau, nicht alle einzusetzen. Außerdem würden die Spieler dadurch frisch bleiben und hoffentlich Verletzungen vermeiden.

Ich hielt den Plan für gut, aber er existierte bislang nur auf dem Papier. In diesen ersten Wochen hatten wir Zeit zu trainieren, was es einfacher machte, Dinge ein bisschen zu verändern.

Wir wollten versuchen, Sadio, Roberto, Diogo und Mo die ganze Saison über frisch zu halten.

Nichts ist so stark wie die Mischung aus jungen Talenten und alten Hasen, zum Beispiel, wenn Harvey und Milner zusammen spielen. Die Jüngeren fühlen sich durch die Führung der Älteren sicherer und die Älteren übernehmen mehr Verantwortung, wodurch sich das Niveau hebt. „Talente brauchen Vorbilder, nicht Kritik“ ist einer meiner Lieblingssprüche. Die Jungen überraschen einen immer und brachten unseren Matchplan im letzten Jahr weiter voran, als wir es uns je hätten vorstellen können. Trent zum Beispiel eröffnete der Position des rechten Außenverteidigers eine ganz neue Dimension, aber Hendo war dabei sein Mentor.

Wie sagte jemand mal so schön: „Logik bringt dich von A nach B, aber Kreativität bringt dich überallhin." Darin liegt die Stärke der jungen Spieler – sie sind so furchtlos. Eine Generation beeinflusst die andere und dann hat man auf einmal eine gewisse eigene Spielkultur. Das ist unser ultimatives Ziel. Jürgen erwähnte es auf seiner Pressekonferenz: Wir beschäftigen uns ständig mit langfristigen Zielen. Man kann uns nicht mit anderen Vereinen vergleichen, wir gehen unseren eigenen Weg.

Es hilft neuen Spielern wie Ibou [Ibrahima Konaté], gleich in eine bestimmte Vorbereitungskultur reinzukommen. Es geht darum, wie der Spieler sich an das Team – seine Mentalität – anpasst und wie gut das Team den Spieler versteht. Man konnte sehen, dass Ibou alles mitbringt, um unsere Ideen mitzutragen, der Anpassungsprozess verlief also sehr organisch.

Das Team wird durch Zusammengehörigkeitsgefühl und Charakter zusammengeschweißt. Wenn wir jeden Tag alles geben, wissen wir, dass wir wahrscheinlich jeden Gegner schlagen können – angefangen bei Norwich City am Samstag. Deshalb glauben wir so sehr ans Training. Wir haben (wahrscheinlich) nur zwei Regeln. Regel Nummer eins: Es ist immer hundert Prozent Einstellungssache. Regel Nummer zwei: Alle sind für alles verantwortlich. Das ist Fußball total. Flexibilität und Freiheit innerhalb des Systems.

Es geht um eine starke kollektive Idee, die das Beste aus den einzelnen Spielern herausholt. Das Team transformiert die Spieler, nicht umgekehrt. So gehen wir unsere Trainingseinheiten an. Die defensive Aggression ohne Ball steht dabei immer im Mittelpunkt, denn je besser du bei den 30 Prozent bist, in denen du den Ball nicht hast, desto mehr Freiheit und Überzeugung hast du, um Angriffsfußball zu spielen. Wir glauben, dass es genau diese 30 Prozent sind, die uns von vielen anderen Teams unterscheiden; unsere Intensität und Gemeinschaft in diesen Momenten. In diesen 30 Prozent arbeiten wir alle zusammen: die Spieler vorne, die Pressingsituationen vorbereiten, und die letzte Linie, die unterstützt, indem sie schon im gegnerischen Strafraum Gelegenheiten findet.

Wenn wir das gut machen, könnten wir mit acht Angreifern und zwei Innenverteidigern spielen ... das ist unser Traum! Deshalb haben wir Ibou geholt. Er könnte einer der beiden Innenverteidiger sein, denn mit seiner Geschwindigkeit könnte er die schnellsten Konter abfangen. Wir näherten uns unserem Ziel.

Am Mittwochmorgen fand das regelmäßige Schiedsrichter-, PFA- [Professional Footballers' Association] und Premier-League-Meeting statt. Wir bekamen Updates über Regeländerungen. Die Änderung der Abseitsregel ist top, aber der Rest ist jetzt noch subjektiver. Jürgen und ich hatten schon davor beschlossen, das Ganze nicht zu kommentieren. Das hatten wir schon in den letzten zehn Spielen der vergangenen Saison so gehalten.

Es gab letztes Jahr so viele Situationen, über die wir diskutierten: von frühen Anpfiffzeiten über zu wenig Regenerationszeit zwischen den Spielen bis hin zu taktischen Fouls, fünf Auswechslungen ... es nahm einfach kein Ende. Reine Energieverschwendung, da sich nichts änderte. Wir versuchen, uns keine Wortgefechte mehr mit dem vierten Offiziellen, dem Schiri oder der gegnerischen Bank zu liefern. Einfach ruhig bleiben, unsere Emotionen kontrollieren, uns auf uns selbst besinnen. Es war ein gemeinsamer Beschluss, also blieb sogar John Achterberg von da an ruhig!

Hinterher besprach ich mit Jürgen unsere Trainingspläne und er meinte, dass wir uns über das Thema Rotation mehr

Gedanken machen sollten. Es ist toll, dass wir zwei so ähnlich denken; das macht die Zusammenarbeit viel leichter. Ich brauche diese Verbindung zu den Menschen in meinem Umfeld. Wir wissen, wo wir hinwollen. Er fragte, ob ich glaubte, dass Virgil gegen Norwich schon einsatzbereit sei. Ich antwortete, dass ich diesbezüglich keinerlei Bedenken hätte.

Das Training am Mittwoch drehte sich um ein Neun-gegen-sieben aufs Tor zu, wobei ich immer einen zweiten Ball ins Spiel brachte, um das „Erster Pass nach vorne"-Konzept zu üben. Es war die Trainingseinheit nach dem freien Tag, wir mussten die Konzentration also wieder steigern. Einen gemeinsamen taktischen Plan zu implementieren, ist nie „einfaches" Training. Ich bin mir ziemlich sicher, dass die Jungs keine taktische Übung erwarteten. Aber wir haben das mit Absicht gemacht, damit alle vom ersten Tag an wach und aufmerksam waren.

Die sieben versuchten, nachdem sie den Ball erobert hatten, innerhalb von drei Pfosten (die unsere drei Stürmer repräsentierten) ein Tor zu machen. Dieser Übergangsmoment löste unseren Gegenpressing-Impuls aus. Mit den neun versuchten wir, die sieben zu „bewegen", Raum zwischen den Linien zu schaffen, damit Sadio oder Mo sich drehen und Tempo aufnehmen konnten. Ich sagte ihnen, dass wir jeden Gegner auseinandernehmen können, wenn Mo und Sadio Raum haben, wenn sie aufs Tor zulaufen – die anderen acht sollten so viele solcher Situationen wie möglich schaffen. „Benutzt die ganze Breite, um durch die Mitte anzugreifen!", schrien Jürgen und ich immer und immer wieder.

Wir sprachen darüber, dass Norwichs Innenverteidiger sich nach hinten fallen lassen würden, weshalb es so wichtig war, Raum zwischen den Linien zu kreieren. Nach diesem Feedback wurde die Übung mehr wie ein richtiges Spiel. Mo, Sadio und Jota bewegten sich jetzt viel freier. Das war schon in den letzten zehn Spielen der vergangenen Saison aufgefallen. Wir machten auch Rondos und übten Pässe, um schnellere Entscheidungen zu fällen. Thiago machte das herausragend. „Er muss in einem Rondo geboren worden sein", scherzte ich mit Jürgen.

Wir trainieren das Passspiel auf unkonventionelle Weise. Die Spieler können sich frei entscheiden, wohin sie passen und sich bewegen, und wir fügen Gegenpressing und Pressingdynamiken hinzu. Wir schlossen die Session mit Torschüssen nach Querpässen ab – Schüsse aufs Tor sind immer ideal, um das Training in Hochstimmung zu beenden. Wenn wir nicht über die Mitte angreifen können, spielen wir Doppelpässe oder Hinterherlaufen, um gefährliche Querpass-Situationen zu kreieren. Kostas–Taki–Kostas Bobby war dafür im Spiel gegen Osasuna ein gutes Beispiel. Erst den Gegner ausspielen, dann der Querpass. Ganz gleich, wo und gegen wen wir spielen: Wir pressen hoch und aggressiv und greifen immer wieder an. Unser Stil besteht darin anzugreifen, mit und ohne Ball. Norwich City konnte sich auf ein intensives Spiel gefasst machen. Wir haben begriffen, dass mit einem Ball gespielt wird – unserem Ball –, und diesen jagen wir übers ganze Feld und spielen damit den ersten Pass nach vorne. Mehr Cruyff geht nicht.

Wir bereiten Pressingsituationen vor, indem wir gegen den Ball spielen. Wenn der Ball sich bewegt, bewegen wir uns als Kollektiv. Mit unseren vorderen drei Spielern verhindern wir die einfachen Pässe in die Mitte – eines unserer Prinzipien ist, dass Mo, Sadio und Roberto gegen fünf oder sogar sechs Gegenspieler verteidigen müssen. Wenn wir den Trigger sehen, fühlen oder antizipieren, starten wir unsere Pressingmaschine. Zum Beispiel hatten wir einen Innenverteidiger von Norwich als den geeigneten Spieler fürs Pressing ausgemacht – ein Pass auf ihn triggert den am nächsten stehenden Spieler dazu, aggressiv Druck auszuüben. So operieren viele Teams, aber wir unterscheiden uns durch zwei Dinge. Erstens, dass wir den Ball auf den letzten zwei Metern des Pressings erobern. Wir geben alles in dem Wissen, dass der Nächste schon bereitsteht, wenn einer ausgespielt wird. Zweitens unsere Fähigkeit und unser Wille, den Gegner von hinten zu jagen. Roberto zum Beispiel wird niemals ausgespielt.

An diesem Tag war das Training sehr intensiv. Die Spieler hatten keine Zeit zu grübeln, während wir innerhalb einer Stunde alle möglichen Übungen machten: den Ball halten als Aufweckübung, Gegenangriffe beim letzten Pass und schließlich Torschüsse, um ein bisschen zu zaubern. Während der Ballbesitzübung erklärte ich: Wenn wir in diesen engen Räumen One-Touch-Fußball spielen können, sind wir in der Lage, überall gut zu spielen. Und weil Norwich innerhalb so enger Räume verteidigt, mussten wir bereit sein, in diesen Räumen Kombinationsfußball zu spielen. Jota, Bobby, Ibou, Taki und Fab gewannen das Turnier, nachdem Jota und Bobby mit ihrer Kreativität alle Gegenspieler in den Wahnsinn getrieben hatten. Anschließend arbeitete Pete noch mit den Spielern, die Standardsituationen ausführen, an ihrer Präzision. Ich hatte unseren Platzwart Warren gebeten, dafür eine Art Basketballfeld aufzubauen. Das Ganze war zwar noch ein Provisorium, funktionierte für unsere Zwecke aber hervorragend.

Nur noch 48 Stunden bis zum Anpfiff in Norwich, zwei Tage bis zum Saisonstart. „Wenn wir so spielen, wie wir heute trainiert haben, sind wir unschlagbar", sagte Milner nach dem Training. Das einzige Problem mit solchen Einheiten: Es ist danach viel schwerer, die Startelf festzulegen. Wir erlebten gerade die Vorteile einer volle sechs Wochen dauernden Vorbereitungszeit – wer die Qualität des Sportes verbessern will, sollte darüber nachdenken, so etwas öfter zu ermöglichen.

Am Abend leitete Jürgen mir einen Text mit den Ergebnissen der Abstimmung zum Mannschaftsrat weiter. Es gab noch drei Plätze neben unserem Kapitän Hendo, Vizekapitän Milner und Führungsspieler Virgil. Ich freute mich riesig, dass Trent drin war. Unser zukünftiger Kapitän sollte sich an Milner halten und im Laufe des Jahres so viel wie möglich von ihm lernen, um den nächsten Entwicklungsschritt zu machen. Robbo und Ali [Alisson Becker] waren die anderen beiden, die es in den Mannschaftsrat geschafft hatten.

Am Freitag unterschrieb Virgil einen neuen Vertrag. Er ist unser Fels in der Brandung, sein Einfluss ist enorm. Wenn er auf dem Platz ist, können wir höher stehen und aufgrund seiner Raumbeherrschung und Fähigkeit, lange Bälle in die hintere Linie zu verarbeiten, auch aggressiver spielen. Aber man sollte nicht vergessen, dass Virgil auch wegen des Spielers neben ihm so gut sein kann, ob das nun Joel, Joe oder Ibou ist. Meiner Meinung nach kann man Innenverteidiger nur als Paar bewerten. Für mich sind das nicht zwei Positionen, sondern eine. Sie organisieren die Abwehr, und die Positionierung der hintersten Linie ist die Basis für gutes Pressing.

Ich erinnere mich, wie wir kurz vor einem Gespräch mit Virgil, in dem es um seine Verpflichtung ging, in Jürgens Küche saßen. Ich habe Jürgen noch nie so entschlossen erlebt. „Wir müssen ihn unbedingt kriegen, Pep – ihn und niemanden sonst." Wir hatten nur Plan A. Jürgen wollte nicht über einen Plan B nachdenken. Wir waren davon überzeugt, dass wir mithilfe von Virgil als Team die nächste Stufe erreichen konnten, versuchten aber lange vergeblich, ihn unter Vertrag zu nehmen. Virgil ist ein Vollprofi. Er arbeitet hart und macht auch die Menschen um ihn herum besser. Ein großer Spieler, der das Niveau des ganzen Teams hebt. Virgil und unsere letzte Linie bewegen sich ständig vorwärts, im wörtlichen und übertragenen Sinne. Ich brülle oft: „Virg, schieb nach vorne!“ Einmal meinte er nach einem Spiel scherzhaft zu mir: „Wenn ich auf dich höre, verteidige ich bald im gegnerischen Strafraum!“

Vor dem Training rief Jürgen mich in sein Büro, um die Aufstellung für Norwich mit mir durchzugehen. Wir glaubten, dass wir sie mit der richtigen Taktik aus ihrer Formation drängen und dazu bringen konnten, unsere Spieler zwischen den Linien aus den Augen zu verlieren. Wir beschlossen, vorrangig die Saisonvorbereitung zu berücksichtigen und diejenigen aufzustellen, die von Anfang an dabei und in Bestform waren. Deshalb entschieden wir uns für Ox anstelle von Harvey, weil Ox gerade so gut drauf war.

Anschließend rief Ray uns zu sich ins Büro und erklärte uns die Probleme, die sich aus den anstehenden Länderspielen ergaben. Brasilien und Ägypten würden in Ländern spielen, für die eine Gesundheitswarnung galt, was bedeutete, dass die Spieler sich nach ihrer Rückkehr in Quarantäne begeben müssten. Zuvor hatte die FIFA uns erlaubt, solchen Spielern die Teilnahme am Länderspiel zu verweigern, aber jetzt konnten wir sie nicht mehr gegen ihren Willen davon abhalten. Die Lage war unklar, es sah aber nicht gut aus. Allerdings standen andere Premier-League-Vereine vor denselben Problemen, weshalb wir unseren Geschäftsführer Danny Stanway baten, alle zusammenzutrommeln.

Die Hauptbotschaft unserer letzten Trainingseinheit und des Video-Meetings lautete: dem Aufsteiger Norwich klarmachen, dass dies die Premier League und der FC Liverpool ist. Aber Jürgen betonte, dass die Vorsaison Vorbereitung für alle Spiele war, nicht nur für die Partie gegen die Canaries. Wir zeigten Clips von ihrem vollen Stadion. Genießt die Atmosphäre, aber ärgert sie nicht; macht euch die Atmosphäre auf die richtige

Art zunutze. Wir spielen gut gegen sie, wenn wir freie Spieler zwischen den Linien haben. Deshalb mussten wir in unseren offensiven Momenten flexibel sein – das betonten wir auch im Nachmittagstraining. Jürgen machte jedem klar, dass man nie nur für einen Gegenspieler zuständig ist – einer kann auch immer gegen zwei verteidigen, zwischen den Linien sein, auf die Gegner hinter ihm achten. Das war wichtig, weil Norwich so viele Spieler zwischen die Linien stellte. Wenn Ox oder Naby sich auf einen der Innenverteidiger stürzte, brauchten wir zwei, um die freien Räume zu sichern. Wir greifen mit Dreiecken an, aber wir verteidigen auch mit Dreiecken. Das ist eines unserer Grundprinzipien.

Beim Training bestand eines der Teams unter anderem aus Fabinho, Hendo, Thiago, Bobby und Harvey, von denen keiner in der Startelf stand. Jürgen flüsterte mir im Vorbeigehen zu: „Ich bin so froh, dass wir morgen nicht gegen die spielen!"

Abends flogen wir nach Norwich. Alles lief glatt.

Im Meeting vor dem Match sprachen wir darüber, wie wir im letzten Jahr gezwungen gewesen waren, die letzten zehn Spiele als Finals anzusehen. Und heute musste es genauso sein: Wir wollten einen intensiven Hochleistungsauftritt voller Leidenschaft abliefern. In den vergangenen Jahren hatten wir in der Premier League neue Maßstäbe in Sachen Intensität gesetzt, aber die Reise beginnt jedes Jahr aufs Neue.

Norwich war während der Pandemie abgestiegen, hatte aber letztes Jahr 97 Punkte erzielt – mehr als je zuvor in der Vereinsgeschichte – und in ihrem ausverkauften Stadion würde die von Daniel Farke trainierte Mannschaft sicher nur so vor Selbstbewusstsein strotzen. Es war unsere Aufgabe, diesem Selbstbewusstsein sofort einen Dämpfer zu verpassen. Wir mussten darauf gefasst sein, dass sie schlechte Querpässe sofort ausnutzen würden. „Ox, was immer du vor dem Osasuna-Spiel gedacht hast: Bitte denk heute dasselbe“, sagen wir ihm. Heute gelten zwei Mannschaftsregeln. Nummer eins: Jeder ist fürs Verteidigen zuständig; Nummer zwei: Seid mutig am Ball.

Nach dem Aufwärmen im Stadion hielt Jürgen noch mal eine Mannschaftsansprache und betonte, dass wir immer dann besonders stark sind, wenn wir zusammen, nah beieinander spielen. Kompakt und aggressiv in unserer Pressingzone. Milner war sehr lautstark. Das ist der Grund, warum du heute in der Startelf stehst, dachte ich. Weil Verteidigen nicht ohne Kommunikation geht. Er ist ein echter Anführer.

In der ersten Halbzeit erzielte Diogo den Führungstreffer. In der Pause zeigten wir Grafiken von unserem hohen Pressing und wie wir Trent und Kostas offensiver einsetzen konnten, um den Angriff einzuleiten. Wir sprachen auch über die Kommunikation zwischen Virgil, Joel und Milner, um Todd Cantwell besser zwischen den Linien zu kontrollieren, da er bei den gegnerischen Angriffen in den ersten 45 Minuten der Schlüsselspieler und oft frei war.

Roberto und Mo trafen in der zweiten Halbzeit und sicherten uns damit einen 3:0-Sieg in unserem ersten „Finale“ der Saison gegen einen technisch starken und mutigen Gegner. Die Reise hatte begonnen und ich war begeistert von unserem Teamgeist. Trotzdem riefen wir nach dem Spiel noch mal alle zusammen, um die letzten 15 Minuten zu besprechen, in denen wir das Spiel nicht mehr wie gewünscht im Griff hatten und auf ein paar spektakuläre Paraden von Ali angewiesen waren. Das hätte eigentlich nicht nötig sein müssen.

Aber die Einwechslung von Roberto und Fab in der zweiten Halbzeit hatte gut funktioniert. Wir kombinierten dadurch flüssiger und erzielten zwei klasse Tore. Auch Trent war herausragend. Die Aufmerksamkeit war auf Mo und Virgil gerichtet, aber er spielte wie ein Anführer, ein Kapitän.

Spiel eins und drei Punkte auf dem Konto, ein Auftakt nach Maß – aber unsere Vorsaison war noch nicht offiziell beendet. Wir hatten Sonntag noch ein Freundschaftsspiel ohne Zuschauer gegen Aston Villa in Anfield, in dem Hendo und Thiago von Beginn an spielen würden. Ein allerletzter Test.

Als wir am Samstagabend wieder in Liverpool landeten, sah ich im Flieger zu Jürgen rüber, der ein breites Grinsen im Gesicht hatte. Es ging wieder los.

„FÜR INNOVATIONEN
MUSST DU MUTIG SEIN,
FÜR ANPASSUNGEN
UNVOREINGENOMMEN."

Woche 3

„Mach's noch mal, Naby!"

Während ich am Montag unser Wochentraining vorbereitete, das am Dienstag begann, blätterte ich meine Notizen durch, die ich mir während der ganzen Vorsaison gemacht hatte. Meiner Meinung nach mussten wir wiederholen, wiederholen, wiederholen, damit wir bereit waren, wieder loszulegen. Es wieder und wieder machen und Burnley würde dann hoffentlich keine Antwort auf unsere Organisation und Mentalität finden. Ich hatte Trainingseinheiten vorbereitet, bei denen die Jungs hart daran arbeiten mussten, den Ball so früh und hoch wie möglich zurückzuerobern, ohne beim zweiten Ball die Kontrolle zu verlieren. Wir wollten uns auch darauf fokussieren, „überall Optionen zu haben".

Pete und Mark hatten für eine der vorangegangenen Besprechungen vor dem Match eine großartige Video-Animation erstellt, die zeigte, welche Linien und Optionen wir wollten. Unser Spiel geht vom Kollektiv aus und basiert auf den Verbindungen zueinander.

Im Fußball wird immer mehr auf Einzelaktionen gesetzt, aber das ist genau das Gegenteil von dem, was wir anstreben. Was wir machen, machen wir zusammen – und zwar zu 100 Prozent. Deshalb wähle ich immer Übungen aus, bei denen die Spieler gezwungen sind zu kooperieren, sich neu zu organisieren, einen gemeinsamen Plan zu finden.

Vor uns lag eine komplette Trainingswoche, worauf wir uns immer freuen. Da es in den ersten zwei Wochen der Saison keine Spiele unter der Woche gab, fühlte es sich ein bisschen wie die Verlängerung der Vorsaison an, denn wir hatten Zeit zu trainieren, was sonst nie der Fall ist. Wir starteten gleich mit einer

Übung zehn gegen null, um den Aufbau von schnellen, kurzen neuen Dreiecken zu üben, den Gegner außen anzulocken und mit vielen Optionen und Linien durch die Mitte anzugreifen, den Ball schnell zurückzuerobern und den ersten Pass nach vorne zu spielen, um Chancen zu kreieren.

Die Grundidee dabei war, unseren Spielaufbau flexibler zu gestalten, mit einem zurückhängenden Außenverteidiger oder Achter und die Sechs näher bei den zwei Innenverteidigern, um ein stabiles Dreieck zu bilden. Dann brachten wir das äußere Dreieck mit Naby oder Kostas näher an die Innenverteidiger. Dieses Bild gaben wir unseren Spielern gleich am Anfang der Woche mit auf dem Weg, nach dem Motto: Vermittle die wichtigste Botschaft zu Trainingsbeginn, wenn noch alle die Anweisungen verarbeiten können.

Am nächsten Tag wurden die Übungen schneller. Wir stellten die Jungs vor viele „Burnley-Probleme", sie mussten hart und gemeinsam an Lösungen arbeiten. Mit dieser beständigen harten Arbeit sowie einer „Weg mit dem Ego"-Mentalität erschaffen wir das zielstrebige und kollektive Umfeld, das wir anstreben. Ein Umfeld kann man nicht unter Vertrag nehmen wie einen Spieler – es entsteht erst allmählich durch einen kontinuierlichen Prozess.

Am Ende der Einheit machten wir noch Torschussübungen mit echten Stürmer-Moves. Mo, Sadio, Jota, Roberto, Ox und Kaide mussten sich aggressiv hinter der letzten Linie bewegen und einen Ball nach dem anderen einnetzen. Der Star war aber Naby Keita. Ich dachte nur: Was immer du heute zum Frühstück hattest, bleib dabei! Wow, während unserer „Fünf pro Seite"-Identity-Games tunnelte er praktisch jeden im Kader. Als er noch mal tunnelte, brüllte ich: „Mach's noch mal, Naby!", und fünf Sekunden später machte er es tatsächlich noch mal. Und noch mal. „Es ist noch vier Tage zu früh, Naby … nimm den Fuß vom Gas!"

Am Montag hatten die Spieler frei, aber unser Analyst Mark schrieb mir, dass wir, wie schon besprochen, unsere Nummer sechs zentraler halten mussten. Es ist immer gut, von jemandem, der unser Spiel so gut kennt, ein klares, komprimiertes Feedback zu bekommen. Die Saison hatte begonnen und in ihrem Verlauf würden wir unseren Plan mit kleinen Veränderungen fortlaufend optimieren.

Mark zeigte uns anhand von zwei Filmausschnitten, welchen Unterschied es macht, wenn Fabinho auf dem Platz steht. Fab hat die natürliche Eigenschaft, uns immer beschützen zu wollen; er kontrolliert einen sehr wichtigen Raum für Konter. Und das macht er wie kein Zweiter, weswegen ich ihn den „Leuchtturm" nenne – er leitet uns, er kontrolliert die Struktur. Man braucht Organisation, taktische Disziplin und die richtigen Abstände, und es gibt Schlüsselpositionen, um das zu kontrollieren. Das ist die Basis, auf der du unberechenbarer wirst. Im Zehn-gegen-null konzentrierten wir uns drauf, dadurch Dynamiken zu kreieren, dass unsere Acht oder unsere Außenverteidiger anstelle von Fab neben die Innenverteidiger zurückfielen.

Die Tore, die wir in dieser Saison durch Pressing- und Gegenpressingsituationen erzielten, konnten am Ende den entscheidenden Unterschied bei der Punkteausbeute bedeuten. Wir mussten kontinuierlich weiterarbeiten; unsere Intensität steigern; unsere Verbindungen trainieren, indem wir die Augen und Hirne der Spieler änderten; uns bei höchster Intensität aufs hohe Pressing konzentrieren. Meine Überzeugung war: Der Gegner sollte uns keine schlaflosen Nächte bereiten. Was nicht bedeutet, dass wir nicht unsere Hausaufgaben machen und einen Plan ausarbeiten, ABER (in Großbuchstaben) die mentalen Anforderungen an die Spieler bleiben immer dieselben. Ich glaube, dass jedes System eine Lösung für spezifische Probleme hat, die der Gegner aufwirft. Burnley würde unsere letzte Linie mit vielen hohen Bällen attackieren, also brauchten wir dafür einen klaren Plan. Aber der Rest sollte gleich bleiben.

Wir haben Glück, dass Jürgen bei uns ist. Für Innovationen musst du mutig sein, für Anpassungen unvoreingenommen. All das und mehr trifft auf ihn zu. Er lässt mir so viel Freiheit – und das bedeutet auch viel Verantwortung. Es dreht sich alles darum, das Team Schritt für Schritt darauf vorzubereiten, mehr – und besseren – Gegenpressingfußball zu spielen. Das Match gegen Burnley bot am Ende der Woche eine neue Gelegenheit, dies umzusetzen.

Es heißt immer zu Recht, man sei ein Produkt seines Umfeldes, aber manche Menschen besitzen die Gabe, ganz aus sich heraus ein Umfeld zu erschaffen und einer ganzen Organisation ihren Stempel aufzudrücken. Wenn Jürgen zu den Spielern spricht, spricht er aus dem Herzen und seine Worte erreichen die Herzen der Spieler. Die Meetings, die er vor den Trainingseinheiten abhält, machen mein Leben im Training so viel leichter. Die Spieler sind danach neugierig auf das, was kommt, und er besitzt die erstaunliche Fähigkeit, Menschen mit seinen Worten zu berühren. Das ist nicht leicht, vor allem nicht bei Spielern auf diesem Niveau. Ich bin von seiner Überzeugungskraft immer fasziniert. Im Fußball gibt es viele Egos, aber in unserem Klub sehe ich keine – und der Moment, wo für die besten Spieler das Team an erster Stelle steht, ist der Moment, aus dem sich eine Erfolgsgeschichte entwickeln kann.

Der Respekt, den die Spieler dem Boss entgegenbringen, ist riesig. Sogar die gegnerischen Spieler blicken zu ihm auf. Und der Charakter des Trainers färbt ab auf den Charakter der Mannschaft und des ganzen Vereins. Jürgens Persönlichkeit besitzt diese Macht. Man lernt ständig von ihm, weil er einen so oft überrascht. Er kann mit zwei Sätzen einer ganzen Gruppe von Spielern Zuversicht und Entschlossenheit einflößen.

Abseits des Trainingsplatzes bat ich unseren Analysten James French, sich Standardsituationen anzusehen und ein Dossier speziell über Eckbälle zusammenzustellen. Wir waren von festen Abläufen übergegangen zu einem offeneren Ansatz, bei dem wir dann in der zweiten Phase sehr gut organisiert sein wollten. Dieses Konzept behielten wir in den letzten zehn Spielen der vorherigen Saison bei und wurden dadurch viel besser und gefährlicher in Strafraumnähe – genau das passierte bei Mos Tor in Norwich. Bilbao war unserer Meinung nach hinsichtlich der Standardsituationen unser bestes Spiel der Vorsaison gewesen; wir griffen in der Mitte an und Virgil, Sadio oder Joel hatten ständig einen ersten Ballkontakt. Das hatte ich im Kopf, wollte aber unsere Ecken in diesem Spiel zusammen mit Pete und James analysieren. Die Idee sollte sich verfestigen: die Mitte mit drei Anspielstationen attackieren und in der zweiten Phase zuschlagen. Der vom Tor weggedrehte Ball und der zentrale Angriff funktionierten gut für uns. Virgil und Joel – unsere zwei Türme – konnten aus den Zuspielen immer mehr machen.

Nach dem Meeting mit James ging ich mit Jürgen die Trainingspläne durch und wir besprachen die Idee, dass Thiago und Hendo eine „echte" Vorsaison spielen sollten. Andreas Kornmayer hatte am Morgen bereits dasselbe gesagt. Also beschlossen wir, dass die beiden beim „Identity Game" am Ende der Session mitmachen sollten, obwohl sie normalerweise am zweiten Regenerierungstag nur Pässe und Zehn-gegen-null-Rondos machen würden. Am nächsten Tag würden sie dann zusätzlich noch Sprints trainieren.

Vor der Einheit ging ich ins Büro für die Organisationsabläufe der ersten Mannschaft und traf dort auf James Milner, der gerade eine Liste durchging. Ray Haughan erklärte mir, dass die Spieler den Mitarbeitern, die die ganzen vier Wochen im Trainingslager mit dabei gewesen waren, als Zeichen der

Dankbarkeit kleine Geschenke machen wollten. Mein Respekt für James Milner, der schon riesig war, stieg noch ein wenig. Respekt an alle Spieler. Das unterscheidet uns von anderen und die Mitarbeiter würden in den kommenden Wochen das kleine bisschen mehr geben.

Das Training am Dienstag war top, viel besser als in der vorherigen Woche. Jürgen gab klare Anweisungen, an was wir arbeiten sollten und wie wir uns im Spielaufbau durch Formationsänderungen kleine Vorteile verschaffen konnten. Dann ging es raus auf den Platz. Das einzige Problem: Roberto musste nach der ersten Hälfte des Identity Games rein, weil er am linken Oberschenkel etwas spürte. Wir waren optimistisch, dass es nicht allzu schlimm war, und Bobby sagte mir, er wäre okay ... aber das hatte er beim Auswärtsspiel gegen Barça gesagt. Ich sehe ihn noch nach dem Spiel mit einem Handtuch über dem Kopf dasitzen. Hoffentlich war es diesmal nichts Schlimmes.

Das erinnert mich an eine Geschichte nach diesem Spiel im Camp Nou, die zeigt, welche Ausstrahlungskraft Jürgen besitzt. Ich hatte von Vitor, der damals noch in Porto war, folgende Textnachricht erhalten: „Wenn es ein Team im Weltfußball gibt, das das Spiel gegen Barça noch drehen kann, dann seid ihr das." Ich beriet mich mit Milner und Jürgen und dann strahlten wir in der Kabine sofort Zuversicht aus. Leute fragen mich, ob ich damals an einen Sieg glaubte? Ja. Und wisst ihr, warum? Weil mir nichts anderes übrig blieb. Wir spielten im Camp Nou fantastisch und hatten mehr Ballbesitz – das schaffte kein anderes Team. Gini als falsche Neun! Wenn wir nicht daran geglaubt hätten, hätten wir gar keine Chance gehabt.

Am Abend wurde ich daran erinnert, wofür wir so hart arbeiten. Ich bereitete gerade die Trainingseinheit für Donnerstag vor, als mir die Kopie des Champions-League-Pokals ins Auge fiel, in dem sich die letzten Strahlen der untergehenden Sonne brachen. Behalte bei deiner Vorbereitung diesen Pokal als Endziel im Kopf, aber gehe es Spiel für Spiel an, sagte ich mir. Für den nächsten Tag brauchten wir erneut eine fordernde Session, in der wir unseren Prinzipien treu blieben und mit höchster Intensität hoch pressten.

Am nächsten Morgen vor dem Frühstück hielt ich das Konzept für die Einheit noch mal schriftlich fest; jetzt mit allen Details. Eine gute Nachtruhe frischt den Kopf auf und verhilft zu Lösungen. Wir stellten gemischte Elf-gegen-elf-Teams auf, da es wichtig war, alle zu motivieren. Letztes Jahr hatten wir am Wochenanfang zu oft „Startelf gegen Nicht-Startelf" gespielt. Wir mussten nur festlegen, welche Einheiten oder Dreiecke wir in beiden Teams zusammen wollten. Jürgen wählte die letzte Linie aus, mit Ibou, und wir entschieden uns für ein Dreieck aus Trent, Harvey und Mo.

Die Trainingssession war ein richtiger Wettbewerb. Wir spielten Pressing-Gegenpressing in der Mittelzone, wobei auf meinen Pfiff hin lange Bälle reingespielt werden mussten. Jedes Team sollte sechs Pässe spielen, um einen echten Gegenpressing- oder „Kampf um den zweiten Ball"-Impuls zu kreieren. Nach den sechs Pässen konnten sie aufs Tor schießen und die Zone verlassen. Diese extralangen Pässe in unsere letzte Linie waren typisch für Burnley. Unsere Abwehr musste mutig sein und so hoch wie möglich stehen, um den Abseitsvorteil zu haben. Jürgen betonte, dass wir selbst festlegen können, wie klein das Spielfeld ist, wenn wir die zweiten Bälle erobern. Für sechs Pässe gab es einen Punkt und für ein Tor drei. An diesem Tag spürten wir wieder deutlich, dass Intensität unsere Identität ausmacht.

In unserer Einheit zwei Tage vor dem Spieltag konzentrierten wir uns auf Torabschlüsse. Es gab so viele unglaubliche Tore – vom Strafraumrand, aus der zweiten Reihe, direkt vorm Torwart und Kopfbälle nach Querpässen. Schussvariationen aus allen möglichen Winkeln und Positionen innerhalb und außerhalb des Strafraums. Ich hatte Übungen vorbereitet, bei denen Jota für Mo und Sadio Raum schaffen musste. Wir gingen davon aus, dass gegen Burnley Läufe in den Strafraum entscheidend sein würden, uneigennützige Läufe, um Räume zu öffnen. Jürgen erklärte der Mannschaft, dass es nicht leicht sein würde, wir aber nicht erst in der 75. Minute feststellen durften, dass dies der Schlüssel sei. Nach der Einheit übte Trent noch Freistöße. Als Virgil Sadio fragte, warum er das nicht auch machte, antwortete dieser: „Ich gebe Trent Zeit bis Januar und wenn er sie dann nicht reinmacht, übernehme ich die Verantwortung."

Unglücklicherweise verloren wir an diesem Tag unsere beiden Sechser im Training: Fab hatte Beschwerden im Oberschenkel, Milner an der Wade. Jürgen und ich entschieden, Hendo auf die Sechs zu stellen. Ich setzte mich mit Greg und Mark zusammen, um unsere letzten zwei Partien gegen Burnley zu analysieren, und notierte mir die wichtigsten Punkte für das Meeting am Freitag, auf dem Jürgen, Pete und ich die letzte Präsentation vorbereiten würden.

Für den Nachmittag hatte ich ein Fußballspiel für die Mitarbeiter organisiert, um die Menschen, die im AXA arbeiten, zusammenzubringen. Das Team vom Boss gewann und er warf sofort ein Bild vom Siegerteam auf die großen Monitore im ganzen Gebäude. „Ihr habt doch nichts dagegen, Pep und Vitor, oder?", fragte er spitzbübisch. Sie hatten die Hälfte der Zeit mit einem Spieler mehr gespielt, aber eins muss man Jürgen lassen: Er hat noch einige echt coole Stürmer-Moves drauf, die er hinterher als „Gerd-Müller-like" beschrieb.

Ich machte drei Tore. Vor einem dribbelte ich nach innen und schoss ins lange Eck. Ich probierte auch einen Fallrückzieher, der knapp übers Tor ging (obwohl Jürgen hinterher behauptete, man würde immer noch nach dem Ball suchen). Vitor zeigte am Ball echte portugiesische Klasse und Kyle Wallbanks, unser Scout, hielt sich mit seinen gefährlichen Tacklings für Özil. Als das Spiel vorbei war, lagen wir keuchend auf dem Boden.

Das war ein toller Nachmittags-Work-out, der die verschiedenen Abteilungen einander näherbrachte. Man denkt, man wäre fit, weil man in der Woche viel rennt, aber nach fünf Minuten Fußball begreift man, dass das etwas ganz anderes ist. Eine wichtige Erkenntnis für Sportwissenschaftler: Man sollte alle drei Energiesysteme gleichzeitig trainieren, um die Spielintensität zu steigern. Einfach geradeaus rennen hat nichts mit Fußballintensität zu tun ... tatsächlich sage ich immer, dass das die Intensität sogar mindert.

Am Freitag hatten wir das Gefühl, dass wir der Mannschaft eine gute „Botschaft" zum Spiel am Samstag mitgeben mussten, damit sie nicht überrascht werden würden. Deshalb ging es in der Einheit darum, unsere Linien hoch zu halten und Steilpässe zu verteidigen. Unsere Innenverteidiger fühlen sich wohler, wenn sie sich zurückfallen lassen, aber was sich für einzelne Spieler gut anfühlt, ist nicht immer das Beste fürs Team. Gegen Burnley durfte der Raum zwischen unseren Linien nicht zu groß werden, wenn unsere Stürmer nach vorne pressten, damit sie beim zweiten Ball im Vorteil waren. Ich sage immer, dass wir unsere Mannschaft innerhalb von drei Grasstreifen haben wollen, 18 Meter von vorne nach hinten. Das bedeutet es, zusammen zu sein, das ist die Basis für Intensität, denn was Burnley macht, wenn sie Raum haben, das machen sie richtig gut. Ich gelange immer mehr zu der Überzeugung, dass der wichtigste Aspekt unseres Spieles darin besteht, Konter zu stoppen. Also wie organisieren wir uns, während wir uns darauf vorbereiten?

Im letzten Teil unseres Trainings stellten wir Virgil und Joel zusammen gegen „Chris Wood" [Spieler von Burnley] auf (da wir wussten, dass Wood steil spielen will), Hendo gegen „Ashley

Barnes" und unsere Außenverteidiger hoch, weil uns klar war, dass die gegnerischen Spieler dort den Konter einleiten würden. Dieses Hochschieben unserer Außenverteidiger trainierten wir am Donnerstag im Abschlussdrill; Kostas und Trent mussten 20-mal diese Position einnehmen. In der Vorsaison hatte Jürgen den Jungs eindringlich mitgegeben: „Ich will elf Spieler hier, um zu verteidigen, und ich will elf Spieler hier, um anzugreifen." Dabei zeigte er auf unsere Hälfte und die des Gegners.

Danach gab es ein „Roter Alarm"-Meeting mit Julian, Billy Hogan, Danny, Jürgen und mir. Die Brasilianer und Mo würden bei den anstehenden Länderspielen in rot gelisteten Ländern spielen und uns dadurch elf Tage fehlen anstatt neun. Sie würden ihr letztes Spiel am Donnerstag bestreiten, dann zurückfliegen müssen und wir spielten am Sonntag gegen Leeds. Das ist einfach nicht akzeptabel. Denn darüber hinaus würden sie sich nach ihrer Rückkehr für zehn Tage in Quarantäne begeben müssen. Die Premier League verlangte von der Regierung die Erteilung einer Ausnahmegenehmigung, aber wenn diese nicht käme, würden wir die Spieler hierbehalten müssen. Es betraf 52 Vereine in ganz Europa, die alle mit denselben Problemen zu kämpfen hatten. Billy ist intelligent, gut organisiert und zeigte Verständnis für Jürgen, der stinksauer war. Die Spieler würden in acht Tagen fahren, also brauchte er schnellstmöglich eine Entscheidung vom Verein. Aus Sicht des FC Liverpool wäre es, ehrlich gesagt, die beste Lösung, wenn es keine Ausnahmegenehmigung gäbe und die Spieler hierblieben. Aber wir wussten natürlich, wie wichtig es für unsere Jungs ist, für ihre Nationalmannschaften zu spielen.

Nach dem Abendessen im Hotel Titanic zeigte Jürgen mir einen Clip, in dem Adam Lallana mit einem Slide Tackle gegenpresste und Sadio ein brillantes Tor schoss. „Das ist Gegenpressing!", schwärmte Jürgen. Die Szene war aus der Partie gegen

Burnley in Anfield 2019 … was für ein Jahr! Nachdem wir uns noch die anderen drei Tore angesehen hatten, beschlossen wir, Sadios Tor im Mannschafts-Chat zu posten, zusammen mit der Botschaft „Jeder Weg, der zum Tor führt, ist der richtige Weg!“.

Später am Abend sahen wir ein Spiel von PSG und diskutierten über die Begabung von Kylian Mbappé. Vitor fragte ganz direkt, wen wir eher verpflichten würden: den Franzosen oder Haaland … „Das beantwortet besser Jürgen“, sagte ich, doch zu Jürgens Glück kam in diesem Moment Billy hinzu und bewahrte den Boss davor, sich in dieser Frage festzulegen, indem er das Thema wechselte.

Ziemlich spät am Abend telefonierte ich noch mit den Eigentümern eines Klubs, die mich gerne bei ihnen auf dem Cheftrainerposten gesehen hätten. Es war eine große Ehre, dort wieder im Gespräch zu sein, und ich wusste, wie ehrgeizig und leidenschaftlich die Besitzer waren. Aber ich hatte mich mit Haut und Haaren dem FC Liverpool verschrieben.

Noch später, um drei Uhr morgens, klingelte das Telefon erneut. Es waren zwei Mitarbeiter, die mir mitteilten, dass Ox jetzt das Hotel verließ, weil sein Baby früher kam als erwartet. Ich freute mich einfach für ihn. Das war sein Tag und er konnte frei entscheiden, wann und ob er für das Spiel zur Mannschaft stieß.

Am Samstagmorgen kam Ray zu uns rüber. Er hatte Alex an der Strippe und informierte uns, dass dieser stolzer Papa eines kleinen Jungen namens Axel geworden war. Jürgen verkündete die frohe Nachricht gleich zu Anfang der Mannschaftsbesprechung vor dem Spiel und sagte: „Ein Baby verändert alles im Leben eines Menschen, genau wie die Fans im Stadion alles für die Spieler verändern. Noch nie gab es bei einem Scheißspiel eine tolle Atmosphäre. Wir müssen den Leuten Freude bereiten, dann bekommen wir von ihnen noch viel mehr zurück. Die

Menschen im Stadion müssen fühlen, dass es uns genauso viel bedeutet wie ihnen. Die Niemals-aufgeben-Mentalität sparen wir nicht bloß für die großen Spiele auf, wir zeigen sie genauso in den Begegnungen, in denen nicht alles rundläuft. Und vergesst nicht: Es war Burnley, das unsere sagenhafte Heimserie nach 68 Ligaspielen ohne Niederlage in der letzten Saison beendete."

Die Spieler setzten das, worauf wir uns in der Trainingswoche fokussiert hatten, gut auf dem Platz um und wir gewannen mit 2:0 gegen ein kämpferisches Team aus Burnley. Es war eines unserer besseren Spiele gegen diese Art von Mannschaft, mit zwei fantastischen Toren.

Einige der Spieler vom FC Burnley sind echte Granaten; sie waren beim Verlagern und bei Querpässen unglaublich stark. In der Halbzeitpause sagten wir unseren Jungs: „Spielt nicht auf Zeit – wir dürfen gegen sie nicht vom Gas gehen, weil sie das sofort merken und uns bestrafen werden." Auf der Bank beschlossen wir, uns die Auswechslungen für später aufzuheben, weil es uns gelang, den Druck zu erhöhen, und wir immer besser ins Spiel kamen. Das machte sich mit einem zweiten Tor bezahlt: ein paar tolle Kombinationen, für die wir die ganze Breite nutzten, Angriff durch die Mitte und Sadios Abschluss mit einem Volley.

Ich kann nur feststellen, dass es für unsere Gegner nicht besonders empfehlenswert ist, Virgil am Ball Zeit zu lassen. Er spielte einen seiner klassischen Querpässe zu Harvey, der sich außen positioniert hatte, während Mo und Trent innen standen. Er kontrollierte den Ball zweimal mit der Brust, bevor er Trent brillant anspielte, der per Direktabnahme an Sadio weiterleitete, der dann das Tor machte. Harvey zeigte seine großartige Ballbeherrschung und Virgil machte klar, dass er wieder ganz der Alte war.

Nichts fühlt sich besser an als ein Sieg in einem frühen Samstagsspiel, weil man sich danach zurücklehnen und die Spiele aller anderen Teams entspannt sehen und analysieren kann.

Wir hatten die nächste Hürde genommen.

Woche 4

Die ganze Saison in drei Spielen

Am Montag hatten die Jungs frei. Unsere Woche begann am Dienstag mit einem Besuch von Arsène Wenger, der Jürgen, Trent, Virgil, Ali und Thiago die FIFA Awards überreichte. Er sah auch beim Training zu und man konnte förmlich spüren, wie er sich verwandelte, sobald er einen Fuß auf den Rasen setzte. Der Fußballplatz ist sein Büro. Er sagte uns, dass er von der Intensität des Trainings beeindruckt sei. Ich antwortete: „Und das nach einem freien Tag – du müsstest sie morgen sehen!" Er meinte auch: „Es ist erstaunlich, wie viel spezifische Informationen ihr den Spielern zum nächsten Spiel gebt." Genau das ist meine Absicht: viele klare Botschaften in den Übungen. Die Vorbereitung auf Chelsea hatte begonnen und wir mussten einige unserer Pressingdynamiken verändern.

Jürgen erklärte Arsène, dass wir mit unseren ersten drei Spielen bereits die gesamte Premier League abgedeckt haben würden. Norwich: technischer, mutiger, guter Fußball, aber mit einigen Schwächen; Burnley: zweiter Ball, physisch; und jetzt Chelsea: mit Weltklassespielern, die über viel Ballbesitz kommen. Wir mussten zum Wochenstart sehr klar sein, denn „neue Probleme bedeuten neue Lösungen". Dank Chelsea-Coach Thomas Tuchel würden wir so gut wie nie zuvor verteidigen müssen. Sie waren stark, aber unserer Meinung nach nicht stärker als wir selbst. Unsere Woche begann mit einer Demonstration unserer Intensität. Unsere Pässe und Kombinationen waren auf den Punkt genau.

Wenger meinte, wie fantastisch es sei, an der Anfield Road wieder vor vollen Rängen zu spielen – er hat sich schon immer lobend über unsere Fans geäußert. Ich erklärte ihm, wie sehr wir bei unserer emotionalen Spielweise die Zuschauer vermissten. Jürgen sagte, dass uns letztes Jahr beide Beine amputiert worden waren: Ein Bein waren unsere Innenverteidiger, das andere die Fans. Wie wahr! Danach sprachen wir über unseren guten Saisonstart mit zwei Siegen aus zwei Spielen. Wenger sagte: „Wenn du gewinnst, fragst du dich, warum man dir so viel Geld bezahlt, aber wenn du verlierst, hast du meiner Meinung nach jeden Cent und mehr verdient." So ist das Leben eines Trainers: Nach einem Sieg wirst du gefeiert, nach einer Niederlage runtergemacht.

Während wir ein Schwätzchen hielten, übten Harvey, Trent und Mo hinter uns Freistöße. Arsène meinte, früher wären die Mauern immer einen halben Meter nach vorne gerückt, aber jetzt wäre es fairer wegen des Sprays, was bedeutet, dass man viel besser trainieren kann. Jürgen erklärte, das sei genau der Grund, warum wir in Evian neuro11 [neurowissenschaftliches, datenbasiertes Training für Elitesportler] in unser Training mit aufgenommen hatten. Während er sprach, verwandelten die drei Jungs fast jeden Freistoß perfekt.

Wir beendeten die Einheit mit dem „Tor-Spiel" [bei dem der Ball zwischen zwei Markierungen hindurchmuss], um schnelle Richtungswechsel zu simulieren und freie Räume zu schaffen. Mit Druck spielen, den Ball in den eigenen Reihen halten und die Tore aggressiv attackieren – das würden wir auch gegen Chelsea machen müssen. Am liebsten würde ich diese Übung jeden Tag ins Trainingsprogramm mit aufnehmen, weil sie zeigt, dass man so schnell wie möglich spielen muss, um den Gegner zu überraschen. Wir wollten ein roter Pressingblock sein, der sich vor- und zurückbewegt.

Ich hatte mir am Wochenende das Spiel von Arsenal gegen Chelsea genau angesehen und erkannt, dass die Position der letzten Linie entscheidend für ein hohes Pressing sein würde. „Das wird eine Frage des Selbstvertrauens", sagte ich unseren Innen- und Außenverteidigern in der ersten Trainingseinheit der Woche. „Das ist die Hauptaufgabe: Gegen eine Kette von fünf müsst ihr mutig sein, springen und eins gegen eins verteidigen. Wenn wir tief stünden, würden wir nicht gegen James oder Alonso pressen können, und wenn sie das Spiel verlagern können, sind sie nicht zu stoppen. So haben sie Arsenal auseinandergenommen."

Alle Spieler und alle Linien sollten sämtliche defensiven Aspekte dominieren; auf diese Weise wird man nie überrascht. Antizipiere, wo der nächste Pass hingehen wird – zusammen zwingen wir sie dazu, Fehler zu machen, in dem Wissen, dass es nie verkehrt ist, nach vorne zu verteidigen. Wir sagten Robbo und Trent, dass sie sofort in den Pressingmodus schalten sollten. Vom Außenverteidiger zum defensiven Flügelspieler und maximal mutig. „Wir lassen sie machen, was sie wollen, aber nicht, was sie wirklich wollen", sagte Jürgen ihnen. „Der einzige Moment in diesem Spiel, wo wir Tempo rausnehmen können, ist, nachdem wir ein Tor erzielt haben." Diese beiden Spieler, Robbo und Trent, sollten am Samstag das Stadion zum Kochen bringen.

Am Nachmittag sah ich mir die gesamte Trainingssession in Marks Büro noch mal an, um zu evaluieren, ob alles nach Plan gelaufen war, und um das Training für den nächsten Tag vorzubereiten, von den „Aufwachrondos" bis zu unserer Verteidigungsstrategie gegen Chelseas offensive Routinen. Du kannst zu 98 Prozent gut sein, aber wenn dir 2 Prozent fehlen, ist dein Pressing schon scheiße. Es geht darum, Challenges zu finden und zu gewinnen. Wir brauchen Erfolg – immer, wenn wir in der ersten Pressingphase Erfolg haben, machen wir ein gutes Spiel und sind viel frischer am Ball.

Aus diesem Grund veränderten wir unsere Formation. Wir legten den Fokus darauf, mit den Räumen, die Chelsea uns bot, unsere drei Angreifer zu finden. Es kann für den Gegner schwierig werden und in der letzten Linie große Lücken reißen, wenn man zum Beispiel von Flügelspieler zu Flügelspieler kombiniert. Wir wussten, unsere Formation konnte ihnen Probleme bereiten. Unsere Angriffe sollten uns stärker machen, im Gegensatz zu letztem Jahr, wo wir uns so einige Konter einfingen. Diesmal musste es uns gelingen, ihre Konter besser zu unterbinden. Die Mannschaft musste kompakt bleiben, mit und ohne Ball. Mark erklärte, wie Rüdiger rauskommen würde und wir dann den sich öffnenden Raum nutzen mussten. Mo sollte solche Räume förmlich riechen.

Vor der Session am Mittwoch dachte ich darüber nach, wie wichtig es war, vor einem Spiel unsere Vorteile zu kennen. Erstens: Anfield. Zweitens: unsere Struktur plus ein gemeinsamer Plan gegen Chelsea. Aber was uns von vielen anderen unterschied, war meiner Meinung nach unser Charakter. Diese Partie würde ein ganz besonderes Anfield-Match werden, wenn wir in einer ganz besonderen Stimmung waren. Und mit unserem Defensivplan mussten wir uns einen weiteren kleinen Vorteil herausarbeiten: immer „auf dem Sprung" zu sein. Wenn wir unsere Pressingzone dominieren, gewinnen wir immer die Oberhand. Pressing ist die offensivste Idee im Fußball, weil man sofort Angriffssituationen kreiert. Je besser du ohne Ball bist, desto öfter bekommst du ihn.

Diese defensiven Aspekte schon am Mittwoch, drei Tage vor dem Spiel, zu trainieren, machte einen großen Unterschied. In der Einheit stellten wir unsere Spieler vor unzählige Probleme, die sie lösen mussten. Wir wussten, dass wir gegen Chelsea nicht perfekt sein konnten – dafür waren sie einfach zu gut und man kann nicht alles kontrollieren, wenn man gegen sie spielt.

Jürgen, Pete, Vitor und ich sahen uns Ausschnitte unseres Pressings gegen RB Leipzig aus der vergangenen Spielzeit an und besprachen, wie es am Wochenende aussehen sollte. Das Training endete mit unserem Identity Game als Höhepunkt: drei Teams auf dem ganzen Feld gegeneinander, eine extrem intensive Übung. Die Jungs trainierten wirklich gut, kämpften um ihren Platz. Das konnte man vor allem an der Performance unserer Mittelfeldspieler erkennen. Selten hatten wir mehr präzise schnelle Pässe gespielt. Und trotzdem gab es kein einziges Foul. Das liebe ich. Die Spieler des FC Liverpool werden nicht nur nach ihren fußballerischen Fähigkeiten, sondern auch nach ihren menschlichen Werten beurteilt.

Vitor fing am Mittwoch auch mit den Nachwuchsspielern, der „talent group", an. Die jungen Kicker sollen sich schon möglichst früh an die Spielidee der A-Mannschaft gewöhnen. Wir bemühen uns um eine individuelle und kollektive Entwicklung vor dem Hintergrund der Grundidee und Werte des Klubs. Wenn man die Talente zusammenbringt, erweitern sich die Trainingsmöglichkeiten ins Unendliche. Und genau das passierte: Kaide Gordon, Tyler Morton und Owen Beck klopften nicht nur an die Tür – sie stießen sie weit auf. Im heutigen Fußball kommt es selten vor, dass eine Gruppe von Spielern, die in derselben Vereinskultur ausgebildet wurde, länger zusammenbleibt. Früher war das anders, da hatte jeder Verein einen Kern, der aus derselben Vereinskultur stammte. Genau das versuchen wir mit den ganzen Vertragsverlängerungen zu erreichen.

Früher bestimmte das Kernteam die Spielweise und erst danach kam der Trainer. Und wenn das ein Toptrainer war, gewannen sie alles. Das passierte in jedem Land, zum Beispiel mit Sacchi bei Milan, Cruyff bei Barça und Van Gaal bei Ajax. Mit der eigenen Nachwuchsakademie kann man das wieder aufbauen, was man in der Vergangenheit hatte. Wir riefen die Talent Group ins Leben, damit ein 15-Jähriger mit einem 19-Jährigen trainieren kann; das einzige Ziel ist, dass sie sich kennenlernen. Sie kennen die Regeln des AXA, die Mitarbeiter, die Kantine, all diese Dinge. Aber am wichtigsten ist, dass sie einander kennen und untereinander eine Verbindung entsteht. Denn am Ende – das ist unser Hauptziel – sollen sie in der A-Mannschaft zusammenspielen. Und wenn das geschieht, ist es eben nicht das erste Mal, dass sie zusammen auf dem Platz stehen. Das geht nur, wenn man ein Umfeld schafft, in dem der beste 15-Jährige mit dem besten 19-Jährigen trainiert. Also brachten wir Kaide und Owen mit rein, damit sie Mo Salah aus der Nähe beobachten konnten: wie er sich im Physio-Raum vorbereitet, was er vor dem Training macht, wie er seine Schienbeinschoner anlegt, wie er seine Schuhe behandelt, einfach alles. Es geht um all diese kleinen Dinge, die nirgendwo aufgeschrieben sind. Es ist so wichtig für junge Spieler, von ihren Vorbildern zu lernen.

Und was diese auf dem Platz machen, kommt dann ja erst noch: wie Sadio den Ball kontrolliert, wie Virgil von hinten als Spielmacher agiert. Sie sehen, wie Sadio sich Räume öffnet, bevor er den Ball bekommt – das ist eine seiner größten Stärken –, sodass er in den von uns gewünschten Räumen eins gegen eins spielen kann. Es ist eine One-Club-Mentalität; unsere Vision, unsere Zukunft, unsere Ideale, unsere Spielweise sind unser Markenzeichen. Dazu gehört auch, wie wir versuchen, unsere

Fans zu repräsentieren. Wir wollen ihre Leidenschaft widerspiegeln, deshalb haben wir uns für diesen Stil entschieden. Es muss alles zusammenpassen: die Trainer, die Spieler, die Mitarbeiter, die Jungs aus der Nachwuchsakademie und die Fans.

Die Talent Group haben wir ins Leben gerufen, weil es in einem so großen Verein wie dem FC Liverpool für den Cheftrainer unmöglich ist, sich jedes Nachwuchsspiel anzusehen. Ich dachte mir: Wenn der Boss nicht hingehen kann, okay, dann bringen wir die Besten eben zu ihm. Also dürfen sich diese jungen Spieler einmal pro Woche in der Kabine der A-Mannschaft heimisch fühlen. So entsteht eine Beziehung zwischen ihnen und Jürgen.

Mit Kaide wollten wir geduldig sein. Das ist meiner Meinung nach unglaublich wichtig, weil solche Entscheidungen die Karriere eines jungen Spielers bestimmen. Wir wollen etwas Einmaliges schaffen. Jürgen sagt immer, wenn es so einfach wäre, würden es alle tun. Charakter steht an erster Stelle und Talent an zweiter. Mit Charakter meine ich Leidenschaft, Ehrgeiz. Ich habe schon oft gesagt, dass die Liebe zum Fußball das Wichtigste ist, was einen Spieler antreibt.

Am Mittwochnachmittag erhielt ich von jemandem im Verein eine Textnachricht mit folgendem Inhalt: Alle 20 Premier-League-Klubs waren sich einig, dass man keine Spieler für rot gelistete oder Quarantäne-Länder freigeben würde und dass man an die FIFA appellieren würde, ihre Position zu überdenken. Es war unwahrscheinlich, dass die FIFA Strafen verhängen würde, aber das würden wir im Laufe der nächsten Tage sehen. Die Länderspiele rückten immer näher und wir brauchten einfach Klarheit.

Mark wählte drei oder vier gute Defensiv-Videoclips von der Dienstags-Session aus und ich bat ihn, darin die wichtigsten Coaching-Aspekte per Grafik darzustellen. Es war noch

Feinabstimmung nötig. Vor allem im Mittelfeld. Danach fand unser zweites Staff-Spiel statt, das mit einem 9:5-Sieg des Teams von Jürgen und mir endete. (Meine zwei Weltklassetore gegen John Achterberg wurden zu meinem großen Bedauern nicht von der Überwachungskamera eingefangen.)

Am Donnerstag wurden die acht Vierergruppen für die Gruppenphase der Champions League ausgelost. Als Gruppengegner wurden uns der AC Mailand, Atlético Madrid und der FC Porto zugelost, und wir freuten uns. In einer so starken Gruppe muss man sich das Weiterkommen verdienen. Ich sagte zu Joe Gomez: „Durch diese Spiele werden wir zu einem besseren Team.“ Je besser der Gegner, desto besser musst du spielen. Und je besser du spielst, desto mehr entwickelst du dich.

Die ganze Aufregung um die Auslosung ließ uns kurz vergessen, dass wir in zwei Tagen gegen Chelsea spielen würden. Aber danach waren wir alle gleich wieder voll fokussiert.

Am Freitagmorgen kam Dr. Jim Moxon ins Büro und ich merkte sofort, dass etwas nicht stimmte. Ein externer Mitarbeiter, der eng mit unseren brasilianischen Spielern zusammenarbeitete, war positiv auf Corona getestet worden, und er hatte die Jungs am Montag, Dienstag und Mittwoch behandelt. Wir beschlossen zusammen mit Jürgen, dass wir alle Schnelltests machen und uns dann auf unsere routinemäßigen Aufgaben konzentrieren.

Das Training war gut, das Niveau hoch und die Jungs waren top in Form, um es mit Chelsea aufzunehmen. Während wir die taktische Spielvorbereitung abschlossen, kam die Nachricht, dass Ronaldo zu Manchester United wechselt. Das spornte uns noch mehr an, wir wollten etwas beweisen. Später kam Pete vorbei und sagte: „Neymar geht zu City“, woraufhin alle lachten.

Bevor wir zum Titanic rüberfuhren, versammelten wir uns in Jürgens Büro vor dem Taktik-Board, um unsere Optionen fürs hohe Pressing durchzugehen. Die Magnete lassen sich leichter verschieben als unsere Spieler, aber wir beschlossen, so mutig wie möglich alles reinzuwerfen, was wir hatten. Wir wollten Tuchel überraschen. Wie würde er reagieren? Wir glaubten, es zu wissen. Schon vor dem Spiel konterten wir also den Konter. Als Pete mit den Analysevideos ankam, besprachen wir die Details und beschlossen, unsere Defensivformation bei Einwürfen zu verändern. In diesem Punkt waren wir schon lange anfällig und wollten diesmal eher auf eine Raum- als eine Manndeckung setzen. Dass Burnley sich drei Riesenchancen erspielt hatte, tat noch immer weh.

Später im Hotel bei der Mannschaftsbesprechung sagte Jürgen, eine der besten Regeln im Fußball sei, „den freien Spieler zu finden", und wenn keiner frei sei, einen solchen zu kreieren. Das konnten wir gegen sie machen, solange wir drei Dinge umsetzten: erstens Fabinho hinter den Stürmern zu positionieren, weil sie sich dann mehr bewegen müssen. Zweitens Robbo oder Hendo zurückfallen zu lassen, um einen Gegenspieler rauszuziehen. Drittens Sadio, Roberto und Mo in der Mitte nah beieinander spielen zu lassen – maximal zehn bis fünfzehn Meter auseinander –, damit wir mit einem von ihnen den freien Raum finden und immer gegenpressen können. Das würde in ihrer hinteren Linie Lücken reißen, die die zwei anderen Angriffsspieler nutzen konnten, wobei Trent und Robbo immer bereit waren zu hinterlaufen.

Nach dem Meeting sah sich der ganze Staff gemeinsam an, wie Dortmund gegen Hoffenheim 3:2 gewann. Haaland war der Matchwinner. Mal wieder. Er hat einfach unfassbar viel Energie.

Samstagmorgen gesellte sich Barry Hunter zum Frühstück zu uns – ein toller Mensch und ein Spitzenscout. Wir sprachen über Kaide Gordon und auch über Bobby Clark, der aus Newcastle in unsere Nachwuchsakademie kommen sollte. Beide sind

Verpflichtungen für die Zukunft, können uns aber schon jetzt helfen.

Manchester City gegen Arsenal lautete die frühe Partie am Samstag. Direkt vor der Übertragung lief im Fernsehen ein Werbespot für Under Armour mit Trent. Die Jungs machten sich darüber lustig. „So schnell und mit dieser Armbewegung haben wir dich noch nie rennen sehen!"

In seiner Kabinenansprache vor dem Match gab Jürgen den Jungs mit auf den Weg, dass alles, was wir tun und getan haben, auf Spiele wie dieses ausgerichtet ist. Das Rezept: Mut. Es würde viele kleine Kämpfe geben, Tacklings oder Pressing beim Einwurf, und diese mussten wir zelebrieren. Das wichtigste Indiz für ein gutes Spiel ist, wenn unser Gegenpressing funktioniert. Wir mussten da sein. Es musste in diesem Spiel zwei Situationen geben: Entweder wir pressen oder wir bereiten uns auf eine Pressingsituation vor. Pressing funktioniert zwar nicht immer, aber stellt euch vor, wir würden nicht pressen. Wir brauchen diese gemeinsame Leitlinie. „Ich spreche gerade sehr schnell, aber nur, weil wir auch schnell spielen müssen", sagte der Boss.

Das Spiel – Finale Nummer drei – gegen den amtierenden Champions-League-Sieger endete mit einem 1:1-Unentschieden, das sich für uns ein bisschen wie eine Niederlage anfühlte. In der ersten Hälfte hatten sie keine Antwort auf unser Pressing, aber in der zweiten Hälfte fanden sie eine, indem sie tief verteidigten. Sie hatten zwar nur noch zehn Mann auf dem Platz, nachdem Reece James Rot gesehen hatte – aber das Momentum war auf ihrer Seite. Wenn du die Champions League gewinnst, ist das Momentum oft auf deiner Seite.

Mo glich per Elfmeter aus, nachdem Chelsea durch einen Kopfball von Kai Havertz (meiner Meinung nach etwas unverdient) in Führung gegangen war. Aber trotz Überzahl gelang es uns in der zweiten Halbzeit nicht, das zweite Tor zu machen, weil sie so gut und tief verteidigten. Letztlich gab ich mir dafür die Schuld. Wir hätten eine bessere Reaktion zeigen und in den letzten 15 bis 20 Minuten mutiger sein müssen. Manchmal werden unsere Außenverteidiger zum Spielende hin müde, weil unser Spielstil erfordert, dass wir den Gegner außen ausspielen, um mehr gefährliche Spielverlagerungen zu erzeugen. Auf diesen Positionen müssen wir in den letzten 20 Minuten mehr Angriffslösungen haben, mit unterschiedlichen Arten der Beschleunigung. Nach 60 oder 70 Minuten ständigem Rauf und Runter gegen einen tief stehenden Gegner ist das zu viel verlangt.

Im Sommer hatte ich eine Formation vorbereitet, basierend auf einem Drei-Raute-drei mit zwei neuen, frischen Spielern außen. Zum Beispiel kommen dann Ox und Curtis rein, um außen zu spielen, und Fabinho spielt als falscher Innenverteidiger vor Trent, Virgil und Robbo. Das Problem diesmal war, dass wir gegen Lukaku spielten und schon in der ersten Hälfte aufgrund einer Oberschenkelverletzung für Roberto Jota einwechseln mussten. Trotzdem hätte es möglicherweise geklappt, wenn wir es vorher geübt hätten. Vielleicht wäre das Ergebnis am Ende dasselbe geblieben, aber zumindest hätte ich mich dann nicht die ganze nächste Woche über gefragt: Was wäre gewesen, wenn?

Wir waren auf jeden Fall die überlegene Mannschaft – und am wichtigsten dabei war, dass sowohl unsere als auch die gegnerischen Spieler das spürten. In dieser Hinsicht fühlte es sich wie ein Sieg an. Die Premier League ist die Premier League; es ist ein Marathon und Beständigkeit gewinnt am Ende. Und … unsere Defensivarbeit bei Einwürfen war herausragend. Wir gewannen jeden Ball.

Auf dem Weg nach Hause besprach ich mit Vitor, dass unsere B-Mannschaft im Training so spielen musste wie Leeds. Die

Probleme, die wir in der letzten Saison im Auswärtsspiel gegen Leeds hatten, sollten möglichst früh in der Woche gelöst werden.

Ich konnte es kaum erwarten loszulegen, aber erst mal war Länderspielpause. Ich schwor mir selbst, dass wir nicht noch einmal wie gegen Chelsea in den letzten 20 Minuten gegen eine Mauer anrennen würden. Das Wichtigste im Fußball ist, den anderen immer einen Schritt voraus zu sein. In der ersten Halbzeit waren wir das. Darauf konnten wir aufbauen.

„WIR SIND NUR
PASSAGIERE, DIE
DIE KULTUR DIESES
WUNDERBAREN VEREINS
REPRÄSENTIEREN,
SEINE RUHMREICHE
GESCHICHTE.“

Woche 5

Mach das Schicksal zu deinem besten Freund

Die Woche begann mit dem letzten Tag der Transferperiode, dem Deadline Day, an dem noch viele Vereine auf der hektischen Suche nach Lösungen waren. Und schon war der Druck wieder da, typisch für England. Im Februar hatten wir bei unserem Treffen mit den Klubbesitzern zum wiederholten Mal darauf hingewiesen, wie wichtig es ist, Spieler früh zu verpflichten, damit diese möglichst die gesamte Saisonvorbereitung mitmachen können.

Jürgen leitete mir eine Meldung von einer Nachrichtenseite weiter, in der behauptet wurde, dass unser Sportdirektor Michael Edwards den FC Liverpool zum Ende der Saison verlassen würde. Es ist immer traurig, wenn Menschen gehen, die eng mit unserem Erfolg verbunden sind, aber das Leben geht weiter. „Der Klub wird immer da sein, auch wenn wir weg sind“ war ein Lieblingsspruch unseres ehemaligen Zeugwartes Graham Carter. Wir sind nur Passagiere, die die Kultur dieses wunderbaren Vereins repräsentieren, seine ruhmreiche Geschichte.

Hendo unterschrieb seinen neuen Vertrag am Deadline Day – unser „Minichef“, wie sein Papa ihn im Video „The Journey Continues“ so zutreffend nennt. Wenn man Henderson mit einem Wort beschreiben müsste, dann mit „Entschlossenheit“. Er besitzt die Fähigkeit, ein Team anzuführen und zu ungeahnten Leistungen anzutreiben. Solche Spieler machen den Unterschied. Ich erinnere mich an eine Besprechung mit ihm in Barcelona, nach unserem Lunch am Spieltag; er war so enttäuscht, nicht in der Startelf zu stehen. Ich redete eine ganze Stunde mit ihm über unsere Ideen, die kommenden Wochen, seine Führungsrolle im

Heimspiel und darüber, dass die Mannschaft seine Präsenz als Kapitän brauchte.

Der Rest ist Geschichte. Er führte uns in Anfield mit einer unfassbaren Energie auf den Platz. Wie Jürgen mal bemerkte, ist es für uns wie ein Traum, dass die Fans unsere Identität fühlen und leben. Dann ist in Anfield alles möglich. In jener Nacht, als wir im Anfield gegen Barcelona spielten, war Hendo immer im richtigen Moment da, wo er gebraucht wurde. Barça wollte das Spieltempo bestimmen und wenn ihnen das gelingt, sind sie fast unschlagbar. Wir wollten das natürlich verhindern und Hendo spielte dabei eine entscheidende Rolle – so blockierten wir den Weg zu Suarez und Messi.

Wir ließen sie nur Dinge tun, die sie nicht mögen, und das alles immer nach dem Prinzip, dass wir verteidigen, um Chancen zu kreieren. Elf Spieler jagten sie und verhinderten, dass sie das Tempo vorgaben. Noch nicht mal ter Stegen, den sie unter Druck genau dafür einsetzen wollten, gelang es. Jeder lange Ball, den sie spielten, war ein kleiner Sieg für uns, weil sie darin nicht so effektiv sind. Wir sagten unseren Jungs: „Spielt nicht eins gegen eins gegen Lionel Messi. Wenn er anfängt zu dribbeln, verteidigen wir gegen ihn mit allen Spielern, die gerade in der Nähe sind."

Die taktische Disziplin unserer drei Mittelfeldspieler, angeführt von Hendo, war herausragend. Wir bewegten uns als roter Block vor und zurück. Jeder einzelne Spieler hatte in dieser Saison wichtige und entscheidende Momente – das sagt viel über die Mentalität der Mannschaft aus. In diesem Spiel gegen Barça waren das zum Beispiel Divock, der ter Stegen bei jeder Gelegenheit anlief; Milner, der in der zweiten Hälfte für Robbo reinkam; Trent oder Robbo, die in der ersten Halbzeit unzählige Male in die Angriffszonen hochschoben. Ich erwähnte ja bereits, dass ich es liebe, Außenverteidiger im Strafraum zu sehen. Wie

Robbo und Trent von außen in Schusspositionen kamen, war so wichtig; ihre Querpässe zueinander zum richtigen Zeitpunkt sind so unberechenbar. Aber gegen Barça kann man nicht alles verhindern; Ali [Alisson Becker] hatte also auch einige unglaubliche Momente. Er glänzte mit einigen tollen Paraden.

Doch genug von Barça und der Vergangenheit. Wir wollten es in dieser Saison erneut angehen.

Es wurde in den Medien ziemlich viel Aufhebens um unsere angebliche Untätigkeit während der Transferperiode gemacht. Aber wir gehen da unseren eigenen Weg und glauben, dass wir mit harter Arbeit die Zweifler umstimmen können. Härter arbeiten als alle anderen – vor allem unsere Teamleader müssen daran glauben. Es ist nicht leicht, aber mit Hendo, Milner, Virgil, Ali, Robbo und Trent am Steuer ist es möglich. Wir müssen ihnen diese Verantwortung übertragen, ihnen unser volles Vertrauen schenken. Und dann, wenn unsere Mannschaft eine Chance sieht, heißt es: anschnallen! Aber es fängt damit an, dass alle hart arbeiten und sich Egotrips verkneifen. Ganz egal, was du schon erreicht hast: Ohne harte Arbeit wirst du es nicht noch einmal erreichen. Diese Jungs sind zum Beispiel in der Lage, ein einfaches Rondo zu einem echten Wettkampf zu machen. Das hatten alle erfolgreichen Teams, die ich bisher trainiert habe, gemeinsam.

Alle müssen im Wettkampfmodus sein und sich voll und ganz mit dem Team identifizieren. Starke Persönlichkeiten mit dem festen Willen, sich zu steigern, sind die beste Voraussetzung für Erfolg. Worauf es sonst noch ankommt: Identität und Beständigkeit. Drei Spiele, sieben Punkte, sechs recht unterschiedliche Tore, ein Gegentor aus einer Standardsituation. Das war ein solider Start in die Saison.

In den Länderspielpausen hatten wir ein paar Tage frei und ich nutzte die Zeit, um meine Familie in Holland zu besuchen.

Die Jungs absolvieren zu Hause oder an ihren Urlaubsorten ein individuelles Lauftraining. Dieses Training wirkt wie ein Placebo – sie „bleiben“ damit fit. Nun war ich auf dem Rückweg nach England und betete, dass auch alle unsere Spieler gesund und unverletzt von ihren Länderspieleinsätzen zurückkehrten. Nach drei Spielen in so kurzer Zeit wäre das auf jeden Fall ein kleiner Sieg.

Woche 6

Was wollen wir wirklich?

Nach der freien Woche waren wir endlich wieder alle im AXA und konnten mit der Vorbereitung auf das Spiel gegen Leeds United beginnen. Jürgen und ich setzten uns gleich zusammen und gingen die Wochenplanung durch. Ich sagte ihm, dass in den nächsten Tagen zwölf junge Spieler mit uns trainieren würden: erstens, damit wir einen Überblick über unsere größten Talente behielten; zweitens, um diesen jungen Spielern unsere Grundprinzipien näherzubringen; und drittens, um im Training vom Ehrgeiz und Enthusiasmus dieser Jungs zu profitieren.

Ich legte Jürgen auch meine Ideen für eine Situation wie bei Chelsea dar, wenn wir in den letzten 20 Minuten ein Tor machen mussten. Danach besprachen wir, wie wir das Team bestmöglich für einen harten Kampf an der Elland Road vorbereiten konnten.

Ich versuche immer, möglichst viel über den gegnerischen Trainer herauszubekommen, versuche, seine Vorstellungen und sein Verhältnis zum Verein besser zu verstehen. Marco Bielsa ist überzeugt davon, dass es leichter ist, Verteidigung zu lernen als Angriff. Ihr Abwehrkonzept besteht darin, die ganze Zeit zu rennen. Rennen sei eine Sache des Willens, erklärt er, aber man brauche auch ein gewisses Maß an Talent. Er sagt seiner Mannschaft, dass es bei seiner Spielidee um vier Dinge geht: Bewegung, Rotation, Konzentration und Improvisation. Folgt man dieser Methode, steigen seiner Meinung nach die Siegeschancen. „Wir müssen gewinnen." Da hat er absolut recht. Mir gefällt, wie er sich mit der Kultur von Leeds identifiziert hat. „Jeder Trainer würde gerne für diesen Verein arbeiten, so wie er aufgestellt ist", sagt er. Das ist die richtige Einstellung. Marcelo Bielsa hat die Art, wie wir Fußball sehen und Training verstehen, fundamental verändert. Deshalb respektieren ihn weltweit sehr viele Trainer.

Letztes Jahr hatten wir uns an der Elland Road nicht genügend Chancen herausgespielt und die Chancen, zu denen wir kamen, hatten wir nur nach langen Bällen. Das war zwar immer eine Option, sollte aber keinesfalls unsere einzige Lösung sein. Wir mussten uns verbessern, angefangen damit, wie gut wir den Ball von hinten rausbrachten. Dafür mussten wir klare Anweisungen geben und mit unseren Innenverteidigern arbeiten, da sie entscheidend dafür waren, den Ball gegen die gegnerische Manndeckung an den freien Spieler zu bringen. Wenn wir das gut machen, verlieren sie ihre Organisation. Der zweite wichtige Aspekt war, dass wir in unserer ersten Pressingphase erfolgreicher sein mussten als im letzten Jahr. Also beschlossen wir, das Training diese Woche hauptsächlich auf diese zwei Punkte hin auszurichten. Wir würden entsprechende Probleme für die Jungs konstruieren und sie auffordern, diese zu lösen. Der Prozess steht immer im Vordergrund. Thiago, Fabinho und Harvey mussten Antworten finden.

Ich sagte zu Jürgen: „Wenn wir so weitermachen und unseren ‚neuen' Weg fortsetzen so wie beim Pressing gegen Chelsea, werden wir wieder das beste Pressingteam Europas werden."

Unser Team konnte das schaffen, weil die Spieler alles über die Vorbereitung von Pressingsituationen wussten und alles beherrschten, was dazu nötig war. Wir glaubten an unsere Spieler. Das ist das Wichtigste: ihnen zu sagen, dass sie sich verändern können. Ohne Veränderung kein Fortschritt, aber meiner Meinung nach kann man neue Dinge nur angehen, wenn man die alten gut beherrscht. Unser Ziel sollte sein, die Mannschaft zu bleiben, gegen die niemand spielen will. Die wichtigste Aufgabe von uns Trainern bestand darin, unseren Spielern den Glauben an diese Entwicklung einzuflößen. Wie Jürgen immer sagt: Um die besten Mannschaften der Welt zu schlagen, müssen wir nicht unbedingt selbst das beste Team werden. Wir wollten den Gegner erneut überraschen – nicht nur mit der Intensität unseres Pressings, sondern auch mit unserer neuen Dynamik im Kampf um den Ballbesitz.

Wenn eine Mannschaft an sich glaubt, gewinnt sie nicht automatisch, aber wer nicht an sich glaubt, hat es schwer. Dafür ist das Training da: um durch Wiederholungen Klarheit und Sicherheit zu schaffen. Es macht einen Riesenunterschied, ob ein Spieler voller Selbstvertrauen spielt oder unsicher ist. Das ist doch für jeden Trainer in jedem Sport das Ziel: mit deinen Ansprachen, deinen Trainingseinheiten Selbstvertrauen erzeugen. Deshalb bin ich so dafür, dass sie im Training alles geben – dann bist du auf jeden Fall immer ein Sieger. Das ist die richtige Einstellung. Aus diesem Grund verwende ich so viel Zeit auf die Vorbereitung der Sessions, und sobald eine Einheit endet, denke ich schon über die nächste nach.

Es geht nicht darum, der Klügste zu sein, sondern darum, so lange wie nötig an den Problemen dranzubleiben. Die Sessions mussten die Jungs dazu inspirieren, absolut alles zu geben. Sie mussten mit ihren ganzen Körpern, Hirnen, Lungen, Beinen und Herzen bei der Sache sein. Wir versuchen, Anführer zu sein, denen Anerkennung zu zollen, die sie verdienen, und Verantwortung zu übernehmen, wenn's schlecht läuft. Wir geben nie den Jungs die Schuld oder heimsen die Lorbeeren ein. So nehmen wir den Druck von den Leuten um uns herum. Das zeichnet meiner Meinung nach eine echte Führungspersönlichkeit aus. So wie Jürgen. Wir versuchen, diese Reise mit all ihren Siegen und Niederlagen zu genießen, doch liegt der Fokus letztlich immer auf unserem kontinuierlichen Prozess. Leeds war das nächste Finale.

Die erste Übung der Woche mit den Mittelfeldspielern war ein Drei-gegen-zwei-Rondo, bei dem die Spieler One Touch spielen oder vor dem Passen im Eins-gegen-eins gewinnen mussten. Dadurch entstand eine tolle Dynamik: Sie mussten den Ball abschirmen, schwierige Situationen meistern, interagieren, offensiv aggressiv sein im Eins-gegen-eins, ständig den Rhythmus wechseln. Thiago, Harvey und Fab, die zusammen nonstop kombinierten und den Gegner ausspielten: Das würde gegen Bielsas Team für uns der Schlüssel sein. Direkt danach gaben wir den drei Spielern zwei Bälle, die sie untereinander halten sollten. Das bedeutete viele Eins-gegen-eins-Situationen, die sie gewinnen und bei denen sie schnell schalten mussten. Die Innenverteidiger spielten ein Vier-gegen-drei-Rondo und mussten dabei einen freien Verteidiger kreieren, der in den freien Raum vorstoßen konnte. Dann kombinierten wir all diese Rondos zu einem Ballbesitzspiel. In den letzten 20 Jahren als Trainer habe ich gelernt, dass man die Saat früh säen muss. So können die Spieler Situationen und Aktionen viel besser antizipieren.

Vor der Einheit sprach ich mit den jungen Spielern und paraphrasierte ein Zitat des amerikanischen Basketballtrainers John Wooden: „Es gibt viele absolute Spitzenathleten mit großem gottgegebenem Talent, aber sie konzentrieren sich nicht auf die Entwicklung ihres Talentes. Wer sind sie? Ihr habt nie von ihnen gehört und werdet es auch nie. Im Sport und auch überall sonst im Leben gilt: Harte Arbeit macht den Unterschied aus – sehr harte Arbeit.“ So machten wir ihnen klar, was sie in den folgenden Tagen von uns zu erwarten hatten.

Am Dienstag setzte ich meine Bielsa-Recherche fort. Es gibt viele Trainer, die mit der Struktur und Mentalität spielen lassen, „nicht zu verlieren“, aber er gehört definitiv nicht dazu. Es heißt, es gebe zwei verschiedene Trainertypen: nicht „gute“ oder „schlechte“, sondern solche mit Selbstvertrauen und Überzeugung und solche ohne. Jeder denkt, es sei einfach, dein Team auf Angriff zu trimmen, und bei *Football Manager* mag das ja durchaus so sein. Aber wenn 50.000 Menschen im Stadion, Millionen zu Hause vor dem Fernseher und dazu noch jede Menge Journalisten vor ihren Laptops jede deiner Aktionen und Entscheidungen beobachten, zeigt sich, ob du echtes Selbstvertrauen und Überzeugungskraft hast. Deshalb schätze ich sehr, was José Mourinho nach unserem Auswärtsspiel in Barça sagte: „Liverpool war mutig. Ich glaube nicht, dass in den letzten 20 Jahren viele Teams im Camp Nou mehr Ballbesitz hatten als Barça. Liverpool hat viel mehr verdient als eine 3:0-Niederlage, viel mehr.“ Ich habe einen Riesenrespekt vor jedem Trainer, egal auf welchem Level, der offensiv spielen lässt. Weil ich weiß, wie es sich anfühlt, wenn man aus dem Tunnel rauskommt. Das Flutlicht blendet einen, die Kameras folgen dir auf Schritt und Tritt und es ist lauter als bei einem Vulkanausbruch. Im Fußball musst du sehr stark sein, um das alles auszuhalten, was von außen auf dich niederprasselt. Und keiner kann das besser als Jürgen.

Man konnte unsere Aufregung förmlich spüren. Fabinho drückte es gut aus: „Die Mentalität dieser Gruppe ist toll, alle sind bereit, alle sind fit. Wir freuen uns also momentan darauf, dreimal pro Woche zu spielen.“ Ich sagte am Dienstag vor dem Training zu den Jungs: „Was, wenn es noch besser wird, als wir es uns jetzt vorstellen können? So sollten wir die Sache angehen; nicht als Kader, sondern als Team."

Am Nachmittag fragte James per Textnachricht an, ob die Medienabteilung das Padel-Tennis-Match zwischen mir und Jürgen und Adrian und Thiago filmen könne. Ich antwortete: „Meinetwegen könnt ihr es sogar live streamen, aber Jürgen sagt immer, dass er aussieht, als hätte ihn ein Laster überfahren, also bin ich mir nicht sicher, was er davon hält ..." Es war übrigens ein großartiges Match. Wir haben verloren, aber die Ballwechsel waren unglaublich und Jürgen hat sehr gut gespielt. Spanische Technik gegen deutsche und niederländische Leidenschaft. Jürgen sagte: „Das ist das erste Mal, dass ich Pep schwitzen sehe!" Wir spielten gut, holten auf, aber es reichte nicht. Unsere Identität war in diesem Fall Mittelmäßigkeit ...

Am Mittwoch – unserem freien Tag – ließen die FIFA und der brasilianische Fußballverband eine Bombe platzen: Sie ließen gegenüber den englischen Medien durchsickern, dass unsere Spieler nicht gegen Leeds auflaufen dürften, nachdem sie wegen der Corona-Quarantäneregeln die Länderspiele verpasst hatten. Ich hatte aber keine Angst vor Sanktionen, weil uns die FIFA keine Punkte abziehen kann – das können nur der englische Verband und die Premier League, und die standen in dieser Angelegenheit ja hinter uns. Was würde passieren, wenn Chelsea am Samstag ohne Thiago Silva spielte, United ohne Fred und City ohne Jesus und Ederson? Wir mussten uns entscheiden, ob wir am folgenden Tag Ali und Fab aufstellten.

Am Nachmittag kam der Chelsea-Bericht von „Einwurf-Thomas" [Thomas Gronnemark] rein. „Eines unserer besten Spiele im Hinblick auf die Einwurfverteidigung seit den vier Spielzeiten, in denen ich hier bin", sagte er. „Genau davon rede ich! Chelsea hatte 15 Einwürfe und behielt den Ball ganze vier Mal. So konnte es weitergehen."

Bei den Leeds-Einwürfen würde es darauf ankommen, sofort in Position zu sein: alle mit Blick zum Ball, alle bereit zu pressen. Wenn sie sich bewegten oder rotierten, sollten sie auf einen unserer Spieler treffen, weil wir die Räume geschlossen hatten.

Am Donnerstagnachmittag erhielt ich eine Textnachricht von Jürgen, er bat mich, in sein Büro zu kommen. Das war ungewöhnlich. Ich ging rein und setzte mich, immer noch völlig ahnungslos. „Pep", sagte er, „was du leistest, ist absolut unglaublich und ich möchte dir dafür als Anerkennung etwas schenken." Wie bitte? „Es wird in Kürze ankommen, wunder dich also nicht." Wow. Ich stand auf und umarmte ihn. Was für ein starker Typ. Es war ein privates Geschenk, deshalb verrate ich hier nicht, was es war, aber es bedeutete mir unendlich viel.

Am Freitag sagte ich zu Jürgen nach dem Training, dass sich Harvey Elliott zu einem ganz besonderen Spieler entwickelte. „Für sein Alter trifft er unglaublich gute Entscheidungen", stimmte Jürgen zu. „Es ist verrückt: Er macht niemals sinnlose Dribblings oder Laufwege. Er ist bereits ein kompletter Fußballspieler." Mo und Harvey haben eine gute Verbindung zueinander. Mo hat sich einen Ruf als Tormaschine erworben, aber meiner Meinung nach ist das Eindrucksvollste an ihm seine kreative Entwicklung im Laufe der Jahre.

Am Tag vor dem Leeds-Spiel holte ich Mo kurz vor unserem Videoanalyse-Meeting aus dem Kraftraum und erklärte ihm mit Papier und Stift, wie wichtig es war, Leeds zur Seitenlinie zu drängen. Ihr Konzept bestand darin, mit tief stehenden Außenverteidigern um unser Pressing herumzuspielen. Je erfolgreicher wir in der ersten Pressingphase waren, desto mehr Energie würden wir zum Angreifen haben. Mo gefiel das und tatsächlich war es so auch einfacher für ihn.

Am Abend im Hotel saßen wir wie immer zusammen. Wir sahen uns Sporting gegen Porto an, einen echten Klassiker in

Portugal. Es war eine emotionale Partie, vor allem, da Sporting amtierender Meister war. In 45 Minuten gab es gefühlt mehr Gelbe Karten, als Minuten gespielt waren. Ich hatte ganz vergessen, wie diese Spiele ablaufen. Jürgen meinte, er könne nicht verstehen, warum eine Gesellschaft diese Art von „Siegen um jeden Preis"-Mentalität akzeptiere.

Spät am Abend wollte ich mir ein Bierchen gönnen und die anderen reagierten, als hätte ein tibetischer Mönch eines bestellt. „Pep lässt sich gehen", witzelte Jürgen. Aber ich konnte nur daran denken, dass City in dieser Saison nicht viele Spiele verlieren würde, wenn Bernardo auf dem Platz stand. Er hatte kurz zuvor gegen Leicester den Siegtreffer erzielt.

Jürgen hielt kurz vor dem Match seine Kabinenansprache:

„Dies ist das erste Spiel, nachdem der Transfermarkt geschlossen wurde, das erste nach der Länderspielpause, deshalb möchte ich das Thema ansprechen. Alle reden über die Transfers, aber es ist mir völlig schnuppe, was die anderen Teams gemacht haben. Wir haben Ibou verpflichtet – er wird uns sehr helfen – und Harvey ist wieder da. Außenstehende meinen, wir würden wegen der Transfers, die die anderen Teams gemacht haben, um sich zu verstärken, auf dem vierten Platz landen, aber wenn Fußball so einfach wäre, hätte ich keinen Spaß daran. Es ist nicht wie im Basketball, wo man die fünf besten Spieler zusammenbringt und gewinnt. Als wir so oft gewannen, hatte das zwei Gründe: erstens unsere Beständigkeit und zweitens unsere Einstellung. Der Wille, eine Mannschaft zu werden, gegen die niemand spielen will. Die anderen Teams haben das noch nicht. Wir haben einen Weltklassekader und jetzt geht es darum, das Potenzial auszuschöpfen und in Qualität umzuwandeln.

Wie? Dazu müssen wir uns folgende Frage stellen: Was wollen wir wirklich? Wenn wir alles wollen, müssen wir auch alles geben. Etwas zu 95 Prozent oder zu 100 Prozent zu wollen, sind zwei völlig verschiedene Dinge. Was wäre das Schlimmste, was passieren könnte? Wenn wir nach dieser Saison nicht unsere Ziele erreichen, aber rückblickend denken, dass wir sie hätten erreichen können, wenn wir es nur mehr gewollt hätten. In meinem Alter weiß ich das (ich sage jetzt nicht, wie alt ich bin), weil ich das schon durchgemacht habe. Wir werden von der Öffentlichkeit komplett unterschätzt. Seht euch mal um, Jungs. Vermisst ihr irgendjemanden in diesem Raum? Einen bestimmten Spieler? Genau. Das beste und beständigste Team wird gewinnen. Und das können wir sein.

Was wollen wir dieses Jahr zeigen? Wir haben letztes Jahr die Champions League gewonnen, weil wir zeigen wollten, dass wir es können, nachdem wir das Finale verloren hatten. Wir gewannen die Premier League, weil wir zeigen wollten, dass wir es können, nachdem wir mit nur einem Punkt Rückstand Zweiter wurden. Was wollen wir dieses Jahr zeigen? Wir sind nie zufrieden! Wir wollen keine alten Geschichten aufwärmen, sondern neue Geschichten erschaffen. Ich möchte über euch Geschichten lesen. Und alle großen Geschichten brauchen einen Anfang. Unserer ist ganz gut so weit: sieben Punkte aus den ersten drei Spielen. Blickt nicht zurück auf das, was wir hätten haben können. Wir sind Liverpool, ein großartiges Team. Und das werden wir der Welt beweisen."

Jürgen schafft es jedes Mal, einen tiefen Eindruck zu hinterlassen. Seine Worte erreichen, dass alle an unser gemeinsames Projekt glauben. Falls ein Spieler noch etwas mehr Motivation nötig hatte, um auf 100 Prozent zu kommen, erhielt er sie durch diese Ansprache.

„Finale Nummer vier" gegen ein aggressives, manndeckendes Team aus Leeds endete zwar mit einem 3:0-Sieg für uns, hinterließ aber durch Harveys Verletzung einen bitteren Nachgeschmack.

Bielsa sagte hinterher: „Wir waren in fast jeder Hinsicht unterlegen. Wir haben uns nicht durchgesetzt und das Ergebnis geht so in Ordnung. Ihr Matchplan ließ ihre Stürmer glänzen." Es war unser bestes Spiel gegen Leeds. Die Art, wie wir den freien Spieler im Zentrum kreieren und die Spieler in der zweiten Linie für den Angriff einsetzen konnten, brachte uns den entscheidenden Vorteil. Sie mussten mehr rennen, um mehr zu verteidigen, wodurch wir frischer waren und höher pressen konnten.

Ich muss Joels Rolle beim ersten Tor erwähnen. Es war ein klassisches Joel-Dribbling nach vorne – und für uns eine neue Waffe. Diese Fähigkeit, die er besitzt, die gegnerischen Linien zu durchbrechen, vor allem gegen ein manndeckendes Team. In diesem Fall fand er Mo und dann Trent und dann versenkte ihn Mo.

Aber wir verloren Harvey durch ein hartes, unfaires Tackling – vom Himmel zur Hölle in nur einer Stunde. Naby kamen an der Seitenlinie die Tränen, nachdem er Harveys Knöchel gesehen hatte, und Jürgen rannte auf den Platz. Ich beschwerte mich bei Bielsa, der mir beide Arme auf die Schultern legte und „No propósito" (keine Absicht) sagte. Ich rief halb auf Englisch, halb auf Portugiesisch zurück: „Aber es war ein schlecht ausgeführtes Tackling von hinten; da ist es egal, ob es ‚propósito' war oder nicht." So ging es noch einige Male hin und her. Mo war nach dem Spiel so aufgebracht, dass er seine Stutzen durch die Kabine schleuderte. Er hatte gerade sein hundertstes Premier-League-Tor erzielt, aber alle unsere Gedanken waren in dem Moment bei Harvey.

An dieser Stelle muss ich unsere medizinischen Betreuer Jim Moxon und Chris Morgan erwähnen, die unter viel Druck sehr schnell reagierten, um Harvey zu helfen. In solchen Augenblicken zeigt sich, welchen Unterschied das medizinische Team für den einzelnen Spieler ausmachen kann.

Auf der Fahrt zurück zum AXA-Trainingszentrum waren meine Gedanken schon beim AC Mailand …

„ES GIBT
KEINE PERFEKTE
ORGANISATION, ABER
EINE BESTMÖGLICHE.“

Woche 7

Freiheit innerhalb des Systems

Die Woche begann damit, dass wir uns als Trainerteam zusammensetzten, um unsere Optionen für die kommenden Spiele durchzugehen. Es war eindeutig Zeit für Veränderungen. Wir mussten Milan angreifen und hatten für die Vorbereitung nur zwei Trainingseinheiten und einige Videosessions zur Verfügung. „Italiener können keine Spiele gegen dich gewinnen, aber du kannst Spiele gegen Italiener verlieren" ist ein berühmtes Bonmot von Cruyff über die traditionelle italienische Art, Fußball zu spielen. Unsere Analyse musste sehr präzise sein, denn Milan war nicht ohne Grund in der letzten Saison Zweiter geworden; es war ein junges Team voller frischer Ideen.

Am Abend zuvor, nach der Rückkehr aus Leeds, hatte ich einige interessante Textnachrichten erhalten. Virgil schrieb mir: „Ich kann und will auch gegen Milan spielen. So lange gegen zehn Mann zu spielen, hat mich nicht erschöpft." Ich antwortete: „Du wirst ganz sicher gegen Milan spielen." Am Montagmorgen kam er auf mich zu und fragte mich wieder. Ich sagte: „Ja, Virgil, du wirst gegen Milan spielen", was ihm ein Lächeln entlockte. Dann fügte ich hinzu: „Beim Auswärtsspiel im San Siro im Dezember." Ich glaube, das fand er nicht besonders komisch.

Mein Co-Autor James wies mich in einer Textnachricht auf Mos hundertstes Premier-League-Tor hin, was wir wegen Harveys Verletzung nicht gebührend gefeiert hatten. Jürgen und ich ließen daraufhin die Zahl 100 auf ein Trikot drucken und baten das ganze Team, auf dem Trikot zu unterschreiben. Wir überreichten es Mo vor dem Training. Er strahlte vor Freude. Ich fragte Trent, was er auf das Shirt geschrieben hatte. Seine

Antwort: „‚Glückwunsch' … aber passender wäre wohl ‚Gern geschehen' gewesen."

Alle im AXA waren fokussiert, das konnte man förmlich sehen und spüren. Die Champions League ging wieder los. Ich habe einen Riesenrespekt vor Milan. Wenn man als Holländer an Milan denkt, fallen einem automatisch Gullit, Van Basten und Rijkaard ein, die drei, die die Grenzen der Logik aushebelten. Man denkt an „Fußball total", und das in Italien! Indirekt denkt man an einen Trainer, der den italienischen Fußball umkrempelte. Als wir vor unserem Auswärtsspiel gegen Atlético Madrid im Februar 2020 in Madrid landeten, zeigte Jürgen mir sein Smartphone. „Schau mal, Pep, von wem wir Komplimente bekommen haben … von Arrigo!" Der Boss hatte ein breites Grinsen im Gesicht. Sacchi wollte, dass Jürgen nach Italien kam, um für einen Zeitungsartikel mit ihm über Fußball zu sprechen. Jürgen dazu: „Ich sagte zu ihm: ‚Arrigo, nenn mir einen Treffpunkt irgendwo auf der Welt und ich werde definitiv da sein.'" Das zeigt, wie sehr er Sacchi respektiert.

Dieses Liverpool-Team wurde von Arrigo Sacchis Milan inspiriert. Jürgen hatte schon vorher gesagt, dass die Grundlagen seiner Spielphilosophie auf den Prinzipien des Mailänder Trainers basieren. Es gibt da so viele Elemente, die uns gefallen. Erstens der Fokus auf die Abseitsfalle. Zweitens die raumorientierte Verteidigung. Und drittens, wie er seine Mannschaften mit und ohne Ball kompakt hält. Doch vor allem setzte er mit seinen Trainingsprinzipien Maßstäbe. Unglaublich, wie er Konzentration erzeugte: Klarheit – Wiederholung – Korrektur. Das spricht mich am meisten an. Ich habe mir sein Trainingsvideo bestimmt schon 300-mal angeschaut. Mit taktischer Disziplin, den richtigen Abständen zwischen den Spielern und der Trainingsarbeit hat er sein Team organisiert. Das sind die Grundprinzipien für eine Mannschaft, die so konstant ist wie unsere.

Es gibt keine perfekte Organisation, aber die bestmögliche. Deshalb ist seine Vision auch heute noch so zeitgemäß wie effektiv. Manchmal sehe ich mir sein Video sogar am Spieltag auf dem Stepper an – es ist perfekt, um sich zu fokussieren. Sacchi war in Sachen kollektive Verteidigung und raumorientiertes Pressing ein Vorreiter. Schritt für Schritt entwickelte er zusammen mit einem organisierten Angriffsspiel einen koordinierten Pressingstil, ohne die individuellen Qualitäten seiner Spieler aus den Augen zu verlieren. Das ist nicht einfach, aber gutes Coaching ist generell nicht einfach. Daran glaube ich: Freiheit innerhalb des Systems. Als Sacchi Rijkaard verpflichtete, hatte das eine genauso große Bedeutung für Milan wie Virgils Verpflichtung für uns. Es war das entscheidende Puzzleteil und beide Mannschaften gewannen danach den wichtigsten europäischen Pokalwettbewerb.

Sacchi verlieh dem italienischen Stil mit hohem Pressing und Angriffsfußball eine neue Dimension – Unterhaltung stand nun an erster Stelle. Das ist im holländischen Fußball das Grundprinzip, für den italienischen war es eine Sensation. Er ist der Vater des raumorientierten Pressings, basierend auf einer herausragenden defensiven Organisation. Und damit verhalf er automatisch einer neuen Generation von Trainern zu einer stabilen Basis. Er gehört zu den Trainern, die den Fußball weiterentwickelten und ihn auf ein neues Level hoben. Und ein großer Teil seines Erfolges basiert auf seinen Trainingsübungen.

Seine Vision hat so viele gute Trainer inspiriert – das ist meiner Meinung nach das größte Kompliment, das man als Trainer bekommen kann. Die Mannschaft des AC Mailand hatte denselben Schlüssel zum Erfolg wie wir. Auf dem Platz stehen wir immer kompakt, ob mit oder ohne Ball, ein roter Block. Vor allem bei Ballbesitz hatten wir in den letzten Jahren in Sachen Kompaktheit große Fortschritte gemacht, unser Positionsspiel hatte sich verbessert. Die Grundidee dahinter ist, dass wir mit diesem Ansatz den Raum auf dem Feld sehr effizient kontrollieren und den Gegner auf unberechenbare Weise gegenpressen können. Sacchi hat gezeigt, dass die Abstände zwischen den Spielern wichtig sind, wenn man den Raum ohne Ball kontrollieren oder das Spiel mit Ball diktieren will. Das zeichnete den FC Liverpool im Jahr 2021 aus und das zeigten wir auch gegen Leeds. Es war so wichtig, in der Vorsaison dafür den Boden zu bereiten.

Ich kam im AXA an und zusammen mit Vitor, Pete und Jürgen machten wir uns per Videoanalyse ein aktuelles Bild über Milan. Wir beschlossen, gegen sie aggressiver und höher zu pressen. Ihre Innenverteidiger sollten meistens den Ball haben, dann würden wir die Passwege kappen und den Ball so schnell wie möglich zurückerobern. Wir mussten intensiv und schnell spielen – und dafür brauchten wir frische Spieler. Auf dem Trainingsplatz betonte ich die Intensität, indem ich rief: „Wir beschleunigen das Spiel bei jeder sich bietenden Gelegenheit mit den einfachsten Pässen; Freistöße schnell ausführen; sehen und abspielen; erster Pass nach vorne; sofort gegenpressen; Einwürfe schnell ausführen; schnelle Neustarts und sie bei jeder Gelegenheit hinterlaufen!“ Mit einem einzelnen Neuner wie Divock wollten wir die Innenverteidiger beieinanderhalten und dann für Mo, Hendo, Naby und Jota Raum zwischen Außen- und Innenverteidiger schaffen. Das war für uns der beste Weg, um unsere Identität zu bewahren. Jürgen sagt immer, dass wir im Angriff keine festen Positionen haben, sondern flexible Dreiecke. Es wäre also sträflich, nicht die Räume zu nutzen, die Milan uns mit ihrer Manndeckung bietet.

Am Spieltag trainierten wir zum letzten Mal und wiederholten unser aggressiveres hohes Pressing, um gleich drin zu sein. Wir nahmen Divock beiseite und zeigten ihm Bilder unserer

Defensivarbeit bei Einwürfen vom Vortagstraining. Er sollte sich immer so positionieren, dass er den Raum kontrollierte und den Spieler vor sich sah. Danach kam Mo auf mich zu und sagte, dass ihm diese neue Art des Pressings wirklich gefiel und er sich energiegeladener fühlte, wenn er den Ball hatte. Ich liebe das, weil es bedeutet, dass wir effizienter laufen. Pete verwendete den Rest der Session darauf, unsere offensiven und defensiven Standardsituationen zu wiederholen. Offensiv besetzten wir den Rand des Strafraums mit vier Spielern. Wenn der Ball kommt, wollen wir sofort aufs Tor schießen oder einen Querpass spielen, um in und um den Strafraum herum Chaos zu erzeugen. Vitor machte mit den Auswechselspielern Torabschlussübungen. Ox und Curtis machten sagenhaft viele Distanzschüsse rein.

Als Trainer versuchst du, Probleme zu vermeiden, indem du immer einen Schritt vorausdenkst.

Im Titanic hielten wir unser finales Meeting ab. Die Stühle im Konferenzraum standen sehr dicht nebeneinander und Jürgen bemerkte, dass wir gegen Milan genauso kompakt sein mussten. Dann erklärte er, dass wir Veränderungen vorgenommen hatten, weil wir zum einen die nötige Qualität im Kader dafür hatten, und zum anderen, damit wir sie über das ganze Feld jagen konnten. Unsere fünf Auswechslungen konnten dem ganzen Team helfen. Er sagte den Jungs, dass letztes Jahr seine größte Sorge gewesen war, in der UEFA Conference League spielen zu müssen, weil das bedeutet hätte, nicht in der Champions League zu spielen und solche Nächte wie diese zu erleben. Die Premier League als Dritter abzuschließen, war also alles in allem sensationell gut. Jürgen erklärte, dass wir jedem Team der Welt mit unserem Gegenpressing Probleme bereiten konnten. Das sollte also für dieses Match die Aufgabe sein. Sie so unter Druck zu setzen wie noch kein anderes Team zuvor. Und alles schnell auszuführen, um die Fans zu inspirieren. „Jota, Thiago, ihr habt noch nie ein Champions-League-Spiel in Anfield erlebt? Dann schnallt euch mal an!“

Unser erstes Champions-League-„Finale“ der Season gegen ein neues, aber starkes Milan endete 3:2. Du weißt, dass du gegen einen starken Gegner spielst, wenn dieser nicht viele Chancen braucht, um dich zu bestrafen. Aber du weißt auch, dass dein Team stark ist, wenn du mit so viel Feuer zurückkommen und nach einem 1:2-Rückstand noch einen Sieg einfahren kannst. Das war die „Mentalitätsmonster“-Haltung, die wir brauchten. Milan mit seinen vielen jungen, talentierten Spielern ist ein tolles Projekt, ihnen gehört die Gegenwart und Zukunft. Aber wir griffen von der ersten Minute mit schnellen, präzisen Pässen und intensivem Pressing an. Virgil rief ständig von der Seitenlinie: „Wow, das ist ein Team!“ Unser erstes Tor, das Trent erzielte, war ein hervorragendes Beispiel für unser Außendreieck mit Mo, Hendo und Trent. Trent griff durch die Mitte an – genau wie wir es am Morgen trainiert hatten – und machte seine Bude. Hinterher hieß es unter den Jungs „Tor oder Eigentor?“, nur um ihn ein bisschen zu ärgern.

Der beeindruckendste Moment des Abends für mich war, als Mo einen Elfmeter verschoss und Anfield wie aus einem Munde aufschrie. In solchen Augenblicken weißt du, dass alle zusammenstehen. Zur Halbzeit lagen wir zurück, blieben aber ruhig und erklärten den Jungs, dass wir kompakter und besser organisiert verteidigen mussten, um die Räume zwischen den Linien zu schließen. Mitten in der zweiten Hälfte gab es eine Phase, wo wir 73 Prozent Ballbesitz hatten und 7:0 Schüsse aufs Tor abgaben … es wirkte so, als würden die Jungs die letzten zehn Minuten der ersten Halbzeit persönlich nehmen.

Beim zweiten Tor tauchte Fab wieder weiter oben auf und nutzte erneut den freien Raum zwischen dem Innen- und

Außenverteidiger, gefolgt von einer tollen Vorlage von Divock auf Mo. Das dritte Tor war ein klassisches Beispiel für unser Offensivkonzept bei Standards. Hendo war bereit und traf per Direktabnahme von der Strafraumgrenze.

23 Torschüsse, 15 Ecken und fast 600 Pässe: Das waren gute Werte gegen einen so starken Gegner in der ersten Champions-League-Partie der Saison. Wir gewannen auch fast jeden Ball nach einem Einwurf. Unser Kader, unser Team. Wir setzten sie alle ein und zeigten damit, dass alle gebraucht wurden, wenn wir dieses Jahr erfolgreich sein wollten. Manchmal ist der Schlüssel zum Sieg etwas, was man von außen nicht sehen kann. In dieser Nacht verließen alle Spieler Anfield mit einem Lächeln im Gesicht. *Mission accomplished.* Auf der Fahrt nach Hause erinnerte ich mich daran, dass wir in Anfield immer solche von den Medien als „Achterbahnfahrt" titulierten Spiele gehabt hatten … zum Beispiel gegen Salzburg und PSG. Aber dieses Spiel fühlte sich anders an, weil wir abgesehen von sechs verrückten Minuten immer die Kontrolle behalten hatten. Es ist schwer, die Reaktion auf ein „Fußball-Trauma" zu planen, also das, was wir in den letzten sechs Minuten der ersten Halbzeit erlebten. 40 Minuten lang so zu spielen, wie wir es taten, und dann hinten zu liegen, hätte tatsächlich traumatisch sein können, fühlte sich aber zu keiner Zeit so an.

Jürgens Botschaft an das Team am nächsten Tag lautete: „Ich habe noch nicht viele solcher Spiele gesehen. Warum? Weil wir Technik mit Intensität vermischten. Wenn wir diese Mischung auf den Platz bringen, sind wir unheimlich schwer zu schlagen." Ein Foto machte die Runde, auf dem zu sehen war, wie die ganze Bank unser erstes Tor feierte, als wäre es das Siegtor im Champions-League-Finale. Leidenschaft pur.

Zurück zum Trainingsalltag. Ich fühlte, dass sich im AXA-Trainingszentrum eine Atmosphäre entwickelte wie in unserem

Trainingslager während der Saisonvorbereitung und dass die Atmosphäre immer mehr der in Melwood ähnelte. Überall in den Lounges waren Schachbretter aufgestellt; Staff-Mitarbeiter spielten Fußball; Tischtennisplatten und Footvolley-Netze standen in der Sporthalle. Natürlich geht es dabei nicht um die Spiele an sich, sondern um eine bessere Interaktion und Verbindung zwischen Staff und Spielern, um die nötige Harmonie herzustellen. Beim Schach geht es allerdings immer ganz schön zur Sache. Ich kaufte mir das Buch von Garri Kasparow, weil wir im Staff angefangen hatten, gegeneinander zu spielen. Ich komme aus einer Schachfamilie, aber wenn du gewinnen willst, musst du von den Besten lernen.

Vor dem Training am Freitag teilte Andreas uns mit, dass fünf unserer Spieler auf der „roten“ Liste standen: Hendo (keine richtige Saisonvorbereitung), Robbo (drei Länderspiele), Joel (das dritte Spiel in Folge), Fabinho (hoher Einsatz, vor allem gegen Leeds) und Trent (höchste Laufleistung bisher, ein großer Sprung für ihn). Wir wussten aus Erfahrung, dass der Einsatz in zwei Spielen hintereinander mit nur zwei Regenerationstagen dazwischen ein hohes Verletzungsrisiko barg. Wir hatten dafür gekämpft, das abzuwenden, zum Schutz unserer Spieler und im Sinne des Spielniveaus, aber offensichtlich ohne Erfolg.

Im Training legten wir einen Fokus auf unser Pressing im Mittelfeld. Die Mitte zustellen und den roten Knopf drücken. Neue Trainer mit echten fußballerischen Ideen spielen am Anfang immer viele vorhersehbare Pässe. Genau aus diesem Grund mussten wir auf überraschende Weise pressen. Das war für unsere Spieler eine neue Herausforderung, aber ich hatte das Gefühl, dass wir das im Training brauchten – danach würden wir für die ganze Premier League eine Herausforderung sein. Aber was noch wichtiger war: Unsere Mannschaft musste gegen ein neu formiertes Crystal Palace topfit, hellwach und mit der richtigen

Mentalität antreten. Deshalb trainierten wir nicht zu viel. Fünf frische Spieler würden auflaufen, damit fünf andere neue Kraft sammeln konnten.

Das Match gegen Palace war unser drittes Spiel innerhalb weniger Tage. Jeder Sportler ist anders, aber im Schnitt braucht der Körper 72 Stunden, um sich nach einer Partie vollständig zu erholen. Wir hatten 65 nach Milan und dann nur 42, seit wir wieder in Kirkby waren. Also entschieden wir uns für einen taktischen Überblick, um die Regeneration nicht zu beeinträchtigen. Keine Zusatzinformationen oder Übungen, nur die Festigung unserer Ideen und die Korrektur der Spieler, die sich gegen Milan nicht optimal koordiniert bewegt hatten. Mo sollte zum Beispiel häufiger die Initiative ergreifen, Jota beim Pressen die Mitte besser schließen und die anderen besser darauf reagieren. Wir verabreichten kleine Dosen intensiver Spielmomente mit vielen Pausen dazwischen.

Am Samstagmorgen saßen Vitor und ich im Titanic beim Kaffee zusammen. Ich fragte ihn, was heute schiefgehen könne, und wir besprachen diverse Szenarien, als Jürgen mich anrief. „Shit!“, dachte ich, denn wenn der Boss mich so kurz vor dem Anpfiff anruft, muss was nicht in Ordnung sein. Er teilte mir mit, dass Trent sich unwohl fühlte. Ich dachte gleich an Joe, wegen Zaha [Stürmer von Crystal Palace], aber Jürgen und ich gingen unseren Matchplan schrittweise durch und entschieden uns dann für Milner und einen offensiveren Ansatz.

Ein paar Minuten später rief Trent mich an. „So schlecht geht's mir nicht, Pep“, sagte er mit belegter Stimme. „Wenn ich erst mal loslege, wird sich das schon einrenken.“ Das ist der Grund, warum wir unsere Spieler für etwas ganz Besonderes halten. Ich sagte ihm, dass die Entscheidung gefallen sei. Das Verletzungsrisiko ist viel größer, wenn der Körper kämpft, vor allem nach zweimal intensiven 90 Minuten hintereinander. Ich sagte ihm, er solle sich ausruhen und Mona nach der richtigen Ernährung und Vitaminen fragen. „Es zählt jetzt nur, dass du für Norwich oder sogar für Brentford wieder fit bist. Mach dir keine Sorgen um heute." Ich machte mir allerdings Sorgen, denn plötzlich veränderte sich die Lage von „Wir sind perfekt vorbereitet" zu „Welche Informationen müssen wir Milner geben?". Wir setzten uns mit James zusammen und gingen den Matchplan mit ihm durch. Er sog alle Informationen auf und strahlte Zuversicht aus.

Jürgens Botschaft an die Jungs war, dass Trent raus war und wir das mit Erfahrung wettmachen würden. „Überrascht sie mit Energie! Die Neuen in der Startelf und die, die von der Bank kommen, sollten die Energiespender sein. Das Leben ist eine permanente Herausforderung, unser Gehirn ist eine permanente Herausforderung. Eure Beine, Herzen, Lungen und Gehirne müssen wieder auf Hochtouren arbeiten. Zieht das Tempo so oft wie möglich an. Die Ränge werden elektrisiert sein – wir geben ihnen mit unserem Fußball Energie zurück. Palace denkt wahrscheinlich, dass wir wegen des Spieles unter der Woche Probleme bekommen, aber da schätzen sie uns falsch ein. Ihr macht die Magie unserer flexiblen Dreiecke aus. Ihr macht sie flexibel und das brauchen wir, um ihnen wehzutun. Dieses Jahr wollen wir wieder beständig sein. Wie? Es fängt damit an, dass wir gegen sie auf höchstem Niveau verteidigen."

Als wir rausgingen, hörte ich, wie Robbo scherzhaft zu Hendo sagte, dass Trent „Zaha-itis" habe. „Ich hoffe, er hat Milner nicht damit angesteckt", meinte Jürgen. „Finale Nummer fünf" endete mit einem 3:0-Sieg für uns, der um zehn Uhr an diesem Morgen seinen Anfang nahm. Ein Spontaneinsatz von James Milner und wir liefen zum ersten Mal seit Dezember 2018 in einem Ligaspiel ohne Robbo und Trent auf – was im Grunde schon alles sagt. Wir sahen und fühlten, dass Palace besser war als im letzten Jahr, kämpferischer. Es war nicht leicht, aber im Leben ist der einzige leichte Tag immer der gestrige. Palace versuchte, mit langen Pässen hinter unsere Außenverteidiger zu kommen. Wir blieben kompakt und konnten die Bewegungen ihrer Stürmer mit einer hohen Verteidigungslinie kontrollieren. In der Halbzeitpause sagten wir den Jungs, dass sie flexibel bleiben und mit allem, was sie hatten, gegenpressen sollten, um Konter zu stoppen.

Milner war unglaublich gegen Zaha. Er machte ein fantastisches Spiel: am Limit, aber brillant. Kostas spielte zwei hervorragende Querpässe, die zu Toren führten; Ibou und Virgil spielten zum ersten Mal zusammen und machten hinten alles dicht. Es war eine gute Leistung, wenn man bedenkt, dass wir die ganze letzte Linie verändert hatten. Drei Tore nach Standards, dreimal nach Abprallern. Ich liebe es. Nabys Volley mit links ... Treffer! Sadio erzielte sein hundertstes Tor und bekam auch ein Trikot mit der 100 auf dem Rücken. Einer unserer Mitarbeiter schaffte es tatsächlich, es zur Halbzeit zu besorgen. Jürgen überreichte es Sadio nach dem Spiel und die ganzen Jungs brüllten: „Rede! Rede!" Sadio sagte: „Danke an alle Spieler, danke an alle Staff-Mitarbeiter. Ohne euch bin ich nichts."

Mo wirkte wieder topfit. Wir hatten Lena Aschenbrenner neu ins medizinische Team geholt, um bei der Regeneration und Behandlung von Verletzungen neue Impulse zu setzen. Außerdem verlieh die „neue" Art des Pressings den Offensivmomenten mehr Energie – das konnte man an der Qualität von Mos Dribblings erkennen. Er hatte richtig Feuer, wenn er angriff. Aber in einer Woche hatten wir zwei unserer besten Mittelfeldspieler verloren, Thiago und Harvey. Thiago stand gegen Palace zwar wieder auf dem Platz, musste aber in der zweiten Halbzeit aufgrund einer Wadenverletzung ausgewechselt werden. Wir hofften, dass es nichts Ernsthaftes war.

Kaum hatten wir Anfield verlassen, verschob sich unser Fokus schon auf Norwich und den EFL Cup. Wenn man eine FC-Liverpool-Legende werden will, muss man auch die nationalen Pokale gewinnen. Wir wollten diesen Wettbewerb mit den zur Verfügung stehenden Spielern in Angriff nehmen. Aber wie konnte es uns gelingen, in so kurzer Zeit eine Mannschaft aufzustellen und als Kollektiv zu spielen? Mark Leyland war nicht mit zum Palace-Spiel gekommen, sondern zu Hause geblieben, um Norwich City zu beobachten, damit am Sonntag unsere Analyse vorlag. Wir hatten keinen Tag zu verlieren.

Woche 8

Ist das alles, was in dir steckt?

Die Botschaft von Jürgen nach dem Spiel gegen Palace lautete, dass alle anderen am Wochenende Probleme gehabt hatten, wir aber überzeugend gewesen waren. Es war nicht leicht nach einem Champions-League-Spiel mitten in der Woche, aber wir hatten die richtige Einstellung und den Glauben an uns selbst. Das ist bei einem Mannschaftssport das Wichtigste. Es war nicht besonders glücklich, dass uns in der dritten Runde des Carabao Cup Norwich zugelost worden war, ein Auswärtsspiel gegen ein Premier-League-Team. Aber mit den richtigen Wechseln würden wir frisch und wettbewerbsfähig sein.

Jürgen teilte den Jungs tatsächlich gleich nach dem Spiel gegen Crystal Palace mit, wer in der Startelf stehen würde. Das hatten wir noch nie so gemacht, aber während unseres Meetings hatten wir uns entschieden, diesmal so vorzugehen, damit die Spieler sich bestmöglich darauf vorbereiten konnten und sich schon gleich zum Wochenbeginn zu einem Team zusammenfanden.

In der Session am Montag sagte ich den Jungs, dass jede Struktur für hohes Pressing nur so gut ist wie die Einstellung der ersten Presser. Ox und Taki brauchten die perfekte Balljägereinstellung. Wir konzentrierten uns auf unsere taktischen Dynamiken und Übersichtspläne im Angriff. In dieser Saison hatten wir mit Schüssen von der Strafraumgrenze schon so viele Standardsituationen kreiert. Wenn du nicht aufs Tor schießt, bekommst du keine Ecken. Das ist typisch für uns: Eine Idee geht in eine andere über. Wer Meisterschaften gewinnen will, muss Standardsituationen beherrschen – sie sollten Ergebnisse beeinflussen. Wir hatten bis dato die meisten Eckbälle in der Premier League herausgeholt; das war der erste Schritt und die logische Konsequenz für ein Team, das viel von der Strafraumgrenze aus aufs Tor schießt.

Am Montagnachmittag übernahm ich anstelle von Jürgen die Pressekonferenz und wurde, noch bevor es richtig losging, nach Mo Salahs Vertragssituation gefragt. Ich antwortete, dass wir beim FC Liverpool nur verkünden, wenn Verträge unterschrieben sind, wir äußern uns weder vorher darüber noch über Details. Mo ist eines der Gesichter des Teams, er repräsentiert unsere Integrität als Verein, unsere Demut. Für mich zählen menschliche Qualitäten viel mehr als spielerische. Und Mo beweist jeden Tag, was für ein toller Mensch er ist. Ich hatte in den letzten paar Tagen viel darüber nachgedacht, was für eine erfolgreiche Mannschaft wirklich Qualität definiert. Was waren die Hauptzutaten der besten Teams aus der Vergangenheit? Diese Frage stellte ich mir immer wieder, weil ich dachte, dass man mich in der Pressekonferenz nach unserer Transferpolitik fragen würde. Ich kam zu dem Schluss, dass beständige Teams sich durch drei Kernqualitäten auszeichnen: erstens die Einstellung. Dass die Spieler jedes Spiel als Finale betrachten. Jeder bereitet sich optimal vor, ist bereit, hart zu arbeiten. Zweitens das Potenzial, sich zu steigern, das Talent. Drittens der Teamgeist. Die Bereitschaft, persönliche Statistiken oder Vorteile zum Wohle des ganzen Teams hintanzustellen. Wie sagte John Wooden so schön: „Ein Spieler, der ein Team gut macht, ist wertvoller als ein guter Spieler." Diese drei Ingredienzien definieren für mich Qualität und, im Laufe der Zeit, Beständigkeit. Und wir besaßen definitiv reichlich davon.

Am Dienstag reisten wir nach Norwich. Jürgens Botschaft lautete, dass niemand glauben solle, die „Gewinner" seien die, die zu Hause bleiben konnten. Virgil und Fabinho brauchten eine Pause. „Ich sage euch das, weil es wichtig ist, den Teufel in eurem Kopf zum Schweigen zu bringen." Weiter sagte er, die Jungs sollten keine Ausflüchte machen; solche Momente seien weder erlaubt noch notwendig. „Weil wir eine Stimmung kreieren müssen, in der wir bereit sind, Probleme anzugehen – und zu lösen. In den Situationen, in denen das nicht funktioniert, dürfen wir nicht das Selbstbewusstsein verlieren. Um Fußballspiele zu gewinnen, muss man zuallererst als Einheit verteidigen. Es geht um die Einstellung. Niemand kennt im Voraus das Ergebnis und es ist mir, ehrlich gesagt, auch egal. Ich will nur, dass wir mutig auftreten." Der Boss forderte Kaide auf, frech zu sein, und sagte Curtis, der auf der Sechs spielte, dass er die Position halten und die Innenverteidiger beschützen solle.

Unser erstes Ligapokal-„Finale" der Saison in Norwich endete mit einem 3:0-Sieg für uns. Conor Bradley und Kaide Gordon sowie Tyler Morton, der in der zweiten Hälfte für Naby reinkam, feierten ihr Premier-League-Debüt im Trikot des FC Liverpool. Ich hatte in der Pressekonferenz gesagt, dass junge Spieler einen nie enttäuschen. Und unsere Debütanten enttäuschten nicht nur nicht, sondern beeindruckten mit offensivem Pressingfußball. Wir müssen eine neue Generation an Liverpool-Spielern heranziehen, die unser Projekt weiterführen können. In fünf Jahren wäre Mo 34, Kaide 21, Fabinho 32 und Tyler 23. Curtis Jones lief bereits zum 50. Mal für den Klub auf. Die Zukunft sah rosig aus. Ich war so stolz auf sie und ihre Leistung.

Wir hatten in den vergangenen vier Partien zwölf Tore geschossen – beeindruckend.

Wieder zurück in Kirkby zogen am Mittwoch viele unserer Nachwuchsspieler das große Los, weil sie mit Virgil, Joel, Mo, Sadio, Fabinho, Bobby und Trent trainieren durften. Sie sollten für die etablierten Spieler den richtigen Fokus erzeugen, da wir nur drei Tage hatten, um sie auf Brentford vorzubereiten, ein hochintensives Pressingteam. Wir wollten schnelle Entscheidungen trainieren und nahmen dafür zwölf junge Talente mit hinzu. Barry Lewtas, unser U23-Trainer, stand beim Aufwärmen in unserem Kreis. So offen sollte meiner Meinung nach der Trainerstab der A-Mannschaft sein. Wir erschaffen hier eine Vereins-„Kultur".

Joel hatte wieder nicht gespielt, er war also seit anderthalb Wochen ohne Spielpraxis. Für manndeckende Teams ist er ein Albtraum. Beim Identity Game zeigte er seine Qualität, als er drei Jungspunde ausspielte und ein Tor machte. Bobby verkörperte den zusätzlichen Angriffsspieler, um mehr kreative Passoptionen zu generieren; auf einer Seite spielte er zwischen den Linien und auf der anderen als freier Spieler hinter Joel und Virgil. Wir wollten mit unseren Innenverteidigerpärchen Stabilität erzeugen – wie gesagt, handelt es sich meiner Meinung nach um eine einzige Position. Das Dreieck aus Joel, Virgil und Fabinho sollte allen anderen Freiheiten geben. Vielleicht ist es besser, von einer stabilen Raute zu sprechen, zu der auch Ali gehört, weil er als zusätzlicher Verteidiger operiert, was uns gegen pressende Mannschaften enorm hilft. Wir brauchten Ali als zusätzlichen Spieler gegen Brentfords Pressing. Unsere Analysten leisteten dieses Jahr hervorragende Arbeit und ich hatte Mark und Greg gebeten, einen spezifischen Ausschnitt unseres Spieles gegen Milan zu zeigen, in dem Ali es gleich mit zwei Stürmern zu tun hatte.

Während des Dienstagstrainings spielten wir mit den älteren Spielern „Fünf pro Seite“. Eine Regel dabei war, dass der äußere Raum immer von einem Spieler abgedeckt werden musste. Unglaublich, wie viele koordinierte Angriffsbewegungen Hendo, Mo und Trent initiierten. Das werden wir in Brentford brauchen, dachte ich mir.

Ich habe noch nie erlebt, dass sich Spieler nach dem Training so schnell umziehen. Es war Ladies Night und sie mussten alle babysitten, weil ihre Partnerinnen zusammen essen gehen wollten. Jürgen traute seinen Augen nicht. Er fragte Trent, ob seine Freundin auch mitginge, und Trent bejahte. „Sie geht also mit den Mädels aus, bevor du sie dem *gaffer* vorgestellt hast?“, wollte ich wissen. Jürgen fragte Jordan, der gerade seine Schuhe auszog: „Hat dir Trent seine Freundin vorgestellt?“ „Nö“, antwortete dieser. „Also hast du sie weder dem *gaffer* noch dem *skipper* vorgestellt?“, fragte ich mit ernstem Ton. Trent wartete und wartete und antwortete dann im breitesten Scouse-Dialekt mit nur einem Wort: „Corona.“ Wir bogen uns vor Lachen.

Eine Woche zuvor hatte ich zu Millie gesagt, dass auch die Spieler selbst einen gemeinsamen „Jungsabend“ haben sollten. Wenn wir als Gruppe stark sein wollen, müssen wir uns auch außerhalb des Fußballs privat besser kennenlernen. Das Leben ist mehr als „Ich spiele und du nicht“. Wenn die Jungs einander besser kennen, respektieren sie einander mehr und können besser aufeinander reagieren, vor allem in Momenten der Enttäuschung. Die Basis für guten Teamgeist ist, dass alle Spieler sich umeinander kümmern. Wir dachten in Porto nach dem Spiel über einen gemeinsamen Restaurantbesuch nach, aber

Jürgen, Ray und ich beschlossen, dass es nach West Ham in London (vor der Länderspielpause im November) besser passen würde.

Donnerstagabend empfahl Jürgen mir per Textnachricht eine neue TV-Serie, in der die Basketball-Trainerlegende Geno Auriemma sein Fachwissen zum Besten gibt. Die Sendung gefiel mir, aber niemand ist besser als John Wooden! Auriemmas Kernbotschaft lautete: Beim Trainerjob geht es darum, Menschen zu verbinden; ein Team ist eine Gruppe von Menschen, die zusammen etwas erreichen wollen, was sie nicht individuell schaffen können; es geht immer darum, die besten Leute in dein Team zu holen. Wie man auf die altmodische Art coacht? Erwecke Schuldgefühle, indem du fragst: „Ist das alles, was in dir steckt?“ Resiliente Anführer haben die Fähigkeit zuzuhören. Erst dann sprechen sie selbst. Es gab auch etwas, das auf alles, was wir beim FC Liverpool machen, zutrifft: „Es herrscht immer Druck, wenn du etwas erreichen willst, was bedeutsam und lohnend ist. Wenn du richtig damit umgehst, wirst du daran wachsen.“ Das gilt für Fußball genauso wie für das Leben allgemein.

Ich schrieb dem Boss zurück, dass ich den Teil mit den „Schuldgefühlen“ toll fand, alte Schule eben. Wir sind in vielerlei Hinsicht *old school*, obwohl ich ein junger Trainer bin. Jürgen meinte, wir könnten es ja im Freitagstraining ausprobieren und einige unserer älteren Spieler fragen, ob das alles sei, was in ihnen stecke. Vielleicht würden wir damit einigen helfen, ihr Potenzial noch besser auszuschöpfen und unser Team noch weiter voranzubringen.

Am Freitag fuhren wir mit unseren Vorbereitungen für Brentford fort. Wenn du gegen ein Team antrittst, das gerade zum ersten Mal aufgestiegen ist und gegen das du noch nie gespielt hast, ist es wichtig zu verstehen, warum sie so sind, wie sie sind. Ein neues Stadion, ein junges Team, eine aufgeladene Atmosphäre. Sie feiern jeden gewonnenen Zweikampf wie ein Tor. Eine eingespielte Mannschaft, ein 5-3-2-System mit klaren und guten Fußballideen; voller Selbstbewusstsein und bereit, die kommende Partie wie ein Finale anzugehen. Wir mussten darauf vorbereitet sein, unter Druck zu spielen. Gegen jedes pressende Team eröffnen sich Räume und diese „offenen Türen" mussten wir finden. Die von Pete geleitete Videobesprechung sollte sicherstellen, dass wir uns Vorteile herausspielten. Für kurze Zeit würden Trent und Robbo unsere „freien Spieler" sein. Mit guter Orientierung und Positionierung würde es also möglich sein, den Angriff von dort zu starten, indem wir mit dem Ball nach innen zogen oder einen Killerpass nach vorne spielten. Die restlichen Optionen würden durch ihre Struktur abgedeckt sein. Trent und Robbo würden mit ihrer Fußballintelligenz kleine Vorteile kreieren müssen – Robbo tief im Aufbau, aber bereit zum Hinterlaufen, wenn wir angreifen, und die Augen offenhaltend, um gegen ihre drei Riesen hinten überzeugende Querpässe zu spielen. Aber das gehörte ja eh zu unserem Repertoire. Das Spiel schrie förmlich nach einem Tor von Außenverteidiger zu Außenverteidiger. Die Sonne schien und Jürgen erzählte unseren Jungs mit lauter Stimme, dass Brentford sich in genau diesem Moment auf ein Finale vorbereitete – und wir mussten sicherstellen, dass wir dafür bereit waren. Nachher meinte ich scherzhaft zu ihm: „Wir hätten den Satz ‚Ist das alles, was in euch steckt?' bringen sollen."

Am Freitagabend reisten wir nach London. Jürgens Schlussbotschaft am nächsten Morgen im Hotel war: Macht euch auf Probleme gefasst. Ich glaube, er hatte da so ein Bauchgefühl. „Auf dieses Spiel haben sie gewartet. Sie sind jetzt in der Premier League und jede Partie kommt ihnen wie eine große Chance vor. Aber wenn wir die Mannschaft sind, die wir sein wollen – mit einer absoluten Spitzeneinstellung und herausragenden Mentalität –, werden wir in der Lage sein, das Spiel zu gewinnen. Wichtig ist zum Beispiel, dass wir rennen, um Bälle zu blocken, nicht um zu zeigen, dass wir laufen können."

Unser sechstes Premier-League-„Finale" endete nach einem echten Thriller mit einem 3:3-Unentschieden. Es wurde wieder mal klar, dass man in dieser Liga keine Spiele gewinnt, wenn man nicht bereit ist, um den zweiten Ball zu kämpfen. Brentford spielte sofort lang nach vorne und unsere letzte Linie ließ sich früh zurückfallen, wodurch sie Räume für ihr Spiel mit dem zweiten Ball bekamen. In der ersten Halbzeit eroberten wir keinen einzigen zweiten Ball. Wahrscheinlich wache ich bei der Erinnerung daran irgendwann nachts schweißgebadet auf, weil es so enttäuschend war und so lange her, dass wir solche Situationen nicht kontrollieren konnten. Wenn einer presst, sollten alle anderen bereit sein, den zweiten Ball zu erobern – das war zur Halbzeit unsere Botschaft. Zum einen, weil wir uns zurückfallen ließen, und zum anderen, weil alle unsere Spieler nicht gut genug reagierten, wenn der Ball in der Luft war. Wenn du dich zurückfallen lässt und tief stehst, ist der Gegner näher an deinem Strafraum; mit zweiten Bällen und Querpässen ist die Gefahr also viel größer, ein Tor zu kassieren. Für die Spieler ist es eine natürliche Reaktion, sich zurückfallen zu lassen, aber es ist nicht die richtige – das mussten wir sofort korrigieren. Aus diesem Grund gewann Joel zum Beispiel weniger als die Hälfte seiner Zweikämpfe in der Luft. Sie erarbeiteten sich zu viele Chancen mit ihren zweiten Bällen und Querpässen. Es ist schwer, die Kontrolle zu behalten, wenn der Ball in der Luft ist, aber man kann zumindest verhindern, dass diese Querpässe in den eigenen Strafraum kommen. Mit einem defensiven Pressing lässt sich verhindern, dass man so tief hinten steht. Dass wir es nicht schafften, kostete uns zwei Punkte.

Das Positive waren auf jeden Fall unsere Tore. Curtis drosch den Ball von außerhalb des Strafraums in die Maschen und Fab bediente mit einem fantastischen Lupfer Mo, der das Leder aus kurzer Distanz direkt annahm und versenkte. Jota traf per Kopf ins kurze Eck, nachdem er sich am zweiten Pfosten gelöst hatte und die butterweiche Flanke von Hendo (als Mittelfeldspieler) perfekt erwischte. Es zeigte, dass wir von überall gefährlich sind. Beim Stand von 3:2 hielten wir an unserem Auswechselplan fest und brachten Bobby, der in der letzten Minute fast noch das 4:3 gemacht hätte.

Wie immer bei einem Unentschieden fühlte es sich für uns wie eine Niederlage an, aber man sollte jeden gewonnenen Punkt wertschätzen, weil jeder einzelne Zähler am Ende der Saison den Ausschlag geben kann. Virgil, Ali und ich waren die Letzten in der Kabine, in der es heute mucksmäuschenstill war. Auf der langen Fahrt nach Hause begann ich mit Jürgen, Andreas, Vitor und Pete mit der Planung für die nächste Woche und die nächste Trainingseinheit.

„TRAINER, DIE ALLES KONTROLLIEREN WOLLEN, KÖNNEN NUR DURCH DAS ERZEUGEN VON CHAOS BEZWUNGEN WERDEN.“

Woche 9

Liverpooler Fußball total, 2021/22

In dieser Woche würde ich „nach Hause" zurückkehren. Zurück zum Estádio do Dragão und den Blau-Weißen. Ich war sehr aufgeregt und konnte das Finale Nummer zwei in unserer Champions-League-Gruppe in Porto kaum erwarten. In Porto habe ich geheiratet. Der FC Porto holte mich vom PSV Eindhoven, als ich gerade mal 24 war. Sie glaubten an mich und ich werde auf ewig dankbar sein für die Beziehungen, die ich dort knüpfte, und die Erfahrungen, die ich dort sammelte. Und … es ist der einzige Blauton, der mir gefällt.

Für das Analyse-Meeting vor dem Match meldete Roberto sich aus einem separaten Raum mit Fernseher. Seine Tochter hatte Corona und wir wollten nichts riskieren, obwohl er zweifach geimpft und negativ getestet war. Wir beschlossen, dass er im eigenen Pkw zum Flughafen fahren solle … zum Glück hatte er noch Benzin im Tank, denn im ganzen Land war das Benzin knapp geworden.

Zu Beginn unserer letzten Trainingseinheit hielt Jürgen eine Ansprache. „Die erste Frage, die wir uns stellen müssen, lautet: Wollen wir diesen Wettbewerb gewinnen? Wenn die Antwort Ja ist, sollten wir keine Zeit verschwenden und in dieser schweren Gruppe Punkte sammeln."

Wir brauchten eine FC-Liverpool-Performance der alten Schule. Porto sollte sich bei jedem Ballbesitz unter Druck fühlen. Wie? Mit einem klaren Plan. Wir würden sie über das ganze Feld jagen, aus allen Richtungen. Wenn wir den Ball verlören, würden wir sie von hinten jagen. Ich erklärte das Prinzip noch einmal im Training: „Sie sollen nachts aufwachen vor Angst, dass jemand hinter ihnen her ist!" Damit würden sie unserer

Meinung nach nicht zurechtkommen, vor allem, wenn [Innenverteidiger] Pepe nicht auf dem Platz stand. Sie waren eine Mannschaft für gute Standardsituationen, ein Team, das schnell neu starten und wenn nötig auch überhart spielen konnte. Das hatten wir bei ihrem Match gegen Sporting Lissabon einige Wochen zuvor beobachten können. In ihrem Trainingszentrum ist in großen Buchstaben der folgende Spruch zu lesen: „Wir lieben diejenigen, die es hassen zu verlieren." Ich habe diese Kultur sieben Jahre lang verinnerlicht und gelebt, wusste also nur zu genau, wie sehr sie uns besiegen wollten. Aber wir glaubten fest daran, dass wir sie mit unseren Offensivprinzipien dominieren konnten.

Während des Trainings konnte ich Trent ansehen, dass etwas nicht stimmte. Am Ende, nachdem die ganzen Presseleute weg waren, fragte ich ihn, ob alles in Ordnung sei. „Ich habe Schmerzen in der Leiste", antwortete er. Kein gutes Zeichen einen Tag vor dem Spiel gegen Porto und nur sechs Tage vor City. Jürgen stand neben Lee Nobes und der Doc winkte. Ich machte mich sofort – laut fluchend – auf die Suche nach Milner. Beim Coaching auf diesem Niveau willst du Spielern Sicherheit geben, klare Vorgaben sind also sehr wichtig. Deshalb wollte ich sofort mit Millie sprechen. Wir gingen vor der Tafel die diversen Taktiken durch: Das wollen wir defensiv, das offensiv erreichen.

Trent saß am Nachmittag nicht mit uns im Flieger, sondern blieb im AXA-Trainingszentrum, um sich behandeln zu lassen. Trotz des Dämpfers, den sein Verlust für uns bedeutete, fühlte es sich gut an, auf dem Weg zu einem Champions-League-Auswärtsspiel zu sein. Am Spieltagmorgen trainieren wir im Stadion von Boavista. Ich hatte dort so viele Derbys mit meinen Jugendmannschaften gespielt … und jetzt bereiteten wir uns hier auf dieses große Spiel vor. Boavista ist der kleinere Klub aus Porto und bekannt für seine herausragende Kämpfermentalität. Die

Atmosphäre war immer feindselig, was mir nichts ausmachte. „In diesem Augenblick sind alle Portugiesen", sagte Jürgen. Die einzigen Portugiesen, die heute nicht zu Porto halten würden, waren wahrscheinlich Diogo und Vitor.

Wir trainieren unsere Standardsituationen meistens am Morgen vor einem Spiel, vor allem, wenn wir nur so wenig Vorbereitungszeit haben. Ein Tag mit Auswärtsspiel in der Champions League ist immer lang und deshalb ist es angenehm, aus dem Hotel raus zu sein und ein paar Details durchgehen zu können. Aber viele Entscheidungen basieren einfach auf Intuition. An diesem Tag beschlossen wir, uns auf ein positives Feeling zu konzentrieren – viele kurze, schnelle Pässe und Rondos. Ich mag es, wenn die Spieler ein Lächeln im Gesicht haben.

Jürgen und ich gingen kurz vor der Mannschaftsbesprechung noch mal den Matchplan durch. Der *gaffer* lief an diesem Tag zu großer Form auf – er packte die Spieler mit seiner Wortwahl: „Das Motto für heute lautet, dass jeder bereit sein muss zu springen. Wir müssen diese kleine Stimme in unseren Köpfen finden. Wir müssen sie jagen – das macht den Unterschied aus. Viele Teams pressen, wir jagen. Jagen, wenn wir ausgespielt werden. Eine klassische Liverpool-Performance. Spielt wie ein Spitzenteam, das noch nichts gewonnen hat! Wir reden so viel übers Verteidigen, weil es das ist, was uns von anderen unterscheidet." Wir veränderten die Persönlichkeit der Mannschaft Schritt für Schritt durch Auffrischung alter Gewohnheiten und der Einführung von neuen. Liverpooler Fußball total, 2021/22.

Und die Jungs lieferten ab. Champions-League-Finale Nummer zwei in Porto endete mit einem 5:1-Sieg. Wir waren der geschwächten Heimmannschaft überlegen, zeigten Variabilität, ohne unsere Identität aufzugeben, waren flexibel, aber gut organisiert. Wir bildeten gute, klar definierte Dreiecke um den Ball.

Vor allem das „äußere“ Dreieck aus Sadio, Curtis und Robbo fand ständig Räume. Portos Analyst meinte nach dem Spiel, dass es extrem schwer gewesen sei, in Fabinhos Nähe zu kommen. Genau das hatten wir erreichen wollen: dass ihre Doppel-Sechs Sergio und Uribe unsicher wurde und wir mit unseren freien Spielern unser Spiel aufziehen konnten.

Curtis war unser herausragender Spieler, er war an vier der fünf Tore beteiligt. Wir hatten im September 20-mal getroffen, die Bilanz: fünf Siege, ein Unentschieden und jedes Mal mindestens drei Tore. Die Arbeit während der Saisonvorbereitung machte sich bezahlt. Mo mit seinen zwei Treffern erwies sich mal wieder als Tormaschine. Das war bei dieser schweren Gruppe ein Riesenschritt in Richtung nächste Runde.

Wir übernachteten nach dem Spiel in Porto, was mir die Gelegenheit gab, am nächsten Morgen an Taylor’s Port Cellars vorbeizugehen, wo Danielle und ich geheiratet haben. Porto wird für immer in meinem Herzen sein, nicht nur wegen der Fußballerinnerungen. Aber jetzt war es an der Zeit, nach Liverpool zurückzukehren und nach vorne zu schauen. Manchester City wartete auf uns und wir konnten uns keinerlei Ablenkung erlauben.

Wieder in Liverpool war das Wetter das genaue Gegenteil von Porto: windig und regnerisch. Aber die Atmosphäre im ganzen Gebäude zeugte davon, dass ein ganz besonderes Spiel vor uns lag. Wir trainierten hart mit den Spielern, die nicht zum Zuge gekommen waren – sie brauchten Aufmerksamkeit und viele verschiedene Erfahrungen. Naby war wieder da und versenkte zwei Bälle ins lange Eck. Vitor und ich setzten die letzte Linie massiv unter Druck – sie mussten gegen acht Mann spielen, aber hoch anfangen. Dabei sagte ich zu Jürgen: „Hierin liegt der Schlüssel gegen City.“ Wir wussten, dass wir mit unseren Außenverteidigern Millie und Robbo aggressiv gegen ihre

Eins-gegen-eins-Spieler sein und gleichzeitig unsere letzte Linie schließen mussten, um Kevin De Bruyne und Bernardo Silva zu kontrollieren. Wir konnten einen Teil ihres Angriffsspiels torpedieren, aber nur wenn wir in unserem Pressing unberechenbar waren. Dadurch würden wir mehr Ballbesitz haben und das ist gegen sie der erste Schritt zum Sieg. Wir wollten den Ball und das ganze Feld dominieren und richtig gut verteidigen. Je besser wir verteidigten, desto mehr konnten wir angreifen.

Wir würden uns nicht zurückziehen – und wenn es doch einmal nötig wäre, dann nur als Einheit. „Wenn wir versuchen, ein normales Spiel zu machen, können wir gleich aufgeben", sagte Jürgen im Analyse-Meeting. Für uns Trainer ist das Match gegen City immer die aufregendste Partie. Ich verbrachte doppelt so viel Zeit wie sonst mit den Analysten, um sicherzugehen, dass wir mit unseren Ideen richtiglagen. Wir konnten City schlagen, aber dafür mussten wir einige Dinge richtig, richtig gut machen. Ihren Plan mit unserer letzten Linie durchkreuzen, sie zu Fehlern und langen Bällen zwingen. Ihr Offensivspiel unterbinden, indem wir gegen ihre Eins-gegen-eins-Spieler Zwei-gegen-eins-Situationen kreierten.

„Wir müssen in unserem Pressing wieder unberechenbar werden", sagte Jürgen. Wie wird Guardiola wohl gegen Unberechenbarkeit planen, fragte ich mich. Trainer, die alles kontrollieren wollen, können nur durch das Erzeugen von Chaos bezwungen werden. Es würde unmöglich sein, beim Pressing genau zu bleiben – wir würden wild sein müssen. Deshalb konzentrierten wir uns auf Grundprinzipien anstatt auf das, was ich „ABC-Coaching" nenne.

Gegen Tuchels Chelsea hatten wir unser aggressivstes Spiel gemacht. Diesen Mut mussten wir jetzt wieder zeigen. Alle mussten Ball und Gegner jagen. Und wenn wir den Ball erobert hatten … erster Pass nach vorne. Gegen City reicht Pressing nicht aus – man wird dann ausgespielt. Der Zaubertrick heißt „den Gegner von hinten jagen". Das betonte ich im Training wieder und wieder. „Jota, jag Rodri hier hinterher; das wird ihr Positionsspiel massiv beeinflussen. Sadio, jag Walker hinterher. Wir müssen sie so intensiv jagen, dass sie immer das Gefühl haben, jemand ist ihnen auf den Fersen, auch wenn sie komplett frei stehen." Unseren Stürmern rief ich zu: „Ihr müsst viel investieren!" Ich hatte das Gefühl, dass wir frisch sein würden. Wir gingen das Spiel etwas weniger strategisch an als die Begegnungen zuvor. Stattdessen konzentrierten wir uns mehr auf uns, was mir sehr gefiel.

Aber es gab noch eine andere Baustelle, mit der wir uns in Kirkby auseinandersetzen mussten. Jürgen und ich saßen mit Ali, Fabinho und Roberto im Büro und sprachen mit unserem Anwalt Jonathan Bamber. Leider gab es keine Möglichkeit, ihnen die Quarantäne zu erleichtern, wenn sie nach der Länderspielpause aus Brasilien zurückkehrten, und es war noch nicht klar, wo sie ihre Quarantäne verbringen würden – zu Hause, in einer privaten Unterkunft oder einem Hotel. Das Länderspiel war für Freitagmorgen angesetzt und wir spielten am Samstag um 12:30 Uhr gegen Watford. Damit war das Spiel für sie also auf jeden Fall kein Thema. Und drei Tage später würden wir nach Spanien reisen – durften sie da dann dabei sein?

In unserer letzten Trainingseinheit am Samstag presste Milner wie wild. Wir mussten ihn sogar bremsen. Den Wettbewerb „Alt gegen Jung" am Ende der Session gewannen die Jungen, was den aktuellen Stand auf 6:6 brachte. Am Samstagabend im Hotel brachte Mona beim Dinner Geburtstagstorten für Roberto und Ali, die ihren 30. beziehungsweise 29. Geburtstag feierten. Alle sangen für sie. Virgil sagte zu Ali: „Du siehst eher wie 30 als wie 29 aus!" Jürgen meinte nur kopfschüttelnd zum vorbeischlendernden Milner: „Diese Kinder!"

Am Sonntag endete unser Premier-League-Finale Nummer sieben zwischen zwei der weltbesten Teams unentschieden, 2:2. Das Niveau dieser Partie war der Wahnsinn. Wer davon nicht begeistert war, der kann mit Fußball definitiv nichts anfangen. Jack Grealish begann als falsche Neun, Pep hatte sich einen magischen Plan ausgedacht. Aber ehrlich gesagt machten wir nur in der zweiten Hälfte die Dinge, die sie nicht mögen. In der ersten Halbzeit öffneten wir die Mitte zu sehr, ohne intensiv genug zu pressen. Jota konnte Rodri nicht kontrollieren. Unser Mittelfeld ließ sich zu weit nach hinten fallen, unsere letzte Linie war zu passiv. Zur Halbzeit fokussierten und konzentrierten wir uns neu und in der zweiten Halbzeit verlieh jede von uns geblockte Aktion dem Stadion Energie. Die Atmosphäre im Anfield veränderte sich völlig – und man konnte förmlich sehen, wie Robbo daran wuchs.

Bei diesem Spiel mussten wir bis zum Abpfiff hoch konzentriert bleiben und alles raushauen. Wir waren bereit zu leiden und glaubten an uns, was man in der zweiten Halbzeit deutlich sah. Dass es zur Pause 0:0 stand, war so wichtig. Wir konnten den Jungs die Lücken zeigen, die sie ausnutzten, und konnten erklären, wie wichtig der Extrapass war, um sie zu knacken. Bleibt ruhig, spielt den Extrapass und wir werden ihnen wehtun. Zum Glück konnten wir das alles in der Pause leicht korrigieren und änderten in der zweiten Halbzeit nicht viel, sondern setzten nur unseren ursprünglichen Plan besser um.

Curtis agierte das ganze Spiel über mutig und unsere Tore waren unglaublich. Eines der wenigen Dinge, die an einer tiefen Verteidigung gut sind, ist, dass man viele Räume ausnutzen kann. Das konnte man bei Sadios Tor sehen, Mos Pass war messerscharf. Und Mos Tor war einfach nur zum Zungeschnalzen. Wow. Eine Blaupause für Dribblings. Einfach absurd. Mo eroberte so viele Bälle – er spielt mit so viel Spielfreude wie ein U13-Spieler.

Wir hatten am Ende sogar eine Riesenchance, das Spiel zu gewinnen, als Fabinho drei Meter vor dem Tor den Ball bekam, aber Rodri den Schuss noch blocken konnte. Unsere Jungs waren nach dem Schlusspfiff sehr enttäuscht – und das zu Recht, weil sie in der ersten Halbzeit nicht unseren Fußball gespielt hatten. Als ich Pep die Hand schüttelte und ihn umarmte, sagte er: „Was für ein tolles Team ihr habt, was für ein Team." „Dein Team ist auch nicht ohne", erwiderte ich.

Jürgen hielt nach dem Spiel eine Ansprache. Er sagte, wir könnten gegen sie viel besser spielen, wenn wir alles richtig machten, aber 2:2 war letztendlich ein angemessenes Ergebnis. Hendo meinte: „Es ist etwas frustrierend, vor allem, wenn man zum zweiten Mal führt und nur noch zwölf Minuten zu spielen sind. Ich glaube, wir können ein Spiel besser zu Ende bringen. Aber wir müssen aus unseren Fehlern lernen. Das ist nicht das Ende der Welt und wir haben noch einen weiten Weg vor uns. Wir sollten die positiven Dinge mitnehmen, aus den Dingen lernen, die wir nicht so gut gemacht haben, und im nächsten Spiel besser sein."

Als ich zu Hause ankam, wurde mir bewusst, dass wir nun ohne eine einzige Niederlage in die zweite Länderspielpause gingen. Jungs, bitte kommt gesund zurück!

Woche 10

Seid laut!

Ich versuchte, in der zweiten Länderspielpause etwas zu entspannen und meine Batterien aufzuladen, da in der ersten Woche alle Spieler trainingsfrei hatten. Auch ich fuhr nur ein paarmal zum AXA, um mit unseren Analysten zu sprechen. Wenn der

Fußball deinen Lebensrhythmus bestimmt, ist es gar nicht so einfach, wenn das Tempo schlagartig gedrosselt wird. Nicht physisch, sondern mental – die Vorbereitung unter Zeitdruck, ständig das nächste Spiel vor der Brust.

Danielle und ich fuhren ein paarmal ins Stadtzentrum von Liverpool. Dazu haben wir normalerweise kaum Zeit. In der Stadt herrscht eine so tolle Atmosphäre, ein ganz besonderer Vibe. Ich hatte schon fast vergessen, wie es sich anfühlte, in der Innenstadt zu sein. In diese Woche würde auch der Tag fallen, an dem Jürgen vor sechs Jahren Trainer beim FC Liverpool wurde, und unsere Medienleute baten mich um ein kurzes Interview über seine bisherige Zeit hier. Ich stelle mir bei Interviews immer vor, dass ich zu unseren Spielern oder zu unseren Fans spreche. Deshalb gehe ich ins Detail und erkläre viel. Ich will sie auf unsere Reise mitnehmen und die Richtung vorgeben. Deshalb endete ich mit den Worten: „Diese Liverpool-Mannschaft ist hungrig, selbstbewusst und weiß, was sie will. Jürgen führt und korrigiert. Es ist eine wunderbare Zeit, um Liverpool-Fan zu sein. Genießt es. Seid laut!" Der letzte Teil war an unsere Fans gerichtet; wir würden in den nächsten Wochen eine positive Atmosphäre um uns herum brauchen. Das war meine Botschaft an sie.

Unter der Woche rief ich Jürgen an, um zu hören, wie es mit der Präsentation des Padelschlägers in Barcelona lief. Er macht jetzt Werbung für Wilson und hat seinen offiziellen „JK"-Schläger. Aus unserem Hobby wurde sein Sponsor und sein eigener Schläger. Wie cool ist das denn? John war in dieser Woche auf Mallorca, Jack in Schottland, Pete in Deutschland und Vitor in Portugal. Ich konnte es kaum erwarten, bis wir wieder alle zusammen im Büro saßen und darüber diskutierten, weshalb unsere Identität Intensität ist.

„FÜR LIVERPOOL ZU ARBEITEN, BEDEUTET, MIT HOHEN ERWARTUNGEN UMZUGEHEN.“

Woche 11

Zurück zu den Anfängen

Die Vorbereitung auf Watford hatte schon vor Wochenbeginn angefangen. Wir wussten nicht viel über sie, weil Claudio Ranieri sie erst seit einer Woche trainierte. Was er für Sampdoria Genua ohne Geld erreicht hatte, war erstaunlich – vom 15. auf den 9. Platz. Es fühlte sich an, als wären wir ziemlich oft in dieser Situation: gegen ein Team mit neuem Trainer zu spielen … oder es passierte das Gegenteil: dass ein Trainer nach dem Spiel gegen uns entlassen wurde. Wir versuchten, uns vorzubereiten, indem wir uns Spiele von Sampdoria ansahen, wobei wir Ranieris Ideen auch aus seiner früheren Arbeit in der Premier League kannten. Wie immer versuchten wir, so viele Informationen wie möglich zu sammeln und sie richtig zu nutzen. Wir wussten: Als er Fulham, die Roma und Sampdora übernahm, stellte er sofort auf ein 4-4-2 um. Er steht für Einfachheit und Klarheit. Ich fragte mich, ob das nicht sowieso immer der Schlüssel ist. Sobald die intuitiv agierenden Spieler verwirrt sind, geht's bergab. „Jeder Nachteil hat seinen Vorteil", lautet eine der cruyffschen Fußballweisheiten. Da wir nicht genau wussten, was Ranieri machen würde, konzentrierten wir uns auf uns selbst.

Wir bekamen alle neue Trainingsklamotten und sahen darin entweder wie Charaktere aus *Star Trek* oder *Robin Hood* aus. Es handelte sich um die exklusive Nike-Kollektion, weshalb alles wie angegossen saß. Jürgen kam mit neuen Adidas-Klamotten im AXA an. „Verfrühtes Weihnachtsgeschenk", witzelte er, bevor er sich die Liverpool-Sachen anzog.

Vor der Einheit unterhielten wir uns im Trainerbüro über *Ted Lasso.* Alle hatten sich in der Länderspielpause die zweite Staffel angesehen. Wir liebten die Serie und erkannten so viel wieder. Sie ist wirklich gut geschrieben, alle Charaktere werden liebevoll durch den Kakao gezogen, vor allem die holländischen. Ein Lebensmotto sollte sein, sich nicht zu ernst zu nehmen; wir mussten das alle im Laufe der Zeit lernen. Jürgen ist ein toller Anführer – er versteht es wie kein anderer, den Druck runterzuspielen.

Es bestätigte sich, dass wir ohne Fabinho und Alisson nach Watford reisen würden, die sich beide gleich nach den Länderspielen nach Madrid aufmachen würden. Natürlich waren wir enttäuscht, konzentrierten uns aber auf die Spieler, die zur Verfügung standen.

Das Training vor der Reise zur Vicarage Road lief besonders gut. Bobby war unglaublich und ich dachte: Was immer passiert, er muss in Watford in der Startelf stehen. Er spielte gerade so, dass die anderen sich drum rissen, ihm Pässe zuzuspielen – ein untrügliches Zeichen für einen guten Spieler.

Beim Rondo scherzten die Jungs, dass Trent „die Windeln voll" habe, weil er sich nicht mit vollem Einsatz in die Balleroberung stürzte. Und wenn es eines gibt, was unsere Spieler – na ja, eigentlich nur James Milner – nicht mögen, dann, dass jemand nicht alles gibt. Hendo forderte Ox ständig auf: „Unterstütz mich schneller." Maßstäbe werden durch Taten gesetzt; das beweisen unsere Jungs immer wieder. Jürgen und ich stellten die Gruppe vor verschiedene Herausforderungen, um das Training interessant zu machen. Am Anfang der Session wählten wir vier Übungen aus, bei denen wir die Konzentrations- und Interaktionslevels steigern konnten. So entstand die gewünschte Intensität.

Thomas Gronnemark war diese Woche bei uns, um ein besonderes Augenmerk auf unsere Einwürfe hoch oben im Feld zu lenken. Thomas ist ein verrücktes Einwurfgenie, aber ich sagte ihm, dass wir einen optimistischeren Ansatz brauchten. Wir standen vor dem Taktik-Board und schoben die Spieler darauf herum. Wir dachten uns ein Szenario für eine spätere Phase im Spiel aus … ein Szenario, um Chaos zu erzeugen. Mit einem langen Einwurf würden wir unsere Innenverteidiger in den Strafraum schicken. Als Pete ins Büro kam, bat ich ihn, das genaue Szenario zusammen mit Thomas so zu organisieren, dass wir (wie bei unseren Ecken) bereit waren, die zweite Phase zu dominieren – unsere wahre Stärke.

Danach gingen Jürgen und ich die Aufstellung durch und sprachen über ein Telefonat mit Ali und Claudio Taffarel, der unser Torwarttrainerteam verstärken würde. Ja, genau, dieser Taffarel. Die Torwartposition ist seine Leidenschaft und sein Lebenslauf spricht für sich. Wir waren sicher, dass unsere Torhüter von seiner Persönlichkeit und seiner Erfahrung profitieren würden.

Die Atmosphäre im Training war großartig, Rondos helfen da immer. Wir brauchen dabei lächelnde Gesichter. Mo lachte mit Sadio, Hendo alberte mit Trent.

Ich nenne das immer „die Ursprünge simulieren“, die Art von Training und Atmosphäre, die sie als Kinder hatten. Als Kind spielte man jedes Mal so, als wäre es das letzte Spiel. Gute Spieler behalten diese Einstellung bei und die besten ergänzen sie durch Professionalität. Wenn du diesen Spielern nachläufst, rennen sie dir davon. Aber wenn du das hast, was sie wollen, kommen sie von allein zu dir. Mach es interessant, kehr zu den Anfängen zurück. Gestalte die Übungen für die Spieler attraktiv.

Das Beste an der zweiten Woche der Länderspielpause war Harvey Blair. Alle verließen den Platz erstaunt und fragten mich, wie alt er sei. Dieser Jungspund schoss von allen Positionen aufs Tor und gewann das Identity Game. Ich glaube wirklich, dass es nicht viele Übungen gibt, die Spieler besser machen, aber viele, die sie schlechter machen können. Deshalb benutzen wir nur ein paar richtig gute und variieren sie. Das Identity Game – drei Teams kämpfen um den Ball – ist definitiv eines der besten.

Ich hatte das Gefühl, dass die nächste Phase der Saison für uns entscheidend und wegweisend sein würde. Verletzungen hatten letztes Jahr einen so großen Einfluss auf uns gehabt und jetzt mussten wir wieder auf Spieler verzichten. Die Gruppe brauchte einen Erfolg, um nach dem, was in der letzten Saison passiert war, daran zu glauben, dass wir es schaffen konnten. Die Gedanken durften nicht negativ werden, denn nur das konnte uns aufhalten. In seiner Pressekonferenz vor Watford lief Jürgen heiß. Das war es, was wir mit einer „Wir-gegen-sie-Mentalität" meinten. Ob Newcastles Übernahme durch die Saudis, Watfords ständige Trainerwechsel, Curtis' Verletzung in der englischen U21-Nationalmannschaft, Southgates Hin und Her bei der Nominierung des Nationalmannschaftskaders … alle kriegten ihr Fett weg.

Im Analyse-Meeting ging es dagegen nur um uns. Pete hatte einige herausragende Szenen unseres Burnley-Spiels vorbereitet, als wir praktisch jeden ersten Pass nach vorne spielten. Jürgen betonte, welche Gefahr von Isamaïla Sarr mit seiner Schnelligkeit ausging. Für die Spieler von Watford war es mit dem neuen Trainer ein Neustart, also mussten wir offensiv spielen und gleichzeitig mussten unsere vordersten drei mit allem, was sie hatten, verteidigen. Der Unterschied zwischen einem guten und einem herausragenden Spiel ist: Bei einem herausragenden Spiel sind wir bereit, 95 Minuten lang unsere Positionen zu verlassen, um den Gegner zu attackieren, und 95 Minuten lang die wichtigen Lücken zu schließen. Wenn wir positiv spielen, sind wir permanent bereit zu beschleunigen.

Jürgen und ich besprachen, wie wir Übungen kreieren konnten, um nach der Länderspielpause wieder in Tritt zu kommen. Im Training nahmen wir also einen Spieler raus, um das

Pressing im Mittelfeld zu trainieren, sodass neun Feldspieler mit aller Gewalt gegen das zweite Team pressten, das in diesem Fall Watford repräsentierte. So stimulierten wir die Interaktion zwischen den Spielern und die Konzentration steigerte sich – man konnte sehen, dass unsere Spieler sich bewusster bewegten. Ich liebe diese Momente: der Tag vor dem Spiel, die letzten Informationen und unsere Jungs auf höchstem Konzentrationslevel.

Zuerst nahmen wir Roberto raus, wir pressten also ohne einen Neuner, was Milner und Naby zum Springen anregen sollte, und die anderen mussten dann die Mitte dichtmachen. Danach nahmen wir Hendo raus, unsere Sechs. Das beeinflusste die Positionen und das Verhalten von Mo und Sadio, wir pressten also nun mit zwei Viererketten. Bei jeder Wiederholung brachten wir einen Ball mehr ins Spiel. Dann nahmen wir Mo oder Sadio raus. Wir mussten unseren Plan mit Leben füllen und diese Übungen halfen uns dabei, kompakter und intensiver zu sein. Jürgen stimulierte unsere flexiblen Außendreiecke mit unserer offensiven 4-3-3-Struktur. Und wir ermutigten die Jungs, ihre Positionen zu tauschen. Nach zwei Wochen Pause standen sie zum ersten Mal wieder gemeinsam auf dem Platz, weshalb sie zunächst etwas eingerostet wirkten, aber nach einer Weile beschleunigten sie öfter und fanden einander wieder blind. Es ist nie leicht, sich auf das erste Spiel nach einer Länderspielpause vorzubereiten.

Aber für Liverpool zu arbeiten, bedeutet, mit hohen Erwartungen umzugehen. Alles muss perfekt sein, damit wir erfolgreich sind. Wir müssen überperformen, es gibt wenig Spielraum für Fehler. Ich hatte das ungute Gefühl, dass wir uns an einem Wendepunkt befanden. Nach dem Meeting und dem letzten Training schwächte sich dieses Gefühl zwar etwas ab, war aber noch nicht ganz verschwunden. Deshalb bat ich Mark, ein Video über Balljagd-Dynamik gegen Manchester City mit dem Titel

„Man spielt uns nie aus“ zu machen. Perfekt für unsere Spieler vor diesen schwierigen Auswärtspartien, weil es das Augenmerk auf uns selbst richtete.

Am Spieltagmorgen eröffnete Jürgen die Mannschaftsbesprechung mit einem deutschen Sprichwort: „Ein gutes Pferd springt nicht höher, als es muss. Aber wir müssen jedes Mal so hoch wie möglich springen. Die zweite Hälfte gegen City sollte unser Maßstab sein.“ Später, beim Aufwärmen in den engen Gängen der Vicarage Road, meinte Virgil scherzhaft zu Sadio, dass er höher als dieser springen, ich aber immer Sadio den Sieg zuschreiben würde. „Du bist das Pferd, von dem Jürgen sprach“, sagte ich ihm, „aber Sadio ist das echte Pferd.“ Virgil meinte dazu nur, dass er in Southampton jeden Kopfball gegen Sadio gewonnen hatte. Alle umarmten sich fest, bevor wir aufliefen. Milner war laut, einige der Jungs beteten, aber überall sah ich konzentriert lächelnde Gesichter. Man konnte erkennen, dass diese Mannschaft aus Freunden bestand.

Das Finale Nummer acht gegen das neue Claudio-Ranieri-Team aus Watford ging 5:0 für uns aus. Roberto gelang ein Hattrick; er war überall und immer im richtigen Augenblick. Danke! Als Team kontrollierten wir den Ball und den Raum so gut. Wir hatten auch eine tolle Kontrolle über das Tempo gegen ein Team, das vorne unglaublich schnell war und uns bei Kontern mit Sarr und Hernandez in Bedrängnis bringen konnte. Entscheidend war, wie flexibel Trent und Robbo beim Aufbau unseres Angriffsspiels waren und wie ruhig und geduldig die Stürmer und Mittelfeldspieler blieben, um den Ball in besseren Positionen anzunehmen, was gegen eine Fünferkette, die tief stand, sehr wichtig war. Unsere Spieler hinten konnten die Lücken gebrauchen und deshalb lautete unsere Botschaft zur Halbzeit auch: Wir bleiben geduldig und nutzen die herausgespielten Lücken, so wie bei unserem Tor-Spiel im Training. Nur wenn Spontaneität und Kreativität zusammenkamen, konnten Tore wie an diesem Nachmittag entstehen. Mo und Sadio kombinierten traumhaft, Sadios Tor nach Zuspiel von Mo war brillant. Weltklasse war auch das Tor von Mo, und der Hattrick von Bobby setzte alldem die Krone auf. Und dazu noch eine weiße Weste für Caoimhín Kelleher. Kein schlechter Tag!

Woche 12

Das Eine-Regel-Prinzip

Die Woche begann früh, nämlich schon an einem regnerischen Sonntagmorgen, in Jürgens Büro. Wir besprachen unseren Matchplan für Atlético Madrid. „Keine Veränderungen, wir wechseln nicht; nach der gestrigen Performance verdienen es alle, wieder auf dem Platz zu stehen“, war die einhellige Meinung. Es gab zwischen dem Match gegen Atlético und dem gegen Manchester United genug Zeit, um sich vollständig zu regenerieren, wir mussten also nichts an der Aufstellung ändern. Wir waren im Rhythmus und konnten Robbo und Trent schonen, indem wir sie in Watford früh vom Platz nahmen. In den nächsten zwei Tagen würde es also vorrangig ums Regenerieren gehen. Aber Jürgen sagte, wir müssten drei Dinge tun: die Bilder benutzen, die richtigen Ideen kreieren und diese auf dem Platz zum Leben erwecken.

Jürgen sprach zur Mannschaft und erklärte: „Die ganze Welt redet darüber, dass Watford schlecht war, und wir werden nie wissen, wie groß unser Anteil daran war. Ich kann euch aber versichern: Er war ziemlich groß.“ Wir sind so hoch gesprungen, wie wir konnten, alle unsere Spieler agierten und dachten auf dieselbe gegenpressende Art. Das gefiel mir am meisten und gab mir wirklich das Gefühl, dass wir auf dem richtigen Weg waren. Sadio hatte in Watford sein 100. Premier-League-Tor gemacht, weshalb wir ihm vor dem Training alle applaudierten. Was für eine Leistung! Drogba und Mo lagen bei 104, Sadio hatte also noch die Chance, der beste afrikanische Torschütze aller Zeiten in der Premier League zu werden.

Mit Blick auf die Woche, die vor uns lag, bat ich unsere Platzwarte, im AXA „unser Spielfeld" aufzubauen. Wir haben ein Standardfeld von 40 mal 40, das von unseren Mitarbeitern genau in der Mitte des Platzes abgesteckt wird. Innerhalb dieses Feldes spielen wir normalerweise Variationen von fünf gegen fünf. Die Regeln variieren. In einer Variante können die Jungs zum Beispiel nur punkten, wenn das ganze Team über die Mittellinie schiebt. Das soll sie dazu anregen, sich zusammen zu bewegen und hochzuschieben, um gegenzupressen und hohe Konter zu unterbinden. Gegen tief verteidigende Mannschaften muss man so hochschieben, da sie sonst von dort kontern können.

In einer anderen Variante stellten wir zwei Pfosten in die Mitte, durch die sie den Ball hindurchpassen müssen. Das soll defensiv dazu animieren, die Mitte des Feldes zu schließen. Ich nenne es das „Eine-Regel-Prinzip". Es gibt nur eine Regel, ansonsten können sie frei aufspielen. Wie gesagt: Die Wiederholung bestimmter Übungen bringt das Team weiter.

Unsere Jungs waren nach drei intensiven WM-Qualifikationsspielen aus der Länderspielpause zurückgekehrt, hatten dann ein frühes Liga-Auswärtsspiel in Watford absolviert und jetzt mussten wir nach Madrid fliegen – alles innerhalb von 48 Stunden. Wir hatten nur eine Trainingseinheit, um uns auf uns selbst zu konzentrieren, bevor wir auf eine der härtesten Heimmannschaften der Welt trafen. Aber wir lieben Herausforderungen. Wir mussten allerdings frisch sein, um es mit ihrem Tempo aufnehmen zu können. Atlético hatte von der Primera División sogar das Wochenende freibekommen, ihr Spiel wurde gestrichen. Uns war also klar, dass sie frisch sein würden. Deshalb beschlossen wir am Montagmorgen, während unseres Trainings am Spieltag in Madrid nur Pässe und Rondos zu üben – genau wie schon in Porto – und den Jungs ein Lächeln zu entlocken.

Petes Analyse-Videoclips für die Jungs waren auf das Stoppen von Kontern und das Spiel gegen einen tief stehenden Abwehrblock konzentriert. In Phasen wie diesen findet das „echte" Training in Video-Meetings statt. Wir wussten, dass Atlético konterstark war, also mussten wir das den Jungs zeigen. Wenn sie in Ballbesitz sind, sind ihre Stürmer sehr mobil. Suarez bleibt in einer Abseitsposition und Felix bewegt sich frei zwischen den Linien, was unsere Struktur vor eine echte Aufgabe stellen würde. Wir mussten diese Bewegungen kontrollieren. Sie waren in der Lage, lange Zeit tief zu verteidigen und dann das Spiel in der letzten Minute zu entscheiden.

Vorne hatten sie viel Qualität und unterschiedliche Spielertypen. Correa war ein echtes Tier – er ging auf alles drauf. Sie waren ein Kämpferteam, das bis zum Äußersten ging; uns war also bewusst, dass es auch auf den Schiri ankommen würde. Sie waren besser als wir darin, den Gegner zu entnerven, so viel war sicher, aber das war wahrscheinlich das Einzige, worin sie uns voraus waren. Außer vielleicht noch in ihrem Gegenpressing, das ihre stärkste Waffe war.

Am Montag flogen wir nach Madrid, es stand uns ein langer Reisetag bevor. Wir trafen uns früh im AXA und würden erst spät im Hotel in Madrid ankommen. Die Stadt und das Stadion werden für uns immer besondere Orte sein – schließlich haben wir dort die Champions League gewonnen. Ich sehe uns noch mit Bier in der Hand durchs leere Stadion laufen, um die Logen mit unseren Familien zu finden. Dieses Spiel veränderte unser aller Leben. Jetzt stand uns zwar kein lebensveränderndes, aber ein saisonbestimmendes Match bevor. Würden wir unser Spiel gegen eines der besten defensiven Teams durchziehen können?

Am Montagabend saßen wir draußen auf der Hotelterrasse (es war schön warm), sahen uns Arsenal gegen Crystal Palace auf unseren Smartphones an und sprachen über Jürgens Padel-Trip nach Barcelona. Vitor übersetzte Simeones Pressekonferenz. Billy Hogan gesellte sich mit einem Glas Wein zu uns.

Der Matchday begann mit einem Meeting mit Ray, um die WM 2022 zu planen und zu organisieren. Wir würden den Jungs, die daran nicht beteiligt waren, ein paar Tage freigeben und uns dann alle im Trainingslager treffen. Ray hatte zwei Möglichkeiten für ein Trainingslager anzubieten: Dubai oder Kapstadt. Wir entschieden uns für das in Dubai, weil dann die Spieler von Katar aus leichter zu uns stoßen konnten.

Die Morgensession verlief gut. Alle trainierten zusammen, wir hatten sie nicht in Startelf und Ersatzspieler aufgeteilt, was unheimlich wichtig war. Die Gruppe war vereint und hatte gute Laune. Der Plan hatte funktioniert. Als Trainer machst du ständig kleine Pläne und führst sie aus. „Kleiner" Plan für die nächsten Trainingstage, „kleiner" Plan für die Startelf, „kleiner" Plan für den nächsten Gegner.

Jürgens finale Botschaft an die Jungs lautete: „Ich habe einen Riesenrespekt vor Simeone – er hält seine Spieler nun schon so lange auf Trab. Wir müssen uns auf einen Kampf einstellen. Wir müssen konstant diese Offensividee haben: den ersten Pass nach vorne spielen. Mut in diesem Spiel bedeutet: Spiel nicht deine Position, sondern begib dich in eine Angriffsposition und achte auf unsere Dreiecke. Je öfter wir das machen, desto mehr zeigen wir, dass wir für diesen Kampf bereit sind. Und wir werden ihn mit unseren Mitteln austragen, unseren fußballerischen Mitteln. Unsere beste offensive und defensive Option besteht darin, wirklich mit dem Ball zu spielen."

Die Jungs nahmen sich die Botschaft zu Herzen und gewannen gegen ein frisches, kämpferisches Team unser drittes Champions-League-„Finale" mit 3:2. Als wir aus dem Tunnel kamen, brüllte das ganze Stadion „Atleti, Atleti, Atlético Madrid!" Jeder, der behauptet, Schutzmasken würden die Stimmung kaputtmachen, konnte hier eines Besseren belehrt werden.

Das Spiel selbst fing zäh und hart an. Wir hatten den Ball und versuchten, Lücken zu finden. Dann öffnete Mo sich selbst eine, indem er drei Atlético-Spieler ausspielte, nach innen zog und abzog – der Ball prallte von Milner ab und ging ins Netz. Am nächsten Morgen sagte ich zu Milner: „Das war dein Ball." Und dann ging ich zu Mo rüber und sagte ihm in Hörweite von Millie dasselbe. „Teilt euch einfach den Torbonus, Jungs", schlug ich vor.

Atlético ließ sich wie erwartet nach hinten fallen, Thomas Lemar, Joao Felix und Antoine Griezmann waren bereit, aus der Tiefe zu kontern. Die Position von Joao Felix bereitete uns Kopfschmerzen – das und die Verbindung zwischen ihm und Lemar. Koke organisierte ihre ganze Mannschaft – wann sie pressen und wann sie abwarten sollten. Er ist ein fantastischer Anführer und ich dachte während der ganzen Partie, dass ihr Spiel wie ein Kartenhaus in sich zusammenfallen würde, wenn wir ihn aus dem Spiel nehmen konnten.

Nach unserem zweiten Tor – wieder ein Weltklassetreffer, diesmal von Naby – wurde es ein offenes Spiel und Atlético griff jetzt viel mehr an. Wir verteidigten als Gruppe schwach und mit seinen zwei Toren konnte Griezmann noch vor der Halbzeit ausgleichen. Das Stadion tobte. Ich versuchte, mit Jürgen zu sprechen, aber er konnte mich bei dem ganzen Lärm nicht hören, obwohl ich direkt neben ihm stand. Verrückt.

Die Gefahr ging immer von ihrer linken Seite aus. Also Fabinho rein und Hendo nach rechts ins Mittelfeld, um das zu unterbinden, dachten wir uns. In der Halbzeitpause zeigten wir Bilder, wie wir uns tiefer im Feld besser organisieren und die Halbräume besser schließen konnten. In der zweiten Halbzeit gab es so viele Unterbrechungen, dass das Spiel nie wirklich in Gang kam, aber nachdem Griezmann Bobby mit ausgestrecktem hohem Bein am Kopf getroffen hatte, wurde der Franzose vom Platz gestellt. Wir organisierten unsere Offensivstruktur neu und brachten Jota und Ox für neue Energie. Jota holte den Strafstoß raus und Mo behielt die Nerven und verwandelte sicher zum Sieg. Mit diesen drei Punkten hatten wir einen Riesenschritt in Richtung nächste Runde gemacht. Zwei Auswärtssiege in dieser Gruppe. Wir wurden auf die Probe gestellt und lieferten ab. Als ich mit Virgil vom Platz ging, sagte er: „Solche Spiele muss man auch gewinnen." Er hatte ja so recht.

Am Donnerstag blieben wir in Madrid und gönnten den Jungs einen wohlverdienten freien Tag, absolvierten aber mit den Ersatzspielern eine Trainingssession im sonnigen Estadio Alfredo Di Stéfano – also in dem Stadion, in dem wir in der letzten Saison gegen Real gespielt hatten.

Am Freitag hieß es: zurück an die Arbeit. Als Special Guests waren unsere Freistoßspezialisten von neuro11 mit von der Partie. Hendos Reaktion auf deren Übungen war sehr positiv; er meinte, das wäre eine viel bessere Art, Freistöße zu trainieren. Mo absolvierte eine großartige Session, weil er Alisson als Torwart zugeteilt bekam, der alles Mögliche tun sollte, um ihn abzulenken. Also sprang Ali nach links und nach rechts und sagte Mo, er wisse, wo er hinschießen wolle. Mit den Besten zu trainieren, bringt dich an deine Grenzen. Die ganze Zeit über ertönte ein Summen aus den Lautsprechern, das die Spieler mittels Konzentration ausblenden mussten. Was für ein Training!

Trotz der positiven Grundstimmung hatten wir das Gefühl, etwas stimme nicht mit unserer Spielweise. Die Gegner konnten sich einfach zu oft aus unserem Gegenpressing lösen, vor allem auf der rechten Seite – das hatten wir immer wieder mit Felix und Lemar erlebt. Wir mussten das sofort ansprechen und beheben, ohne von unserem Plan abzurücken, mit fünf Spielern in den gegnerischen Strafraum einzudringen.

Als Nächstes stand United auf dem Programm, ein Team mit enormer individueller Klasse und Schnelligkeit. Wenn sie uns schlugen, dann nur aufgrund ihrer Talente und nicht, weil wir schlecht positioniert waren. Es war ein tolles Match. Bruno Fernandes musste so hoch wie möglich gestoppt werden, damit er keine Pässe spielen konnte, die uns wehtaten. Marcus Rashford und Cristiano Ronaldo würden auf genau solche Zuspiele lauern. Wir mussten als Team zusammenbleiben, kompakt auf dem Platz stehen, eines unserer Grundprinzipien. Aber eine kompakte Formation funktioniert nur, wenn du sie aggressiv beibehältst. Virgil und Joel hatten in letzter Zeit zu oft zu tief gestanden. Gegen einen „einsamen" Stürmer waren sie immer sehr gut, aber gegen zwei tiefer stehende Stürmer war es viel schwerer, weil sie schnell und klar mit den anderen vor ihnen kommunizieren oder manndecken mussten. Zweitens mussten wir zum Rand schieben, von wo wegen ihrer freien Spieler oft Konter initiiert wurden. Im Fußball steigerst du dich bei bestimmten Aspekten und lässt dafür in anderen nach. Du nimmst bestimmte Gewohnheiten an und lässt andere mit der Zeit fallen. So entwickelst du dich, so funktioniert Fußball.

Am Samstag, dem Tag vor dem Match gegen United, blies der Wind wie immer ums AXA und wir saßen in Jürgens Büro und besprachen unsere Optionen ohne Fabinho. Sein Knie war nach dem Atlético-Spiel immer noch geschwollen. Sollten wir mit unseren vier vorderen Spielern auf ein 4-4-2 gehen und dann mit einer Doppel-Sechs Fernandes besser kontrollieren? Letztlich beschlossen wir, bei unserem 4-3-3 zu bleiben, aber wenn wir etwas verändern mussten, war das definitiv eine Option. Wir beschlossen auch, Ibou für Joel und Jota für Sadio aufzustellen. Naby, Milner und Hendo blieben unsere drei im Mittelfeld.

Es wurde jetzt früher dunkel; das Flutlicht war schon an, obwohl es erst zehn vor vier war. Die Taktikbesprechung begann um 16 Uhr im Presseraum der U23. Wir gingen alle unsere Pressingmomente auf dem Platz durch: Torschusspressing, hohes Pressing, Mittelfeldpressing, tiefes Pressing, Einwurfpressing. Dann konzentrierten wir uns auf unsere Offensivideen, wobei der Schwerpunkt auf den Bewegungen unserer Stürmer lag. Wir verbrachten 20 Minuten damit, den Jungs zu zeigen, wie wir uns besser, schneller und höher schützen konnten. Ich liebe diese „Extra"-Arbeit im Taktikbereich, wo wir diejenigen korrigieren, die sich nicht koordiniert bewegen und nicht in jeder Situation unseren Prinzipien folgen. Ziel ist immer ein perfektes und kompaktes Gegenpressing. Bei unserer Planung müssen wir kreativ sein; manchmal haben wir nur einen Tag, um uns vorzubereiten, Korrekturen vorzunehmen und neue Ideen einzuführen.

Für die Vorbereitung auf United hatten wir zwei Tage Zeit, aber Regeneration und Performance bedingen sich. Vitor ist dafür der entscheidende Mann. Er hat das Timing im Blick, die Regeneration und die Planung vor dem Hintergrund, dass wir immer hungrige Spieler haben wollen – hungrig auf die nächste Übung, den nächsten Tag. Im ersten, im zweiten, im zwanzigsten und im achtunddreißigsten Spiel bereit und energiegeladen. Das erfordert viel Planung und Überlegung. Es macht einen Riesenunterschied, ob du unter die Top Vier kommen oder die Meisterschaft gewinnen willst. Wir brauchen die richtigen Spieler und Kontinuität in unserem Spielstil.

In der Abschlussbesprechung sagte Jürgen den Jungs, dass United immer unglücklich zu sein schien, wenn sie gegen uns spielten. Sie wollten das Spiel dafür nutzen, sämtliche Probleme zu lösen. Wir hingegen wollten aus der gegenwärtigen Situation alles herausquetschen, was möglich war. Wir besaßen die magische Pressingformel und dazu noch eine überragende Einstellung. Alle sollten sich fürs Verteidigen zuständig fühlen. „Das ist der kleine Vertrag zwischen uns: Ich gebe euch alle Freiheit, um defensiv nach vorne zu gehen." Die Idee ist, mit fünf Spielern und einem Querpassspieler im Strafraum zu stehen, wir haben also vier Spieler, um uns in einem sehr großen Raum abzusichern. Das bedeutet Eins-gegen-eins-Situationen – was kein Problem darstellt, da das unsere Stärke ist. Aber wir müssen uns auf jeder Position steigern, um uns besser abzusichern. Lasst uns das Stadion mit unserer Art des Fußballs zum Schweigen bringen.

„You Scouse bastards", skandierten die Fans, als wir im Stadion ankamen. Ich dachte mir nur: Wir werden heute als Scouse-Gewinner vom Platz gehen. Und so war es auch. Finale Nummer neun endete 5:0. Ein schwarzer Tag für sie, weitere drei Punkte für uns. Mir fehlten, ehrlich gesagt, die Worte. Wir wollten unsere eigene Geschichte schreiben, sagte Jürgen nach dem Spiel und genau das taten wir. Dieses Match geht definitiv in die Geschichtsbücher ein.

Wir starteten mit einem richtigen Angriffsplan. Unsere vorderen drei waren wie die Velociraptoren in *Jurassic Park*. Wie Bobby das Spiel innen zusammenhielt und Räume für Diogo und Mo öffnete, war beeindruckend. Harry Maguire und Victor Lindelof trauten sich bei ihm nie zu springen, weshalb wir im Zentrum immer im Vorteil waren. Und gleichzeitig nutzten Diogo und Mo den Raum, den Bobby frei machte, um die Mitte anzugreifen. Ein Tor von Diogo, drei von Mo und ein Weltklassespiel von Bobby. Mit einem Stürmer wie Bobby wird alles einfacher. Wir erzielten als tatsächliche Mannschaftsleistung ein paar unglaubliche Tore.

Obwohl wir zur Pause bereits 4:0 führten, sagte Jürgen in der Halbzeitansprache: „Was wollt ihr lieber? Dass wir in fünf Jahren darüber diskutieren, wie das passieren konnte, oder sie?" Alle verstanden, was er sagen wollte: dass wir uns in der zweiten Halbzeit noch steigern mussten!

Nach dem Spiel ertönte die Musik so laut aus unseren neuen Lautsprechern – so laut wie im Atlético-Stadion, nachdem sie das 2:2 erzielt hatten. „Música!", brüllen die Jungs immer nach einem großen Sieg. Im Bus arbeiteten Jürgen und ich trotz des Lärmes an der Aufstellung für das kommende Spiel im EFL Cup auswärts gegen Preston North End. Dort würden wir die Überraschung der letzten Länderspielpause sehen ... Harvey Blair.

„ES GIBT KEINEN ERSATZ FÜR DEN WETTBEWERB IM TRAINING. ER HEBT ALLE ATHLETEN AUF EIN LEVEL, VON DEM SIE SONST NUR TRÄUMEN KÖNNTEN."

Woche 13

„Einer für elf"

Am Tag nach dem United-Spiel versuchte ich im AXA verzweifelt, Mo und Virgil aus dem Weg zu gehen …

Kurz bevor ich auf den Platz ging, sagte Andreas mir, dass Virgil nach mir gefragt hatte. Ich sah die beiden von rechts auf mich zukommen und wich schnell nach links aus. Den ganzen Morgen ging das so, wie in einem Pac-Man-Spiel. Sie wollten wissen, ob sie beim EFL [English Football League] Cup freihätten. Sogar als sie ihre 2-mal-10-Minuten-Jogging-Session absolvierten, rief Virgil, ich solle mal rüberkommen. Ich lachte mich kaputt.

Aber zu Wichtigerem: Ich machte mich auf die Suche nach James Milner, der im Old Trafford verletzungsbedingt ausgewechselt worden war. Ich fand ihn auf der Pritsche im Behandlungsraum liegend. Gerade war er geröntgt worden: vier bis sechs Wochen Pause, er würde also bis nach der Länderspielpause ausfallen. Ich sagte ihm, er solle trotzdem nah an der Mannschaft bleiben. So will Jürgen das. Milner ist unsere Stimme und er vertritt unsere Werte in der Kabine. Man könnte ihm eigentlich auch den Titel Assistenztrainer geben.

Am Montag trainierten wir mit den Ersatzspielern, die im Old Trafford nicht eingesetzt worden waren, und bereiteten sie auf Preston vor. Wir dachten uns ein bestimmtes Rondo aus, um sie zu schnellerem, höherem, besserem Gegenpressing anzuregen. Wiederholung, Wiederholung, Wiederholung. Die Jungs trainierten richtig, richtig hart und sahen gierig und selbstbewusst aus. In unserem Analyse-Meeting achtete ich besonders auf die Eigenheiten des Gegners, da ich am Dienstag die Pressekonferenz leiten musste.

Nach der Pressekonferenz machten wir unsere Abschlussbesprechung mit den Jungs. Sie war kurz, weil „es drinnen regnet“, wie Jürgen witzelte – in der Konferenzraumdecke gab es direkt vor der ersten Reihe ein Leck. Der Boss meinte, wenn der Gegner dachte, dass wir diesen Wettbewerb nicht ernst nähmen, dann täuschte er sich gewaltig. Wir mussten bereit sein zu kämpfen, vor allem bei diesem Wetter. Gegen ein auf lange Bälle setzendes Team konnten wir nicht alles kontrollieren, aber es musste schließlich immer einer den langen Ball spielen – und das konnten wir beeinflussen. Mannschaften aus der EFL Championship [der zweiten englischen Liga] wie Preston sind traditionell gut bei Standards, wir mussten also auf Zack sein. „Habt Spaß und zeigt, dass wir Liverpool sind“, sagte der Boss.

Wir nahmen am Spieltag den Bus nach Preston, die Stimmung war gut. Wir trugen neue Nike-Trainingsanzüge, aber sie hatten offensichtlich die falschen Größen geschickt, weil alle aussahen, als würden sie gleich aus einem Flugzeug springen. „Die 80er sind zurück“, bemerkte ich zu Ray. Als alle sich in der Kabine zum Aufwärmen draußen fertig machten, fiel Jürgen und mir auf, dass die jungen Spieler ohne viel Trara ihre Schuhe anzogen und dann fertig waren – ganz im Gegensatz zu den Älteren, die dabei alle möglichen Routinen mit Vorübungen und Massagen abspulten.

Es war eine harte Partie, aber wir zogen es durch und gewannen in Preston 2:0. Nur wer schon einmal in England gespielt hat, weiß, wie schwer diese Pokalspiele auswärts gegen Zweitligamannschaften bei Wind, Regen und Kälte sind. Der EFL Cup ist einer der härtesten Fußballwettbewerbe der Welt und es kommt durchaus vor, dass unterklassige Mannschaften Premier-League-Teams rauswerfen. Wir spielten nicht besonders gut, wurden im Laufe der Partie aber besser. Die Jungs fanden schließlich ihren Rhythmus. Entscheidend war, wie wir unsere Dynamiken auf der rechten Seite neu organisierten, angepasst an die Stärken von Ox, Neco und Harvey Blair. So konnten wir öfter Räume schaffen und diese besser nutzen.

Die Einwechslung von Conor Bradley brachte uns einen Energieschub. Der Unterschied zwischen gut und schlecht beträgt oft nur fünf Meter, wie Cruyff mal sagte. Für uns, den FC Liverpool, ist es mehrmals fünf Meter nach vorne – unser Weg, der offensive Weg.

Wir erzielten unseren ersten Treffer über die rechte Seite mit einem flachen Querpass von Neco auf Taki. Divock erzielte mit einem akrobatischen Hackentor das entscheidende 2:0.

Wir waren nun unter den letzten acht im Cup und hatten nach der Länderspielpause alle vier Auswärtsspiele gewonnen. Fünfzehn Tore, zwei Gegentore und dreimal zu null gespielt. Was will man als Trainer mehr? Im Donnerstagstraining ging es darum, unsere Topspieler schon beim Aufwärmen zu überraschen. Wir starteten mit Wettläufen, bei denen sie mit einem Kegel auf dem Kopf sprinten und dann ein Minitor treffen mussten. Ihre Augen leuchteten, und das kurz nach Trainingsbeginn! Ohne diesen Einsatz und harte Arbeit sind wir nichts.

United hat einige der besten Spieler der Welt, aber vielleicht nicht gerade das beste „Team". Für unseren nächsten Gegner Brighton galt genau das Gegenteil. Sie standen auf Platz fünf. City hatte in der Woche zuvor gegen sie nur 52 Prozent Ballbesitz gehabt und das Spiel letztlich mit zwei Kontern gewonnen. Das sagt alles. City kämpfte mit so viel Energie um jeden Ball, weil Brighton gute Techniker hat. Sie bewahren überall auf dem Feld die Ruhe – vor allem von hinten heraus – und in der letzten Saison hatten sie uns bereits einige Probleme bereitet. Viele Probleme. Das hat uns fünf Punkte gekostet. Zum Glück waren wir jetzt ein ganz anderes Team, aber wir waren zu viel gelaufen, ohne den Ball zurückzuerobern, und standen im Mittelfeld nicht kompakt genug. Unsere Aufstellung im Mittelfeld würde also entscheidend sein. Eine Seite des Spieles beeinflusst auch immer die andere.

Verletzungsbedingt hatten wir nicht mehr viele Mittelfeldspieler zur Verfügung, die beide Seiten des Spieles kontrollieren konnten. Jetzt brauchten wir diese kleinen Siege, mussten Zweikämpfe im Mittelfeld gewinnen. Wir müssen keine Probleme lösen, die nicht mehr existieren, aber wir durften nicht dieselben Fehler wie gegen City machen, die ähnlich aufgestellt sind. Vor allem Curtis verteidigte zu tief. Der Schlüssel gegen dieses Brighton-Team bestand darin, Yves Bissouma und Adam Lallana daran zu hindern, das Spiel zu verlagern, und Curtis und Naby würden sie von der ungedeckten Seite aus jagen, um ihnen den Ball abzunehmen und den ersten Pass nach vorne zu spielen. Wir wollten das Spiel kontrollieren und das ist nur möglich, wenn man dem Gegner den Ball abnimmt. Wenn du viel herumläufst, aber den Ball nicht eroberst, gewinnst du keine Kontrolle, sondern verlierst Energie. Sie wussten, dass wir anders waren, also würden sie vielleicht früher und häufiger lange Bälle spielen. Außerdem hatten wir in dieser Saison unsere Pressingdynamiken verändert, hofften also, dass wir gegen sie nicht so schlecht aussehen würden wie in der letzten Saison.

Der „erste Pass nach vorne" war zu diesem Zeitpunkt ein großer Teil unserer Identität und Jürgen begann das Meeting damit. Auch wenn wir nicht direkt weiterkommen, halten wir daran fest und oft erobern wir den Ball mit unserem Gegenpressing direkt zurück. Jürgen fuhr fort: „Wenn wir die Mitte angreifen wollen, brauchen wir dort Optionen." Gegen Man United hatten wir Fred und McTominay immer wieder vor Probleme gestellt, ständig dieses natürliche Überladen hinter ihnen. Und gegen Brightons drei Mittelfeldspieler mussten wir dasselbe machen.

Wir würden in die Breite gehen, um die Mitte zu öffnen, weil wir in der Vergangenheit – in manchen Spielen – in unserem Positionsspiel zu berechenbar waren.

Am Donnerstag wurde ich auf dem Nachhauseweg an einer Tankstelle von Fans angesprochen, was immer ein gutes Zeichen ist. Einer sagte: „Mir war nicht klar, dass du so groß bist, Pep.“ Ich antwortete, das passiere, wenn man mit Jürgen arbeitet – alle wirken neben ihm kleiner. Ich genieße diese Kontakte zu den Fans; man weiß im Fußball ja nie, wie lang die gute Stimmung hält.

Am Tag vor der Partie gegen Brighton war es windig und regnerisch, aber trotzdem machten 20 von uns beim Staff-Fußballspiel mit. Das schaffte eine ungemein tolle Atmosphäre. Sogar der Doc war mit dabei – und erzielte zu seiner eigenen Überraschung ein Tor. Wir spielten 15 Minuten länger als sonst, um mir und dem *gaffer* Zeit für ein Comeback zu geben … manchmal hat es Vorteile, der Boss zu sein. Am Freitagnachmittag im Bus zum Hotel lasen wir alle Jamie Carraghers Interview mit Arrigo Sacchi. Ich war so stolz darauf, wie Sacchi uns beschrieb. Es fing an mit: „Dieses Liverpool-Team ist ein Meisterwerk. Man sieht einen für elf spielen, während bei anderen Mannschaften elf für sich selbst spielen. 80 Prozent der Zeit bewegen sie sich, wenn sie den Ball haben [unsere Außendreiecke bedingen diese koordinierte Bewegung]. Im Fußball geht es um kollektive Intelligenz.“ Das ist eines der besten Interviews, die ich in den letzten Jahren gelesen habe. Sacchi ist für Fußballtrainer eine Rieseninspirationsquelle.

Zu Beginn der Mannschaftsbesprechung im Titanic sagte Jürgen den Jungs, dass wir jetzt als Team besser waren als nach dem Gewinn von so einigen Pokalen. „Eine klare Struktur plus eure Beständigkeit sind der Grund dafür. Wir wollen immer einen Gang höherschalten, immer. Wir müssen bereit sein zu leiden. Wenn wir ausgespielt werden, jagen wir sie von hinten – welches Topteam macht das? Wenn wir das tun, können wir dieses Jahr erfolgreich sein. Variiert unsere Angriffswaffen. Vergesst nicht unsere Überraschungsläufe hinter ihre Linien. Und Gegenpressing mit allem, was wir haben, wie ein Schwarm."

Leider ließen wir bei diesem Spiel gegen einen wachen Gegner zwei Punkte liegen. Es endete 2:2 unentschieden. Für mich gab es bei dieser Begegnung zwei unterschiedliche Phasen: vor Nabys Verletzung und danach. In der Anfangsphase lief alles nach Plan und wir erzielten zwei unglaubliche Tore: Hendo von der Strafraumgrenze und Sadio mit einem Kopfball nach einer fantastischen Flanke von Ox. Aber in der zweiten Halbzeit waren wir als Kollektiv nicht so kompakt, wir beschützten einander nicht, waren kollektiv nicht intelligent, wie Sacchi es ausdrücken würde. Und wir verloren die Zweikämpfe. Um Spiele zu gewinnen, musst du das Mittelfeld offensiv und defensiv dominieren, wofür das ganze Team verantwortlich ist. Brighton hatte einen Punkt aus dieser Partie verdient – sie spielten unser Mittelfeld einfach zu oft aus. Wir konnten ihre Verbindungen nicht kappen und öffneten die Räume zwischen unseren Linien, was sie ausnutzten, um gegen Virgil und Ibou zu überladen.

Allerdings darf man auch nicht verschweigen, dass uns zwei grandiose Tore von Mo und Sadio aberkannt wurden.

Alles in allem war es sehr enttäuschend, Punkte liegen gelassen zu haben. Was mir aber am meisten Sorgen bereitete, war Nabys Verletzung. In drei Tagen würden wir in Anfield Atlético Madrid empfangen. Bis dahin mussten wir für unsere Probleme im Mittelfeld eine Lösung finden. Wir mussten mit der medizinischen Abteilung sprechen, um zu sehen, ob Thiago und Fabinho eventuell einsatzbereit wären. Atlético hatte gegen uns etwas gutzumachen.

Woche 14

Liverpools Labor

Am Tag, als Nuno Espírito Santo als Cheftrainer bei Tottenham Hotspur entlassen wurde, trainierten wir erneut mit den Nachwuchsspielern. Harvey Blair war auch wieder mit dabei. Vitor und ich nennen es „Liverpools Labor". Wir können hier mit neuen Übungen und Ideen experimentieren, die wir später beim Training der A-Mannschaft einsetzen. Aber um zur Entlassung von Nuno zurückzukommen: Ich wurde mir zunehmend klarer darüber, dass ein Trainer unmöglich abliefern kann, wenn ein Verein nicht weiß, was und wohin er möchte. Wenige Stunden nach Santos Rauswurf hieß es auf Sky Sports schon, Antonio Conte sei bereit, den Posten zu übernehmen. Conte würde seine Energie und Willenskraft auf diese Mannschaft übertragen und sie würde einen ganz anderen Charakter haben, wenn wir auf sie trafen. Pech für alle Teams, die noch nicht gegen Tottenham gespielt hatten.

Ich schlenderte mit Jürgen rüber zum Training der Talent Group, das auf dem C-Platz auf der anderen Seite der Anlage stattfand. Die U18- und U23-Trainer sahen zu und hörten sich Vitors Erläuterungen an. So entsteht eine echte Vereinskultur: Der Staff der A-Mannschaft und der Jugendmannschaft trainiert zusammen auf einem Platz die besten Talente. Jürgen sagt immer: „Im Leben geht es um zwischenmenschliche Beziehungen."

Später an diesem Tag trainierten wir mit unserer Mannschaft das Unterbinden von Kontern. Ich holte Fabinho und Thiago mit dazu und nachdem ich etwas nachgehakt hatte, gab unsere medizinische Abteilung für sie grünes Licht. Es war kalt und regnete in Strömen. An solchen Tagen erkennt man, welche

Spieler mit echter Leidenschaft bei der Sache sind. Im Sport geht es um maximale Konzentration und maximales Engagement – diese zwei Eigenschaften zeichnen einen Athleten aus.

„Wir haben unsere 2:0-Führung gegen Brighton falsch interpretiert", sagte Jürgen nach dem Training in seinem Büro zu mir. „Wir haben unsere Konzentration und unsere Struktur verloren", meinte ich. Jürgen hielt eine seiner wichtigen Mannschaftsbesprechungen ab und sorgte dafür, dass ihn alle verstanden: In dieser Saison ging es um große Schritte und einen langen Atem. Ich traf mich mit Hendo und wir besprachen, wie wir besser mit Phasen umgehen könnten, in denen wir die Kontrolle verloren; wie das Team sich neu organisieren könne.

Jürgen setzte sich in seinem Büro mit Virgil zusammen, zu einem Gespräch zwischen zwei Bossen. Nach Brighton war Virgil sehr enttäuscht, so wie alle unsere Topspieler, aber vielleicht noch ein kleines bisschen mehr. Als ich an die Tür klopfte, bat Jürgen mich hereinzukommen, aber ich antwortete: „Ich komme nur, wenn Virgil lächelt!" Er lachte und sagte: „Ich habe mich jetzt beruhigt, Pep. Lass uns am Mittwoch die Quali schaffen." In diesem Klub spürt man innen und außen so viel Leidenschaft für den europäischen Wettbewerb, daraus ergibt sich auch eine Verpflichtung. Wir wollten in der Champions League zum ersten Mal durch Siege in den ersten vier Spielen weiterkommen. In der vorherigen Saison hätten wir es beinahe geschafft, verloren aber im vierten Match zu Hause gegen Atalanta Bergamo. Unser nächstes Spiel würden wir taktisch sehr diszipliniert angehen müssen, so als wäre es ein Pokalfinale. Sonst würden wir den Kampf verlieren. Die Trainingsarbeit war getan, jetzt zählten Einsatz und Leidenschaft. Gegen einen defensiven und kampfstarken Gegner mussten wir sehr mutig sein, uns mit dem Ball besser und höher positionieren. Und mit unserer Art Fußball antworten, aber dabei einen kühlen Kopf bewahren.

Am Dienstag konnten wir uns auf uns selbst konzentrieren, da wir einen zusätzlichen Trainingstag hatten. Wir erklärten Sadio und Mo, dass wir sie als vierten Mittelfeldspieler brauchen würden, um gegen Atlético die Räume dichtzumachen. „Niemand sollte in unserem Team auf sich allein gestellt sein", sagte Jürgen. „Helft demjenigen, der unter Druck gerät." Es gibt viel, was man trainieren kann und sollte, aber hier gilt wieder, was Einstein sagte: „Logik bringt dich von A nach B, aber Fantasie bringt dich überallhin." Logische Muster sind sehr wichtig, aber durch Spontaneität, Intuition und Talent werden diese logischen Muster unberechenbar. Bill Shankly drückte es so aus: „Fußball ist wie Klavierspielen: Du brauchst acht Mann, die das Klavier tragen, und drei, die es spielen." Pete, Jürgen und ich besprachen vor unserem Meeting, dass wir Mo, Sadio und Jota weiterhin Freiheiten geben mussten. Die anderen mussten sich ihnen anpassen, das Klavier tragen. Wenn Mo zum Beispiel außen ist, kommt Trent und spielt innen neben Fabinho unter Berücksichtigung des äußeren Dreieckes.

Dies ist die Phase in einer Saison, in der man das Fundament legt. Welche Werte etablieren wir? Wie können wir unseren Spielern eine positive innere Stimme „einpflanzen"?

Am Spieltag leitete Jürgen das Meeting im Titanic mit den Worten ein: „Wir müssen bereit sein, unsere Standardsituationen mit großer Entschlossenheit auszuführen." Anpfiff war in zwei Stunden und draußen war es eiskalt. „Wir müssen bereit sein, es zu unserem Kampf zu machen, nicht zu ihrem. Es wird drei Szenarien geben: erstens, wir dominieren; zweitens, sie dominieren; und drittens, es ist ein offenes Spiel. In allen drei Szenarien müssen wir taktisch diszipliniert und emotional verteidigen. Ja, wir können tatsächlich beides kombinieren. Keiner unserer vorderen drei – Sadio, Jota oder Mo – kann heute Abend ausgespielt werden. Wenn sie an uns vorbeiziehen, jagen wir sie von hinten, sodass keiner unserer Teamkameraden gegen Felix oder Koke allein ist. Seid mit dem Ball mutig, spielt nach vorne. Wir werden öfter frei sein, als wir glauben. Setzt euren Körper ein, um den Ball zu verteidigen. Unser Stadion hat die beste Atmosphäre der Welt, aber nur, wenn wir ein Feuerwerk abbrennen. Ein Gegenpressingfeuerwerk. Es gibt kein Team, das besser als wir darin ist, den Gegner im Rudel von überall auf dem Platz zu jagen."

Später hörten wir, wie Milner die Botschaft vom Boss an die Spieler weitergab, als sie vom Aufwärmtraining reinkamen. Und es funktionierte: Champions-League-Finale Nummer vier endete mit einem 2:0-Sieg in Anfield gegen Atlético Madrid. Job erledigt, nächste Runde erreicht … und wie. Mit Fabinho wieder auf der Sechs wurde alles stabiler; er ist unser „Leuchtturm", gibt den anderen die Richtung vor. Die Mannschaft stand kompakt und höher, weil unsere Innenverteidiger das Tempo unseres Positionsspiels besser dirigierten. In den vorangegangenen Spielen hatten sie unserer Meinung nach zu tief agiert, was wiederum die anderen auch tiefer stehen ließ und dem Gegner Passoptionen eröffnete. Es ist schwer, Mannschaften wie Atlético zu knacken, aber Virgil konnte jedes Mal nach vorne kommen, wenn er „frei" war, und auch Joel rückte immer wieder ins Mittelfeld auf. Es war das bisher beste Spiel unserer Innenverteidiger. Ich bin der Meinung, dass unser Angriffsspiel immer gut ist, wenn unsere erste Aufbauphase gut ist. Dasselbe gilt für unsere erste Pressingphase.

Vor dem ersten Tor eroberte Trent den Ball, spielte den ersten Pass nach vorne auf Hendo und eine Kombination des äußeren Dreieckes führte zu einem Querpass von Trent, der innen neben Fabinho stand. Jota köpfte den Ball ins Netz. Unglaublich, wie er seinen Körper hinter den Ball bringt.

Als zweiter Sechser innen spielte Trent mit viel mehr Leichtigkeit; ich war begeistert. Jota und Sadio tauschten ständig die Positionen, was Angel Correa, Koke und Rodrigo de Paul verunsicherte. Sadio nahm unter höchstem Druck die schwersten Bälle an und sie versuchten mit allem, was sie hatten, ihn zu stoppen. Sie versuchten es erneut im Mittelfeld, als Sadio den Ball aus der Luft pflückte, wie nur er es kann, und im Mittelfeld zu Hendo passte, der sich nach vorne kämpfte. Trent drehte nach innen und zog ab, Sadio lief in den Ball und schob ihn ins kurze Eck. Mutiger Fußball. Feuerwerk. Unsere drei Klavierspieler machten ihre Sache an diesem Abend so gut … genauso wie die acht, die das Klavier trugen!

Das letzte Spiel vor der Länderspielpause würde ein schwerer Brocken sein: Auswärtsspiel gegen West Ham. Wir bereiteten uns mit Handschuhen und Mützen im Trainingszentrum darauf vor, denn der Winter kündigte sich an. In unserem Meeting mit Pete und Vitor sprachen wir über ihren Spielaufbau, weil der eine besondere Herausforderung darstellte. Sie öffneten das Feld in der Breite mit vier Verteidigern in einer Linie, sodass man als Team auseinandergezogen wurde, wenn man früh und schnell pressen wollte. Wir beschlossen, unsere Pressingchancen geduldig vorzubereiten und abzuwarten, bis Zouma oder Angelo Ogbonna uns zeigte, wo er hinspielen würde. So hatten wir Zeit, kompakt zu sein und hundertprozentige Pressingsituationen zu kreieren.

Zwei Tage nach Atlético und zwei Tage vor West Ham drehte sich im Training alles um Regeneration. Im taktischen Training war die Startelf so stark, dass wir einige Teile ausließen und früher Schluss machten. Wir waren bereit. Am Sonntagmorgen vor dem Match spazierten wir um Canary Wharf herum. Einige Jogger waren überrascht, uns zu sehen, aber die meisten ignorierten uns. Typisch London … Ein Typ brachte uns allerdings alle zum Lachen, als er im Vorbeilaufen rief: „O Scheiße, das ist ja Mo Salah!“ Virgil und Ali überlegten, ob sie nach ihrem Karriereende anfangen würden zu laufen. „Ja, zum Grill und zurück“, scherzte Jürgen. Die Jungs hatten ihren gemeinsamen Abend für nach dem Spiel geplant. Die Zeit war nur so verflogen. Wir standen kurz vor der letzten Länderspielpause des Jahres und falls wir noch etwas mehr Motivation gebraucht hätten, sorgte Chelseas Unentschieden zu Hause gegen Burnley am Tag zuvor dafür. James Milner war mit uns hingefahren und berichtete den Jungs auf dem Weg zum Stadion sicher davon.

Aber wir verloren das Ligafinale Nummer elf – die erste Niederlage in sieben Monaten. Seit April 2021 hatten wir kein Spiel mehr verloren – eine unglaubliche Serie. Beendet wurde sie von einer Mannschaft, die auf Gegenpressing und Standardsituationen ausgerichtet war. Sie legten ihren Finger in die Wunde, die immer noch schmerzte, als ich mir hinterher Notizen für dieses Buch machte. Ein frühes Tor zu kassieren, ist nie leicht, aber die Art, wie es zustande kam, war bitter. Wieder einmal, nur diesmal zu unserem Schaden, wurde uns vor Augen geführt, dass Standardsituationen in der Premier League den Ausschlag geben können. Ali wurde bei einer Ecke geblockt und dann von Ogbonna behindert. Er konnte den Ball nicht wegfausten, weil Ogbonnas Arm seinen wegdrückte, aber wir reagierten gut und spielten zwischen den Linien so, dass Mo, Sadio oder Diogo die Mitte angreifen konnten. Wir verhinderten Konter mit gutem Positionsspiel bei Ballbesitz und wenn nötig mit langen Sprints zurück.

Am Ende der ersten Halbzeit verteidigte Sadio den Ball gut, drehte sich und holte einen Freistoß am Teilkreis des Strafraums raus. Trent schoss und Hendo und Mo stifteten beim Gegner die nötige Verwirrung: über die Mauer, perfekt ausgeführt, 1:1,

Halbzeitpause. Ich freute mich für Trent und für Niklas von neuro11. Hoffentlich würden uns noch mehr solcher mustergültig ausgeführten Standards gelingen.

Aber in der zweiten Halbzeit verloren wir unnötig viele Bälle. Mit Hendo und Ox, die beide hoch standen, brachten wir uns in Teufels Küche, da Fab nun allein in einem riesigen leeren Raum stand. Diese Kombination aus Fehlpässen und schlechtem Positionsspiel darf einem Team mit unseren Qualitäten einfach nicht passieren. Sie machten zwei Tore in sieben Minuten. Das zweite Tor entstand aus einem Konter, den wir leicht hätten unterbinden können, aber Bowen dribbelte zwischen drei von unseren Spielern durch, die ihn nicht vom Ball trennen konnten.

So etwas ist nicht akzeptabel und wäre auch nicht passiert, wenn wir das Spiel wie ein Finale angegangen wären. Das dritte Tor fiel wieder nach einer Ecke, die aus einem Konter resultierte. Es ist schwer, ein Spiel zu gewinnen, wenn der Gegner zweimal nach Standards trifft, aber es wäre immer noch möglich gewesen. Wir wechselten Thiago, Taki und Divock ein und spielten in den letzten 15 Minuten in einem 4-4-2 mit Divock und Taki als Stürmer und Mo und Sadio auf den Flügeln. Volles Risiko. Divock machte ein Weltklassetor zum 3:2, tolle Ballannahme mit Drehung und dann mit links ins kurze Eck. Kurz vor Ende hatte Sadio noch eine Riesenchance zum Ausgleich, als er nach einer Freistoßflanke unbedrängt aufs Tor köpfte.

Wir sind nicht größenwahnsinnig, wir wissen, dass wir Spiele verlieren können. Aber der Grund sollte immer sein, dass der Gegner herausragend war und nicht, weil wir schlampig gespielt und zum Kontern eingeladen hatten. Wir mussten daraus lernen und zwar schnell. Trotzdem würden die Jungs ihren gemeinsamen Abend haben – und wir wollten, dass sie ihn genossen, weil es nun auf lange Zeit keine Gelegenheit mehr für so etwas geben würde und es den Mannschaftsgeist enorm stärkt.

Wir wussten, dass am Ende das beste Team – und das mit dem größten Teamgeist – die Premier League gewinnen würde. Ich für meinen Teil wusste auch, dass nun ein paar harte Tage auf mich zukamen. Es ist nie leicht zu verlieren, vor allem, wenn du danach während der Länderspielpause viel Zeit zum Grübeln hast.

„WIR MÜSSEN NICHT DIE BESTE MANNSCHAFT DER WELT SEIN, ABER WIR MÜSSEN DIE MANNSCHAFT SEIN, DIE DIE BESTE MANNSCHAFT DER WELT BESIEGEN KANN.“

Woche 15

Kurzurlaub

Ich flog mit meiner Familie nach Teneriffa, damit wir während der ersten Woche der Länderspielpause etwas Zeit miteinander verbringen konnten. Ich glaube, dass man sich seinen Urlaub verdienen muss, um ihn genießen zu können, und hatte gehofft, mich nach 26 ungeschlagenen Spielen in Folge beschwingt in die Ferien verabschieden und den Erfolg richtig feiern zu können. Herzlichen Dank auch, West Ham!

Während meines Kurzurlaubs sah ich dreimal nach, in welcher Liga der CD Teneriffa spielt, man kann sich also vorstellen, was für eine wunderbare Zeit meine Familie und ich miteinander auf der kanarischen Insel verbrachten! Dass ich gerade zu diesem Zeitpunkt in Urlaub fuhr, lag daran, dass uns nach der Spielpause die kräftezehrendsten Wochen bevorstanden. Der Urlaub sollte für meine Familie und mich ein Ausgleich ein. Ich bin mir allerdings nicht sicher, was entspannender für mich war: der Urlaub mit meiner Schwiegermutter oder die darauffolgenden herausfordernden Pflichtspiele!

Das ist natürlich nur ein Scherz! Meine Schwiegermutter ist unseren Kindern eine wunderbare Großmutter und ich liebe und bewundere dich, Marianne!

Woche 16

Wie aggressiv können wir sein?

Wir hatten uns über eine Woche lang nicht gesehen, unterhalten oder Textnachrichten ausgetauscht. Das war, glaube ich, in den letzten drei, vier Spielzeiten nicht mehr vorgekommen. Jürgen und ich saßen in seinem Büro und sprachen über die vergangene Woche und über West Ham. Ich schätze, wir alle hatten das, was im London Stadium passiert war, erst einmal verarbeiten müssen, und uns war klar gewesen, dass das am besten ging, wenn jeder von uns erst mal Zeit für sich hatte. Jürgen sagte: „Eine der ältesten Fußballregeln – vielleicht hat sogar Bill Shankly es gesagt – lautet: Mit der Offensive gewinnt man Spiele, mit der Defensive Meisterschaften. Wir müssen in der Verteidigung mehr investieren." Ich antwortete: „Der letzte Schritt, um aus einer 50/50-Begegnung eine 60/40-Partie zu machen. Eine kleine Veränderung macht schon einen großen Unterschied. Konsequente Veränderung." Ich sage immer, dass es etwas ganz anderes ist, um den Titel zu kämpfen als um einen Platz unter den ersten vier. Spielertyp, Spielstil, Kontinuität. Bei Chelsea konnte man die Kontinuität sehen, weil sie wirklich gut verteidigten. Bei City denkt jeder an Dominanz durch Ballbesitz, aber die Mannschaft verteidigt auch richtig gut.

Anschließend sprachen wir über die bevorstehende Woche und das im Januar geöffnete Winter-Transferfenster. Vor allem aber sprachen wir über die Probleme, die wir in der zweiten Halbzeit hatten, und wie wir die wichtige Begegnung gegen Arsenal am kommenden Wochenende angehen konnten. Es passiert nicht oft, dass wir während eines Matches die Kontrolle über das Spiel verlieren. Selbst wenn wir trotzdem gewinnen, hassen wir es, aber wenn wir dann auch noch verlieren, fühlt es sich richtig, richtig schlimm an. Mit nur fünf Prozent mehr Einsatz beim Gegenpressing wären wir die am schwersten zu besiegende Mannschaft im Weltfußball. Ohne diese fünf Prozent sind wir in genau dem Moment angreifbar, in dem wir den Ball mit ausreichend Platz hinter unserer letzten Kette gegen eines der besseren Teams verlieren. Um mehr Konter abwehren und damit weitere Standardsituationen vermeiden zu können, mussten alle in Topform sein. Wir hatten einen Tag Zeit, das im Meeting und im Training zu korrigieren.

Zu Beginn der Spielzeit hatten wir eine Grundlage schaffen wollen, von der aus wir den Rest der Saison über angreifen konnten. Das war uns gelungen. Die Basis war vielleicht nicht ganz perfekt, aber es war eine Basis, auf der wir aufbauen konnten. Von jetzt an steuerten wir auf das Ende der Saison zu. Bis Mitte Januar fand alle drei Tage ein Spiel statt. Neun Wochen, siebzehn Spiele. Da mussten wir durch. Im Verlauf einer Spielzeit gibt es immer Dinge, an denen wir arbeiten, die wir verbessern müssen – das galt natürlich ganz besonders nach der Partie gegen West Ham. Das ist ein ganz natürlicher Teil des Prozesses. Wir müssen uns fragen, wie wir uns den Herausforderungen stellen. Sind wir engagiert genug? Wir müssen hellwach sein – von der ersten bis zur letzten Minute. Eine gute Halbzeit reicht nicht aus; auf dem Niveau, auf dem wir spielen, hat jede schlechte Phase ihren Preis. Wir brauchen Kontinuität durch Organisation und Einsatz. Also nicht foulen, sondern die Herausforderungen annehmen und dabei immer 100 Prozent geben. Wenn das mit einem Foul endet, okay, aber an erster Stelle steht immer die Herausforderung. Wie aggressiv können wir als Mannschaft sein? Es geht darum, sich immer klarzumachen, dass wir das Team sein wollen, gegen das keiner antreten will, weil wir aggressiv sind, auf faire Weise aggressiv. Wie konnten wir für Arsenal ein richtig unbequemer Gegner sein? Indem wir sie gnadenlos bedrängten, ihnen auf den Füßen standen. Wir müssen nicht die beste Mannschaft der Welt sein, aber wir müssen die Mannschaft sein, die die beste Mannschaft der Welt besiegen kann. Das ist es, worauf Jürgen immer wieder hinarbeitet: ein aggressives Team aufzubauen, das alles reinwirft und mit Leidenschaft verteidigt. Wir arbeiten tagtäglich an diesem Problem, daran, diese Einstellung zu fördern, denn sie stellt sich nicht von selbst ein. Wir versuchen, Schritt für Schritt voranzukommen – im wörtlichen wie im übertragenen Sinn.

Ich dachte wieder an Cruyffs fünf Meter. Der einzige Fehler, den man wieder und wieder machen kann, ist der, nicht nach vorne zu spielen. Trainieren lässt sich vieles: kompakt stehen, das Vorbereiten von Pressingtriggern, das Zulaufen leichter Passwege ins Zentrum – aber dem Gegner wirkliche Probleme zu bereiten, ist nur möglich, wenn die Spieler beim Pressing auf den letzten Metern echten Kampfgeist beweisen. Indem sie einen gegnerischen Pass während des Pressings abfangen, schon fünf Minuten nach Anpfiff einen Ball an der Seitenlinie blocken oder den Torwart unerwartet unter Druck setzen. All das gelingt uns in guten Spielen.

Um ehrlich zu sein, ist das Spiel, das wir vom Trainerstab gewinnen müssen, dasjenige, das wir in den Meetings spielen, wenn wir uns fragen, wie wir auf dem Trainingsplatz die Ideen richtig vermitteln. Wenn wir dieses Spiel gewinnen, erhöhen sich die Chancen für die Spieler, ihres ebenfalls zu gewinnen.

Wir starteten mit einer Reihe One-Touch-Kombinationen in die Woche: Nach 15 Pässen mussten die Spieler auf mein Kommando hin Vitor oder Pete unter Druck setzen, den Ball erobern, schnell umschalten und auf zwei kleine Minitore abschließen. Jedes Training, selbst eine einfache Passübung, zielt darauf ab, den Jagdinstinkt der Mannschaft zu fördern. Wir arbeiteten daran, Gegenangriffe abzuwehren und uns der Herausforderung zu stellen. Ich gab ein Beispiel aus dem Match gegen West Ham, als wir nicht die Herausforderung angenommen haben. Immer wieder warf ich Ox und Thiago den zweiten Ball zu, damit sie diesen Impuls bekamen. Mit der Zeit wurde es gut. Ich rief: „GENAU – SO! Das macht den Unterschied zwischen einem Sieg und einer Niederlage in einem Premier-League-Spiel."

Wegen unserer Verletzungsausfälle war klar, dass Thiago und Ox das Mittelfeld bilden würden, daher war es gut, dass sie vom ersten Tag an zusammen trainieren konnten. Das Gleiche galt für Sadio, Thiago und Kostas, unser linkes Dreieck. Beziehungen wie diese versucht man in solchen Phasen immer zu fördern. Weil wir uns immer noch in der Länderspielpause befanden und viele Spieler mit ihren jeweiligen Nationalmannschaften unterwegs waren, hatten wir eine Menge Nachwuchsspieler auf dem Trainingsplatz. Von den alten Hasen waren nur Thiago, Sadio, Ox, Ibou, Nat und Joel dabei. „Mit Selbstzweifeln schafft man sich mehr Probleme, als man je erzeugt, wenn man sich aus seiner Komfortzone wagt", erklärte ich ihnen. Ich lobte Thiago vor allen anderen dafür, wie konzentriert er beim Warm-up war. „Das ist genau die richtige Haltung und das, was ein Talent und einen Profi voneinander unterscheidet." Ich tat das nur, um für alle den Ton für die kommende Woche vorzugeben.

Während des Trainings nahm ich Sadio als Beispiel für jemanden, der versucht, den Ball im Mittelfeld zu erobern, und den letzten Schritt macht, nachdem er Joel das Leder von der ungedeckten Seite aus abgenommen hat. Ich erklärte ihnen, dass das ein Spielzug sei, der uns von vielen anderen Mannschaften unterscheidet; die meisten Stürmer gehen nur ins Pressing, um den Gegner in eine bestimmte Richtung zu zwingen, während wir Druck machen, um den Ball an Ort und Stelle zu erobern. Er machte es einmal, zweimal und dann unterbrach ich das Training und sagte den Nachwuchsspielern, dass dies genau das sei, was wir meinten.

Sadio war natürlich stolz wie Oskar. Mission erfüllt. Ein Kompliment entfaltet immer eine starke Wirkung, es motiviert nicht nur denjenigen, der es bekommt, sondern macht auch allen anderen klar, was gut ist und was nicht. Man sagt, Zuckerbrot wirkt besser als Peitsche, und hofft, dass sich die älteren Spieler dadurch so gestärkt fühlen, dass sie sich mehr mit den Jungen beschäftigen und ihnen Feedback geben. So baut man so etwas wie Vereinskultur auf. Wir haben gerade für unsere jungen Spieler bei dieser Einheit so intensiv und schnell trainiert, weil „ruhige See noch nie einen guten Seemann hervorgebracht hat", wie Franklin D. Roosevelt es einmal sagte. Oder wie wir sagen würden: Wir haben sie „in den Dschungel" geschickt.

Dienstags hatten Pete, Jürgen und ich einen Interviewtermin mit BT Sport, bei dem es um den berühmten Liverpool Boot Room ging. Außerdem hatte ich in dieser Woche die Gelegenheit, mich vormittags mit Alex Inglethorpe in unserem Academy-Trainingscenter in Kirkby zu treffen, um mich mit ihm über die neuesten Entwicklungen auszutauschen. In seinem Büro hängen die Namen all unserer jungen Talente an der Wand. Inglethorpe legte gleich los: „Pep, diesen U14-Spieler wirst du mögen, er ist schnell, verfügt über eine gute Technik ..." Wir wissen ganz genau, wie und mit welchem Ziel unsere Nachwuchsschmiede arbeiten soll – dass sie gut funktioniert, hat sie ausreichend bewiesen. Während meines Jahres bei der U16 wurde die Mannschaft richtig stark. Alex leitet die Academy zusammen mit Nick Marshall. Während der letzten acht Jahre haben wir einige unserer jungen Talente verkaufen können, viel wichtiger aber ist, dass wir viele von ihnen in die erste Mannschaft holen konnten. Es herrscht großer Respekt zwischen unseren beiden Einrichtungen und das ist etwas, das wir pflegen müssen. Ich versuche stets, in engem Austausch mit Alex und Nick zu bleiben. Wir wissen, dass wir eine Einheit sind, auch wenn uns räumlich gesehen 314 Meter voneinander trennen. Einer der Vorteile, so nah beieinander zu sein, ist, dass die Nachwuchstalente das Gelände der Profis während des Trainings jederzeit sehen können.

Anschließend lag der Fokus wieder auf Arsenal. Sie hatten einen guten Lauf, die letzten zehn Spiele waren sie ungeschlagen – ihre beste Serie unter Mikel Arteta. Ihr Torwart Aaron Ramsdale spielte dabei als Ballverteiler eine entscheidende Rolle und Takehiro Tomiyasu harmonierte perfekt als rechter Verteidiger. Er lässt sich zurückfallen und versucht, unsere Offensive zu locken, um dann einen Pass hinter die letzte Kette zu spielen. Diese beiden neuen Gesichter und eine klare Defensivstruktur, die nicht mehr so sehr auf den Gegner ausgerichtet war, machten sie um einiges stärker. Die Mannschaft stand inzwischen fest. Ein Arsenal-Spieler, den ich sehr bewundere, ist Emile Smith Rowe, er hat meiner Meinung nach alles, um es in den WM-Kader zu schaffen. Wir dachten, sie würden vielleicht Martin Ödegaard durch Alexandre Lacazette ersetzen, um mehr Stabilität in der Defensive zu haben, aber am Ende blieb der Aufbau der Mannschaft derselbe.

Am Spieltag, als wir nach dem Warm-up zurück in die Kabine gingen, scherzten wir darüber, wie intensiv Kostas sich aufwärmte, als hätte das Spiel bereits begonnen. Wir versicherten den Jungs, dass unsere Strategie feststand: Wir wollten, dass sie dachten, sie könnten ihr Spiel durchziehen, wir wollten, dass unser Team kompakter stand, insbesondere dass Jota seine Position etwas länger hielt, wodurch wir automatisch kompakter wurden. Die einfachsten Ideen sind immer die besten, aber wie Einstein schon sagte: Wenn man es nicht einfach erklären kann, versteht man es noch nicht gut genug. Und wir brauchen durchaus zwei, drei Tage, um die richtigen Ideen und Worte zu finden, mit denen wir unseren Spielern erklären können, was wir von ihnen wollen. Wir wollten vier Spieler im Aufbau und vier zwischen den Ketten in und um Partey und Lokonga. Wenn wir vier Spieler im Aufbau hatten (Fab, Joel, Virgil und noch ein weiterer), konnte einer von ihnen springen, um uns den ganzen Raum zu verschaffen, der es uns ermöglichte, Lücken zu reißen und zwischen den Ketten zu beschleunigen oder um schnell auf die freie Fläche nach außen zu wechseln.

Und wir lieferten ab. Wir waren schier unglaublich bei diesem Flutlichtspiel. Finale Nummer zwölf – 4:0 im Heimspiel gegen ein stark verbessertes Arsenal. Wenn Ramsdale nicht gewesen wäre, hätten wir sie sogar noch höher geschlagen. Es war eine herausragende Leistung, wir wirkten sehr reif und entschlossen. „Sie sahen aus, wie sie aussahen, weil wir spielten, wie wir gespielt haben", sagte Jürgen im Anschluss an das Spiel. Wir haben sie überall unter Druck gesetzt und alle zusammen souverän gegen eine Mannschaft gewonnen, die einen super Lauf hatte. Unser Pressing hatte ein ganz anderes Niveau. Und wieso? Da wir sowohl mit als auch ohne Ball kompakt standen, hatten wir ausreichend Zeit, uns für unser Pressing oder Gegenpressing richtig zu positionieren. Alle unsere drei Stürmer trafen und Thiago und Ox, unsere beiden Achter, schossen nicht nur von der Seite, sondern teils sogar vom Strafraum aus aufs Tor. Trents und Kostas Lauflinien kreuzten sich ständig. Offensiv gewann die Mannschaft in diesem Spiel deutlich. Die aufgeheizte Stimmung im Stadion spiegelte die Spannung zwischen den Bänken wider. Ich glaube, das führte dazu, dass jeder den Sieg noch ein bisschen mehr wollte. Und wenn ich sage jeder, meine ich wirklich jeder. Das ganze Stadion stand hinter der Mannschaft.

Aber nicht alles lief perfekt. 20 Minuten nach Spielbeginn mussten wir Trents Position korrigieren. Wir hatten fünf Spieler im Aufbau (Joel, Fab, Virgil und zwei weitere) und nur zwei, die zu oft zwischen den Ketten wechselten. Thiago ließ sich zurückfallen, um seine herausragende Fähigkeit auszuspielen, den Ball nach vorne zu bringen, aber wir konnten die geöffneten Räume nicht nutzen, weil es in diesen Momenten nicht genügend Anspieloptionen zwischen den Linien gab. Trotzdem war es insgesamt keine schlechte Arbeit gewesen.

„DIE LEUTE ERKENNEN UNS DARAN, WIE WIR SPIELEN. SELBST, WENN WIR ANDERE TRIKOTS TRÜGEN, WÜRDEN SIE WISSEN UND FÜHLEN, DASS DA DER FC LIVERPOOL SPIELT."

Woche 17

„Macht das Stadion heute zu einem Hexenkessel!"

Während der Länderspielpause im November tat sich in England so einiges. Es war die Woche, in der Steven Gerrard Trainer von Aston Villa wurde, was bedeutete, dass in Merseyside alle, die es mit den Reds hielten, nunmehr zwei Teams hatten, denen sie die Daumen drückten. Es war die Woche, in der Michael Edwards offiziell seinen Abschied verkündete, die Woche, in der Dean Smith von Villa gefeuert und nach Norwich berufen wurde, die Woche, in der Eddie Howe zu Newcastle United kam, und die Woche, in der Antonio Conte der neue Coach von Tottenham wurde. Uns stellte die Woche vor eine Reihe neuer Herausforderungen, da Porto und Southampton in der Anfield Road auf der Gästeliste standen.

Vor der ersten Trainingseinheit der Woche versammelte Jürgen alle Spieler und Mitarbeiter vor dem AXA-Gebäude, um einen besonderen Tag zu feiern: Mit der Partie gegen Arsenal hatte Ali sein 50. Spiel ohne Gegentor in der Premier League bestritten. Danielle, Jürgens Assistentin, hatte ein Trikot mit Autogrammen und Glückwünschen von der ganzen Mannschaft organisiert, und Jürgen schrieb noch eine große „+1" darauf, womit er sich auf das entscheidende Kopfballtor bezog, das Ali in der vergangenen Saison bei West Brom erzielt hatte. „Wusstest du, dass du am Wochenende deinen 50. Assist hattest, Trent?", fragte Jürgen dann. Trent blickte überrascht drein und verneinte. Millie reagierte sofort: „Das hat er doch selbst in Umlauf gebracht." Und Joel entgegnete mit einer großartigen Trent-Parodie: „Nein, nein, nein – ich habe nichts gewusst." Als sich die Mannschaft schließlich zum Training aufmachte, sagte Jürgen den Jungs: „Vergesst nicht, wenn wir so verteidigen, sind wir ein echtes Monster."

Als wir während des Trainings Rondos machten und das 1-2-3-Spiel spielten, bildeten Milner und Trent eine Gruppe. Das 1-2-3-Spiel ist eine Übung, bei der Gedankenschnelligkeit und Ballkontrolle zugleich geschult werden. Zwei Spieler tun sich zusammen und spielen sich gegenseitig den Ball zu. Dabei geben sie ihrem Partner vor, mit wie vielen Berührungen dieser das Leder vor der Abgabe in der Luft halten muss. Die Spieler müssen dabei blitzschnell reagieren, um den Ball zu kontrollieren und zurückzugeben.

Nach dem Training versammelten wir uns, um das Spiel von Porto zu analysieren. In ihren besten Spielen gab die Mannschaft von Sergio Conceição mächtig Gas und setzte ihre Gegner stark unter Druck. Die zentralen Begriffe in der Vereinsphilosophie von Porto lauten Raça und Paixão, und sie passen perfekt zum Pressing. Raça bedeutet Willenskraft, Mut, und Paixão heißt Leidenschaft. Sergio hat auf dieser Grundlage in den letzten Jahren beachtliche Ergebnisse gegen hervorragende Mannschaften wie Juve, City und den AC Mailand erzielt. Warum ihm das gegen uns nicht gelang, kann ich nicht sagen, was ich aber weiß, ist, dass er das Team nach unserem Auswärtsspiel dort in eine Elf-zu-elf-Situation gegen die B-Mannschaft brachte, die sie konstant unter Druck setzen sollten. Wie wir später von Leuten aus dem Porto-Staff erfuhren, war er unzufrieden damit, dass sie bei uns nicht ins Pressing gegangen waren. Er hatte prophezeit, dass das kommende Spiel völlig anders werden würde, dass die Mannschaft ihre Lektion gelernt und an dem gearbeitet hätte, was beim ersten Mal gegen uns gefehlt hatte. Es war allerdings so, dass auch wir uns verbessert hatten.

Jürgen erklärte den Jungs bei der Analyse, dass Porto beim Anpfiff bereits 1:0 in Führung läge, wenn man die Motivationslage in Rechnung stellt. „Lasst nicht zu, dass sie diesen Vorteil nutzen." Immerhin stand es zu diesem Zeitpunkt in der Gesamtwertung bereits 16:2 – das ist das Ergebnis, das wir in der Vergangenheit bei Begegnungen gegen Porto erspielt hatten – und wahrscheinlich waren 90 Prozent der Tore in den letzten fünf Spielen im Estádio do Dragão gefallen. Luis Díaz stellte uns vor eine Herausforderung, sowohl was die Deckung als auch das Verhindern von Kontern betraf. Er ist genau die Art von Straßenfußballer, die wir wirklich bewunderten. Wir mussten flexibel sein und gleichzeitig nach vorne drängen, um ihn und die beiden Stürmer nicht zum Zug kommen zu lassen. Ich hoffte, dass wir unterm Flutlicht in Anfield wieder zu einem Pressingmonster werden würden, denn das ist die zweitbeste Möglichkeit, um Gegenangriffe zu stoppen.

Unser Konzept war simpel: „Wenn wir gewinnen wollen, müssen wir gewinnen", sagte Jürgen während des Meetings. Einige hatten gerade zehn Spiele absolviert, andere hatten noch zehn vor sich. Für uns bedeutete das, dass wir denen einen Pause gönnten, die die zehn Spiele hinter sich hatten, wie Fab und Virgil. Außerdem gingen wir bei Hendo und Robbo, die nach einer Verletzungspause wieder zurückgekehrt waren, lieber auf Nummer sicher. Wir hatten extrem erfahrene Spieler auf der Bank und das wollten wir zur Belastungssteuerung nutzen.

In dieser Woche kam John Hill als neuer Fitnesstrainer zu uns ins Team, wir hatten ihn von der Akademie rübergeholt. Noch einer aus der eigenen Schmiede, perfekt. Er sollte vor allem das Training im Fitnessraum koordinieren. Vitor hatte immer noch Probleme damit, das „H" auszusprechen, daher sagte Jürgen zu John: „Denk dir nichts dabei, wenn Vitor dich ruft – er kann kein ‚H' aussprechen, also wird er dich John ‚Ill' nennen!"

Jürgen eröffnete die abschließende Mannschaftsbesprechung mit den Worten: „Was Außenstehende sagen, ist nicht wichtig – nur das, was wir denken, zählt. Wir können sie überraschen.

Niemand hat uns je gezwungen, Fußball zu spielen, zu gewinnen und Tore zu schießen. Wir machen das, weil wir es wollen. Wir entscheiden, was wir aus dem Spiel machen. Gebt alles, was ihr habt. Helft mit zu verteidigen. Wir spielen in der Champions League. Das Flutlicht ist an. Das Stadion ist ausverkauft. Als wir klein waren und sie uns den Ball abnahmen, fingen wir an zu weinen. Das ist der Geist, den ich heute Abend sehen will. In dem Moment, in dem wir es für richtig halten, üben wir den höchsten Druck auf sie aus."

Und so endete das Champions-League-Finale Nummer fünf mit einem verdienten 2:0 gegen meinen ehemaligen Verein. Wir hatten 15 Punkte in der „Todesgruppe" gesammelt, und es gab nichts mehr zu sagen, außer dass wir auf den Punkt abgeliefert hatten. Porto zu schlagen war ein Sieg für die Mannschaft, ja für den gesamten Kader gewesen. Auf der Bank war es während der gesamten Partie extrem laut gewesen, weil alle unsere Spieler angefeuert hatten. Das hatte mich wirklich stolz gemacht.

Thiago erzielte mit einem wunderschönen Schuss das entscheidende 1:0. Das war entscheidend, weil wir uns danach frei fühlten, unseren Fußball zu spielen. Es war großartig zu sehen, dass das Tor in der zweiten Phase einer Standardsituation erzielt worden war. Wir hatten zu diesem Zeitpunkt mehr Tore von außerhalb des Strafraums erzielt als jedes andere Team in der Champions League, also zahlten sich die Schüsse von der Strafraumgrenze aus. Während der Saisonvorbereitung war uns klar gewesen, dass wir unsere Torschussvariabilität verbessern mussten. Wenig später spielte Tyler Morton einen langen Pass in den freien Raum und gab damit die Vorlage zu Mo Sallahs 2:0. Mo brachte den Ball nach Doppelpass mit Henderson mit einem seiner typischen Dribblings von außen rein bis in den Sechzehner, ließ dabei einen Verteidiger aussteigen und versenkte das Leder frech rechts unten. Es gelang uns, die Belastung gut zu verteilen, auch Ersatzspieler einzusetzen, Thiago, Mo und Sadio zu schonen und auch Robbo nach seiner Verletzungspause ein paar wichtige Spielminuten zu verschaffen.

Als Mo und Sadio am Tag nach dem Spiel ihre Erholungsrunden über den Platz joggten, ging ich zu ihnen und erzählte ihnen, dass sie nur noch eine Vorlage bräuchten, um das Duo mit den meisten gegenseitigen Vorlagen in der Geschichte des FC Liverpool zu werden. Mo sprang sofort darauf an und sagte, das würde gleich beim nächsten Spiel geschehen. In dieser Saison hatte mich bereits vieles glücklich gemacht, aber die Performance, die diese beiden seit der Vorsaison ablieferten, machte sie wirklich zu einer tödlichen Waffe.

Von nun an galt es, sich auf Southampton zu konzentrieren. Wir wussten, dass sie standardmäßig in einer 4-4-2-Aufstellung spielten, das beste System für eine gut organisierte Abwehr. Sie waren eine äußerst energische Mannschaft, die versuchte, ihre Gegner gleich in den ersten 15 Minuten eines Spieles auszuschalten. Das beste Beispiel dafür war ihr Auftritt gegen Aston Villa, bei dem sie nur drei Minuten nach Anpfiff den Führungstreffer erzielten und am Ende mit diesem 1:0 vom Platz gingen. 75 Prozent ihrer Tore erzielten sie in den ersten 20 Minuten eines Spieles, daher musste es unser Ziel sein, ihnen jedes Mal, wenn sie in Ballbesitz waren, das Selbstvertrauen zu nehmen und sie zu einer Planänderung zu zwingen. Fabinho und Thiago waren für diese Strategie von zentraler Bedeutung: Ihnen entgeht nur selten einer der einfachen schnellen Pässe und sie sind sehr gut darin, den freien Mann zu finden oder sich als solcher anzubieten. Das war genau das, was wir brauchten. Je mehr Probleme wir unseren Gegnern bereiten konnten, desto leichter würde es werden, ihnen während ihrer Pressingphasen das Selbstvertrauen zu nehmen. Wir mussten sie regelrecht in die Enge treiben. Wenn wir ihr Pressing störten, musste es schon fast wie ein Konter wirken. Ali sollte von hinten aus mithelfen, schnell hinter ihre Linien zu kommen. Wir mussten es genauso machen wie gegen Arsenal und dafür sorgen, dass der Gegner Stück für Stück das Selbstvertrauen verliert. Zwei Tore hatten wir da erzielt, Ali hatte den Angriff eingeleitet und fünf oder sechs Sekunden später stand Sadio oder Mo schon vor dem gegnerischen Keeper. Mit vier Pässen können wir gegnerische Formationen auseinanderreißen, viele andere Teams brauchen wesentlich länger dafür. „Zu wissen, was sie tun wollen, liefert uns Hinweise darauf, wie wir vorgehen müssen", sagte Jürgen bei der Mannschaftsbesprechung. „Je höher wir auf dem Platz stehen, desto mehr müssen wir ins Risiko gehen. Wir müssen sicherstellen, dass wir in gute Positionen vorrücken, um ihre Gegenangriffe zu stoppen."

Ich sorgte im Training dafür, dass Trent und Thiago wussten, dass sie sich zum Spielfeldrand vorarbeiten sollten, sobald wir ihre letzte Kette durchbrachen, aber um das zu tun, war es entscheidend, dass unsere beiden Sechser Oriol Romeu und James Ward-Prowse für unsere Stürmer Räume zwischen den Ketten öffneten. Während des Trainings stellten wir zwei Dummys an die Strafraumgrenze, um ihnen eine Orientierung dafür zu geben, wohin sie vorstoßen sollten. Jürgen und ich simulierten zwei Stürmer, und Virgil, Ibou und Fabinho mussten verteidigen, während wir angriffen. Diese Vorbereitungen lieferten uns hoffentlich eine Lösung für die anstehenden Probleme.

Bei der letzten Mannschaftsbesprechung begann Jürgen seine Ansprache ans Team so: „Macht das Stadion heute zu einem Hexenkessel! Immer, wenn wir nicht in Ballbesitz sind, müssen wir energisch sein. Das Stadion wird unsere Energie brauchen. Wir können länger und besser ins Pressing gehen als sie, weil wir zwischendurch auch immer wieder Phasen mit echtem Ballbesitz haben werden. Es geht um die innere Einstellung. Wir zweifeln nicht an euch, aber die Frage ist: Wie viel sind wir heute bereit zu investieren? Es ist das dritte Spiel in sieben Tagen, dasselbe Hotel, dasselbe System, dieselbe Botschaft. Wer könnte uns bremsen? Auf Angriff umzuschalten ist ein wichtiger Teil der Verteidigung. Wir müssen clever sein und unsere Dreiecke dynamisch aufbauen, mit Köpfchen spielen, um sie zu übertrumpfen. Und wenn wir nicht am Ball sind, bringt das Stadion zum Kochen."

Am Ende gewannen wir unser 14. Premier-League-Spiel 4:0 gegen einen extrem starken FC Southampton. Im Anschluss an die Partie gestand Ralph Hasenhüttl, dass wir seine Mannschaft durch unser Agieren in der Spielfeldmitte während der ersten Halbzeit schachmatt gesetzt hatten. Unsere dynamischen Dreiecke halfen uns, unabhängig von der taktischen Aufstellung der Gegner Räume zu schaffen und zu finden. Robbo und Trent passten ihre Positionen konstant an die sich auftuenden Räume an, liefen dabei aber immer Gefahr, dass sich ihre Laufwege kreuzten. Das war die Freiheit, die sie innerhalb unserer Vorgaben hatten. Wenn unsere beiden Außenverteidiger in einem Spiel entweder Vorlagen geben oder selbst Tore erzielen, wissen sie, dass ihr Positionsspiel richtig war. Fabinho und Thiago leiteten jeden Angriff ein und zogen das Tempo an, um unsere Stürmer zu erreichen. Wir wollten aktive Sechser – und die bekamen wir. Sie waren für uns der Schlüssel, um die Räume zu öffnen, die Southamptons letzte Kette anbot. Jota konnte zwischen den Ketten wechseln und schaffte es immer wieder bis in den Strafraum. Er hat einen Riecher dafür, zur richtigen Zeit richtig zu stehen, um unsere Angriffe zum Abschluss zu bringen. Jota, Mo und Sadio hatten zu diesem Zeitpunkt als Team bereits 25 Tore erzielt – der höchste Wert für ein Trio in der Premier League. Auch Thiago traf, erneut mit einem Weitschuss von außerhalb des Strafraums – es war fast wie eine Wiederholung seines letzten Treffers, wieder aus der zweiten Phase einer Standardsituation heraus. Es war sein zweites Tor in einer Woche, er hatte einen Lauf.

Jürgens Halbzeitansprache war leidenschaftlich. „Wir müssen jetzt sehr diszipliniert, sehr abgeklärt spielen. Unser Ziel ist es, ohne Gegentor zu bleiben. Sobald wir das letzte Drittel erreichen, müssen wir noch mehr Überblick erhalten und bessere Entscheidungen treffen, auch wenn das lächerlich klingt, weil wir in der ersten Halbzeit drei Tore erzielt haben. Aber es gibt so viel Raum, den wir nutzen können." In der zweiten Halbzeit spielten wir in Richtung Kop. Zunächst brachte Sadio einen platzierten Weitschuss aufs Tor, den Alex McCarthy mit einer Glanzparade abwehrte. Doch dann traf Virgil nach einer Ecke noch einmal zum 4:0. Genau darum ging es: Standardsituationen schaffen, ausnutzen und erfolgreich abschließen. Schießen, um Standardsituationen zu schaffen, und die zweite Phase nutzen. Unsere Trainingsideen gingen auf und das machte mich stolz!

Es zahlte sich aus, wie wir in dieser Saison an die Ecken herangingen. Wir hatten die zweitmeisten Ecken pro Spiel nach Manchester City, mehr als sieben pro Partie. Und wir spielten die höchsten Eckbälle pro Spiel in der Liga. Alle zwei Spiele ein Tor nach einer Ecke zu erzielen ist Durchschnitt, uns jedoch gelang mit jedem zweiten Eckball ein Schuss aufs Tor, was uns in diesem Bereich zu den Besten der Liga machte. Sieben Prozent unserer Eckbälle endeten mit einem Treffer, auch hier führten wir die Ligastatistik an. Und auch bei der Torschussstatistik standen wir gut da. Die Spieler mit den meisten Torschüssen in der Liga waren zu diesem Zeitpunkt Mo, Sadio, Jota, Cristiano Ronaldo und Michail Antonio. Drei der ersten fünf waren unsere Jungs – nicht schlecht! Es war ein rundum gelungener Tag.

Sonntags trafen wir uns im AXA. Wir steckten mitten in einem FSG/Jürgen-Klopp-Vereinsprojekt. Wir hatten ein exzellentes Team hinter dem Team, mit einer klar geregelten Aufgabenverteilung. Jeder Einzelne war besessen davon, sich zu verbessern und ein echtes Miteinander zu schaffen. Unser Kader war ausgewogen und stabil. Es gab eine Stammgruppe, viel Erfahrung, Führungswille und Disziplin, wodurch die nötige Kontinuität geschaffen wurde. Wir hatten Nachwuchsspieler aus unserer eigenen Akademie und schufen in unserem Kader immer Platz für junge Leute, um stets den nächsten Schritt auf unserem fußballerischen Weg machen zu können. Vor allem aber schufen wir die „Heilige Dreifaltigkeit“: Es gab eine starke Beziehung sowohl zu den Spielern als auch zu den Fans, die sich alle durch eine Niemals-aufgeben-Mentalität auszeichnen. Die Leute erkennen uns daran, wie wir spielen. Selbst, wenn wir andere Trikots trügen, würden sie wissen und fühlen, dass da der FC Liverpool spielt. Dieser Wiedererkennungswert basiert auf der „30-Prozent-Mentalität“, einer „Wir wollen den Ball haben“-Mentalität, die für maximale Intensität sorgt. Wir wollen anders sein als jede andere Mannschaft im Weltfußball, wenn wir nicht im Ballbesitz sind. Wir wollen immer zusammenarbeiten, immer 100 Prozent geben, schnell und kraftvoll spielen, mit nur einem Ziel: besondere Spiele und gemeinsame Erinnerungen zu schaffen.

Woche 18

Überfallkommando

Die Merseyside-Derbywoche war endlich gekommen. Meiner Meinung nach sollten wir wie ein Überfallkommando gegen

Everton auftreten. Cool bleiben, wenn sie kämpfen, unseren Fußball als Waffe einsetzen. Ich stand vor Jürgens Schreibtisch, als er sprach. Klar war: Wir würden unsere Gefühle in Schach halten müssen. Jürgen war voll bei der Sache. Provokationen können ihren Zweck nur erfüllen, wenn sie diejenigen, gegen die sie gerichtet sind, einschüchtern. „Es ist ein Spiel, mit dem wir die Saison noch drehen können", hatte Rafael Benítez gesagt. Mit uns wird das aber nichts, dachte ich, denn wenn wir intensiv spielen und kompakt stehen, werden sie es schwer haben, gegen uns zu bestehen. „Wir sind jetzt eine bessere Mannschaft als in den letzten Derbys", sagte Jürgen, „wir können unsere Emotionen besser kontrollieren."

Acht der neun letzten Spiele in Everton waren unentschieden ausgegangen. Ich konnte mich an keine einzige Partie vor dieser Saison erinnern – nicht einmal gegen United im Old Trafford –, bei dem wir dort wirklich wir selbst gewesen waren. Aber jetzt traten wir ganz anders auf. Mit der Zeit hatten wir Selbstvertrauen gewonnen, wir waren jetzt überzeugt von dem, was wir taten und wer wir waren, das System war klar. Der Boss sprach mit der Mannschaft und erklärte den Jungs, dass unser Spiel energiegeladen und emotional sein musste. Wir wollten wie ein Überfallkommando agieren. Es ging darum, das Match zu kontrollieren: Wir mussten das ganze Spiel über angreifen, nicht nur aufs Tor gehen; mussten die Kontrolle erlangen, indem wir sie mit und ohne Ball unter Druck setzten. Wir wussten, dass wir die Stimmung im Stadion extrem trüben konnten, wenn wir in den ersten zehn Minuten richtig Druck machten und in Ballbesitz blieben. Und genau daran arbeiteten wir.

Jürgen, Pete, Vitor und ich waren uns einig, dass unsere drei Stürmer viel Energie benötigen würden, wenn sie Jordan Pickford auf den Kieker nahmen. Wir wollten ihn unter Druck setzen, denn wenn er genug Ruhe hat, kann er perfekt Angriffe einleiten. Unsere hintere Kette musste kompakt und sicher stehen, weil Everton vier schnelle Spieler dagegensetzen würde, aber wenn wir es gut machten, konnten wir die Gefahr, die von ihnen ausging, zu 60 Prozent abwenden. Ihre vordere Kette war nicht schneller als unsere letzte, wohingegen unsere vordere Kette schneller war als ihre letzte. Natürlich ist Fußball ein Mannschaftssport, daher war das alles kein Garant für irgendetwas, aber es war eine gute Ausgangslage. Außerdem mussten wir unsere Angriffe konsequent zu Ende spielen und unsere Innenverteidiger mussten hellwach bei der Organisation der Defensive sein, weil Everton gewiss auf Konterchancen lauerte. Dies zeigte sich zumindest bisher im Spiel von Demarai Gray, Andros Townsend und Richarlison, und Salomón Rondón konnte den Ball gut bei sich halten, um ihnen ausreichend Zeit zu geben, in gefährliche Räume vorzustoßen. Je besser wir in der Abwehr agierten, desto weniger mussten wir laufen.

Andere Mannschaften versuchten, die Räume auf unserer rechten Seite zu nutzen, und wir vermuteten, dass bei Everton Gray dafür zuständig sein würde. Virgil und Joel würden viele Anweisungen geben müssen, um Fab und Thiago in die richtigen Positionen zu bringen. Jürgen und ich gingen noch einmal die Aufstellung unserer Offensive durch. Auf der Taktiktafel stellten wir die Situation nach, die uns Sorgen bereitete. Joel und Virgil stehen zu tief, Fab kommt zu nah an den Ball, Trent und Thiago sind zu tief im Aufbau und Mo und Sadio zu weit voneinander entfernt, sodass Jota allein in der Mitte steht. „Das darf nicht passieren“, sagten wir uns. Wir durften nicht den Fehler machen, unflexibel zu sein oder zu weit auseinanderzustehen, sobald wir in Ballbesitz waren. Wie konnten wir in der Mitte angreifen, wenn wir kaum Bewegung zwischen den Linien hatten? Während des Trainings gaben wir den Spielern einen Überblick über unsere taktischen Überlegungen. Wir besprachen mit ihnen unseren Matchplan, mit dem wir Everton möglichst große Probleme bereiten wollten.

Die Vorbereitung zahlte sich wieder einmal aus. Finale Nummer 15 endete für uns mit einem 4:1-Auswärtssieg bei Everton. Es hatte ein Überfallkommando werden sollen und es war eines geworden. Wir hatten drei wichtige Punkte geholt. Einmal hatte unsere hintere Kette nicht kompakt genug gestanden, sodass Gray aggressiv zwischen Trent und Joel vorstoßen und den Anschlusstreffer zum 2:1 erzielen konnte, nachdem Hendo und Mo uns bereits mit zwei Toren in Führung gebracht hatten. In diesem Spiel war es wichtig gewesen, schnell zu reagieren und die Geschlossenheit der Mannschaft bis zum Schluss aufrechtzuerhalten. Everton presste sehr aggressiv, was zur Folge hatte, dass sie viele Räume offen ließen, die wir nutzen konnten, sobald wir den Ball hatten. Wir erkannten das vor allem in den ersten 25 Minuten und machten es uns fast perfekt zunutze, indem wir früh unsere Angreifer suchten. Sadio, Jota, Mo und Hendo agierten sehr flexibel, nutzten die vorhandenen Räume und belebten jeden Angriff. Das Außendreieck bestehend aus Trent, Hendo und Mo bewegte sich flüssig und variabel. Am Ende erzielten wir vier extrem gut herausgespielte Tore. Und alle waren souveräne Abschlüsse in die Ecken.

Nach dem Spiel sprang Billy Hogan in den Staff-Bus und rief: „Ich liebe euch, Leute!“ Was für ein Kerl! Und wieder ein Auswärtssieg auf schwierigem Terrain. Auf der Rückfahrt tranken wir ein Bier, unser Feierbier. Seit der Länderspielpause hatten wir vier Spiele absolviert, vierzehn Tore geschossen und nur eines einstecken müssen. Wir hatten einen Lauf, aber wie konnten wir ihn fortsetzen? Nur, indem wir uns auf uns, unseren Stil und das nächste Spiel konzentrierten. Wir durften die Dinge nicht verkomplizieren. Ich war erfreut zu sehen, wie sich unsere Außendreiecke entwickelten. Wir nannten es „organisiertes Chaos".

Am Morgen nach dem Derby erhielt ich schon frühmorgens eine SMS von unserem Analysten Mark, der mich fragte, wann ich vorbeikommen würde. Das kam mir merkwürdig vor und ich fragte mich, ob es ein Problem gäbe. Ich versuchte, ihn anzurufen, aber er ging nicht ans Telefon. Als ich ihn schließlich beim AXA traf, war mir sofort klar, was los war, denn er trug seine Alltagsklamotten. „Du hast ein Angebot, oder?", fragte ich. „Ja, Newcastle", antwortete er. Wir gingen in das Büro von Michael Edwards, um in Ruhe über alles zu reden. Die Analysten sind in meinen Augen Superstars; die Arbeit, die sie im Hintergrund leisten, um uns die Arbeit zu erleichtern, ist unglaublich. Bei der Analyse muss man vorsichtig sein, denn je mehr man sucht, desto mehr findet man, deshalb ist es am Ende entscheidend, die Dinge einfach zu halten. Die besten Analysten denken wie Trainer, und Mark war so einer. Ich war wütend und stolz zugleich. Ich wusste, dass er nur sehr schwer zu ersetzen sein würde – wobei das im Idealfall für jeden in unserem Verein gelten sollte. Newcastles Trainer Eddie Howe hatte mit der Verpflichtung von Mark meiner Meinung nach einen Volltreffer gelandet.

Aber wir mussten uns wieder auf uns selbst konzentrieren, denn die bevorstehende Spielphase war die entscheidende. Wir entschieden uns, für das Spiel gegen die Wolves keine Änderungen vorzunehmen und wieder mit der Startelf aus dem Derby zu beginnen. Wir wussten, dass sich die Jungs bis zum anstehenden Spiel im Molineux nicht vollständig erholen konnten, aber die Wolves befanden sich in derselben Lage. „Wenn man eine Mannschaft weiterentwickeln will, muss man auf dem aufbauen, was man sich erarbeitet hat. Man muss eine konsequente Botschaft aussenden. Warum gewinnt man Fußballspiele? Weil man oft genug die richtigen Dinge tut, um den Gegner zu dominieren, wenn er in Ballbesitz ist." Mit diesen Worten eröffnete Jürgen die nächste Mannschaftsbesprechung. „Man hat eine gut organisierte Defensive mit einem Plan, um dem Gegner seine Möglichkeiten zu nehmen. Dieser Plan ändert sich von Spiel zu Spiel im Detail. Wenn wir ihren Plan durchkreuzen, bekommen wir ein besseres Gefühl und sie ein schlechteres."

Meiner Meinung nach ähnelten die Wolves hinsichtlich ihres Spielaufbaus und ihrer Spielidee Chelsea. Ich hatte noch unser Pressing in der ersten Halbzeit gegen Chelsea vor Augen. Wir waren in diesem Spiel unglaublich mutig gewesen und hatten oft nur Fabinho, Virgil und Joel hinten gelassen, die dann in die Zweikämpfe gehen mussten, aber das war in Ordnung gewesen, weil wir gewusst hatten, dass es zu solchen Situationen kommen würde. Wenn man weiß, worauf man sich einlässt, gibt es keinen Grund, in Panik zu geraten. Entscheidend war für uns gewesen, dass die Pässe, die in diesem Bereich gespielt wurden, nicht die besten waren. Auch gegen die Wolves mussten wir mutig nach vorne spielen, um im letzten Spieldrittel Freiheiten haben zu können. „Nicht nur, um den jubelnden Fans näher zu sein, wenn wir einen Treffer landen", scherzte Jürgen. Ich saß auf einem unbequemen Stuhl in einem Hotel in den Midlands, als er die Mannschaftsbesprechung eröffnete: „Rein technisch haben wir alles, was wir brauchen. Worum es geht, ist, mit der richtigen Einstellung an die Sache heranzugehen. Auf das Derby haben wir uns gut konzentrieren können, jetzt müssen wir mit dem gleichen Einsatz ans Werk gehen." Unser kleiner Pressingplan, demzufolge Mo, Sadio und Jota Neves und Moutinho unter Kontrolle bringen sollten, bevor sie die Pressingmaschine in Richtung der drei Innenverteidiger in Gang setzten, war entscheidend. Das Motto dieses Spieles lautete für sie: „Seid extrem mutig!"

Kurz vor dem Anpfiff saßen wir in einer kleinen Trainerkabine im Molineux. Im Fernsehen war das Spiel West Ham gegen den Tabellenführer Chelsea zu sehen. Kurz bevor wir rausmussten, erzielte West Ham den Siegtreffer. Wer noch einen kleinen Motivationsschub gebraucht hatte, hatte ihn nun bekommen.

Den 16. Spieltag beendeten wir dank mutiger Einwechslungen mit einem 1:0-Auswärtssieg gegen eine schwer zu bespielende Mannschaft aus Wolverhampton. Divock Origi stellte einmal mehr sein sagenhaftes Talent unter Beweis, genau in den Momenten zu treffen, in denen es darauf ankam, in den entscheidenden Augenblicken, die eine ganze Saison verändern.

Fünf Spiele in vierzehn Tagen hatten ihren Tribut gefordert, wir wirkten in diesem Spiel alle müde. Uns unterliefen mehr Fehlpässe als üblich, wir brauchten immer eine Ballberührung mehr als sonst, machten nie die Läufe, die nötig waren, um die entscheidenden Räume zu öffnen, und warteten immer eine Sekunde zu lang mit unseren Entscheidungen. In der Halbzeitpause sprach ich mit Jürgen darüber, unser System offensiver zu gestalten und Divock als Stürmer einzusetzen, um Conor Coady und die Abwehrkette nach hinten zu drängen. Wir ließen Thiago und Fabinho auf dem Platz, um uns vor den gefährlichen Kontern der Wolves zu schützen. Sadio und Mo konnten selbstständig entscheiden, ob sie innen oder außen unterwegs waren, was Trent und Robbo half, Energie für die entscheidenden Pässe oder Läufe zu sammeln. Ich hatte den „Fehler“, den wir gegen Chelsea gemacht hatten, immer noch im Kopf. Der Plan – oder besser gesagt, die Idee –, ihn zu vermeiden, stand schon lange fest, doch wegen der vielen Tore, die wir seither erzielt hatten, hatten wir nie darauf zurückgegriffen. Aber jetzt war es an der Zeit. Man muss allerdings den Mut haben, eine solche Entscheidung zu treffen, denn ein Eingriff wie dieser erzeugt für kurze Zeit Instabilität in der Defensive. Das sind die Momente, in denen ich Jürgen bewundere, er ist verantwortungsbewusst, aber gleichzeitig offen für solche Anpassungen.

Nach dem Wechsel spielten wir eine Chance nach der anderen heraus, und es gelang uns immer besser, ihre Konter zu unterbinden. Endlich konnten wir unser Angriffsspiel aufziehen und sie zurückdrängen. Wir brachten auch Ox ins Spiel, der den Raum zwischen den gegnerischen Linien öffnete, aber erst in der Nachspielzeit kamen wir so richtig in Fahrt. Origi setzte sich tief im Strafraum gegen Coady durch und traf nach einer brillanten Vorlage von Mo. Dem hatte Virgil zuvor einen richtig cleveren Pass zugespielt, womit er sich umgehend von Ki-Jana Hoever lösen konnte. Die Bank war völlig aus dem Häuschen, als der Ball reinging. Alle waren aus dem Häuschen. Jürgen und ich hatten ein paar Minuten zuvor über unsere letzte Wechselmöglichkeit gesprochen und beschlossen, nur für den Fall, dass wir ein Tor erzielten, noch eine Einwechslung vorzunehmen. Daher schickten wir nach Divocks Tor sofort Millie rein. Als Jürgen nach dem Abpfiff vom Platz ging, flüsterte er mir zu: „Ganz im altem Stil." Und als wir in die Kabine kamen, sagte er: „Willkommen in Disneyland, Origi, du bist eine Legende."

Den Jungs bedeutete das so viel. Sie spielten gleich für Origi Whigfields *Saturday Night* über die Lautsprecher. Die 94. Minute – es gibt in der Welt des Fußballs keinen besseren Zeitpunkt, um ein Tor zu schießen. Man konnte nie wissen, wie viel diese zwei Punkte mehr am Ende wert waren. Was ich aber wusste, war, dass uns die Entscheidung heute beim nächsten Mal, wenn wir in einer ähnlichen Situation waren, Mut machen würde. Ihre innere Stimme würde den Jungs sagen: „Es ist möglich." Außerdem wird uns die Entscheidung, auf ein 4-2-4 umzustellen, beim nächsten Mal leichter fallen!

Am Ende war es ein klassischer 2019/20-Liverpool-Football-Clubstyle-Sieg, bei dem Divock Origi wieder der König der Kop war. Es war ihm gegen West Brom in der Nachspielzeit gelungen, es war ihm gegen Everton in der Nachspielzeit gelungen und jetzt schon wieder. Unglaublich – eine echte Liverpooler Legende.

„WIR VERGLEICHEN UNS NICHT MIT ANDEREN – DER EINZIG SINNVOLLE VERGLEICH IST DER MIT UNS SELBST – MIT DER MANNSCHAFT, DIE WIR FRÜHER WAREN, UND DER, DIE WIR HEUTE SIND.“

Woche 19

Plan A mit der B-Mannschaft

Zu Beginn der Woche konzentrierten wir uns darauf, unsere Abwehrkette zu optimieren. Wir hatten noch zwei Tage bis zum Spiel gegen den AC Mailand und für die Partie im San Siro wollten wir die komplette Verteidigung umstellen. Neco, Nat, Ibou und Kostas sollten hoch stehen, um Zlatan Ibrahimović und die Offensivbewegungen von Brahim Díaz und Junior Messias zu kontrollieren. Bei der Trainerbesprechung beschlossen wir, all-in zu gehen. Wir würden von unserem Plan, sie weit vorne zu attackieren und energisch unter Druck zu setzen, nicht abweichen. Wir glaubten an uns, jetzt ging es darum, auch die Ersatzspieler mitzunehmen. Wir setzten auf Plan A mit der B-Mannschaft. Niemand kann so etwas besser als Jürgen.

San Siro – dieses Stadion ist ein wahrer Koloss. Als ich mir vor dem Spiel den Platz ansah, hatte ich den Eindruck, dass die Tribüne bis in die Wolken ragt. Das letzte Mal war ich als Fan des PSV Eindhoven hier gewesen, und jetzt stand ich als Assistenztrainer des FC Liverpool mitten auf dem Spielfeld! „Es ist eine Riesenschüssel", sagte Vitor, als er zurück in den Spielertunnel ging. Bei dem Kampf, den wir an diesem Abend auszutragen hatten, ging es in erster Linie darum, dass wir an uns glaubten. Nach außen hin vermittelten wir mit unserer Aufstellung den Eindruck, dass wir das Spiel schon vor dem Anpfiff abgeschenkt hatten. Doch insgeheim brauchten wir einen starken Impuls, und den würden uns die neuen Spieler geben.

„Geht raus und habt Spaß", sagte Jürgen. „Es wird Spaß machen, wenn wir sie mit allem, was wir haben, unter Druck setzen." Wir waren guter Dinge, denn wenn die Jungs so spielten, wie sie sich im Training präsentiert hatten, würden sie die

Mailänder vor echte Probleme stellen – und mit Mo, Ali und Sadio an ihrer Seite würden sie noch einen zusätzlichen Schub bekommen. Wir hatten uns im Training darauf konzentriert, Abläufe einzuüben, damit diese in Fleisch und Blut übergingen. Genau deshalb ist das Training so wichtig. Im Fußball muss man sich jedes Mal aufs Neue beweisen. Die Vergangenheit, das, was gestern gewesen ist, hat auf dem Spielfeld keine Bedeutung, alles, was zählt, ist Vorbereitung.

Wahnsinn, wie sie abgeliefert haben. Champions-League-Finale Nummer sechs in der Gruppe des Todes endete mit einem 2:1-Sieg gegen einen AC Mailand auf heimischem Rasen im San-Siro-Stadion, der eigentlich hatte gewinnen müssen, um noch eine Chance auf die Qualifikation zu haben. Wir schlossen Gruppe B mit der maximalen Punkteausbeute ab.

Arrigo Sacchi wäre an diesem Abend stolz auf unsere Abwehrkette gewesen. Und davon abgesehen waren wir die erste englische Mannschaft überhaupt, die alle sechs Gruppenspiele gewann. Wir hatten Geschichte geschrieben. Der AC Mailand war der Tabellenführer der italienischen Liga. Wir hatten im Vergleich zum letzten Match acht neue Spieler gebracht, aber nach den ersten 45 Minuten schon 60 Prozent Ballbesitz gehabt und uns 9 Chancen herausgespielt, die Mailänder hingegen nur 3. Es spricht für sich, dass Divock öfter aufs Tor schoss als die gesamte Mailänder Mannschaft zusammen. Wir haben richtig gute Pässe gespielt und mit Neco und Kostas die gesamte Breite des Platzes ausgenutzt. Tyler, Ibou und Nat konnten den freien Mann in unserem Spielaufbau immer blitzschnell finden. Tyler hatte sich das ganze Spiel über gut orientiert und seine Passquote betrug 100 Prozent. Zur Halbzeit stand es 1:1, nachdem Mo einen Abpraller nach einem Schuss von Ox ins Tor gedroschen hatte; zuvor hatten wir uns einen Gegentreffer nach einem einfachen Eckball eingefangen, was sehr schmerzhaft gewesen war. Kurz nach der Halbzeitpause erzielten wir dann unser zweites Tor: Sadio luchste Tomori den Ball ab, indem er ihn von der Seite bedrängte; seinen Schuss wehrte der Keeper mit einer Hand ab, doch Origi war zur Stelle und köpfte das Leder ins Netz. Anschließend konnten wir Sadio und Mo auswechseln und gaben Naby und Joe ihre ersten Spielminuten nach der Verletzungspause. Fabinho, Conor Bradley und Max Woltman kamen ebenfalls zum Einsatz, sodass es auch ein Abend für unser Leistungszentrum wurde.

Als wir nach der Partie in den Bus stiegen, stand Ibou vor mir. Ich öffnete seine Jackentasche und er schaute mich verwirrt an. „Ich versuche, Zlatan zu finden", erklärte ich ihm.

„Die Positionierung der hinteren Kette bestimmt, wie klein man den Platz macht", erklärte ich Virgil, Joel, Robbo und Trent, als wir wieder in Liverpool waren und unser Training auf dem AXA-Gelände fortsetzten. „Diese Gelegenheiten bieten sich uns nicht oft, also können wir euch wirklich trainieren. Das haben wir vor zwei Wochen getan, jetzt bauen wir darauf auf. Du weißt, wie wichtig es ist, sich Gehör zu verschaffen und die Abwehr anzuführen, Virgil. Ihr wisst alle, wie wichtig es ist, den sechs vor euch das Leben leichter zu machen, indem ihr die Mannschaft beisammenhaltet, sodass sie kompakt steht." Sie hatten das nötige Rüstzeug in ihrem Arsenal, aber das Training der Abwehrkette ist selbst bei erfahrenen Spielern mit der Aufzucht einer Pflanze vergleichbar. Diese muss mindestens einmal pro Woche gegossen werden, damit sie gedeiht. Und wir sorgten mit dieser Trainingseinheit dafür, dass die Jungs jeweils eine ganze Gießkanne voll Wasser bekamen. Jürgen hatte sie mit seinen wachen Augen stets im Blick. Im Spiel gegen den AC Mailand hatte man sehen können, dass sich eine gut organisierte und disziplinierte Mannschaft gegen die besten Spieler der Welt durchsetzen kann, wenn diese nicht gut zusammenspielen – das ist das Resultat von gutem Training. Könnt ihr euch vorstellen, eine Mannschaft von Spitzenspielern zu sehen, die richtig gut zusammenarbeitet? Gelegentlich kommt das vor, und das führt dann dazu, dass man die Champions League gewinnt oder an der Spitze der Premier League steht.

Und so eröffneten wir das Training damit, dass unsere drei Mittelfeldspieler – Fabinho, Hendo und Thiago – ein Vier-gegen-vier im Mittelkreis dabei unterstützten, in Ballbesitz zu bleiben und das Leder schnell zu passen. Die einzige Regel dabei lautete: zehn Pässe = ein Punkt. Dadurch erhöht sich normalerweise das Tempo und die Entscheidungen werden besser. Vitor versuchte den ganzen Nachmittag über, eine Übung zu entwickeln, die die Unterstützung auf der Außenseite fördert, die Spieler aber zugleich zwingt, den freien Mann in der Mitte anzuspielen. Der Passkreis hilft dabei. Als Vitor das vorschlug, sagte ich: „Perfekt, das gefällt mir!" Wir wussten, dass Aston Villa in der sogenannten Weihnachtsbaumformation spielte: 4-3-2-1. Dadurch wurde das Feld in der Breite geöffnet und in der Mitte geschlossen. Damit wir die gesamte Breite nutzen, aber auch das Zentrum öffnen und angreifen konnten, um den freien Mann in der Mitte anzuspielen (wie bei der Übung im Mittelkreis), mussten wir vermeiden, nur um sie herumzuspielen, wo sie im Vorteil waren. Falls wir das täten, würden wir das Spiel verlieren – davon war ich überzeugt. Daher war es enorm wichtig, sie nach einem freien Tag am Mittwoch sofort wieder auf die Aufgabe zu konzentrieren und konkrete Lösungen zu finden. Die Geschwindigkeit, mit der sich der Ball bewegte, war großartig, besser hatte ich es in dieser Saison noch nicht gesehen. Wenn Spieler schnell und selbstbewusst agieren, ist natürlich selbst eine einfache Übung wunderbar anzusehen. Das Trainieren macht Spaß, wenn absolute Topkicker als Kollektiv agieren. Wir wechselten Hendo gegen Trent und Thiago gegen Robbo aus, um sicherzugehen, dass sich beide auch nach innen bewegen können.

Nach dem Training fuhren Jürgen und ich zusammen nach Hause zu unseren Familien. Diese Fahrten sind immer sehr angenehm, 30 entspannende Minuten, in denen wir einfach über das Leben reden. Das Training ist vorbei, der Job getan, kein Grund, noch länger im AXA zu bleiben. Aber der Fußball geht weiter. Ich bin seit über 20 Jahren im Fußballgeschäft und das ist die einzige Gewissheit, die ich habe. Es geht immer weiter, mit dir oder ohne dich.

Als ich am Freitag ins Büro kam, fand ich eine Kastanie auf meinem Tisch. Ich musste lachen, denn ich wusste sofort, was das zu bedeuten hatte, und ging zu Jürgen ins Büro. Auf der Heimfahrt am Tag zuvor hatten wir über einen neuen dänischen Thriller gesprochen, den ich entdeckt hatte: *Der Kastanienmann*. Natürlich spielen in dieser Serie Kastanien eine große Rolle. Ich will nicht zu viel verraten, aber es verheißt nichts Gutes, wenn sie auftauchen! Jürgen war meiner Empfehlung gefolgt und hatte sich die Serie angesehen – und dann diese Idee gehabt.

Der Fokus war schnell wieder auf den nächsten Tag gerichtet. Steven Gerrard kam wieder nach Anfield, um uns Probleme zu bereiten – so jedenfalls hatte er sich auf der Pressekonferenz ausgedrückt. Es ist ein Satz, von dem viele geglaubt hatten, dass er nie ausgesprochen werden würde, aber es war ein Heimspiel für uns und er hatte sich mit Villa bisher ganz gut geschlagen. Uns lag natürlich nichts daran, dass ihm das auch bei uns gelang – ganz gleich wie sehr wir Stevie mochten. Jürgen gab den Jungs klare Anweisungen, erklärte ihnen, dass sie uns Pressingmomente anbieten würden, was gute Nachrichten für uns waren. Es wäre ein Riesenvorteil für uns, wenn wir das Zentrum schließen und pressen konnten. Jede Mannschaft hätte Probleme damit, wenn unsere vorderen drei Spieler ihre

Abwehr aggressiv unter Druck setzen und sie stören würden. Das Motto für dieses Spiel lautete: „Nicht nachlassen." Jürgen beschloss die Mannschaftsbesprechung mit den Worten: „Unsere Identität ist Intensität und dadurch verteilen wir ‚Geschenke' im Strafraum."

Letztendlich gelang es uns, das Spiel gegen Stevies Team – Finale Nummer 16 – 1:0 zu gewinnen, doch ich war an diesem Tag sehr angespannt. Im Stadion herrschte eine seltsame Atmosphäre, als ginge es um mehr als nur dieses Spiel. Das Publikum, die vielen ehemaligen Liverpooler auf der Bank und hinter den Kulissen, Stevie und der ganze Medienrummel um die Nachfolge von Jürgen 2024 – überhaupt, was für ein Zeitpunkt, um über 2024 zu sprechen, noch dazu im Fußball, wo es nie auf etwas anderes ankommt als darauf, das nächste Spiel zu gewinnen. Ich weiß nicht, woran es an diesem Tag lag, aber es fühlte sich anders an. Was mir am besten gefiel, war, wie aggressiv wir mit dem Ball umgingen. Wir gingen in die Räume, die sie bei jeder Chance, die sich uns bot, offen ließen, und wiederholten damit quasi, was wir bei der Übung in Bezug auf die Passgeschwindigkeit trainiert hatten. Wir mussten nur beim letzten Pass ruhiger und cleverer agieren. Das schafften wir in der zweiten Halbzeit, in der uns viele gute Abschlüsse gelangen. Hinterher sagte ich im Scherz zu Robbo, dass unsere beiden Außenverteidiger zwei Tage lang ein Eisbad nehmen könnten, so sehr wie sich ihre Laufbahnen an diesem Tag gekreuzt hatten.

Letztendlich war es Mo, der das Spiel nach einem Foul im Strafraum zu unseren Gunsten entschied. Den uns zugesprochenen Elfmeter versenkte er kaltblütig. Wir wechselten Milner ein, um Emi Buendía und Matty Cash an der Seite zu kontrollieren und die Defensive wieder zu stärken. Später wurde auch Taki eingewechselt, um für neuen Schub im Pressing zu sorgen und Douglas Luiz zu stören, der als Sechser spielte und die Angriffe einleitete. Im Nachhinein hatte ich das Gefühl, dass wir im Jahr zuvor ein solches Match nicht gewonnen hätten – wir hätten in den letzten 15 Minuten die Kontrolle über das Spiel verloren –, aber die gesamte Leistung der Abwehrkette war hervorragend gewesen. Wenn wir so spielen, wird unsere Mannschaft besser und besser. Dafür sorgen gute Spiele immer.

Inzwischen hatten wir 37 Punkte gesammelt. City hatte gewonnen, Chelsea hatte gewonnen und dann gewannen wir. Nur zwei Punkte trennten den Tabellenführer vom Drittplatzierten. Als wir wieder in der Kabine waren, lobte Jürgen die Mannschaft und erklärte, dass intensive Spiele wie dieses eine maximale Erholungszeit rechtfertigten. Daher gab er den Spielern zwei Tage frei, allerdings unter einer Bedingung: Sie durften das Land nicht verlassen. Wir sagten ihnen, sie sollten auf Nummer sicher gehen, denn inzwischen hatte die Omikron-Variante des Coronavirus das englische Gesundheitssystem fest im Griff. Die meisten unserer Jungs bekamen nach dem Spiel bereits ihre erste Auffrischungsimpfung. Unsere Mannschaft hatte zu diesem Zeitpunkt einen 100-prozentigen Impfschutz und die Auffrischungsquote lag bei 80 Prozent. In einer akuten Krisensituation geht es darum zu handeln, nicht recht zu haben – und diese Pandemie stellte immer noch eine akute Krise dar.

Woche 20

Ein Schwarm Fische

Dienstags ging es für die Jungs wieder aufs Trainingsgelände. Jürgen sagte zur Mannschaft: „In dieser Saison ist nicht nur entscheidend, wie viele Tore wir erzielen oder wie viele wir einstecken müssen, genauso ausschlaggebend wird unsere Disziplin abseits des Spielfeldes sein. Um unseren Weg weiter beschreiten zu können, müssen wir einen Coronaausbruch unbedingt vermeiden." Getestet wurden wir inzwischen täglich. Solange das Ergebnis nicht vorlag, mussten wir im Wagen warten und durften das AXA nicht betreten. Immer mehr Spiele wurden abgesagt, was schlimme Erinnerungen an die Anfangszeit der Pandemie in mir weckte.

Die Auslosung der Champions-League-Partien war ein großes Thema unter den Spielern. Wir bewegten uns auf die Endrunde zu, bei der nach dem K.-o.-System gespielt wurde und die Auswärtstorregel nicht mehr galt. Wir rechneten damit, dass es öfter zu Entscheidungen im Elfmeterschießen kommen würde, daher planten wir Zeit ein, um Ideen zu entwickeln, wie wir diese angehen können. Es dauerte zwar noch zwei Monate bis zum ersten Hinspiel, aber wie ich schon sagte, die Vorbereitung für ein Endspiel geht man nicht in der letzten Woche vor der Partie an, daran arbeitet man in den ganzen 51 Wochen davor. Es ging darum, Abläufe einzustudieren und sie jeden Tag zu perfektionieren, damit man, wenn es so weit ist, nichts mehr erklären muss. Wir mussten die Jungs, die schießen wollten, genau kennen, mussten wissen, wie viel Mut sie hatten, den Ball trotz der Ablenkungen durch den Keeper in die gewählte Ecke zu schießen. Milner, Mo und Fabinho waren klare Elfmeterschützen, ebenso Trent. Das Team von neuro11 hat einen Fragebogen entwickelt, der Aufschluss über die Persönlichkeit eines Spielers in Bezug auf Standardsituationen liefert. Ausgehend von diesem Test entwickelten wir einen sechsstufigen Prozess, um Elfmeter zu trainieren und zugleich dem Torwart mitteilen zu können, wohin ein bestimmter Spieler zielt. Dieser Teil der Vorbereitung ist wichtig, denn als Spieler lernt man, dass der Keeper einen Ball, der mit voller Wucht geschossen wird, auch dann nicht halten kann, wenn er in die richtige Ecke springt.

Ich sprach mit Millie auf dem Trainingsplatz und bat ihn, uns dabei zu helfen, die Elfmeterschützen zu bestimmen sowie die jeweilige Ecke, in die sie schießen sollten, und generell uns zu unterstützen, ihre Trainingsdisziplin zu stärken. Das Gute an James ist, dass er seine Aufgaben auch dann noch wahrnimmt, wenn wir sie längst vergessen haben. Ich nahm mir indes vor, mich mit dem Team von neuro11 zusammenzusetzen und für jeden Spieler eine eigene Pre-Shot-Routine zu entwickeln, die wir unter verschiedenen physischen und mentalen Bedingungen trainieren würden. Die soziale Hierarchie ist ein Schlüsselelement, um sozialen Druck zu erzeugen, also würden wir festlegen, wer schießt und in welcher Reihenfolge. Der erste Schritt ist dann zu bestimmen, welche Ecke des Tores der Schütze anvisieren soll. Dieses ideale Ziel würden wir für ihn erarbeiten, es ist ganz von seiner Persönlichkeit abhängig. Diejenigen, die über ein natürliches Selbstvertrauen verfügen, sollten hoch in die Ecke schießen – dadurch hat man die größte Chance, einen Treffer zu erzielen. Sobald die ideale Ecke feststeht, geht es in der zweiten Stufe darum, das Zielen ohne Torwart zu trainieren. Anschließend geht es darum zu verstehen, wie wichtig Präzision ist. Dazu schießen die Spieler viermal, ohne dem Torwart zuvor die Ecke anzusagen, und viermal mit Ansage. Danach geht es darum zu lernen, wie man sozialen Druck ausblendet. Dazu holten wir andere Spieler ins Training, die zusahen und Bälle wegwarfen. Der Spieler musste dem Trainer vor dem Schuss genau sagen, wohin er zielen wollte, um seine Schussrichtung klar vor Augen zu haben. Im fünften Schritt ging es darum, Selbstvertrauen zu gewinnen und Ablenkungen auszuschalten. Der Spieler musste dazu dem Torwart sagen, wohin genau er den Ball schießen wollte, wobei der Torwart und die anderen Spieler den Schützen bei seiner Ausführung ablenken durften. Stufe sechs schließlich war das ultimative Training nach einem Spiel im Stadion. Wir nutzten dadurch die Stimmung, die immer noch auf dem Platz herrschte. Der Schütze erzählte in diesem Fall niemandem, wohin er den Ball schießen wird, um eine echte Spielsituation nachzustellen. Und was sollte das Ganze? Wir wollten selbstbewusste Elfmeterschützen ausbilden, die in der Lage sind, Ablenkungen auszuschalten.

Einmal arbeiteten Mo, Sadio, Bobby und Fabinho an ihrem Elfertraining – zu diesem Zeitpunkt waren wir erst bei Schritt drei angelangt. Nachdem er einen weiteren gut platzierten Schuss pariert hatte, rief Ali mir zu: „Willst du, dass ich aufhöre, Pep? Ich raube ihnen das ganze Selbstvertrauen!" Daraufhin mussten alle lachen. Mit Ali ist nicht zu spaßen. Es ist unglaublich, wie gut er einen geschossenen Elfmeter beurteilen und wie schnell er reagieren kann. Es war klar, dass wir mehr trainieren mussten. Von Vorteil war für uns allerdings, dass wir über den besten Torwart der Welt verfügten. Indem man mit dem Besten trainiert, fördert man Spitzenleistungen.

Während des Haupttrainings ging es darum zu üben, auch im letzten Spieldrittel noch Energie aufzubringen, also griffen wir wieder auf unsere „Endspiel"-Übung zurück, bei der gilt, je mehr man spielt, desto besser ist man. Dabei treten vier Teams gegeneinander an und versuchen, sich das Recht zu verdienen, auf dem Platz zu bleiben. Jedes der maximal einminütigen Spiele wird dabei als Finale gewertet. Die Teams bestimmen wir anhand unserer Spielerdreiecke, damit es eine Beziehung der einzelnen Spieler zueinander gibt. Das ultimative Ziel der jeweiligen Teams war es, vier Spiele in Folge zu gewinnen. Sobald das gelang, war das Spiel beendet und wir hatten einen Sieger. In unserem Fall gelang es Sadio, Thiago und Robbo ziemlich schnell, vier Spiele in Folge zu gewinnen, womit die ganze Übung vorbei war, worüber nicht alle glücklich waren. Ich erklärte ihnen jedoch, dass man bei diesem Spiel nicht lange auf dem Platz steht, wenn man nicht sofort bereit ist. „Tut mir so leid, Fabinho!"

Die Idee hinter dieser Übung war es, das Spiel im Strafraum, verschiedene Kombinationen und die Laufbewegungen des dritten Mannes zu simulieren. Ich setze vorne gerne Springer ein, um das Antrainieren solcher Gewohnheiten zu fördern. Denn genau darum geht es, im Training Gewohnheiten zu entwickeln, jede Minute zu nutzen, um genau die Art Fußball einzuüben, die uns vorschwebt. Zum Beispiel: Jota hatte zu diesem Zeitpunkt 100 Prozent seiner Tore im Strafraum erzielt, Sadio 97 Prozent und Mo 92 Prozent. Unser erstes Ziel sollte daher immer sein, in eine Eins-zu-eins-Situation mit dem Keeper zu kommen. Wir gestalteten die Trainingseinheiten so, dass sie genau auf die jeweiligen Anforderungen und die Mannschaft abgestimmt sind. Das forderte Eigeninitiative und Verantwortungsübernahme von den Spielern.

„Was ist das Gute an einer Bananenschale?", fragte Jürgen die Jungs, als sie endlich in den Besprechungsraum kamen, wo wir uns zusammensetzten, um uns Newcastle näher anzusehen. Niemand antwortete. „Wenn man sie rechtzeitig sieht und identifiziert, rutscht man nicht darauf aus. In diesem Treffen zeigen wir euch die Bananenschale. Man erwartet ein bestimmtes Ergebnis von uns, aber wir sollten uns auf Probleme einstellen. Wir brauchen die richtige Einstellung, um ihnen Probleme zu bereiten." Wie wollten wir das anstellen? Indem wir sie in Gegenpressingsituationen unter Druck setzen. Mit allem, was wir tun, üben wir Druck aus. Sie mussten spüren, dass wir ständig voll da waren, physisch, in unseren Bewegungen und im Gegenpressing. Wir würden das Spiel gewinnen, wenn wir auch im letzten Drittel noch unsere volle Energie aufbrächten. Wenn wir das tun, worin wir gut sind, würden wir sie vor reichlich Probleme stellen, mit denen sie fertigwerden müssen. „Aber, Jungs, sie haben sich unter Eddie Howe verbessert und die 0:4-Pleite gegen Leicester spiegelt ihre Leistung nicht wider", erklärte der Boss den Spielern. Uns war aufgefallen, dass sie sich mehr Chancen herausspielten, mehr Ballbesitz hatten und defensiv als Team aggressiver agierten, seit Howe bei ihnen auf der Trainerbank saß.

„Wir müssen sie hoch und mit voller Intensität unter Druck setzen." Unsere enorme Stärke, wenn der Gegner den Ball hat, ist ein charakteristisches Merkmal unserer guten Spiele. Sie würde uns helfen, Newcastle immer wieder anzugreifen. Sie bei jeder Gelegenheit unter Druck setzen, immer wieder versuchen, durch das Zentrum vorzudringen, das Zentrum mit reinen Stürmerbewegungen anzugreifen. Pete zeigte uns Bilder von Situationen, in denen wir das schon wirklich gut gemacht hatten. Und Jürgen beendete das Meeting mit den Worten: „Wir brauchen die FC-Liverpool-Version von 2021, um in den nächsten 13 Tagen in diese 5 Spiele zu gehen." Wir hatten ihnen Bilder von vor zwei Jahren gezeigt, als wir gegen den damals von Howe trainierten AFC Bournemouth gespielt hatten. Inzwischen waren wir eine ganz andere Mannschaft geworden. In der Version von 2021 spielten wir Fußball auf höchstem Niveau, gepaart mit der Einstellung, jeden Kampf um den zweiten Ball zu gewinnen. Unsere Innenverteidiger waren bissig und agil, unsere Dreiecke dynamisch und gut vernetzt, und wir verfügten über die maximale Anzahl an Spielern, die im Strafraum benötigt werden. Bei dem Fußball, den wir spielen, gibt es immer eine Lösung, aber wir müssen dafür arbeiten.

Die letzte Trainingseinheit vor der Partie lief großartig: Die Startelfspieler gaben alle 100 Prozent, und auch die Ersatzspieler und der Staff hängten sich mächtig rein. Alles lief hervorragend bis zu dieser SMS am Donnerstagmorgen um 4:30 Uhr, in der Virgil Jürgen mitteilte: „Ich habe mich zweimal positiv getestet."

Er war nachts aufgewacht und hatte sich nicht gut gefühlt, daher hatte er vorsichtshalber einen Selbsttest gemacht. Der Boss und ich telefonierten schon sehr früh miteinander, um diese neue Lage zu besprechen. Tatsächlich standen wir nun vor zwei Herausforderungen: zum einen die, das Spiel zu gewinnen, zum anderen die, einer möglichen Coronaausbreitung Einhalt zu gebieten. Ich rief auch unseren Arzt Jim Moxon an, um dafür zu sorgen, dass wir an diesem Morgen PCR-Tests durchführen konnten, und wir gingen alle möglichen Szenarien durch. Im Büro sprechen wir morgens normalerweise immer über die Presse, die Mannschaft und das Leben im Allgemeinen, aber an diesem Morgen ging es nur um Virgil und das Testprozedere – und darum, das Unkontrollierbare zu kontrollieren.

Wir riefen Billy Hogan an, um ihn auf den neuesten Stand zu bringen und sicherzustellen, dass er sich direkt an den Ligaverband wendet, falls die Testergebnisse nichts Gutes verhießen. Es war richtig, alle zu testen, aber es sorgte auch für Verunsicherung. Über den Fernseher im Trainingscenter erfuhren wir, dass der FC Brentford an diesem Morgen 13 Coronafälle gemeldet hatte, und Thomas Frank sagte, dass sie die Ligaspiele am kommenden Wochenende aussetzen wollten. Meiner Ansicht nach war das eine absolut richtige Entscheidung. Als wir zum Mannschaftsbus gingen, um ins Hotel zu fahren, erfuhren wir, dass die Partie Tottenham gegen Leicester abgesagt worden war. Corona war im englischen Fußball angekommen. Wir waren alle junge, gesunde Sportler, die geimpft waren, die meisten von uns hatten sogar schon Auffrischungsimpfungen erhalten, daher hatten wir hoffentlich nichts Schlimmeres zu befürchten als eine Quarantäne, mit der sich die Krankheit eindämmen ließ und die alten und besonders anfälligen Menschen geschützt werden konnten. Nichtsdestotrotz konnte man hieran sehen, wie wichtig es ist, geimpft zu sein, denn es gibt viele

Beispiele von Sportlern, die nicht geimpft waren und von dem Virus hart getroffen wurden.

Später im Hotel ruhte ich mich etwas aus, bis Jürgen mich um 16 Uhr anrief und weckte. Es war klar, dass das nichts Gutes zu bedeuten hatte. „Fabinho ist auch positiv", sagte er. Mein erster Gedanke war: Okay, wir haben zwei unserer besten Spieler verloren, aber unsere Aufstellung wird stark genug sein. Wir beschlossen, Hendo auf der Sechs und Ox auf der Acht spielen zu lassen. Jürgen rief sie beide an und ich informierte den Staff. Die guten Neuigkeiten waren, dass die restlichen Tests alle negativ ausgefallen waren und wir hoffen durften, die Ansteckungskette unterbrechen zu können. Wir taten alles, was in unserer Macht stand. Während der letzten Mannschaftsbesprechung sagte Jürgen: „Das Leben ist eine Aneinanderreihung von Herausforderungen. Wir lernen immer dazu. Die Öffentlichkeit wird sagen, dass es ein Problem ist, wenn wir zwei unserer besten Spieler verlieren. Die Antwort auf dieses Problem ist unser Kader. Niemand wird für uns entscheiden, wie wir mit dieser Situation umgehen, niemand. Wir haben es selbst in der Hand, sie weitaus stärker unter Druck zu setzen, als sie es sich vorstellen können. Für uns ist es viel wichtiger zu wissen, wie wir spielen sollen, als wer spielen wird, denn die Kraft, die wir durch dieses ‚Wie' erzeugen, ist etwas Besonderes." Er erklärte den Spielern, dass sie hart arbeiten müssten, wenn sie von hinten kamen und versuchten, sich nach vorne durchzuspielen, und dass sie den zweiten Ball gewinnen mussten, wenn das Leder in der Luft war. „Wir sind erholt und bereit, wir haben heute Nachmittag alle geschlafen … Ox auf jeden Fall, denn er ist nicht ans Telefon gegangen", scherzte Jürgen. Wir sagten Hendo, dass er weniger dominant sein und dafür die anderen mehr unterstützen solle. Joel sollte als Abwehrchef fungieren und dafür sorgen, dass die Mannschaft kompakt blieb; Ibou, der schneller und stärker als

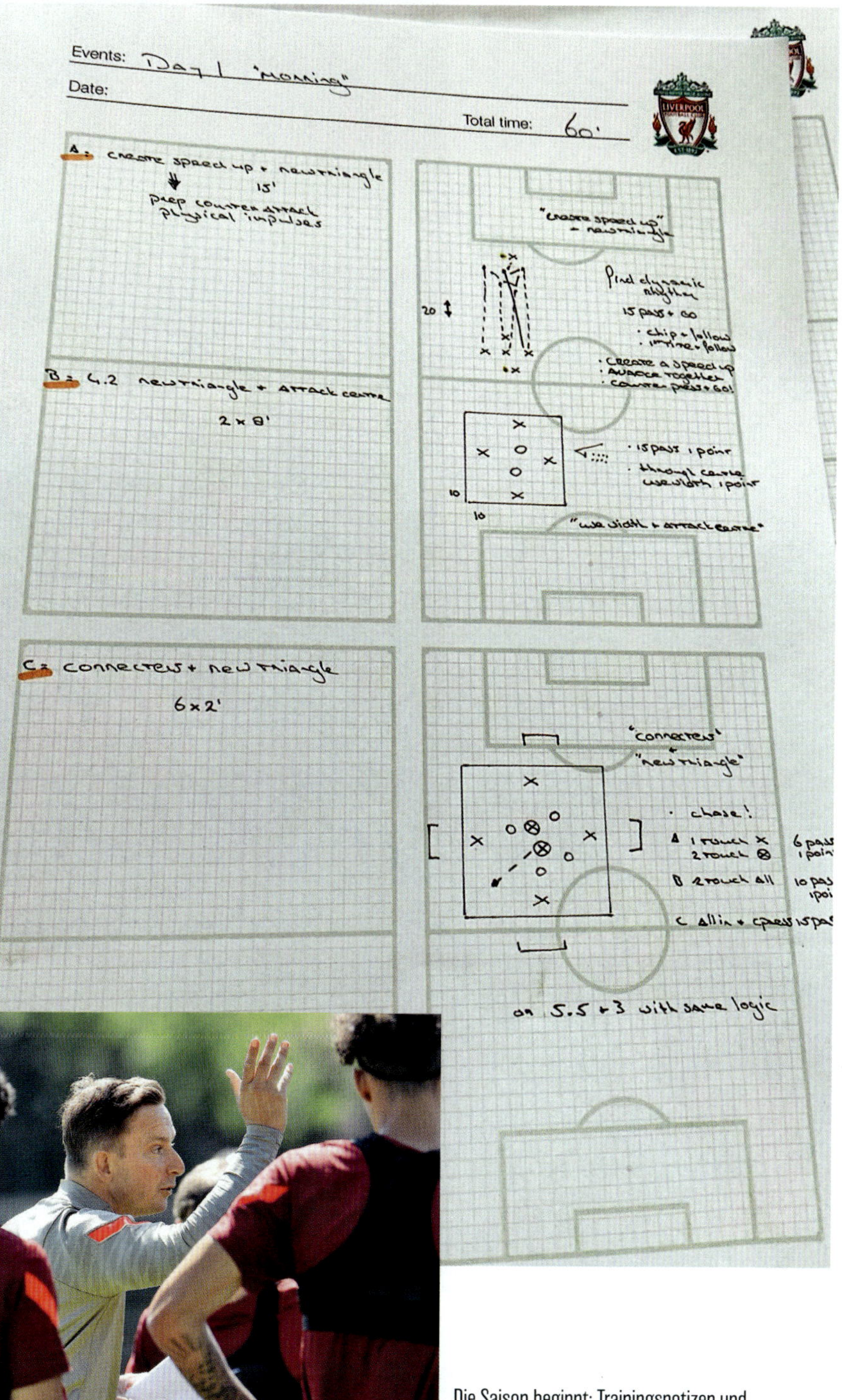

Die Saison beginnt: Trainingsnotizen und der allererste Trainingstag in Saalfelden, Österreich (Juli 2021).

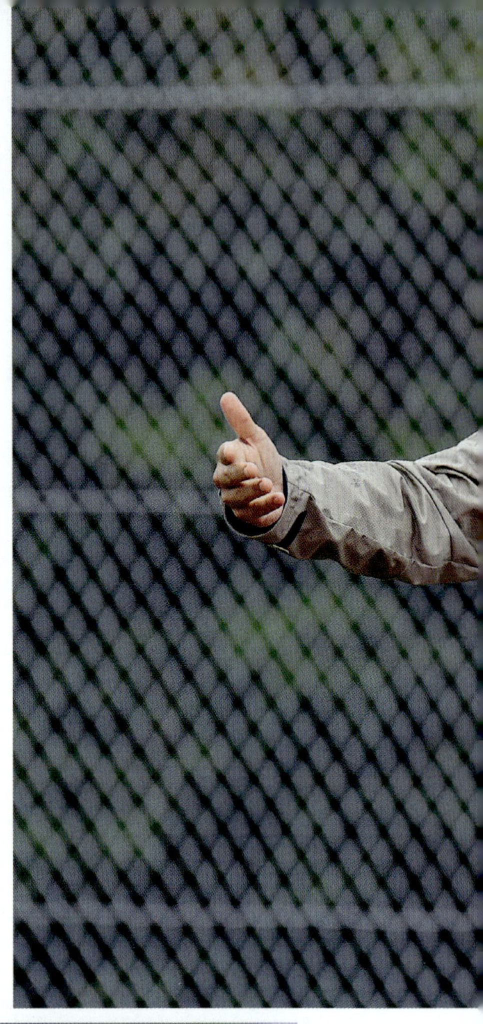

Pep-Talk: Die ersten Trainingseinheiten sind entscheidend, hier werden die Weichen gestellt.

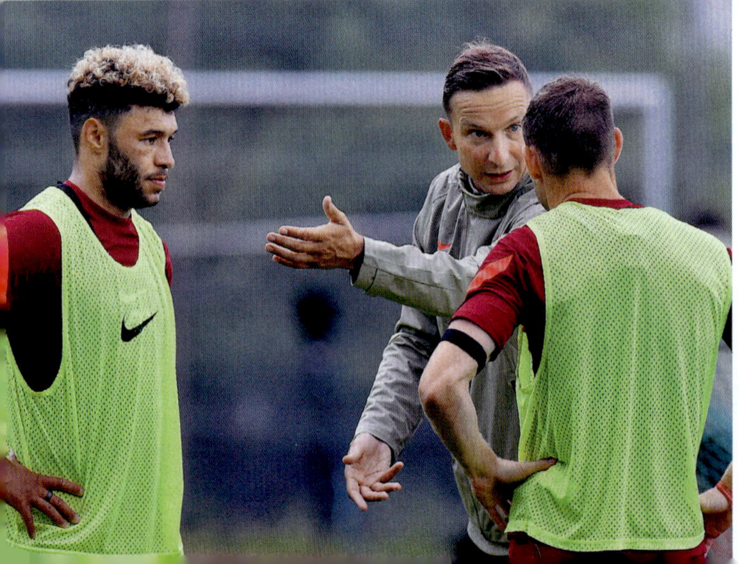

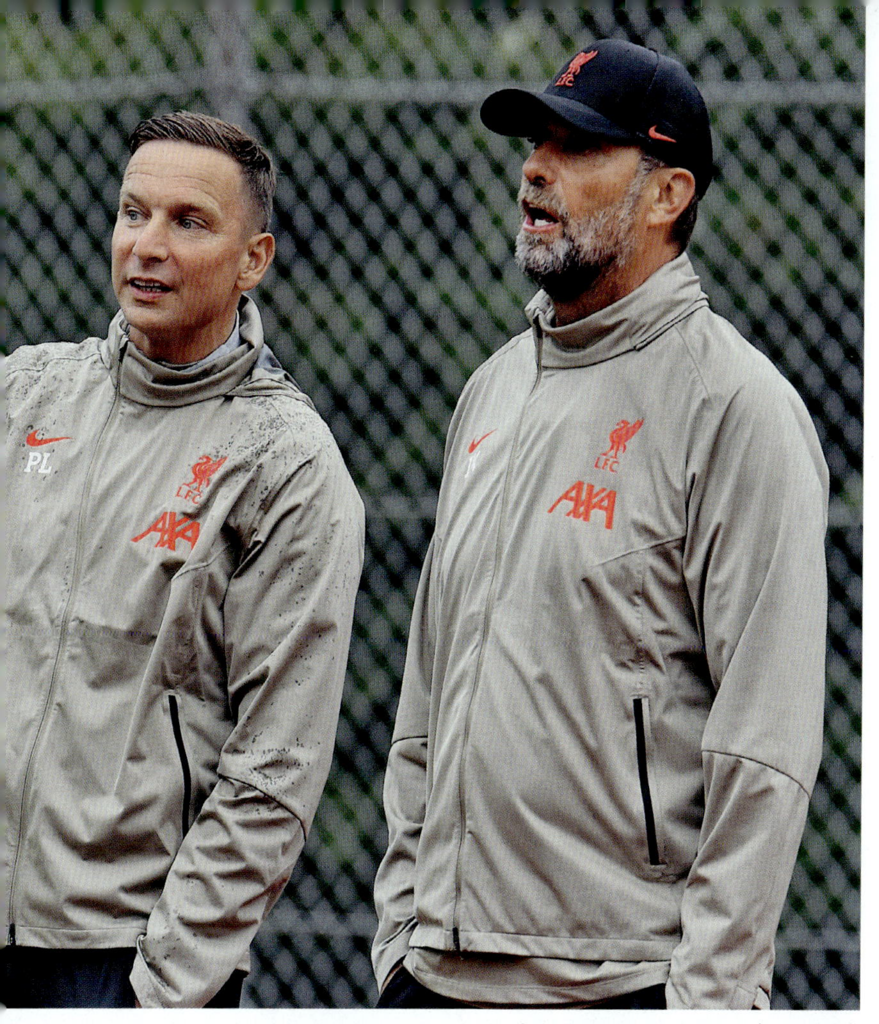

Gedankenaustausch mit Jürgen (17. Juli 2021).

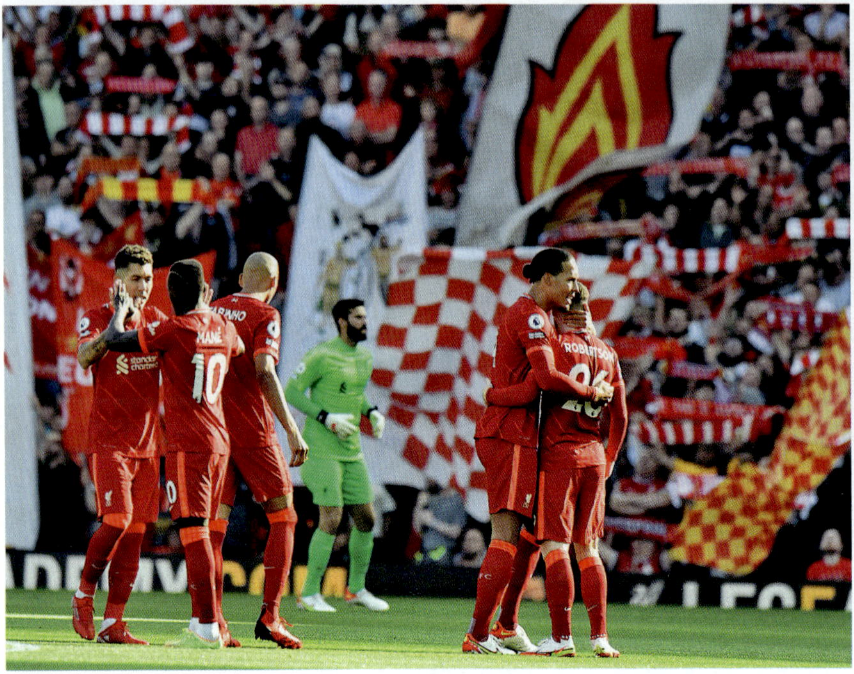

Ende August 2021: voller Erwartung bereitet sich Anfield auf den Gegner Chelsea vor.

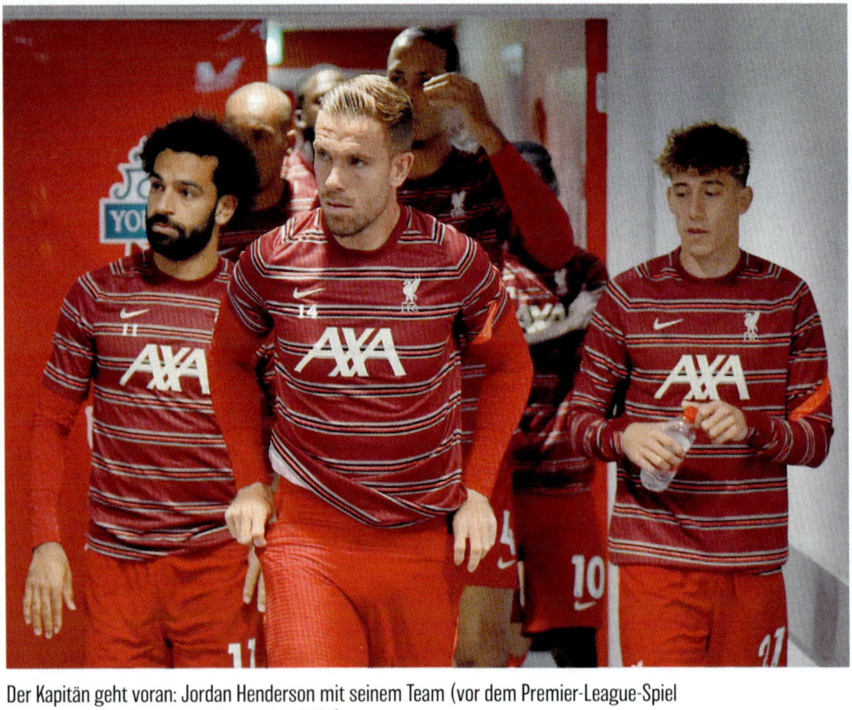

Der Kapitän geht voran: Jordan Henderson mit seinem Team (vor dem Premier-League-Spiel gegen Crystal Palace am 18. September 2021).

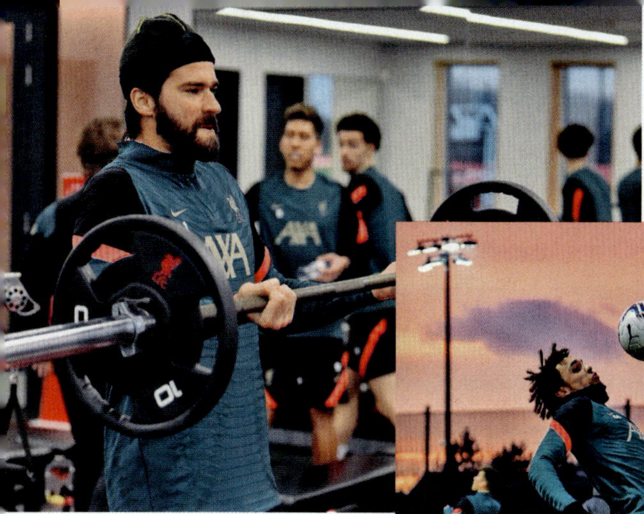

Training drinnen (Alisson Becker) …

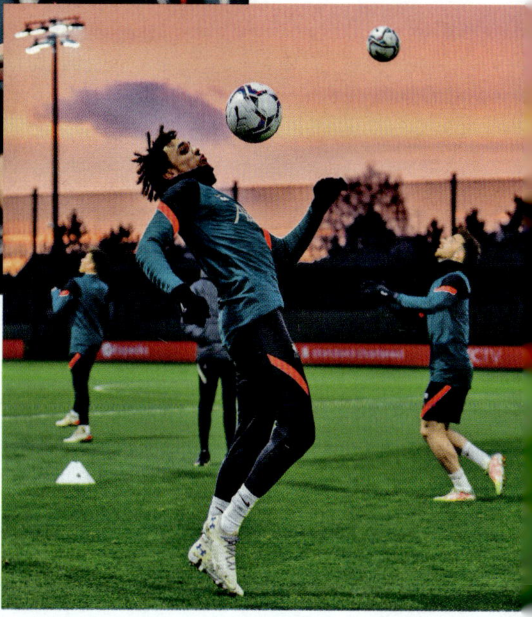

… und draußen (Trent Alexander-Arnold): AXA-Trainingscenter in Kirkby (18. Januar 2022).

Ansprache des Trainerteams.

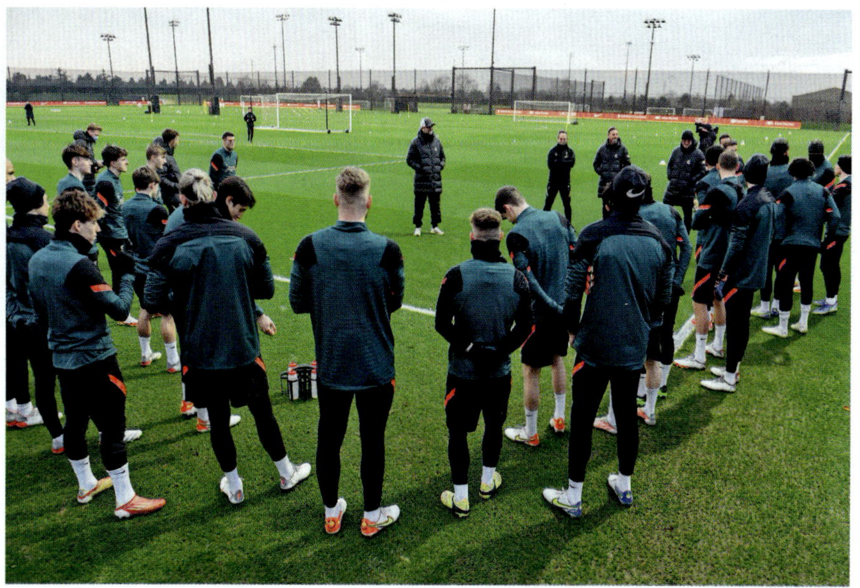

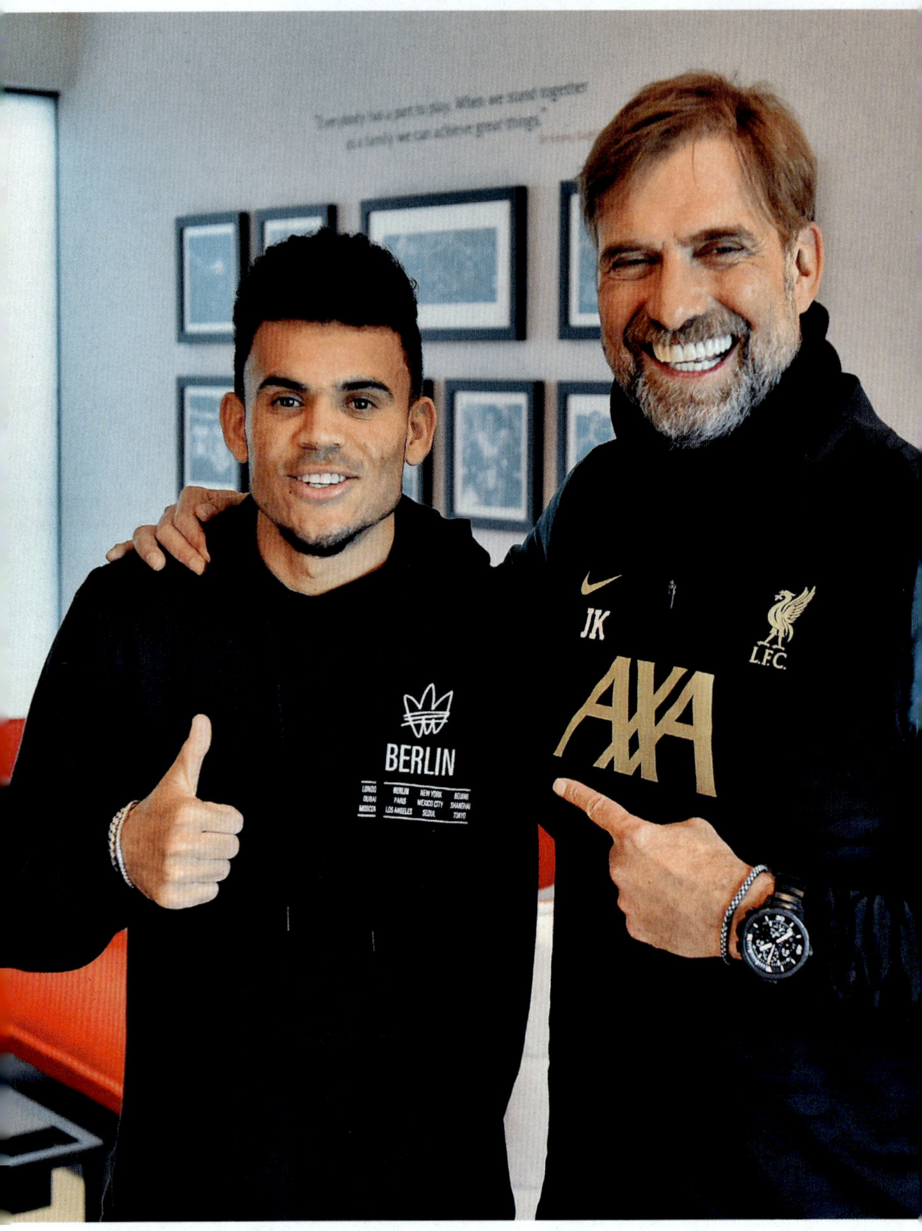

Jürgen mit unserer Neuverpflichtung Luis Diaz, ein echter Straßenfußballer, den wir bewundern (4. Februar 2022).

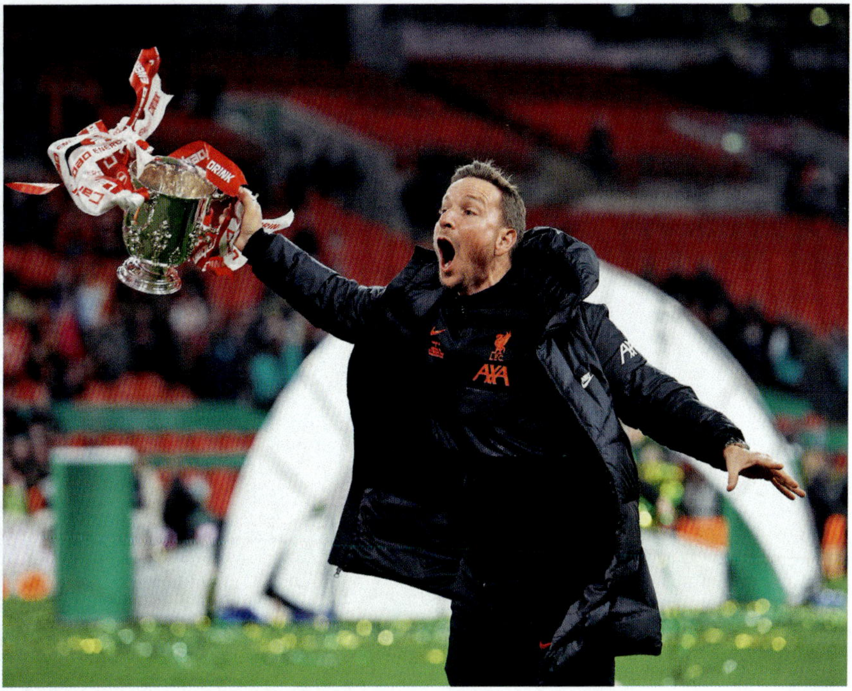

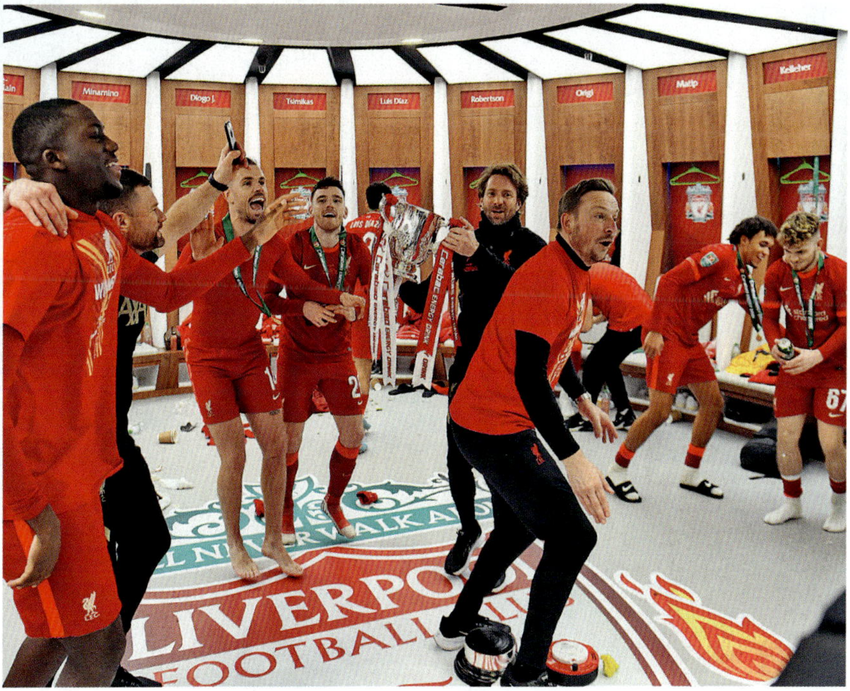

Einer der vielen Erfolge: der Gewinn des Carabao-Cups gegen Chelsea (Wembley-Stadion, 27. Februar 2022).

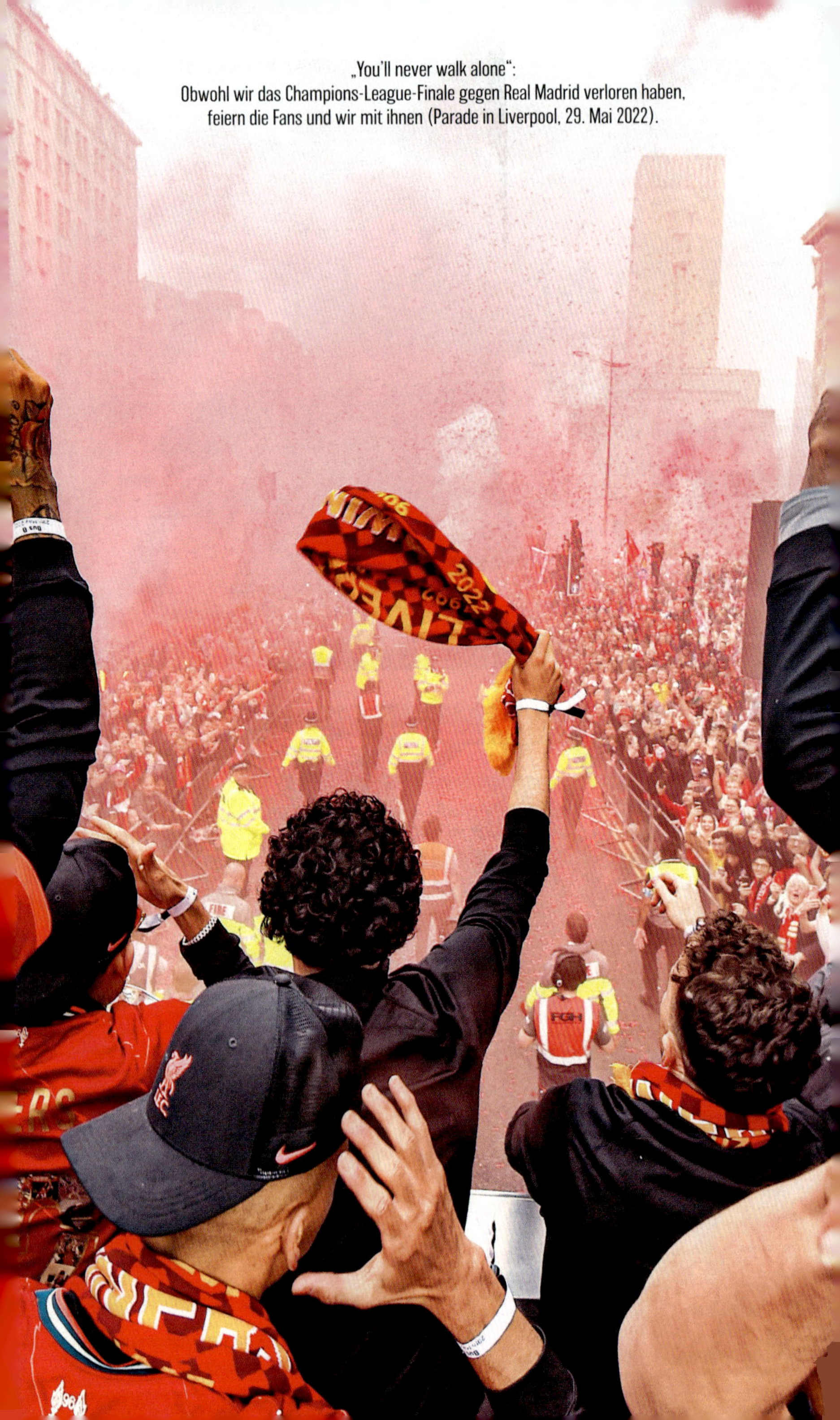

„You'll never walk alone":
Obwohl wir das Champions-League-Finale gegen Real Madrid verloren haben, feiern die Fans und wir mit ihnen (Parade in Liverpool, 29. Mai 2022).

Wilson war, musste in die Zweikämpfe gehen. „Ich will, dass wir heute schneller sind als sie, dass wir jedes 50:50 in ein 60:40 verwandeln, denn so spielen wir Fußball, wir werden nicht langsamer“, schloss Jürgen.

Als wir später ins Stadion kamen, erfuhren wir, dass fünf weitere Spiele verschoben wurden. Im Fernsehen sprachen sie von einer „Eilmeldung“, aber wir hatten es alle längst kommen sehen. Es fühlte sich genauso an wie bei dem Atlético-Spiel zwei Jahre zuvor, es war eine andere Situation, aber das Gefühl war dasselbe. Das Problem für die meisten betroffenen Mannschaften war, dass durch die 10-tägige Quarantäne, die zu jener Zeit vorgeschrieben war, der Boxing Day, der traditionelle Spieltag am zweiten Weihnachtstag, für sie ausfallen würde. Meiner Meinung nach konnte man das verhindern, indem man die Premier-League-Partien für ein oder zwei Spieltage aussetzte. Die Hälfte der Mannschaften hatte mit einem dezimierten Kader aufgrund von Coronaausfällen zu kämpfen und einige von ihnen hatten erst 14 Spiele absolviert. Aber unser Spiel fand statt, und wir wussten, dass Newcastle jetzt Mark Leyland in der Mannschaft hatte. Mark könnte ein ganzes Buch über uns schreiben, er kennt all unsere Geheimnisse. Er hatte uns ungemein geholfen, die Mannschaft dahin zu bringen, wo sie jetzt steht. Meiner Meinung nach gereichte das Newcastle nun ebenso zum Vor- wie zum Nachteil. Denn zum einen glaube ich, dass man sich umso mehr Sorgen macht, je mehr man um die Stärken des Gegners weiß, und je stärker man sich anpasst, umso mehr entfernt man sich von seinem eigenen Spiel. Und das wäre aus unserer Sicht eine gute Sache. Zum anderen kann man zwar viel wissen, aber auf eine bestimmte Intensität kann man sich nicht vorbereiten, solange man sie nicht selbst erlebt hat. Die Geschwindigkeit, mit der gespielt wird, wird immer eine Überraschung sein. Es ist kein Geheimnis, dass man auch 2021 seinen Gegner noch überraschen kann, trotz all der Daten und Analysen, auf die man zurückgreifen kann. Wir überraschen unsere Gegner mit unserer Intensität. Und die bescherte uns bei dieser Begegnung einen 3:1-Sieg. Nach dem schwierigsten Vormittag der ganzen Saison war das ein erstklassiges Ergebnis – wir hatten uns diese drei Punkte holen wollen und wir hatten sie bekommen.

Kurz vor dem Anpfiff Spieler auf drei Positionen auswechseln zu müssen, ist dem Spielfluss nie zuträglich, aber es ist uns gelungen, das Energielevel im letzten Drittel hoch zu halten. Direkt nach dem Spiel sagte Jürgen den Jungs: „Wichtig ist, dass allen klar ist, warum wir dieses Trikot tragen: Wir haben mit allem gekämpft, was wir hatten. Kann sein, dass wir nicht perfekt waren, aber wir haben uns gegen ein kraftvolles, konterstarkes Newcastle United durchgesetzt." Vom frühen Rückstand hatten wir uns gut erholt und durch Tore von Jota und Mo sind wir sogar noch vor der Halbzeit in Führung gegangen. Aber der Höhepunkt des Abends war Trents Granate in den rechten oberen Winkel. „U16-Stil", rief ich ihm zu, als er vom Platz ging. Was für eine Kraft und was für eine Technik.

Wir hatten allerdings keine Zeit, uns eine Verschnaufpause zu gönnen. Schon am Freitag machten wir uns daran, uns auf unser Auswärtsspiel in Tottenham an diesem Wochenende vorzubereiten. Greg, einer unserer Hauptanalysten, eröffnete die allwöchentliche Gegnerbesprechung des Trainerteams. Tottenham war ein klassisches Antonio-Conte-Team, das war seine Stärke. Hier zählten System und Leidenschaft. Wir alle wussten, dass er bei Inter mit einem 3-5-2-System gespielt hatte, bei Chelsea hatte er sich zunächst für ein 4-2-3-1 entschieden und war dann zum ligaerprobten 3-4-3-System gewechselt. „Er weiß genau, wie er die Stärken seiner Stürmer nutzen kann, und passt sein System entsprechend an", sagte Vitor. Pedro, Eden Hazard und Diego Costa waren bei Chelsea seine drei besten Stürmer gewesen. In Tottenham war er noch mit der Feinabstimmung beschäftigt, was nicht einfach war, da ein Coronaausbruch die Trainingssituation im Verein enorm beeinträchtigt hatte. Wir wussten nicht, welche Spieler ihm für das kommende Match zur Verfügung standen. Was wir wussten, war, dass sie kaum lange Pässe spielten. In dieser Kategorie belegten sie von allen Mannschaften der Premier League Rang 20. Wir konnten also eine Mannschaft mit klaren Offensiv- und Defensivmustern erwarten. Conte trainierte seine Teams im italienischen Stil, also mit viel Leidenschaft. Ich war mir sicher, dass er aus den Spurs eine richtige Maschine machen würde.

Offensiv würden sie normalerweise versuchen, Harry Kane zwischen den Reihen anzuspielen, während sich Heung-min Son und Lucas Moura mit aggressiven Offensivbewegungen in die offenen Räume in unserer Abwehrkette drängen würden. Aber wie gesagt, aufgrund der Coronasituation wussten wir nicht, welche Spieler ihnen aktuell tatsächlich zur Verfügung standen. Unabhängig davon würde aber die Dynamik die gleiche bleiben und damit unser Konzept zur Abwehr ihrer Konter bestimmen. Tottenham hat mehr individuelle Qualität als Newcastle, aber – wie Jürgen immer sagt – kein einziger ihrer Spieler spielt ohne Druck denselben Fußball wie unter Druck. Natürlich kommt es immer zu Zweikämpfen, aber wenn es dazu kommen sollte, mussten wir uns schnell aus ihnen lösen. Ibou musste das im Spiel gegen Newcastle ein paarmal zu oft demonstrieren. Wir mussten Kane mit unseren beiden Innenverteidigern decken, um die Pässe auf ihn abzufangen. Kane war im Vorteil, weil er den Ball mit seinem Körper abschirmen konnte, aber in einer Zwei-zu-eins-Situation war dieser Vorteil dahin. Tottenhams zweiter Schlüsselspieler war Eric Dier, der in diesem System als Libero spielte.

Das Freitagstraining mit den Spielern, die gegen Newcastle nicht in der Startelf gestanden hatten, war unglaublich. Wir übten Ecken und Freistöße in Kombination mit Gegenpressing. Ich konzentrierte mich stark auf das Prinzip, den ersten Pass immer nach vorne zu spielen, das nicht nur für den einen Spieler gilt, der den Ball erobert, sondern vor allem auch für die Stürmer, die sofort eine Lösung für das Spiel nach vorne kreieren müssen, damit wir die offenen Räume ausnutzen können. Pressing ist das offensivste Konzept im Fußball, wenn man es konsequent umsetzt. Jürgen und ich waren uns einig, dass wir das gesamte Konzept noch einmal verbessern mussten; wir hatten in der Partie gegen Newcastle so viele Gelegenheiten, sofort nach vorne zu spielen, verpasst. Die Intensität in unserem Gegenpressing, unsere offensive Einstellung und Konzentration waren immer sofort da, als würde man einen roten Knopf drücken – wie Teufel, die dem Ball hinterherjagten –, aber das, was eine gute Mannschaft ausmacht, ist, wie flüssig die einzelnen Abläufe ineinander übergehen. Wenn 60.000 Menschen im Stadion schreien und Millionen zu Hause vor dem Fernseher rummäkeln, wenn die Emotionen hochkochen, wenn so viel auf dem Spiel steht, können sich die Jungs an das klammern, was sie jeden Tag geübt haben. Sie können sich an Jürgens Worte erinnern, sich Petes Bilder vor Augen führen und sich Vitors Prinzipien ins Gedächtnis rufen und sich an all das halten. Klarheit vertreibt einfach die Angst.

Im Training versuchen wir immer, Schnelligkeit zu stimulieren. Wir schalten in den höchsten Gang, sodass wir schnell entscheiden und handeln müssen. Wir mussten daran arbeiten, bei offensiven Ecken den ersten Ballkontakt näher am gegnerischen Tor herzustellen. Wir hatten mit unserem offenen Spiel so viele davon herausgespielt, nun mussten wir dafür sorgen, dass sie auch gefährlich wurden. Wenn man glaubt, dass Standardsituationen wichtig sind, dann reicht es nicht, sie vor jedem Spiel nur einmal zu üben. Das hatte mir am heutigen Tag gut gefallen: der zusätzliche Fokus, die zusätzlichen Wiederholungen, das alles aber im Rahmen unseres Fußballs mit Gegenpressing als Hauptbestandteil. Auf dem Papier hatte die Übung schon seit zwei Wochen auf meinem Schreibtisch gelegen: Es ging darum, vom ersten Kontakt in die zweite Phase und ins Gegenpressing unserer Offensive gegen eine Abwehrkette umzuschalten. Das Ganze ist größer als die Summe seiner Teile, heißt es – und das könnte zutreffender nicht sein, wenn man bedenkt, wie wir während dieser Trainingseinheit unsere Art, Fußball zu spielen, praktiziert haben, während wir zugleich Standardsituationen trainierten.

Wer unsere Trainingsmethodik verstehen will, muss zunächst verstehen, welche Art Fußball wir spielen. Auf dieser Basis erarbeite ich die Übungen und gliedere sie ins Training ein. Wir vergleichen uns nicht mit anderen – der einzig sinnvolle Vergleich ist der mit uns selbst, mit der Mannschaft, die wir früher waren, und der, die wir heute sind. Das sagen wir auch den Spielern immer wieder. Deshalb müssen sich auch die Übungen immer weiterentwickeln, nur so können wir uns ständig verbessern. Deshalb sind wir eine ehrgeizige Mannschaft, eine Mannschaft voller Selbstvertrauen, die weiß, was sie will. Als ich aus Jürgens Büro rausging, schlug ich vor, dass wir am kommenden Samstag eine Partie Padel-Tennis miteinander spielten, nur um den Kopf frei zu bekommen. Gelegentlich überfällt einen während einer Saison das Gefühl, das einem die Kontrolle entgleitet. Meist liegt das an den vielen negativen Dingen, von denen wir umgeben sind. Auch dem muss man Einhalt gebieten. Im Hinblick auf die Förderung des sozialen Miteinanders war das Mitarbeiterspiel laut Jürgen die beste Neuerung seit dem Umzug auf das neue Trainingsgelände. Es ist einfach diese Atmosphäre beim Padel-Tennis – für alle, nicht nur für die Trainer. Das Spiel brachte die Leute zusammen und es brachte Leben aufs Gelände. Nach der Partie dort wären wir bereit, die Mannschaftsaufstellung festzulegen, uns vorzubereiten und den nächsten Spieltag in Angriff zu nehmen. So waren wir.

Als ich mich am Samstag zum Trainingsgelände aufmachte, fiel mir auf, dass ich zwei Anrufe von Jürgen verpasst hatte. Ich sah in WhatsApp, um herauszufinden, ob mir etwas Wichtiges entgangen war … Jetzt hatte sich auch Thiago positiv getestet. Mist! Das war Nummer vier. Wann würde das aufhören?

Jürgen eröffnete die folgende Mannschaftsbesprechung mit der Frage: „Wollen wir spielen?" Einer fragte von weiter hinten: „Ich möchte nur wissen, ob es sicher für uns ist." Jürgen legte ihnen seine Sicht der Dinge dar, aber weil man zu dem Zeitpunkt noch so wenig über die neue Coronavariante wusste, war es schwer, eine belastbare Einschätzung abzugeben.

„Wenn wir uns darauf einigen zu spielen, müssen wir uns darüber verständigen, mit was für einer Einstellung wir in das Spiel gehen", fuhr Jürgen fort. Kurz vor der Abfahrt erfuhren wir, dass es Hendo nicht gut ging. Zum Glück hatte er sich nur eine heftige Erkältung eingefangen, kein Corona, seine Tests waren alle negativ. Somit konnte er zwar mitfahren, war höchstwahrscheinlich jedoch keine Option für die Startelf. In diesem Fall würde Tyler wieder als unsere Nummer sechs starten müssen. Die Fahrt vom Hotel zum Stadion am Spieltag dauerte ganze 45 Minuten. In dieser Zeit zeigten wir den Jungs ein von uns zusammengestelltes Video über das Verteidigen in unserer Pressingzone im Mittelfeld. Jürgen verglich die Bewegungen mit denen von Fisch-, Bienen- oder Vogelschwärmen, die sich alle koordiniert bewegen. Allein diese Kompaktheit macht es dem Gegner schon schwer, uns anzugreifen. Im Bus konnten sich alle das Video auf ihren Handys ansehen, da ich es ihnen über unsere WhatsApp-Gruppe geschickt hatte. Wir wussten zu diesem Zeitpunkt immer noch nicht, welche Spieler den Spurs für die Begegnung zur Verfügung standen, aber wir kannten das System, auf das Conte setzen würde. Er hatte den Medien im Vorfeld erklärt, dass es schwer sei, Liverpool unter Druck zu setzen, weil wir genau dieses Unter-Druck-Setzen lieben, daher gingen wir davon aus, dass sie sich auf Konter eingestellt hatten. Bei seiner letzten Ansprache an die Spieler erklärte der Boss, dass er so vieles am Fußball liebe, besonders schön aber sei es, dass man alles hinter sich lassen kann, wenn man in ein Spiel geht. Und genau das war es, was wir tun mussten: alles hinter uns lassen, was in den letzten Tagen passiert war.

Das Spiel endete mit einem 2:2 Unentschieden. Unsere Außenverteidiger hatten maßgeblichen Anteil an diesem Ergebnis, und wir hatten den Eindruck, einen wichtigen Punkt gewonnen zu haben, da man nie weiß, ob nicht am letzten Spieltag vielleicht dieser eine Punkt der alles entscheidende ist. Wir hofften es jedenfalls.

Während des Spieles hatten wir unnötigerweise einige leichte Pässe nicht an den Mann gebracht, aber die Jungs waren auch noch erschöpft vom letzten Spiel, hinzu kamen die ganze Coronasituation und die Wechsel im Mittelfeld, was einiges erklären konnte. Die Spurs hatten uns indes mit einem zusätzlichen Stürmer überrascht. Sie spielten ein 5-3-2, bei dem Kane und Son vorne immer wieder mit Joel und Ibou in die Zweikämpfe gingen und dabei oft viel Raum zur Verfügung hatten – genau das, was wir hatten vermeiden wollen. Für die Zuschauer im Stadion war das natürlich sehr unterhaltsam gewesen, dennoch war es beileibe nicht das, was wir uns vorgestellt hatten.

Gleich der erste Moment, in dem in unser Mittelfeld in Unordnung geriet, wurde mit einer Steilvorlage auf Kane bestraft. Solche Situationen können wir eigentlich ganz gut vermeiden, aber man kann nicht jedes Mal perfekt sein. Was wir tun könnten, wäre, einer solchen Unsortiertheit zu begegnen, indem wir die entstandenen Räume schließen. Robbo schickte Sadio mit einem seiner typischen Pässe an Emerson Royal und Davinson Sánchez vorbei nach vorne. Sadio flankte, aber der Ball kam wieder aus dem Strafraum heraus. Robbo verfolgte ihn jedoch aggressiv und brachte das Leder mit nur einer Berührung wieder in den Strafraum zurück und chippte ihn hinüber zu Jota, der seinen Absprung hervorragend timte und perfekt über Hugo Lloris hinweg zum 1:1 einköpfte. Das Schöne war, dass Trent ganz in der Nähe stand und den Ball ebenfalls hätte versenken können, falls Jota es nicht geschafft hätte. Unser Außenverteidiger spielte eine Flanke auf einen unserer Stürmer, während unser anderer Stürmer ebenfalls für einen Abschluss bereitsteht. Der Grund dafür, dass wir so spielen konnten, mit beiden Außenverteidigern im ständigen Angriffsmodus, war der spezielle Aufbau unseres Mittelfeldes. Ohne Hendo, Fabinho und Thiago hatten wir in dem Bereich allerdings Defizite zu verzeichnen.

Die Halbzeitpause nutzten wir dazu, unsere Abwehr neu zu organisieren. Ibou und Joel mussten die Führung übernehmen. Unser Mittelfeld musste innen stärker zusammenrücken, weil wir das Spiel so leicht umstellen konnten. Während der ersten Halbzeit hatten wir siebzig Prozent Ballbesitz gehabt und zwölfmal aufs Tor geschossen, die Spurs hingegen waren nur zu fünf Torschüssen gekommen. In der zweiten Halbzeit gerieten wir jedoch stärker unter Druck. Wir waren auf den Ballbesitz angewiesen, denn wenn man den Ball hat, muss man nicht verteidigen, und unser aktuelles Mittelfeld kam mit Ball besser zurecht als ohne. Naby und Milner halfen, Gegenangriffe zu stoppen und den Innenraum besser zu schützen. Unser zweites Tor erzielten wir durch eine Hereingabe von Trent in der zweiten Angriffsphase direkt in den Fünfmeterraum auf Robbo, der den Ball souverän per Kopf in die Maschen beförderte. Die Kommunikation zwischen den beiden ist einfach fantastisch! Zum zweiten Mal in diesem Spiel waren die Räume in unserem Mittelfeld jedoch zu groß und die Spurs spielten sich wie schon in der ersten Halbzeit mit einem Steilpass nach vorne durch. Son kam leicht an Ali vorbei und brauchte nur noch einzuschieben. Anderes System, gleiches Problem.

Ich muss ehrlich zugeben, dass ich an diesem Tag kurz aus der Haut gefahren bin. Ich spreche nicht gerne über Schiedsrichterentscheidungen, aber an diesem Tag hatte ich das Gefühl, dass der Referee bei zwei wichtigen Entscheidungen falschlag. Erstens beim Tackling von Harry Kane, der Robbo übel erwischt hat, und zweitens in dem Moment, in dem Jota unseren gut ausgeführten Konter abschließen wollte, aber beim Schussversuch umgerannt wurde. Das waren zwei wichtige Entscheidungen, die Einfluss auf den Ausgang des Spieles hatten. In den letzten vier Jahren hatten wir immer den vorletzten Platz in der Statistik der zugesprochenen Freistöße belegt. Nur in der Saison 2018/19 hatten wir es auf Platz 14 geschafft. Ich denke, diese Statistik sagt viel aus, wenn man bedenkt, dass wir die meiste Zeit über in der Ballbesitzstatistik bei 70 Prozent lagen. Gegen Ende erhielt Robbo noch wegen eines rüden Foulspiels einen Platzverweis. Keine Frage, das war eine absolut richtige Entscheidung, aber auch Kane hätte nach seinem Foul nicht mehr auf dem Feld stehen dürfen, wenn man dieselben Maßstäbe anlegt. Nachdem Robbo vom Platz gestellt war, hielten wir uns an das Motto: Wenn du nicht gewinnen kannst, sorge dafür, dass du nicht verlierst, und schickten Joe für Jota ins Spiel. Anschließend verteidigten wir mit fünf Mann in der Breite, drei vorne, um das Mittelfeld zu kontrollieren, und Mo ganz vorne, um die Gegner hinten zu beschäftigen. Damit sicherten wir uns das Unentschieden und spielten kurz vor Schluss sogar noch eine klitzekleine Chance heraus.

Als wir uns nach dem Spiel auf den Heimweg machten, fürchteten wir zunächst, dass unser Flieger wegen starken Nebels nicht in Liverpool landen konnte, doch zum Glück ging alles glatt und wir kamen gut am John Lennon Airport an. Wir beschlossen, am nächsten Tag allen freizugeben, allerdings war für zehn Uhr eine Sitzung der Premier League angesetzt worden. Wir hofften, dadurch Klarheit zu erhalten, wie sehr sich die Coronapandemie in den nächsten Tagen auf den Spielplan auswirken würde. Und nicht nur das: In drei Tagen sollte bei uns im Anfield das League-Cup-Spiel gegen Leicester stattfinden.

„DIE STÄRKE DES FC LIVERPOOL LIEGT IM KOLLEKTIV – WIR MACHEN IMMER ALLES GEMEINSAM, DAS MACHT UNSERE POWER AUS.“

Woche 21

Wow – nur wir allein!

Nach dem freien Tag am Montag startete die Woche für mich mit einer weiteren Pressekonferenz – eine nicht ganz so einfache dieses Mal. Es ging um die Schiedsrichterentscheidungen im Spiel gegen Tottenham, um Corona, das Treffen der Premier-League-CEOs, bei dem es um den Spielplan ging, den Afrika-Cup, um Entscheidungen des Videoschiedsrichters und so weiter.

Als wir danach in Jürgens Büro kamen, gab es gute Nachrichten. „Die Götter sind auf unserer Seite", sagte ich zu ihm. Es sah ganz so aus, als hätten wir die Ansteckungskette durchbrochen; die Ergebnisse aller PCR-Tests waren negativ. Ein wichtiges Resultat vor dem Hintergrund des kürzlichen Ausbruches. Es schien wie ein Wunder und wir lächelten uns an. Jürgen erzählte mir, er sei seit sechs Uhr wach gewesen und habe ständig auf sein Handy geschielt, um zu sehen, ob die Testergebnisse endlich vorlagen. Es waren verrückte Zeiten.

Auf unseren Schreibtischen häuften sich an diesem Morgen die Weihnachtsgeschenke. Ehrlich gesagt sah alles ein bisschen chaotisch aus, aber der ganze Wein, der Whiskey und die Schokolade sorgten für eine großartige Atmosphäre. Billy Hogan brachte noch ein richtiges Geschenk vorbei, eines auf CEO-Niveau. John Achterberg ist immer der Erste, der sein Geschenk überreicht, allerdings ist es jedes Jahr derselbe Wein. Ich glaube, er hat vor ein paar Jahren einen ganzen Container Rioja gekauft. Jack hatte einen sehr guten Wein ausgesucht, er kennt sich mit Wein aus, so viel ist sicher. Und Mona sorgte für ein paar selbst gebackene Leckereien. Jürgen wiederum ließ für alle Staff-Mitglieder 20 Bäume im Formby-Naturschutzgebiet pflanzen – ein wirklich sinnvolles Geschenk. Außerdem verteilte er Gutscheine an alle, die im AXA arbeiteten. Jeder war dankbar für diese Aufmerksamkeit. Es sind die kleinen Geschenke, die den großen Unterschied machen.

„Andere Zeiten erfordern andere Abläufe." Mit diesen Worten eröffnete Jürgen die Mannschaftsbesprechung am nächsten Spieltag. „Wir gehen noch einmal kurz Standardsituationen durch. Unsere Ideen haben wir gestern im Elf-gegen-elf durchgespielt, die werden wir bei der Besprechung nicht noch einmal wiederholen." Die Jungs wussten, worum es ging, ich hatte unsere Organisation auf dem Platz anhand unserer Trainingsunterlagen zur Taktik mit ihnen durchgesprochen. „Ein Grund dafür ist: Wir wollen den Ball", sagte ich. Das war das Motto, dem sie beim Spiel gegen Leicester folgen sollten: Wir wollen den Ball! Das ist immer eine gute Strategie gegen eine Mannschaft, die ebenfalls auf Ballbesitz erpicht ist. Leicester City war eine typische Brendan-Rodgers-Mannschaft, die das Spielfeld mit technisch versierten Spielern in der Mitte und extrem schnellen Stürmern vorne öffnete. Sie hatten lange Zeit kein Match mehr bestritten, kamen also ganz frisch nach Anfield. Wahrscheinlich werden sie ziemlich stark sein, spekulierten die Jungs. „Was ist stark?", entgegnete Jürgen. „Bei uns wird es Veränderungen geben, aber wir werden stärker sein, als sie erwarten, wenn wir unsere Spielmuster umsetzen und unser Gegenpressing durchziehen." „Wir können sie mit unserer Intensität überraschen", fügte ich hinzu. Wir gingen jede Spielsituation theoretisch durch und die Jungs füllten sie während des Trainings mit Leben. Es war eine so positive Einheit gewesen; Conor Bradley hatte eine unglaubliche Leidenschaft an den Tag gelegt. Am Ende gab es noch ein kurzes Elfmetertraining. Wir machen daraus keine große Sache, sagten den Spielern nur, dass sie selbstbewusst und mit Schmackes in die Ecken schießen sollen. Als Joe seinen Elfer vergeigte, scherzte Jürgen: „Du kannst uns ruhig sagen, wenn du keine Elfer schießen willst, Joe!" Alle lachten, der Druck war tatsächlich weg.

Wenn man in Liverpool zur Legende werden will, muss man meiner Ansicht nach auch nationale Pokale gewinnen, und genau das versuchten wir. Aber wir wollten es auf unsere Art tun und ergänzten unsere Mannschaft für das Spiel gegen Leicester City um unsere vielversprechendsten Nachwuchsspieler. Das war eine Aufstellung, die uns gefiel. Ich war mir sicher, dass wir den Fans eine Pokalnacht voller Leidenschaft bieten würden, ein besonderes Spiel, mit dem wir neue gemeinsame Erinnerungen schufen. Es wäre großartig, wenn wir in den kommenden Jahren an einen Punkt kämen, an dem wir eine ganze Mannschaft aus Absolventen unseres Leistungszentrums zusammenstellen können, als eine Art Statement, das den besonderen Weg des FC Liverpool demonstriert und unserer Fortschritte der letzten Jahre dokumentiert. Ein gesunder Verein ist von innen heraus stark und die meisten unserer Stars kommen aus den eigenen Reihen. Jeder Verein sollte sich zum Ziel setzen, die Zahl der eigenen Talente in seinem Kader zu erhöhen. Es ist ein Prozess, der Mut und Geduld von allen Verantwortlichen erfordert. Bei unserem Spiel gegen Leicester waren es einige Nachwuchsspieler, die für den besonderen Abend sorgten, den wir uns gewünscht hatten. Und was für ein Abend das war. Wow, wow, wow, wow … einfach nur wow! Nur wir allein! Auf der Pressekonferenz hatte ich gesagt, dass wir besondere Spiele schaffen wollten, dass wir versuchen wollten, einen FC-Liverpool-Pokalabend voller Leidenschaft zu gestalten. Ich denke, wir können sagen, dass uns das gelungen ist. Wir holten nicht nur einen Rückstand auf, sondern gewannen schlussendlich gegen ein starkes Team. Wir wollen gemeinsam Erinnerungen schaffen, und aus einem anfänglichen 2:0-Rückstand, aus dem noch vor der Halbzeit ein 3:1-Rückstand wurde, zu guter Letzt einen Sieg nach Elfmeterschießen zu machen, geht nur, wenn man wirklich an sich und den Erfolg glaubt.

Entscheidend war bei diesem Spiel, dass wir zur Halbzeit Ibou, Milner und Jota auf den Platz brachten. Die Regelung, fünf Auswechslungen pro Partie zu ermöglichen, hilft tatsächlich, die Spiel- und Erholungszeiten besser zu steuern, sie gibt uns aber auch die Möglichkeit, von der Bank aus früher Einfluss auf das Spielgeschehen zu nehmen. Jota wurde auf der rechten Seite eingewechselt und erzielte nach einer Kombination durch das Zentrum mit Firmino und Taki unser zweites Tor. Milner brachten wir als Sechser, um die Mannschaft emotional zu führen. Und Ibou kam rein, um Patson Daka und Jamie Vardy besser im Griff zu haben. Den anderen erklärten wir in der Halbzeitpause, dass es das Wichtigste sei, daran zu glauben, dass wir es schaffen können … und im Spielaufbau keine Bälle mehr zu verlieren! „Wir spielen Richtung Kop, und ihr wisst alle, was abgeht, wenn wir das zweite Tor machen", sagten wir ihnen.

Nach dem Spiel saß ich in der Kantine, um mir Notizen für dieses Buchprojekt zu machen. Mein Blick fiel auf ein Zitat von Oxlade-Chamberlain, das an der Wand stand: „Jeder fühlt sich als Teil dieses besonderen Vereins." Ein weiteres Zitat, das ich entdeckte, lautete: „Die Stärke des FC Liverpool liegt im Kollektiv – wir machen immer alles gemeinsam, das macht unsere Power aus." Es stammte von Sadio Mané. Das muss ich hier einfügen, denn es erklärt, warum wir dieses Spiel gewonnen haben: das Kollektiv. „Das war unser erstes entscheidendes Elfmeterschießen, aber wir müssen noch mehr üben", sagte Milner zu mir nach dem Spiel. Und er hatte recht. Wir brauchten mehr Spieler, die die Strafstöße wirklich übernehmen wollten. Fünf unserer sechs Elfer hatten wir verwandelt und Kelleher hatte zwei gehalten. Er war genauso, wie er im Training immer war: wie ein kaltblütiger Ire eben.

Woche 22

Ein Universum von Mo und Trent

Im Fußball gibt es keine schnellen Lösungen. Ideen brauchen Zeit, um zu reifen. Oder besser gesagt, sie brauchen Beständigkeit, damit sie zur Gewohnheit werden, oder noch präziser ausgedrückt: um unter höchstem Druck gleichbleibend effizient ausgeführt werden zu können. Aber alles hat einen Anfang, es gibt einen Punkt, an dem neue Ideen klare Formen annehmen. Neue „Gewohnheiten" zu entwickeln, war die grundlegende Botschaft unserer Arbeit in der Vorsaison gewesen, und die Entscheidungen, die wir seither getroffen hatten, zahlten sich aus. Das waren WIR. Die Jungs verinnerlichten das Konzept, sie standen voll dahinter und legten einen enormen Ehrgeiz an den Tag. Ich hatte nicht vergessen, dass wir beim FC Liverpool im Hinblick auf unsere Form und unsere Ausfälle aufgrund von Verletzungen Anfang 2021 vor einer der größten Herausforderungen der vergangenen Jahre gestanden hatten. Aber die Mannschaft hat sich seitdem meiner Meinung nach noch einmal weiterentwickelt, wir haben einen neuen Weg eingeschlagen – unseren Weg – und uns den damit verbundenen Anforderungen angepasst. Weiterentwicklung war das, worum es ging. Die Jungs waren bei jedem Training so motiviert und hatten den absoluten Ehrgeiz zu gewinnen.

Kurz vor dem Jahreswechsel 2021/2022 war es großartig zu sehen, dass wir uns noch mehr verbessert hatten als erhofft. Es war wie in der Kunst. Erst wenn die anderen genau das sehen, von dem du dir wünschst, dass sie es sehen, weißt du, dass es funktioniert – und die meisten Menschen sehen es erst, wenn man drei Punkte holt. Unser Ziel war es, in dieser Saison so viele Spiele zu bestreiten wie möglich. Dass wir auch 2022 noch in allen Wettbewerben dabei sein würden, machte mich daher wirklich glücklich. Ich halte nicht besonders viel von Fußballstatistiken, denn ich vertraue lieber auf das, was ich sehe, und auf mein Bauchgefühl, aber wenn Statistiken bestätigen, was man mit eigenen Augen sieht, dann bestätigen sie auch dein Bauchgefühl.

Die Mannschaft hatte alles, um zu glänzen. Die Anpassungen auf der rechten Seite waren vollzogen. Trent hatte zu diesem Zeitpunkt in der Saison von allen Premier-League-Spielern die meisten Chancen herausgespielt (51). Mo stand dieser Statistik an dritter Stelle (37). Ich war überzeugt, dass die Umstellungen auf der rechten Seite mit Trent als zusätzlichem Mittelfeldspieler gut funktionieren würden. Mit Jota und Mo hatten wir den besten und den zweitbesten Torschützen der Liga in der Mannschaft, Trent und Mo standen auf Platz eins und zwei der besten Vorlagengeber. Mehr und mehr sah es so aus, als befänden wir uns in einem Universum von Mo und Trent. Salah allein hatte mehr Treffer erzielt als Brighton, Burnley, Wolves und Norwich. Zu diesem Zeitpunkt hatten wir insgesamt bereits 50 Tore und damit die meisten in der ganzen Liga. Im europäischen Vergleich waren uns die meisten Treffer von außerhalb des Strafraums gelungen. Unsere Unberechenbarkeit resultiert aus unseren vielfältigen Möglichkeiten. Wir hatten die Anzahl unserer Waffen erhöht. Die Mannschaft war einfach in sich abgerundeter. Die zugrunde liegende Idee lautete, dass jeder für alles verantwortlich ist. Das war eines der ersten Prinzipien, die Jürgen der Mannschaft vermittelte, als er 2015 hierherkam. Und ich liebe nichts mehr, als wenn sich Entwicklung auszahlt.

Ich persönlich erlebte indes eine seltsame Woche. Ich konnte mich nicht daran erinnern, wann ich zum letzten Mal eine Trainingseinheit verpasst hatte, schon gar nicht, seit ich nach Liverpool gekommen war. Aber es war naiv gewesen zu glauben, dass das Magen-Darm-Virus, der meine beiden Söhne befallen hatte, meine Frau und mich verschonen würde.

Am 23. Dezember, während ich zu Hause war, rief in aller Frühe Jürgen an. Das Spiel gegen Leeds sollte wegen zahlreicher Coronafälle in der Mannschaft verschoben werden. Somit fiel das in England traditionelle Ligaspiel am 26. Dezember in diesem Jahr für uns aus. Kein Match für den FC Liverpool am Boxing Day. Doch auch ohne dass eine Partie bevorstand, kamen die Jungs am Weihnachtsfeiertag vorbei, um zu trainieren. Jürgen eröffnete seine Ansprache mit den Worten: „Als ich vor 20 Jahren Trainer wurde, habe ich mir zu Weihnachten gewünscht, eines Tages eine Mannschaft zu haben, die die besten Teams der Welt schlagen kann. Und da seid ihr nun, Jungs. Es ist nicht das erste Weihnachtsfest, an dem das so ist, was die Sache noch besser macht. Als Geschenk haben wir euch heute eine brillante, durchgeplante Trainingseinheit mitgebracht. Pep ist gestern extra zu Hause geblieben, um diese neue Übung für euch zu entwickeln."

Vor unserem nächsten Spiel hatten wir noch drei Trainingstage, was gut war für Fabinho und Virgil, die erst am 23. Dezember aus der Quarantäne gekommen waren. Sie brauchten diese Einheiten, und die Absage des Leeds-Spiels sorgte dafür, dass wir wirklich genügend Zeit für sie hatten. Das Training, das wir für den ersten Weihnachtstag geplant hatten, nachdem wir am Heiligabend spät fertig geworden waren, war angesichts der Umstände perfekt. Es ging darum zu spielen, zu spielen und noch mal zu spielen! Wir spielten acht gegen acht auf einem achteckigen Spielfeld mit zwei freien Spielern in der Mitte (unsere Sechs und unsere Neun, Fabinho und Bobby, unsere Verbindungsspieler). Eine Achtermannschaft bestand aus zwei Außendreiecken und den beiden Innenverteidigern. „Die Breite ausnutzen und das Zentrum angreifen", lautete der Name dieser Übung. Die Größe des speziellen Platzes zwingt die Spieler dazu, Chancen in der Spielfeldmitte herauszuspielen, weil sie die gesamte Breite nutzen können, um den Gegner ständig in Bewegung zu halten. Das war unsere „neue Herausforderung" für die Jungs.

Nach zwei achtminütigen Spielen rief ich: „Das nächste Tor ist das Siegtor!", nachdem die rote Mannschaft gerade zum 1:1 getroffen hatte. Das war genau das, was die Mannschaft in dem Moment brauchte, jetzt stand etwas auf dem Spiel. Aber was? Es war Stolz, der beste „Lehrer" im Spitzensport. Milner, Kostas und Taki begannen augenblicklich wieder zu kombinieren und trafen schließlich mit einem Schuss von der Strafraumgrenze.

Mission erfüllt. Die Jungs trainierten mit höchster Konzentration und Intensität, ohne dass wir als Trainer viel korrigierend eingreifen mussten. Die Übungen waren so angelegt, dass die „Korrektur" quasi von selbst stattfand. Indem sie sich das Recht verdienten, mehr anzugreifen. So hatten wir es uns während der Vorsaison in Österreich und Frankreich vorgenommen: Wir mussten uns das Ziel, in dieser Saison so viele Partien wie möglich zu spielen, erarbeiten.

Ich konnte gar nicht erwarten, dass das Jahr 2022 endlich begann. Ich war so aufgeregt angesichts der Vorstellung, was diese Mannschaft im neuen Jahr alles erreichen konnte. Aber erst einmal galt es, das letzte Spiel des Jahres erfolgreich zu bestreiten, das Auswärtsspiel gegen Leicester. Das weckte Erinnerungen. Das King-Power-Stadion wird uns immer an die Rückkehr von der Klubweltmeisterschaft in Katar 2019 erinnern.

Wir hatten Flamengo Rio de Janeiro im Finale geschlagen und den Pokal in die Luft gestemmt, waren dann zurückgereist und hatten in einem Wahnsinnsspiel gegen Leicester gewonnen. Das war nahezu auf den Tag genau vor zwei Jahren gewesen. Es war ein entscheidender Sieg auf unserem Weg zum Titel gewesen, mit drei Assists und einem Tor von Trent. Ein historischer Moment, der entscheidend dafür gewesen war, dass wir am Ende dieser Saison die Meisterschaft gewonnen hatten.

Am Tag vor der Partie griff Jürgen während der Mannschaftsbesprechung zu seinem Smartphone und las laut vor: „Schüsse insgesamt: 17:14, Torschüsse: 9:8 – von welchem Spiel spreche ich?" „Man City gegen Leicester", sagte Hendo sofort. „Richtig", entgegnete Jürgen. „Man würde wohl kaum vermuten, dass das Spiel 6:3 ausgegangen ist, wenn man nur diese Statistik und nicht das Ergebnis kennt." Die Jungs waren am zweiten Weihnachtstag zum Trainingsplatz aufgebrochen, als es zur Halbzeit bei City gegen Leicester gerade 4:0 für City stand, und uns war es wichtig zu erwähnen, dass der Spielverlauf wesentlich enger war, als der Endstand vermuten ließ. Wir mussten nun überlegen, wie wir unser Spiel angehen wollten. Wir durften nicht den Fehler begehen, uns nicht intensiv genug vorzubereiten, weil sie erst einen Tag zuvor gespielt hatten, wir durften nicht den Fehler begehen, sie aufgrund der stark veränderten Mannschaft einzuschätzen, gegen die wir im Pokal gewonnen hatten, und wir durften nicht den Fehler begehen zu glauben, Man City habe nicht hart für diese drei Punkte kämpfen müssen. Leicester ist eine wirklich gute Offensivmannschaft, und wenn wir gegen sie nicht verteidigten, indem wir die inneren Laufbahnen zu Maddison abschnitten, würden wir viele Konter abwehren müssen. Unser Plan war es, das Spiel extrem intensiv zu führen, den Platz klein zu machen und sie zu überrennen; wir mussten alles geben, um den Ball zu bekommen und ihre Konter zu unterbinden. Bisher hatten sie 33 Tore erzielt, was ihre Offensivstärke unterstrich. Wir wollten das Tempo hoch halten und auf jeden Rückpass lauern. Wir kannten ihre Aufstellung nicht und wussten nicht, wie sie sich auf dem Platz organisieren würden, aber uns war klar, dass wir gegen ihre schnellen Stürmer clever und mutig verteidigen mussten.

Videoaufnahmen sind ein tolles Hilfsmittel, aber sie können einen auch immens täuschen. Die einzige wahrhaftige Aufnahme, die man von einem Fußballspiel zeigen kann, sind die gesamten 90 plus x Minuten vom An- bis zum Abpfiff. Man muss sich bewusst machen, dass man durch einzelne Szenen, die man auswählt, eine Festlegung trifft. Und man trägt eine große Verantwortung, man muss klug entscheiden und darf die Vorstellungskraft der Betrachter nicht unterschätzen. Man kann mit einer Videoaufnahme Klarheit schaffen, man kann Vertrauen schaffen, aber man kann auch leicht Zweifel wecken. Wie kann man von Spielern erwarten, kreativ zu sein, wenn man ständig neue Strategien einführt? Sie werden sich dann darauf konzentrieren, die Strategie richtig umzusetzen, anstatt selbst etwas Neues auszutüfteln. Aber was wir wollen, ist Unvorhersehbarkeit und Spontaneität, und das entwickelt sich erst auf der Basis unserer klaren und schlüssigen Vorstellungen. „Strategien verhelfen dir von A nach B, Kreativität bringt dich überallhin", so müsste das Einstein-Zitat lauten, wenn man es auf den Fußball überträgt. Man sollte also nicht in die Falle namens Strategie tappen.

Als wir uns auf den Weg zu „Spielfeld C" machten, erzählte mir Sadio, dass er dort nicht gerne trainiert. Ich erklärte ihm, dass wir diesen Platz ausgewählt hatten, weil er genau dieselbe Größe hatte wie das Spielfeld im King-Power-Stadion. Wir verfügen über drei Trainingsfelder, die den unterschiedlichen Feldgrößen der Premier-League-Stadien entsprechen. „Ah!", sagte er. Jetzt hatte er es verstanden – und ich hoffte, dass es ihm dort jetzt ein bisschen besser gefiel.

Nach dem Training rief ich Andreas an, um ihn auf den neuesten Stand zu bringen. Auch er saß gerade zu Hause in Corona-Quarantäne, war aber zum Glück symptomfrei und hatte immer noch die volle Kontrolle über seine Fitnessabteilung. Wer mit

Leidenschaft dabei ist, findet immer eine Möglichkeit. Das ist der große Unterschied zwischen denen, die an der Spitze arbeiten, und denen ein Stück weiter unten: In unserem Gebäude wird man niemanden finden, der nicht mit voller Leidenschaft dabei ist. Das meine ich völlig ernst. Selbst unser Sicherheitsdienst ist mit so viel Engagement dabei, als würden auch davon die drei Punkte am Wochenende abhängen.

Am Spieltag, kurz bevor wir das Hotel in Richtung Stadion verließen, wandte sich Jürgen ein letztes Mal an die Mannschaft. „Vor allem erwarte ich heute Abend von uns, dass wir sie mit allem, was wir haben, unter Druck setzen. Wir werden oft in Ballbesitz sein, was allerdings bedeutet, dass wir den Ball auch verlieren werden. Es wird eine sehr intensive Partie werden und wir werden uns dem stellen, das heißt, wir werden sie von hinten raus jagen."

„Wir werden heute ein großes Spiel machen", postete Robbo in der Mannschafts-WhatsApp-Gruppe, als wir uns auf den Weg zum Bus machten. Eine Stunde vor Spielbeginn lag Virgil auf der Massagebank und Kostas gleich neben ihm. Smalley, unser Masseur, und Chris, unser Physio, bereiteten wie immer alle perfekt vor.

Finale Nummer 18 endete für uns jedoch mit einer 0:1-Niederlage im King-Power-Stadion. Und diese Niederlage hatten wir auch verdient. Nicht, weil wir viel öfter aufs Tor hätten schießen können, auch wenn wir 21 Torschüsse abgegeben haben und die anderen nur sechs. Nicht, weil wir einen Elfmeter verschossen und den Nachschuss an die Latte geballert hatten. Nicht, weil Kasper Schmeichel einige unglaubliche Paraden gezeigt hatte. Auch nicht, weil Ali bis zu ihrem Tor in der 60. Minute kein einziges Mal eingreifen musste oder weil wir in den letzten zehn Minuten drei Torchancen hatten und diese auch hätten nutzen müssen. Nein, wir haben verloren, weil wir als Mannschaft unser Potenzial nicht einmal ansatzweise ausgeschöpft haben. Wir haben einfach nicht unseren Rhythmus gefunden, es haperte an unserem Stellungsspiel und jedes Mal, wenn wir den Ball verloren, hatten sie eine Phase, in der sie kontern konnten. Wir waren auch nicht aggressiv genug im Angriff und verspielten damit unseren Vorteil, frischer zu sein als sie. Wie kann man so spielen, wenn man vorher so trainiert hat?

Wir hatten irgendetwas falsch gemacht und mussten schnellstmöglich herausfinden, was es war. Uns war klar, dass wir nicht oft genug die Seiten gewechselt hatten, dass wir nicht den zusätzlichen und entscheidenden Spieler zwischen den Linien gehabt hatten und dass wir aus all den Bällen, die wir weit vorne gewonnen hatten, viel mehr hätten machen müssen. Wir haben kein einziges Mal von außerhalb des Strafraums aufs Tor geschossen – und das gegen eine tief verteidigende Mannschaft. Meiner Meinung nach war es aber auch falsch gewesen, am Spieltag anzureisen. Normalerweise machen wir das nie, nur in Ausnahmesituationen. Und als wir dieses Spiel ursprünglich vorbereitet hatten, sind wir in einer solchen Ausnahmesituation gewesen, weil wir eigentlich zwei Spiele in drei Tagen hätten bestreiten müssen, wenn das Spiel gegen Leeds am 26. Dezember nicht abgesagt und verschoben worden wäre. Wir hätten danach zu unserem üblichen Anreiseprozedere zurückkehren können, doch das hatten wir nicht getan.

Tags darauf sah ich mir den Clip mit den Situationen an, die im King-Power-Stadion den Unterschied gemacht hatten – er dauerte 95 Minuten. „Zeige niemals mit dem Finger auf andere", war eine Weisheit, die man mir beigebracht hatte, als ich klein war. Meine Mutter hat immer gesagt: „Wenn du mit einem Finger auf andere zeigst, zeigen drei deiner Finger auf dich zurück. Wenn du bei jemandem die Schuld suchen willst, suche sie bei dir selbst." Und in diesem Fall habe ich genau das getan.

„WENN DU NICHT LACHST, LACHT DAS SPIEL AUCH NICHT.“

Woche 23

Ein Traum wird wahr

Einen Tag rumjammern und alles kurz und klein schlagen wollen reicht. Manchmal ist es ganz gut, mit Problemen konfrontiert zu sein – wir brauchten das, um wieder mehr Biss zu bekommen. Im Nachhinein erkannten wir unseren Fehler im Spiel gegen Leicester. Es war ein Missverständnis. Wir hatten uns von Dingen entmutigen lassen, von denen wir uns nie hätten entmutigen lassen, wenn wir dieses Spiel als Endspiel betrachtet hätten, denke ich. In einem Finale ist man nicht frustriert, wenn etwas nicht klappt, man konzentriert sich auf die nächste Situation, und zwar nur auf diese.

Jürgen und ich besprachen die Lage und beschlossen, weiterhin positiv eingestellt, aber auch ehrlich zu sein. Wir waren unbewusst mit der Überzeugung in dieses Spiel gegangen, dass wir die fittere Mannschaft sind und daher gewinnen müssen, aber so funktioniert das nicht in der Premier League. Und wenn man nach einer Weile merkt, dass der Plan nicht aufgeht, hat der Gegner längst die Oberhand gewonnen. Wenn man nur einen Hammer hat, sieht man in jedem Problem einen Nagel – und wir haben jedes Mal versucht, ein Tor zu erzwingen. Das hat uns überhaupt keinen Spaß gemacht, und wenn man selbst keinen Spaß an der Sache hat, dann ist auch das Spiel nicht sonderlich vergnüglich. „Wir waren verzweifelt statt überzeugt", erklärte Jürgen der Mannschaft. Gegen tief verteidigende Mannschaften muss man den Extrapass in und um den Strafraum spielen, man muss Torschüsse erzwingen, aber keine Pässe. Gegen tief stehende Mannschaften muss man auch mal aus der zweiten Reihe aufs Tor schießen.

Daher führten wir im Training die Regel ein, dass eine zweite Ballberührung erlaubt ist, um aus der Distanz zu schießen.

Wir spielten in Fünfermannschaften auf einem 40 mal 40 Meter großen Spielfeld, immer mit der erwähnten Zusatzregel, um das gewünschte Verhalten zu fördern. Robbo nahm den Ball an und pfefferte ihn in die rechte obere Ecke … Millner schoss auch, der Ball wurde abgefälscht, ging aber trotzdem rein. „Du musst schießen, bevor du ein Tor machst", rief ich die cruyffsche Fußballweisheit über den Platz. Die Übung stimulierte einen zusätzlichen Drang zum Abschluss und unsere Spieler konnten frei kombinieren. Wir hatten drei Tage Zeit, die Jungs wieder dazu zu bringen, an sich zu glauben. Die Saison war noch nicht gelaufen, nur weil man sechs oder gar neun Punkte hinter City lag. Wir hatten noch unser Nachholspiel gegen Chelsea. Ganz gleich, was andere sagten, insbesondere in den Medien, es war erst die Hälfte rum. Wir mussten an der Stamford Bridge so gut spielen, wie wir konnten. Wenn wir gegen Chelsea verlieren sollten, dann nur, weil wir dort auf unsere Art gespielt hatten.

Jetzt, wo sich das Transferfenster wieder öffnete, dachten Jürgen, ich und Vitor ernsthaft darüber nach, Luis Díaz zu verpflichten. Es hatte sich herausgestellt, dass ein Deal bereits im Januar und nicht erst im Sommer 2022 möglich wäre. Und wir hatten gehört, dass wir in einer vorteilhaften Position waren, weil der Junge unbedingt nach Liverpool kommen wollte. Er hatte im letzten Sommer ein Angebot aus der Premier League abgelehnt, weil wir auf seiner Wunschliste standen. Luis war technisch versiert, hatte ein überragendes Spielverständnis und konnte Tore schießen. Vor allem aber verfügte er über Kampfgeist und Siegeswillen. Julian war überzeugt und Jürgen wollte ihn sofort haben.

Doch zunächst zurück zu dringlicheren Angelegenheiten. Jürgen begann die letzte Mannschaftsbesprechung des Jahres 2021 damit, den Jungs zu erklären, dass man sich auch mit einem sehr vorsichtigen, um nicht zu sagen langweiligen

Lebenswandel eine Coronainfektion einfangen kann. Jürgen, ich und etliche andere aus dem Staff lebten wie Mönche, aber niemand ist stärker als das Virus. „Sogar Joel Matip hat Corona bekommen, Jungs. Verbringt den heutigen Abend also bitte mit eurer Familie."

„Wir werden keine zwei Spiele hintereinander verlieren", erklärte ich den Jungs während des Trainings. „Was ich euch damit zu sagen versuche, ist, dass wenn wir verlieren, wird es passieren, weil wir auf unsere Art gespielt haben. Dass auf der Anzeigetafel steht, dass man verloren hat, kann passieren, was aber auf gar keinen Fall passieren darf, ist, dass wir uns selbst verlieren." Das lässt sich folgendermaßen erklären: Beim Fußball gibt es zwei Spiele, das eine spiegelt sich auf der Anzeigetafel wider, das andere ist das Spiel, das du spielst, dein Weg, deine Identität. Das erste Spiel kann man verlieren, das zweite niemals. Es ist die Identität, die zählt. Das ist etwas, das jeder Trainer auf die harte Tour lernt. Nach Trainingsende habe ich mir alles noch einmal mit unseren Analysten angesehen. Wir hatten mit unserem Gegenpressingrondo begonnen. Die Leute unterschätzen den Druck von außen, dem unsere Spieler ausgesetzt sind. Wir dürfen vor diesem Hintergrund nicht noch mehr Druck ausüben, sondern müssen versuchen, ihnen diesen Druck zu nehmen. Und wie stellen wir das an? Indem wir zu den Grundlagen zurückkehren: Ballbesitz und Gegenpressing. Es gibt keine bessere Übung, um den Impuls zu stärken, den Ball zurückzuerobern und die Dinge zu tun, in denen wir gut sind. Fokussieren und den Angriff einleiten. Sowohl die Defensivarbeit betonen als auch zu schnellem Spiel ermuntern, einfache, leichte Entscheidungen.

Chelseas Gegenpressing war exzellent, daher brauchten wir Spieler, die Risiken eingingen, die keine Angst hatten, Fehler zu machen, um diesem Gegenpressing etwas entgegenzusetzen.

Dann könnten wir Mo, Sadio und Jota mit viel Raum in die Zweikämpfe bekommen. Gegen Chelsea mussten wir spielen – und zwar richtig –, immer den Ball rollen lassen, schnelle Pässe spielen, bei denen wir uns in gut organisierten Dreiecken gegenseitig unterstützten. Sie würden sich dann in Richtung Manndeckung orientieren, wodurch sich für uns Räume öffneten und Spieler frei wurden, was wir ausnutzen mussten. „Räume nutzen" hieß auch der letzte Teil der Trainingseinheit, eine Abschlussübung, bei der Mo, Sadio und Jota Räume finden, öffnen und nutzen mussten. Mit der Zeit bekamen sie ein besseres Gefühl fürs richtige Timing und optimierten ihr Zusammenspiel. Sie brachten auch ihre eigenen kreativen Ideen in die Übung mit ein und verbesserten sie, sodass ich letztlich nur sagen konnte: gut gemacht, Jungs.

Aber in dieser Nacht platzte die Bombe. Es war Silvesterabend und mein Telefon meldete den Eingang einer Nachricht. Sie war von Vitor, aber ich sah sie mir nicht genauer an, weil Danielle und ich mit Freunden zusammensaßen und wir uns gerade angeregt unterhielten. Unmittelbar darauf kommt jedoch eine weitere Nachricht rein. Ich schaue in WhatsApp nach, um zu sehen, was los ist: „Positiv … Jürgen". Hunderte Gedanken rasen mir gleichzeitig durch den Kopf, aber dann ruft der Chef selbst an und sagt mir, dass es ihm gut geht. Wir hatten schon früher am Abend Textnachrichten ausgetauscht, aber jetzt konnte ich mich auf nichts anderes mehr konzentrieren. Ich ließ mein Bier stehen und fuhr sofort nach Hause.

Als ich am nächsten Morgen aufwachte, erwarteten mich weitere Nachrichten. Noch mehr Coronafälle. Diesmal waren es John und Jack. Das hieß, vom Trainerstab fielen inzwischen Jürgen, Andreas, John, Jack und Taffa aus. Darüber hinaus waren Bobby und Ali positiv getestet worden, ebenso Joel. Das Timing hätte nicht schlechter sein können, wir mussten uns schnell etwas überlegen. Ich sorgte dafür, dass Mark Morris von der U23 zu uns kam, um mit den Torhütern zu arbeiten. Er hatte früher schon mit Caoimhín gearbeitet, sodass es die Abläufe nicht stark stören würde, aber es war dennoch alles andere als optimal, dass unser Ersatzkeeper vor einem solchen Spiel auf die Unterstützung unserer Haupttorwarttrainer verzichten musste. Der Trainerstab dezimierte sich zusehends, aber der Ausfall unseres Cheftrainers am Tag vor dem Auswärtsspiel bei Chelsea war ein schwerer Schlag. „Die Letzten, die noch stehen, sind die Überlebenden", scherzten Pete, Vitor und ich vor unserem Meeting. Unser Büro wirkte leer und einsam, aber unser Zusammengehörigkeitsgefühl hätte nicht größer sein können.

Vertraue auf deinen Instinkt, das Training muss intensiv sein, bereite dich gut vor – diese drei Dinge gingen mir durch den Kopf. Den Spielern sollte gar keine Zeit bleiben, das Gefühl aufkommen zu lassen, dass irgendetwas anders sei. Vitor, Pete und ich bereiteten das Mannschaftstreffen vor. Wir sprachen ein paar wichtige Punkte an, und die Videos, die Pete ausgewählt hatte, veranschaulichten diese Aspekte. Ich ging davon aus, dass Chelsea richtig Druck machen würde, nicht wie beim letzten Spiel gegen uns, wo sie nachließen. „Macht ein Finale daraus!", waren die Worte, mit denen ich die Besprechung eröffnete. „Hebelt ihr Gegenpressing aus. Spielt schnell! Wir haben nichts zu verlieren! Ich liebe unsere Mannschaft."

Als wir in den Flieger Richtung London stiegen, erreichte unsere Mannschafts-WhatsApp-Gruppe eine Nachricht von Jürgen.

> Schönen Nachmittag
> Wie ihr gehört und gemerkt haben werdet, bin ich positiv getestet
> Ich fühle mich gut
> Leichte Grippesymptome

Sonst nichts
Daher …
Nutzt Pep als die Energiequelle, die er ist, und haut rein
Wie er es bei der Besprechung sagte
Lasst uns ein Finale daraus machen
Spielen wir unseren Fußball
Habt Spaß
Ich werde es vor dem Fernseher verfolgen
Frohes neues Jahr
Boss

Er ist unser Boss. Ein Konzert ohne den Dirigenten geben zu müssen, ist keine angenehme Vorstellung, aber es gibt einen Unterschied zwischen einem guten und einem erstklassigen Trainer. Die erstklassigen Trainer bereiten ihre Mannschaft auf solche Momente vor, Momente, in denen sie selbstständig handeln muss. Wir wussten, dass es an der Stamford Bridge nicht leicht werden würde, aber wenn alle alles geben würden, hätten wir eine Chance, all unsere Schwierigkeiten zu meistern.

Am Morgen vor dem Spiel leitete ich die Abschlussbesprechung im Mannschaftshotel. Dabei ging es um Vertrauen. „Vertraut euch selbst, Jungs, vertraut einander. Schaut euch an, wer neben euch sitzt, und schon wisst ihr, wie viel Qualität wir haben, wie stark wir sind. Vergesst alles, was euch in den letzten Tagen durch den Kopf gegangen ist – ignoriert es. Nur dank euch können wir das hier schaffen. Vertraut unserer Art, Fußball zu spielen – wir haben einen klaren Plan. Der Plan lautet, Erinnerungen zu schaffen. Der Plan lautet, dieses Spiel zu einem Endspiel zu machen, zu einem besonderen Spiel zusammen mit unseren Fans. Ein Endspiel gewinnt man, indem man kleine Siege erzielt. Überspielt ihr Gegenpressing, holt euch die zweiten Bälle, schießt aus der Distanz, schafft Standardsituationen, gewinnt die Zweikämpfe."

Wir waren bereit. Ich war bereit. Finale Nummer 20 endete mit einem 2:2 beim amtierenden Champions-League-Sieger und ohne unseren Cheftrainer. Ich würde also sagen, der Punkt ging ganz klar an uns. Die Intensität und der Rhythmus, die wir bei diesem Spiel an den Tag legten, zeugten von einer völlig neuen Dimension des Fußballs. Chelsea versuchte, alle Kräfte zu mobilisieren, um uns in Schach zu halten. Wenn man sich all die Mannschaften ansieht, gegen die wir spielen, all die Systeme, gegen die wir spielen, alle Stile, gegen die wir spielen, dann beschleicht einen das Gefühl, dass Chelsea immer das Team ist, das unsere Schwachstellen findet oder, besser gesagt, die offenen Räume, die wir zulassen, wenn wir nicht schnell genug gegen den Ball sind. Chelsea ist ein wirklich schwieriger Gegner für uns, das steht fest. Wenn man Räume zwischen den Linien lässt, wissen sie sie zu nutzen. Wenn man Räume rund um ihren Sechser lässt, wissen sie sie zu nutzen.

Aber die Anzahl der Bälle, die wir ihnen mit unserem Mittelfeldpressing abluchsten, während wir sie über den ganzen Platz jagten, war nahezu perfekt. Wir zwangen Chelsea dazu, viele Fehler zu machen. Sadio und Mo erzielten zwei unglaubliche Tore, von der Art, wie nur sie es können. Das eine war unserem Pressing zu verdanken, bei dem anderen haben wir wirklich gut gespielt, vor allem Fabinho und Jota auf unserer rechten Seite. Kurz vor der Halbzeitpause gelang Kovačić jedoch eine grandiose Granate nach einer nicht minder großartigen Parade von Kelleher, in deren Folge wir an der Strafraumgrenze nicht gut standen. In der Phase davor hatten wir das Spiel völlig unter Kontrolle gehabt. Kelleher hat ein hervorragendes Spiel gemacht, wir waren alle sehr stolz auf ihn. Ein paar Minuten nach dem Treffer von Kovačić erzielte Chelsea das 2:2, weil wir die Lücken in unserer Abwehrkette nicht konsequent genug geschlossen hatten.

Zur Halbzeitpause rannte ich rein zu Pete, der dort mit unserem Analysten wartete. Ich sah mir die Spielausschnitte an und telefonierte gleichzeitig mit Jürgen. Es war seltsam, denn die Rollen waren völlig anders verteilt als üblich. Jürgen teilte mir seine Einschätzungen mit und gab mir wirklich wichtiges Feedback. Ich eilte in die Kabine und sagte den Jungs: „Wir setzen hier und jetzt einen dicken Strich unter die erste Halbzeit. Es ist mir egal, ob es 0:0 steht oder 2:2, das kommt aufs Gleiche raus. Wir wissen, dass wir besser spielen können, das spüren wir, aber was wir auf jeden Fall besser machen müssen, ist, ihre zwei Sechser zu verteidigen. Also lasst uns da rausgehen und die zweite Halbzeit in Angriff nehmen."

Nach dem Wiederanpfiff hatten wir drei großartige Chancen, die Mendy zu drei Weltklasseparaden zwangen. Der Höhepunkt war ein langer Pass von Fab über alle hinweg auf Jota, der den Ball volley ins lange Eck drosch. Ich glaube, ich wäre direkt in den Gästeblock gestürmt, wenn wir das 3:2 erzielt hätten. Wir hätten zweifellos besser spielen können, aber ich war ungemein stolz darauf, dass wir wirklich alles gegeben hatten.

Woche 24

Planung unmöglich

Eine neue Woche brach an und Corona stellte uns vor immer neue Herausforderungen. Uns alle. Dieses Virus hat absolut kein Mitleid mit dieser Welt. Ich bete für alle, die Verwandte und Freunde durch Corona verloren haben. Ich glaube nicht, dass wir uns irgendwie auf dieses Virus hätten vorbereiten können, aber es hat hoffentlich dazu beigetragen, dass unser Gesundheitswesen bei zukünftigen Krisen besser gewappnet ist. Auf jeden

Fall tragen wir jetzt neuen seelischen Ballast mit uns herum, wir haben aber auch gelernt, dass es in Krisenzeiten wichtig ist, erst zu handeln, um Schaden abzuwehren, und sich danach um das Rechthaben zu kümmern. Außerdem hat uns das Virus gezeigt, dass das Leben Teamgeist erfordert, wie beim Mannschaftssport.

Einen Tag nach dem Spiel gegen Chelsea war auch Trent positiv getestet worden. Das bedeutete, dass wir vorerst auf einige wirklich kreative Pässe aus der Tiefe würden verzichten müssen. Trent hatte zu diesem Zeitpunkt der Saison bereits mehr Tore geschossen und Vorlagen geliefert als in der gesamten vorangegangenen. Dass sowohl Mo als auch Trent nicht zur Verfügung standen, war ein herber Schlag für uns; ich wusste nicht, ob die Kopfschmerzen, unter denen ich litt, darauf zurückzuführen waren oder darauf, dass ich mich selbst mit Corona infiziert hatte. Zumindest glaubte ich das. Mein Sohn hatte Fieber und ein Schnelltest bei ihm war positiv ausgefallen. Er konnte sich nur bei mir angesteckt haben, denn meine Familie war während der Ferien nirgendwo gewesen. Ich wartete auf die Ergebnisse der PCR-Tests, ich wollte wissen, ob auch der Rest der Familie infiziert war.

Da immer mehr wegen Corona ausfielen, beschlossen wir, das Training abzusagen, bei allen noch einmal PCR-Tests durchzuführen und das Gesundheitsamt zu informieren. Zusammen mit unserem Anwalt, dem Sportdirektor und dem Geschäftsführer bereiteten wir einen Antrag auf die Verschiebung des Halbfinalhinspiels gegen Arsenal im EFL Cup vor, da wir uns nicht in der Lage sahen, die Partie sicher durchführen zu können. Ich schlug Jürgen per Textnachricht vor, das Training abzusagen. Wer mich und den restlichen Trainerstab kennt, weiß, wie wichtig uns die Trainingseinheiten sind und dass wir eine solche Entscheidung nie leichtfertig getroffen hätten. Es zeigt deutlich, wie besorgt wir waren.

Am späten Abend des 3. Januar erhielt ich das Ergebnis meines PCR-Testes. Der Arzt rief mich persönlich an. Es war tatsächlich nicht der bevorstehende Verzicht auf Mo und Trent, der mir Kopfschmerzen bereitet hatte. Nein, auch mich hatte das Virus erwischt. Unser Pressesprecher kontaktierte mich, um eine Erklärung vorzubereiten, mit der wir am nächsten Morgen um 9:30 Uhr meine Pressekonferenz zum Spiel gegen Arsenal absagen konnten. Unser Trainingszentrum wurde für 48 Stunden geschlossen und die EFL erteilte die Genehmigung, das Hinspiel gegen Arsenal zu verschieben.

Da unser Heimspiel gegen Shrewsbury bevorstand, aktivierten wir 23 unserer U18- und U23-Spieler für das Training am Samstagmorgen. Roberto und Joel waren aus der Quarantäne entlassen worden und konnten ebenfalls an der Einheit teilnehmen, bei der Vitor diesmal das Zepter führte. Pete leitete derweil die Pressekonferenz. Wir bereiteten uns so gut wie möglich auf das anstehende Spiel vor und machten uns keine Gedanken über Dinge, die wir nicht beeinflussen konnten.

Es war schon extrem seltsam, am Spieltag zu Hause zu sitzen. Während ich um zehn Uhr früh am Küchentisch saß und einen traditionellen britischen Frühstückstee aus meiner *Ted-Lasso-Believe*-Tasse schlürfte, erhielt ich einen Anruf von Jürgen. „Die Mannschaftsbesprechung im AXA mit den übrig gebliebenen Jungs ist gut gelaufen. Ich mach mich jetzt auf den Weg zum Titanic.“ Er war also wieder am Start. Wir scherzten ein bisschen rum, und kurz bevor wir auflegten, sagte ich noch, dass ich ihn zur Halbzeitpause anrufen würde! Ich freute mich so sehr für ihn und die Jungs, die beim Training dabei gewesen waren. Nach der letzten Woche hatten sie ein wenig Klarheit und Führung bitter nötig.

Ich schaute mir das Spiel von zu Hause aus an. Es ging um die Seele des Fußballs, den FA Cup, im Fußballtempel Anfield.

Es war die dritte Pokalrunde und Max Woltman stand in der Startelf. Träume können tatsächlich wahr werden. Als ich von Porto nach Liverpool kam, spielte er noch in der U12 und Alex und ich trainierten immer dienstags und mittwochs mit ihm im Rahmen des Programmes für Externe. Für einen Verein kann es keine besseren Lorbeeren geben. Wir möchten Spieler heranziehen, die mit der A-Mannschaft Titel gewinnen können. Nicht einfach nur junge Talente, sondern junge Sieger. Max hatte seit seiner Coronainfektion erst ein einziges Mal trainiert, dennoch kam er jetzt zu seinem ersten Startelfeinsatz. Das Leistungszentrum konnte stolz sein. An diesem Tag standen insgesamt sechs Absolventen in der Startelf. Das hieß, dass wir gar nicht verlieren konnten, weil wir den Nachwuchsspielern eine Chance gaben, und das ist richtig so.

Unser erstes Tor wurde von Conor vorbereitet und von Kaide erzielt. Zusammen waren die beiden nicht einmal so alt wie James Milner (36). Unglaublich!

Ich zählte vor dem Fernseher mit, wie oft wir den Ball verloren, ihn aber direkt wieder zurückeroberten, und wie oft wir direkt angriffen. Allerdings wurden wir in diesen Momenten langsamer statt schneller. Dennoch zogen wir mit einem 4:1-Sieg in die nächste Runde ein. Bobby machte sein typisches Bobby-Ding, Kostas flankte in Kostas-Manier, Fabinho verwandelte in Abwesenheit von Mo und Milner unseren Elfmeter und traf später gleich noch mal. Jürgen rief mich nach dem Spiel an. „Das war ein guter Tag", sagte ich. „Den guten Tag haben wir erst dann wieder, wenn dein Test negativ ist", entgegnete er. Abwarten …

„DIE ART, WIE MAN
SEINE SPIELER TRAINIERT,
WIRD ZU IHRER
INNEREN STIMME,
SIE WIRD IHR GPS."

Woche 25
Organisiertes Chaos

Zu Beginn dieser Woche fragte ich mich, warum mich dieses Virus so krank machte, trotz der Auffrischungsimpfung und trotz meines Alters. Vielleicht lag es daran, dass sich mein Körper zu oft im Stressmodus befand. Ich weiß es nicht, auf jeden Fall war ich vier Tage lang ein Häuflein Elend. Die Kopfschmerzen waren unerträglich, und ich bin so dankbar dafür, dass es eine Impfung gibt, denn dieses Virus zeigt wirklich vielen Menschen den Stinkefinger. Jürgen rief mich an, während ich meine tägliche Quarantäneroutine absolvierte; meine Familie und ich waren inzwischen seit neun Tagen in Isolation. Ich drehte meine Runden, lief eine Stunde lang unsere Auffahrt auf und ab, während ich mit ihm telefonierte. Wir besprachen die Aufstellung und das Trainingskonzept für die Vorbereitung auf das Spiel gegen Arsenal. Wir beschlossen, mit unserer stärksten Mannschaft aufzulaufen. Ich bemerkte, wie mich die Handwerker, die bei meinem Nachbarn zugange waren, beobachteten und lachten – ich vermute, sie wussten jetzt wohl, wer gegen Arsenal auf dem Platz stehen würde! Die AirPods vermitteln einem das trügerische Gefühl, dass niemand um einen herum ist.

Ich schickte Vitor Videos, damit er genau verstand, welche Ideen hinter dem Trainingsplan steckten. Bei der Dienstagseinheit sollte es um organisiertes Chaos und den Abschluss unserer Angriffe gehen. Ich erklärte ihm, dass es das Wichtigste sei, eine Atmosphäre zu schaffen, in der viel gejagt wird, und sicherzustellen, dass den Spielern viele Abschlüsse gelangen, indem sie Räume öffneten und diese nutzten. Wir führten die Regel ein, dass sich mindestens ein Spieler hinter der letzten Kette anbieten soll. Dadurch würden sich Räume öffnen, die wir nutzen mussten. Als Nächstes musste es darum gehen, Pässe durch die entstandenen Lücken zu spielen, denn wenn wir das nicht täten, würden wir aufhören zu laufen, und dann wären wir verloren. Das hatten wir in unserem letzten Spiel gegen Shrewsbury gesehen. Also konnten und mussten wir uns in diesem Punkt verbessern, etwa indem wir für unsere technisch versierten Spieler oben auf dem Platz Zweikampfsituationen schufen. Die erwähnte Übung ist perfekt, um diese Art von Eins-zu-eins-Situation zu simulieren. Ein gewonnener Zweikampf steht fast immer am Anfang eines Tores. Es ist ein spontaner, kreativer Moment, in dem man etwas tun kann, womit der Gegner nicht rechnet. Das ist immer wichtig, aber besonders gegen jemanden wie Mikel Arteta, der eine sehr klare Taktik verfolgt. Wir dachten, dass sie alles, was nur ein wenig anders läuft als üblich, aus dem Gleichgewicht bringen könnte. Bewegung in die Zweikämpfe zu bringen macht die Dinge so viel einfacher, daher ist es wichtig, dass die Spieler nahe beieinanderstehen und sich entscheiden können, ob sie dribbeln oder kombinieren wollen. Genau diese Art zu spielen wollen wir fördern, denn es ist immer einfacher, einen Schuss aufs Tor abzugeben, wenn man um sich herum viel Bewegung hat. Mit offenen Augen abschließen und dabei selbstbewusst und mit Schmackes in die Ecken schießen.

Bei der Übung, die ich entwickelt hatte, sollten sich die Spieler keine Gedanken über ihre Defensivposition machen. Man kann seine Offensivposition verlassen, um den Strafraum zu verstärken oder Leben ins Gegenpressing zu bringen. Mithilfe der Videos sowie Stift und Papier erklärte ich Vitor die Abschlussdynamik der vier Spieler, die am höchsten und zentralsten auf dem Platz stehen. Wir nennen diese Übung „Organisiertes Chaos“, weil unsere Spieler schnell auf die Verteidigung reagieren müssen und bei Ballverlusten für Verwirrung sorgen sollen. Würde man Jürgens Fußballkonzept in einen Satz packen wollen, dann wäre es wohl dieser. Sie müssen schneller reagieren als die vier Gegenspieler, versuchen, in Gedanken immer einen Schritt voraus zu sein, und ins Gegenpressing kommen. Das mutet sehr chaotisch an, aber es ist kontrolliert, weil wir es jeden Tag trainieren. Die Art, wie man seine Spieler trainiert, wird zu ihrer inneren Stimme, sie wird ihr GPS, das ist es, was mir an der Spielerausbildung so gut gefällt. Die beiden Ideen hinter unserem Chaos-Konzept sind: Zum einen bremsen wir Arsenals Konter aus (etwas, das sie perfekt beherrschen), zum anderen schaffen wir die Möglichkeit, selbst noch einmal anzugreifen, diesmal allerdings mit einem psychischen Vorteil, weil der Gegner nur drei, vier Sekunden vorher den Ball verloren hat. Für sie gibt es nichts Schlimmeres, als wenn wir den Ball sofort zurückerobern. Hierauf mussten wir uns konzentrieren, hier wurden wir im Training zu uns, genau darauf liegt der Fokus in unserem Training, dass wir ganz wir werden. Vitor rief mich nach der Einheit an und sagte, er habe sich jetzt vier freie Tage verdient. Der Analytiker schickte mir später das Video vom Training, damit ich es mir zu Hause ansehen konnte – alles lief nach Plan. Bestätigt wurde das an diesem Abend auch noch mal durch eine Textnachricht von Jürgen, die schlicht lautete: „Top Session."

Es fühlte sich großartig an, einen Tag vor dem Spiel gegen Arsenal wieder ins Trainingszentrum fahren zu dürfen. Ich konnte es nicht erwarten, mich an die Arbeit zu machen und die Vorbereitungen für das Match zu begleiten. Es läuft immer wieder auf dasselbe hinaus: unseren Prozess. Wie wollen wir angreifen und wie wollen wir verteidigen, um mit maximaler Kraft ins Gegenpressing gehen zu können? Mit Gegenpressing löst man keine Probleme, man vermeidet sie – und man vermeidet mit Sicherheit eine Menge Lauferei! Wenn man Spieler überzeugen will, ist dieser Punkt immer hilfreich: Viel zu laufen vermeidet lästige Lauferei. Wir halten die Jungs dazu an, eine „Laufgruppe“ zu bilden. Spekuliert nicht, handelt. Zögert nicht, handelt. Hofft nicht, handelt. Deshalb müssen wir uns vor jedem Spiel die entscheidende Frage stellen: Wir groß ist unsere Gier, gewinnen zu wollen?

Im Januar war es bei uns bisher nicht so gut gelaufen, jetzt aber standen uns ein Hin- und ein Rückspiel in einem Halbfinale bevor, die uns ein Ticket nach Wembley sichern konnten. Da wir auf Mo und Sadio verzichten mussten, lautete unser Credo in diesen Tagen: Wir brauchen jeden in Bestform. Wir hatten die Chance, einen großen Schritt nach vorne zu machen, daher ging es jetzt für alle darum, Tore zu schießen, egal wie. Unspektakuläre Tore, Tore nach Standardsituationen und so weiter. Lasst uns allen zeigen, wie belastbar wir sind, auch ohne zwei unserer Stars. Jürgen drückte es während der Analysebesprechung so aus: „Jeder ist eingeladen, sich in die Torschützenliste einzutragen.“ Uns war klar, dass wir echte Siegermentalität an den Tag legen mussten – etwas, das in diesem schönen Sport von zentraler Bedeutung ist. Dieser Wille zu gewinnen, der Wille, Angriffe bis zum Ende durchzuziehen. Es gefällt mir, viel über Abschlüsse zu reden und unser Verhalten im letzten Spielfelddrittel zu trainieren, denn das verschafft uns die richtige Einstellung vor einem Match. Bei allem, was wir tun, haben wir immer das Tor vor Augen.

Tatsächlich beschlossen Jürgen und ich nach einer Diskussion auf dem Platz, das Taktiktraining zu beenden. Unser Spielaufbau von hinten heraus sollte provozieren, Arsenal aus dem Gleichgewicht bringen, Räume öffnen und Räume, die sie offen ließen, finden: „So nicht“, sagten wir ihnen. Trent stand tief, Milner stand tief, Robbo ebenfalls, Taki und Jota standen auseinandergezogen, Hendo hoch und allesamt weit voneinander entfernt. Wir brachten einen Ball rein und sie mussten sich schnell auf unser offensives 4-4-2 einstellen, mit vier Spielern im Aufbau, vier zwischen den Reihen und je einem freien auf jeder Seite. Das war ein neuer, offensiv spielender FC Liverpool. Wir standen immer dicht beieinander, waren flexibel und konnten perfekt durch die Spielfeldmitte angreifen. Während dieses Trainings machten wir deutlich, was wir für den Rest des Januars von der Mannschaft sehen wollten. Virgil und Joel sollten die Reihen durchbrechen, zuerst das Zentrum suchen und dann ein bisschen mit dem Ball spielen, um sie zu locken. Kontinuität bedeutete für uns jetzt harte Verteidigung und das Schaffen klarer Offensivwege. „Unsere größte Überraschung gegen Arsenal sollte unsere Intensität sein", sagte Jürgen den Jungs.

Alles war vorbereitet, wir würden mit unserem Dreiergespann im Mittelfeld gnadenlos Chancen kreieren, es war das gleiche Mittelfeld wie im Spiel gegen Chelsea, das gleiche Mittelfeld wie in der Partie gegen Barcelona, einem unserer bisher schönsten Spiele. Es würde keine schmutzigen, sondern faire Kämpfe um den Ball geben, womit wir unser sportliches Aggressionspotenzial auf ein neues Niveau bringen würden. In dem Augenblick, in dem man sich gegenüber Arsenal passiv verhält, wird man bestraft. Genauso läuft es mit Chelsea und Man City. Daher lautete unser Credo: Wir müssen sie überall und von überall her unter Druck setzen, hoch und so energisch und unberechenbar wie möglich. Kein A-B-C-Pressing, sondern eines, das auf dem Prinzip aufbaut, dass sich unsere drei Stürmer gegen fünf oder gar sechs von ihnen durchsetzen müssen – und im Training sah das richtig gut aus. Wir arbeiten bei jedem Abschlusstraining vor einem Spiel daran. Als Team sind wir so organisiert, dass wir kämpfen können, zugleich haben wir unser Stellungsspiel in den letzten Jahren immens verbessert. Dadurch ist unsere Verteidigung effizienter und intensiver geworden. Um mithalten zu können, brauchten wir genau das: Verbesserung, keine Perfektion, wir mussten heute immer nur ein bisschen besser sein als gestern.

Jürgen eröffnete die letzte Mannschaftsbesprechung mit einer Frage an die Jungs: „Welches war das letzte Halbfinale, zu dem wir in Anfield angetreten sind?" „Richtig, Barça", beantwortete er sie gleich selbst. „Wenn wir von diesem Spiel nichts fürs Leben lernen können, von welchem dann? Im Hinblick auf das Fehlen wichtiger Schlüsselspieler war die Situation an jenem Abend mit der heute vergleichbar. Dass Bobby und Mo damals fehlten, hatte sich angefühlt, als hätten sie uns ein Bein ausgerissen, aber als wir die Besprechung hatten, zweifelte niemand mehr und Divock machte seine Sache hervorragend. Heute Abend können wir das Halbfinale noch nicht gewinnen, aber wir können einen wichtigen Schritt in die richtige Richtung tun. Wir entscheiden, ob das Pressing bei Arsenal funktioniert. Wir können das, wir haben diese Qualität. Ob es klappt, hängt einzig und allein von uns ab, nur von uns. Wir müssen fest überzeugt sein, um konsequent zu spielen, und das geht nur, wenn wir defensiv stabil stehen. Unser Fußball ist nach vorne hin ausgerichtet, es geht darum, auch in der Defensive angriffslustig zu sein. Wenn wir zeigen, wer wir sind, zeigen wir es der Welt. Ich kann das Gebrüll schon hören, wenn du nach vorne stürmst, Robbo. Und ich kann das Gebrüll schon hören, wenn du dich zurückfallen lässt, Hendo. Wir zählen zu den wenigen Mannschaften, die alle erforderlichen Mittel haben, um in allen Wettbewerben, an denen wir teilnehmen, zu bestehen."

Das Spiel selbst war etwas skurril. Es endete 0:0 gegen eine zehnköpfige Arsenal-Mannschaft und wir waren erstmals ohne Mo, Sadio und Naby aufgelaufen. Ein Spiel hat immer zwei Hälften, aber bei diesem war die Zäsur der Platzverweis von Granit Xhaka, nicht die Halbzeitpause. Ich fand die letzten 15 Minuten dieser Begegnung am besten. Wir brachten Curtis auf dem linken und Neco auf dem rechten Flügel. Es war klar, dass wir mit ihnen in die Zweikämpfe gehen wollten und ihnen sowohl Robbo als auch Ox als Anspielpartner zur Verfügung standen. In dieser Konstellation gelangen uns großartige Szenen und wir hätten das Spiel durchaus gewinnen können. Am besten fand ich aber, dass wir schnell reagiert und die Mannschaft gut umgestellt haben. Nämlich auf unser neues 4-4-2 mit Offensivspielern auf den Außenbahnen, auf das wir uns schon seit Monaten vorbereitet hatten. Ich war immer überzeugt gewesen, dass wir das in Zukunft nutzen konnten, aber jetzt war ich mir sicher, dass wir damit Endspiele gewinnen konnten. Natürlich hätten wir das Spiel gerne für uns entschieden, aber so konnten uns jetzt eine Woche lang alle unterschätzen, uns abschreiben. Und dann würden wir zu ihnen kommen und ein furioses Finale abliefern. Ich konnte es gar nicht erwarten. Zuerst mussten wir uns aber noch mit Brentford auseinandersetzen, doch was mir am besten gefiel, war, dass wir immer über Finale im Januar gesprochen hatten – und jetzt bereiteten wir uns darauf vor. Finalspiele sind das, was unsere Mannschaft braucht.

Freitags ging es wieder ins AXA zur Vorbereitung auf Brentford. Seit unserer letzten Begegnung mit ihnen war die Saison für sie durchwachsen verlaufen. Sie hatten mit einigen Verletzungen zu kämpfen und befanden sich offensichtlich in einer schwierigen Phase. Sie spielten gut, aber gegen Man City und gegen uns setzten sie vor allem auf lange Bälle. Sie waren weder die erste Mannschaft noch werden sie die letzte sein, die ihre Spielweise gegen uns komplett ändert. Es ist leichter, in den Zerstörungsmodus zu gehen, als auf Kreativität zu setzen. Carlos Carvalhal hat einmal erklärt, dass auch ein Ferrari bei hohem Verkehrsaufkommen nicht schnell sein kann. Einer von vier Pässen, den Brentford gegen uns oder gegen City gespielt hatte, war ein langer Ball gewesen. Von Vorteil für uns war, dass wir wussten, wie sie gegen uns spielen wollten, und dass es immer dann, wenn die Entscheidung bei ihnen lag, ein Spiel über den zweiten Ball werden würde. Burnley hatten einen ganz ähnlichen Stil mit dem einzigen Unterschied, dass sie mit einer Fünferkette spielten. Insgesamt war Brentfords Spiel gut strukturiert, sie waren daher kein leichter Gegner, das hatten wir in unserer ersten Partie gegen sie auch zu spüren bekommen. Pässe auf die Außen spielen, um auf den zweiten Pfosten zu flanken, den zweiten Ball gewinnen, um hinter unsere letzte Kette zu kommen, Standardsituationen, all das konnten sie. Sie hatten keinen Plan B, das war ihr Plan gegen uns. Um uns gegen sie durchzusetzen, mussten wir diesen Plan, so oft es ging, durchkreuzen. Die Herausforderung würde darin bestehen, schnell vom Kämpferischen aufs Spielerische umzuschalten, sobald wir den zweiten Ball gewannen oder, besser noch, sobald sich der Ball in der Luft befand. Wir bräuchten unser Können, unseren Orientierungssinn und unsere Gelassenheit, um gute Pässe zu spielen. „Diese Augenblicke sollten sich gut anfühlen, weil sie gut gemacht sind“, sagte Jürgen bei der Mannschaftsbesprechung. Es war der richtige Weg, sie ihre Stärken nicht ausspielen zu lassen, weil sie im Kampf um den zweiten Ball nachweislich besser waren als wir.

Eine ihrer Schwächen war ihre flache Fünferkette, die wir mit gutem Timing leicht durchbrechen konnten, klar war aber auch, dass wir aggressiv in die Bewegung gehen mussten, um das Spiel von rechts nach links zu verlagern. Aufgrund unserer Analyse beschlossen wir zudem, bei Standardsituationen sechs statt vier Spieler in ihren Strafraum zu ziehen. Wenn wir während unserer Taktikanalyse Bilder zeigen, geht es nicht darum, uns die Fehler anzusehen, die wir machen. Es geht darum, uns die Möglichkeiten aufzuzeigen, die wir in diesen Situationen haben – es ist nicht einfach, diese zu erkennen, wenn wir am Spielfeldrand auf und ab laufen. „Man braucht 20 Füße und 2 Handschuhe, um ein Tor zu vermeiden“, habe ich einmal bei einer Pressekonferenz gesagt. Es ist wichtig, dass unsere Spieler das begreifen. Beim Verteidigen geht es erstens darum, mit einer perfekten Deckung anzugreifen, zweitens, den Gegner unter Druck zu setzen, drittens, das Vorrücken des Gegners zu verhindern, und dann, erst viertens, geht es darum, Bälle zu klären, Zweikämpfe zu gewinnen und so weiter. Wir zeigen immer auf, welche Möglichkeiten die gesamte Mannschaft besitzt, um Reaktionen und Situationen vorzubeugen, bei beziehungsweise in denen die Chance, Fehler zu begehen, besonders groß ist. In unserer aktuellen Lage war es allerdings auch wichtig, genau abzuwägen, wie viele Informationen wir weitergaben, da die Taktikanalyse nur 42 Stunden nach unserem Spiel gegen Arsenal stattfand und wir gleich am nächsten Tag wieder auf den Platz mussten und wussten, dass sich die Jungs vom letzten Spiel noch nicht ganz erholt hatten. Wir muteten ihnen daher nicht zu viel zu, weil das ihre Erschöpfung nur verstärkt und ihre Spontaneität beeinflusst hätte, denn sie waren nicht nur körperlich, sondern auch geistig ziemlich ausgepowert. Wir beschlossen, ihnen unser Konzept in einem Elf-gegen-elf zu verdeutlichen. Beim anstehenden Spiel benötigten wir ihre volle Konzentration und geistige Wachheit, um Brentford nicht ins Spiel kommen zu lassen.

Nach Jürgens letzter Ansprache an die Jungs am Spieltag dachte ich, ich bräuchte einen Kamillentee. Wir hatten uns vorgenommen, reinzugehen und etwas für die Laune der Mannschaft zu tun, und genau das taten wir. „Diese Aufstellung wird ein wahres Donnerwetter für Brentford sein“, begann Jürgen. „20 Spiele absolviert, 42 Punkte geholt, noch 18 Spiele vor der Brust. Unser Ziel war es, aus dieser Saison alles rauszuholen, in allen Wettbewerben. Könnt ihr euch vorstellen, dass wir unseren

Enkelkindern in 30 Jahren erzählen, dass wir 18 Spiele in Folge gewinnen mussten, um Meister zu werden? Das ist keinesfalls unmöglich. Wir brauchen mehr Optimismus in diesem Raum. Es wird in diesem Spiel schwierige Situationen geben, wie in jedem Premier-League-Spiel, aber wir müssen sie als Hürde betrachten. Und das Einzige, was wir tun müssen, ist, sie zu überwinden. Für mich ist es noch nicht vorbei. Die anderen da draußen erwarten in diesem Moment nichts. Was wir brauchen, ist eine energiestrotzende Performance. Chancen wahrnehmen, spielen und auf niemanden warten. Wenn wir so rangehen, werden sie Pausen brauchen. Es gibt so viele Mannschaften auf der ganzen Welt, die uns für das, was wir getan haben, und dafür, wie lange wir es getan haben, als Vorbild betrachten. Lasst uns für sie ein neues Kapitel schreiben."

Finale Nummer 21 in Anfield endete mit einem 3:0. Es war eine schwierige Partie gegen ein Team aus Brentford, das beständig versuchte, sich ins Spiel zu kämpfen. Doch wir setzten unsere Strategie hervorragend um und konnten ihren Plan vereiteln, wir kamen nicht nur mit ihrem Aufbau bei den zweiten Bällen besser zurecht, sondern auch mit den vielen aggressiven Läufen auf den Außenbahnen. Trent und Robbo waren ständig ins Spielgeschehen involviert, leiteten unsere Angriffe ein, schalteten schnell um und bekamen die Bälle hinter ihre Fünferkette, was dazu führte, dass Ox nach einer Flanke von Robbo den zweiten Treffer erzielte. Wir nutzten ihre Schwächen aus, was in der Statistik so aussah: 68 Prozent Ballbesitz, 27 abgegebene Schüsse, 13 davon aufs Tor. Fabinho erzielte sein drittes Tor in den letzten drei Spielen nach unserer ersten Ecke, mit der wir den Torreigen starteten, und Taki kam nach Vorarbeit von Bobby zum Abschluss. Wenn wir Großes erreichen wollen, müssen wir anfangen, mehr aus unseren Ecken zu machen. Unsere neue Aufstellung ist dafür wie gemacht. An diesem Tag hatten wir einen

Vorgeschmack darauf erhalten. „Ein guter Start für die Mission", sagte Jürgen auf dem Weg in die Kabine. Und die Mission lautete: erfolgreich 17 weitere Endspiele zu bestreiten.

Woche 26

Kampfhähne

Mit den Worten „Anderer Wettbewerb, gleiche Mission" leitete Jürgen das Training am folgenden Montag ein. Die Jungs hatten den Tag davor freigehabt. „Es liegt auf der Hand, dass wir auswärts gegen Arsenal gewinnen müssen." Thomas Gronnemark schickte uns seinen Bericht aus Brentford: Wir hatten eine unglaublich gute Defensivstatistik bei Einwürfen, unser bestes Ergebnis in vier Spielzeiten, die gegnerische Ballkontrolle lag bei nur 12,5 Prozent. Wir waren gut, wirklich gut bei der Abwehr von Einwürfen. Thomas lieferte uns eine detaillierte Analyse jedes einzelnen Einwurfes in jedem Spiel.

Der Dienstag war unser zweiter Erholungstag und wir erweckten Körper und Geist unserer Jungs mit einem einfachen Rondo zu neuem Leben. Mit den Auswechselspielern aus der Partie gegen Brentford spielten wir ein Sechs-gegen-sechs auf einem 40 mal 40 Meter großen Feld mit Harvey als zusätzlichem freien Mann. Jede Mannschaft musste fünf Pässe spielen, bevor sie ein Tor erzielen durfte. Das war unser „Pressing- und Gegenpressing-Spiel", bei dem Harvey zeigte, dass er seinen Fußballverstand nicht verloren hatte. Anschließend trainierten wir unsere Abwehrkette und machten eine Offensivübung mit einem Acht-gegen-sechs. Die einzige Regel, die ich unseren Offensivspielern mit auf den Weg gab (ohne die Defensivspieler einzuweihen), war, dass sie nur dann ein Tor schießen durften, wenn sie den Ball sauber über die Strafraumlinie brachten mit einem Dribbling oder einem flachen Pass.

Jürgen eröffnete die Mannschaftsbesprechung mit den Worten: „Wir werden mehr – und besseren – Fußball spielen müssen. Wie stellen wir das an? Wir müssen uns besser positionieren." Arsenal hatte eine ganz klare Aufgabenverteilung, die ihr Pressing bestimmte. Gabriel Martinelli zum Beispiel ging in der Abwehr gegen Hendo und Trent nach dem „Einer kann zwei verteidigen"-Prinzip vor. Wir mussten das Spielfeld noch weiter öffnen, wenn sie uns bedrängten, und uns in klar festgelegten Außendreiecken schneller gegenseitig unterstützen. Wir wollten versuchen, das Feld hinten weiter zu öffnen, während Robbo sich auf der linken Seite nach hinten fallen ließ. Mit seinem hervorragenden linken Fuß konnte er uns mehr Möglichkeiten im Spielaufbau verschaffen. Ich wies Joel und Virgil an, sich zurückfallen zu lassen, damit wir leichter über die hintere Kette umschalten konnten, wenn sie kamen und uns unter Druck setzten. „Fußball muss nicht perfekt sein", fuhr Jürgen fort. „Der Pass, den wir spielen, ist der beste Pass, den wir spielen. Reagiert einfach." Er gab der Mannschaft klare Anweisungen und erklärte den Spielern, dass wir orientierter spielen und den Ball besser kontrollieren mussten, wenn wir ihr hohes Pressing konterten. Nach und nach begriffen sie, was wir von ihnen wollten, die Saat ging auf. Genau darum geht es beim Training: Man hat ein Problem, erarbeitet eine Lösung, beginnt mit dem Training, sieht, dass es noch nicht funktioniert, besteht aber weiter auf dem erarbeiteten Plan und wiederholt und korrigiert das Verhalten der Spieler so lange, bis jeder verstanden hat, was zu tun ist. Auf diese Weise schafft man Vertrauen. Und wir alle wissen, dass Vertrauen das ist, was in Endspielen zählt.

Am Morgen vor dem Spiel machte ich einen langen Spaziergang durch London und ließ meine Gedanken schweifen. Es war sonnig, aber kalt – typisch Januar. Wembley wartete, aber an diesem Abend ging es nur um eines: Wer hat den stärkeren Willen, es zu schaffen? Wir mussten zeigen, wie sehr wir es wollten. Fußball ist nicht perfekt. Für mich stand fest, dass letztendlich die Mannschaft gewinnen wird, die besser auf Fehler reagiert. Bei der Abschlussbesprechung hielt Jürgen eine emotionale Ansprache: „Wir sind immer noch in diesem schönen Londoner Hotel … Zeigt, wie viel es uns bedeutet, wenn wir ihr Pressing kontern. Verdient uns heute Abend das Recht, nach Wembley fahren zu können. Es ist eine Chance, kein Druck. Es wäre großartig, wenn wir Wembley zur Hälfte rot einfärben könnten – in unserem Rot. Erkennt die Chancen und nutzt die Gelegenheiten zum Gegenpressing. Seid auf unsere ganz eigene Weise aggressiv und kreativ. Und noch etwas: Wenn sich Bobby fallen lässt und Gabriel folgt, muss der Spieler, der ihnen am nächsten steht, die entstehende Lücke füllen. Kaide, Jota, Hendo."

Was für ein Abend! Das Halbfinal-Rückspiel endete mit einem 2:0-Sieg für uns im Emirates-Stadion. Wir taten, was wir zuvor schon getan hatten. Wir tun, was wir immer tun. Wenn die Leute sagen, dass etwas unmöglich ist, schwingen wir uns zu neuen Höhen auf. Genau das haben wir an diesem Abend getan. Unsere Leistung erinnerte mich an den 3:1-Sieg von Bayern München nach dem 0:0-Unentschieden im Hinspiel zu Hause. Ganz Wembley würde rot sein. Unser Rot. Wir durchkreuzten ihre Pläne mit unserer hohen Abwehrkette und weil Trent und Robbo so gut aufpassten, wenn sie hinter ihnen diese langen Bälle spielten. Trotzdem hat Martinelli für Arsenal ein hervorragendes Spiel gemacht, er ist einfach ein großartiger Spieler.

Bei unserem ersten Tor reagierte unser Dreieck auf der rechten Seite sehr flexibel: Trent rückte nach innen und Hendo ließ sich zurückfallen, um den Pass auf Bobby zu öffnen. Beim zweiten Tor gab es einen heftigen Kampf um den ersten und zweiten

Ball, den schlussendlich Fab gewann, als er sich hinter Milner durchsetzte. Trent spielte den ersten Pass nach vorne zu Jota, der den Ball fast perfekt mit dem Oberkörper annahm, bevor er ihn über Ramsdale chippte. Nur Jota kann mit Ball schneller sein als ohne, er hat einfach ein natürliches Talent dafür, den Ball zu kontrollieren, wenn er ihn in vollem Tempo mitnimmt.

Anschließend trank der Staff im Bus auf dem Weg zum Flughafen ein Bier. Das ist Tradition, wenn wir ein Spiel gewinnen. An diesem Tag lag es wie ein köstliches Dessert auf der Zunge. Wembley. Finale. Auf geht's. „Es ist ein völlig anderes Gefühl, morgens aufzuwachen und zu wissen, dass man ein Finale in Wembley spielt", erzählte mir Vitor am Tag nach dem Spiel. Jürgen traf sich an diesem Tag mit der Mannschaft im AXA. „Unsere Spezialmission geht weiter", sagte er. „Erholt euch in den kommenden zwei Tagen gut, denn Crystal Palace wartet."

Meiner Ansicht nach mussten wir bei dem Spiel gegen die Südlondoner zeigen, dass wir Kampfhähne sind, dann bräuchten wir uns keine Sorgen zu machen. So lässt sich unsere Situation vor der Winterpause in der Premier League am besten beschreiben. Die meisten Jungs würden direkt nach dem Spiel mit ihren Familien in die Sonne reisen. Es gab sicher viele Dinge, um die man sich hätte einen Kopf machen können, aber das sollten wir alles ausblenden. Unser Cheftrainer ist der beste, den ich je gesehen habe, wenn es darum geht, die Spieler dabei zu unterstützen, sich auf das Spiel und ihr Trainingsprogramm zu konzentrieren.

Palace hatte sich unter Patrick Vieira und Osian Roberts ungeheuer verbessert und neue Talente ins Team geholt. Wir wussten, dass wir auf schnelles Umschaltspiel setzen mussten, um gegen sie anzukommen, denn elf Spieler können kein ganzes Fußballfeld abdecken – zumindest können sie sich nicht schneller bewegen als der Ball. Der Ball bewegt sich immer schneller als die Spieler, daher konnten wir versuchen, einen ihrer Mittelfeldspieler zu binden, indem wir Hendo oder Curtis neben Fabinho stellten. Dadurch würden sich Räume für Roberto, Jota oder Ox öffnen, die sie nutzen mussten, um das Spiel zu beschleunigen. Palace' größte Stärke war, dass sie enorm schnell in ihre Defensivpositionen zurückkehrten, erzählte mir Vitor. In Nullkommanichts standen zehn Spieler wieder hinter dem Ball. Wenn wir schnell umschalten wollten, mussten wir Fab (den freien Mann) einsetzen, um eine Zwei-gegen-eins-Situation auf dem Flügel zu kreieren. Hier wollten wir sie knacken; scharfe Querpässe würden genügen, aggressive Zweikämpfe würden helfen. Druck machen und Gas geben lautete unser Plan in Petes Worten. Jürgen erklärte alles und zeigte der Mannschaft, dass man für gutes Pressing Auslöser benötigt, und für Auslöser braucht man eine Grundposition. Auslöser funktionieren nur innerhalb einer kompakt stehenden Formation.

Sieht man sich das Arsenal-Spiel an, erkennt man, dass wir unglaublich stark waren, egal wo wir standen, standen wir immer zusammen, mit den richtigen Abständen zueinander, mit der richtigen Einstellung. Genau das sind die Zutaten für eine Mannschaft, die eine weiße Weste behalten möchte. Was wir tun, tun wir gemeinsam und dabei geben wir immer 100 Prozent. Jeden Tag bin ich mehr und mehr davon überzeugt, dass eine solche Mannschaft nicht an einer Taktiktafel geschaffen wird. Keine Frage: Es hilft, eine zu haben, tatsächlich ausschlaggebend für die Intensität des Teamgeistes aber sind die Persönlichkeit des Trainers und sein Charisma, die ihm helfen, seine Leute zu überzeugen. Wir beschlossen, den Jungs nach dem Palace-Spiel wegen der Winterpause eine Woche freizugeben. Die meisten von ihnen wollten in einen wohlverdienten Urlaub, es gab also genug, um das man sich kümmern musste und sorgen konnte: Koffer, Familienausflüge, Verletzungsrisiken. Nur Alisson, Fab und Taki hatten einen Länderspieleinsatz. Während der Mannschaftsbesprechung erklärte Jürgen, dass er, als er in seiner ersten Woche in Liverpool war und bemerkt hatte, dass jemand den Spielern drei Tage freigegeben hatte, fast den Verstand verloren hatte. „Drei Tage? Ich habe noch nie jemandem drei Tage freigegeben!“

Ganz nebenbei, derjenige, der diese umstrittene Entscheidung getroffen hatte, war ich gewesen. Man braucht Zeit, um die Anforderungen der Premier League, zu denen auch noch die der europäischen Pokalwettbewerbe kommen, zu begreifen. Deshalb hat Jürgen vor drei Jahren beschlossen, den Spielern, die keine Länderspielverpflichtungen haben, sowie dem Betreuerstab während der Länderspielpausen eine Woche freizugeben. Ich denke, das zeigt, wie viel Einfluss der englische Fußball auf Trainer aus dem Ausland hat. Nicht viele erhalten die Gelegenheit, solche Entscheidungen zu treffen, aber es ist richtig, das zu tun, denn im Leben wie im Spitzensport geht es um die richtige Balance: Man muss sich körperlich und geistig von anstrengenden Phasen erholen – und genau das versuchen wir zu ermöglichen. Wir glauben, dass das der einzige Weg ist, um unseren Stil über wirklich lange Zeiträume verfolgen zu können und zum Ende der Saison hin trotzdem immer noch kreativ und entschlossen zu sein. Das ist zum Beispiel auch der Grund dafür, dass Jürgen und ich gelegentlich Padel-Tennis spielen: um einen Ausgleich zu haben, eine Ablenkung. Man entspannt einen gewissen Teil seines Gehirnes und aktiviert stattdessen den kreativen Teil, die besten Ideen werden nicht selten in solchen Momenten geboren.

Und wieder führte uns unser Weg nach London. Bei der Mannschaftsbesprechung am Morgen vor dem Spiel verglich Jürgen unsere Mission mit einem Marathon. „Zwei Sportler können auf ein und dieselbe Information ganz unterschiedlich reagieren.

Derjenige, der vorne läuft, hört, dass die Nummer zwei hinter ihm zehn Kilometer vor dem Ziel immer mehr aufholt. Von diesem Moment an ist der Verfolger im Vorteil. Man muss nicht studiert haben, um zu wissen, an welcher Position wir in diesem Rennen stehen. Die einzige Möglichkeit für uns ist, uns voll darauf zu konzentrieren, einen Schritt nach dem anderen zu machen, für uns heißt das im übertragenen Sinne, wir müssen uns von Spiel zu Spiel arbeiten. Wir müssen alles geben, aber es gibt keinen Druck, nur Möglichkeiten. Wenn man in einer Hochleistungsbranche arbeitet, sind Informationen das Wichtigste. Und zwar die richtigen Informationen. Worum geht es bei unserem Fußball? Es geht darum, ein Gegenpressingfeuerwerk zu zünden. Wir wollen all unsere Angriffe mit einem Abschluss beenden, aber wenn uns das nicht gelingt, müssen wir uns wie Haie auf den Ball stürzen. Wir müssen tief in unsere Pressingtrickkiste greifen. Man kann nur ‚gewinnen', wenn man dieses Risiko eingeht, weil man 80 Meter vor dem eigenen Tor steht. Das hier, unser Fußball, ist unser Marathon. Also, los geht's."

Mit dem Echo dieser Worte in den Ohren lieferten die Jungs ab. Finale Nummer 22 endete mit einem 3:1-Auswärtssieg gegen Crystal Palace. Mannomann, was war das nur für eine Woche gewesen … Entschuldigung, was waren das nur für zwei Wochen gewesen! Wir hatten die Skeptiker zum Schweigen gebracht. Für fünf Spiele hatten wir auf Sadio, Mo, Naby, Thiago, Harvey und Divock verzichten müssen, und trotzdem hatten wir vier davon gewonnen und eines unentschieden gespielt. Das Beste an diesem Tag war, dass die Verfolger weiterhin im Rennen waren, weil Man City in Southampton unentschieden gespielt hatte und wir alle drei Punkte mitgenommen hatten. Tatsächlich haben wir im Selhurst Park beide Gesichter gezeigt, die man in dieser Saison von uns kannte: völlig überragend in der ersten Halbzeit und absolut unter Druck stehend in der zweiten.

Als wir in den Spielertunnel zurückgingen, sagte Virgil zu mir: „Es kann nicht jedes Mal schön sein, Pep." Recht hatte er. Ich mag seine italienische Ader. Bei manchen Spielen ist es wichtig, ergebnisorientiert zu spielen, und nicht, auf das Spiel zu achten, und diese letzte Begegnung war ein gutes Beispiel dafür. Aber wir durften unsere Kompaktheit nicht verlieren und genau das war hier geschehen.

Sprechen wir über die guten Aspekte dieses Spieles. Erstens: Unser hohes Pressing während ihrer Torschüsse war perfekt organisiert, wir haben den Ball dadurch bei mehreren Gelegenheiten schnell zurückerobert. Zweitens: Virgils Kopfballtor am kurzen Pfosten nach einer Ecke war der Moment, ab dem es unser Spiel war. Wir haben uns bei unseren Zuspielen, bei unserem Zielbereich und mit der Anzahl unserer Zielspieler verbessert. Das zahlte sich jetzt aus. Drittens: Curtis verwandelte sich bei diesem Spiel in ein echtes Pressingmonster – er war der Hai, von dem Jürgen gesprochen hatte. Es war unglaublich, wie oft er die Jagd eröffnete, die Gegner verfolgte und überraschte und wie sagenhaft viel Energie er hatte. Viertens: Während der ersten halben Stunde bewegten wir den Ball schnell und zielstrebig, wodurch uns viele gute Querpässe gelangen. Unser zweites Tor ist dafür ein gutes Beispiel, es war Teamplay vom Feinsten: Unser rechtes Außendreieck spielte sich mit der Unterstützung von Fabinho und Roberto schelle Pässe zu. Damit lockten wir die Palace-Spieler und schalteten im richtigen Moment zu Jota auf der anderen Seite um, der Robbo fand, der wiederum eine Flanke zu Ox spielte, die dieser dann, ohne lange zu fackeln, ins Netz drosch.

Was unsere Kompaktheit anbelangt: Es ist nie ein gutes Zeichen, wenn sich die vordere Kette nach vorne und die hintere nach hinten bewegt. Wir müssen im Grunde genommen drei „Linien" auf dem Spielfeld bilden, aber zeitweise waren es bei uns fünf oder sogar sechs. Die Premier League spielt insgesamt einfach auf zu hohem Niveau, als dass man sich so viele offene Räume in der Verteidigung leisten könnte.

Aber jetzt begann für uns erst einmal die Winterpause. Ausgleich und Ablenkung waren angesagt. Wir mussten unsere Akkus wieder aufladen, um im Februar die Aufholjagd fortsetzen zu können und die nächste K.-o.-Runde der Champions League sowie das Pokalfinale in Wembley erfolgreich zu bestreiten.

„SPIELER KÖNNEN
SO VIEL MEHR
ERREICHEN, WENN
SIE SICH GESCHÄTZT,
HERAUSGEFORDERT UND
INSPIRIERT FÜHLEN.“

Woche 27

Abenteuer im Schnee

Okay, wie fange ich dieses Kapitel am besten an? Danielle und ich flogen während der Winterpause für eine Woche Skiurlaub nach Österreich. Unsere Spieler waren über den ganzen Globus verstreut, ein paar waren auf die Malediven gereist, andere nach Dubai, aber die meisten aus dem Trainerteam waren zum Skifahren nach Österreich geflogen. Ich liebte es, jeden Tag über die blauen Pisten zu wedeln, doch an einem Tag war ich besonders abenteuerlustig. Wir befanden uns am höchsten Punkt des Berges in unserem Skigebiet in Lech und blieben auf einer schwarzen Piste stecken, wo ich ein Free Solo überlebte, als ich meine Ski stehenließ, um Danielle zu helfen. Als ich mich ihr näherte, rutschte ich aus und stürzte etwa 30 Meter in den Schnee hinab, während meine Frau oben auf dem Berg in Panik geriet. Mein Helm flog noch einmal 50 Meter weiter. Eine extrem gefährliche Situation! Ich habe keine Ahnung, wie wir es schafften, abseits der Piste zu landen, aber letztendlich wurden wir gerettet und fuhren direkt zurück zu unserem Hotel. Es war verrückt!

Beim Abendessen erhielt ich einen Anruf von unserem Sportdirektor: „Du und Jürgen müsst in fünf Minuten mit Luis Díaz sprechen. Wir haben uns gerade mit Porto geeinigt, aber Tottenham geht auch all-in." Jürgen und ich hatten uns sehr für Díaz eingesetzt, und als wir hörten, dass Tottenham ebenfalls ein Angebot gemacht hatte, mussten wir handeln. Mike Gordon hätte es nicht besser machen können. Ich klinkte mich in das Gespräch ein, bei dem Jürgen Luis erklärte, wie er in unseren Stil passen würde und dass wir ihm natürlich helfen würden. Nachdem ich mich in das Gespräch eingeklinkt hatte, sagte er auf mich verweisend: „Aber diesen Typen wirst du viel öfter reden hören!", worauf ich sofort einwarf: „Aber ich werde alles erheblich ruhiger erklären als Sergio [Conceição, der Porto-Trainer]!" Daraufhin lachte Luis.

Sein Agent übersetzte Jürgens Ausführungen und Julian Ward sagte: „Die beiden werden einen besseren Spieler aus dir machen." Ich sagte ihm, dass es nicht viele Vereine gab, die auf eine längere Geschichte zurückblicken konnten und vielseitiger waren als der FC Porto, allerdings sei Liverpool einer davon und das würde er spüren. Julian ging dann mit seinem Telefon zum Trophäenschrank im AXA und sagte: „Wir wollen hierzu etwas beitragen, daher wollen wir dich."

Wenn der Junge bisher noch nicht überzeugt gewesen war, jetzt war er es garantiert. Der Tag, der mit einem beängstigenden Pistenabenteuer begonnen hatte, endete mit einem unglaublichen Vertragsabschluss. Wir bekamen den Spieler, den wir uns gewünscht hatten. Mein verrückter Tag hätte nicht besser enden können. Luis war jetzt unser Spieler! Ich konnte es kaum abwarten, mit ihm zu arbeiten. Würde er für den Rest der Saison der Unterschiedsspieler für uns sein? Wir hofften es.

Woche 28

Zurück zu den Grundlagen

Nach der einwöchigen Pause, die aus vielerlei Gründen so wichtig für uns gewesen war, mussten wir den Spielern nun erneut unsere Spielidee nahebringen. Sie mussten sich körperlich und geistig wieder mit dem Konzept vertraut machen, sich wieder auf unsere Dynamik im Pressing und Gegenpressing, unser Abschlussverhalten und unsere Art, bei Ballbesitz zu spielen, einstellen. Also begannen wir gleich am ersten Tag wieder mit den

Grundprinzipien unserer Identität. Wir hatten fünf Tage Zeit, um wieder unseren Stil auf den Platz zu bringen, fünf Tage, um uns auf unser Spiel gegen Cardiff City vorzubereiten und die nächste Runde des FA Cups zu erreichen. Gefühlt waren es fünf Tage, in denen wir uns auf den Rest der Saison vorbereiten mussten. Außerdem dauerte es noch fünf Tage, bis Ali, Fabinho, Mo und Sadio zurückkamen. Und natürlich dauerte es auch noch fünf Tage, bis unser Neuzugang Luis Díaz zu uns stieß. Ich will es mal so sagen: Es waren fünf wichtige Tage, in denen wir die Mannschaft darauf vorbereiten mussten, wieder so zu spielen, wie wir es typischerweise taten. Nach einer Woche Pause möchten wir die Spieler allmählich wieder an unseren Spielstil gewöhnen, mit kurzen, aber intensiven Übungen. Ich legte acht DIN-A4-Blätter nebeneinander auf Jürgens Schreibtisch, die dessen gesamte Breite einnahmen. Die kommenden Tage würden anstrengend werden, für die Spieler ebenso wie für den Trainerstab. Wir als Trainer mussten immer aufgeschlossen und voller Energie sein, um die Leidenschaft der Spieler wieder zu entfachen.

„Eines der Probleme im Fußball ist, dass man umso weniger Zeit für das Training hat, je erfolgreicher man ist", sagte Jürgen zu Beginn der Mannschaftsbesprechung. „Jetzt haben wir Zeit zu trainieren, daher werden wir sie nutzen, wir werden sie als eine Art kleine Vorsaison betrachten. Aber zuerst werden wir Curtis ein Ständchen bringen, denn er ist vor zwei Tagen 21 geworden! Danach werden wir jagen und ins Gegenpressing gehen, und das ist kein Vorschlag, sondern eine Anordnung." Wir kehrten zu den Grundlagen zurück, zurück zur Beständigkeit, und die Spieler mussten die Intensität ihres Spieles bei jeder Gelegenheit, die sich ihnen bot, erhöhen. Wir wollen keinen geradlinigen, keinen mechanischen Stil. Was wir wollen, ist Unberechenbarkeit und Flexibilität bei Ballbesitz. Wir wollen mehr Ballbesitz, wollen das Spiel noch mehr dominieren, wollen mehr

Gestaltungsmöglichkeiten, mehr Torchancen und mehr Initiative von unseren Spielern. Unsere Spielidee verlangt den Spielern diese individuelle Entwicklung ab, und das ist der Grund, warum sie sich ständig verbessern. Wir entwickeln uns weiter.

Eine der ersten Übungen in dieser Woche war das Tor-Spiel. Ich dachte, die chaotische Atmosphäre bei diesem Spiel [bei dem der Ball zwischen zwei Markierungen hindurchmuss] sei ein perfekter Abschluss für unser Auftakttraining, um Konzentration und Kombinationsfähigkeit zu fördern, etwas, das wir die ganze Woche über mitnehmen konnten. Das Spiel fördert das Zusammenspiel zwischen den Spielern und sorgt für mehr Biss in der Offensive. Wir spielten drei vierminütige Partien und die Übung endete in einem umstrittenen 17:16, wobei die Weißen (Trents Team) den Sieg errangen, weil sie durch eines der Tore kombinierten, während Milner die Stange wieder an ihren Platz stellte. Wettkampfsituationen im Training sind einfach unverzichtbar.

Jedes Training endete mit einer Spieleinheit ähnlich einem Finale, bei dem nur die Gewinner weiterkommen, oder mit unserem Identity Game. Manchmal wurde im Leistungszentrum bereits das Licht ausgemacht, als wir immer noch spielten. Ich will von Gewinnern umgeben sein. Als Trainer muss man den Spielern die Chance geben, diese innere Stimme in sich zu finden, die sie zu Gewinnern macht. Wenn einer Mannschaft das gelingt, wenn die Spieler mit einem riesig großen Herzen spielen, bin ich glücklich. Denn wir alle leben für den Weg zum Ziel und lieben ihn, aber wir wollen auch Titel, wir wollen Pokale und wir wollen oben auf diesem Bus stehen und feiern.

Warum ich den Bus erwähne? Nun, Corona hat uns allen auf vielfältige Art alles Mögliche genommen. Wir zum Beispiel hatten zum ersten Mal seit 30 Jahren wieder die Meisterschaft gewonnen. Man muss sich mal überlegen, wie viele Trainer und

Spieler des FC Liverpool das vor uns versucht hatten. Aber wir waren diejenigen, die es geschafft hatten, und wir konnten es nicht richtig mit unseren Fans feiern. Aus diesem Grund – und das ist eine der Hauptmotivationen für mich – hoffe ich, dass wir irgendwann noch einmal die Chance bekommen, nach allen Regeln der Kunst zu feiern. Und eines weiß ich ganz genau: Ich werde mich an diesem Tag wie ein Fan fühlen. Ich werde meine Emotionen nicht zurückhalten, selbst wenn ein Pokalspiel ansteht. Wenn man ein Ziel verfolgt, muss man es immer im Blick haben – wir haben den Pokal im Blick, daher gab es bei uns in dieser Woche kein normales Rondo, sondern das Intensitätsrondo. Wir trainierten keine einfachen Abschlüsse, sondern Abschlüsse mit Sprints und Zweikämpfen über 50 Meter, um mit fünf Spielern im Strafraum zu enden. Wir spielten nicht unser Identity Game, sondern das Identity Game mit Kontern über ein halbes Spielfeld. Wir machten unsere Pressing-/Gegenpressing-Übung nicht im mittleren Drittel des Spielfeldes, sondern von Strafraum zu Strafraum, und genau deshalb begannen wir die Woche mit dem „gates game“. Es war eine Art Vorsaison, allerdings eine, die viel näher an den Titelkämpfen lag.

Zum Auftakt des Mittwochtrainings sagte Jürgen: „Das Training gestern, das Gates Game, war so intensiv. Das gefällt mir.“

Am Abend erfuhren wir, dass Vitors Coronatest positiv war. „Pete, du bist der Letzte“, textete er in die Trainer-WhatsApp-Gruppe. Worauf Pete antwortete: „Unkraut vergeht nicht“, dabei fiel sein Test am nächsten Morgen ebenfalls positiv aus. Damit hatte es nun auch unseren letzten Mann erwischt, sodass am Donnerstag nur Jürgen und ich mit den Feldspielern auf dem Platz standen. Wir teilten die Gruppe auf und trainierten die Abwehrkette in unorganisierten Angriffen mit Bällen von hinten, mit dem Ziel, dass sie sich so organisiert wie möglich bewegten und das Abwehrverhalten der anderen antizipierten. Bereits am

Vortag hatten wir unsere Innenverteidiger hart rangenommen, indem wir sie mit Bobby und Jota in Zweikämpfe geschickt hatten. Als ich Roberto vor Trainingsbeginn erzählte, dass er gegen Virgil spielen sollte, begann er, um ihn herumzutanzen. Virgil hat darüber nur gelacht und im Training stand er wie ein Fels: Jede Welle brach an ihm, ohne ihm etwas anhaben zu können. Er hatte alles unter Kontrolle, war bereit, den Ball im richtigen Moment abzufangen, und drängte Jota und Roberto nach außen.

Virgil war inzwischen wieder ganz der Alte, der beste Verteidiger der Welt im Jahr 2022 – was für einen holländischen Spieler eine ganz besondere Leistung ist. Wir sind so froh, die besten Spieler in unserem Team zu haben. Das ist das Wichtigste überhaupt: die Besten zu verpflichten, die Besten zu behalten und aus den Nachwuchsspielern die nächsten Besten zu machen. Manch einer mag sagen, dass es da draußen bessere Spieler gibt, aber es gibt keine besseren Spieler für den FC Liverpool als die, die wir haben. Denn wir sind ein Team. Wir haben Charakter. Wir sind gemeinsam stark. Wir haben diejenigen, deren Herz für unseren Klub schlägt, die auf und abseits des Platzes für unsere Mission leben, die von eben jener „Wir gegen den Rest der Welt"-Mentalität angetrieben werden, die uns an die Spitze gebracht hat, denn für diejenigen, die ihn finden wollen, gibt es immer einen Weg. Wir sind jetzt eine „Marke", die sich durch die Art des Trainings, die Art des Coachings, die Art der Führung definiert. Wir stehen für die Geschichte des ganzen Vereins, gleichzeitig aber ist diese Mannschaft dabei, ihre eigene Geschichte zu schreiben. Ich hoffe, dass dieses Buch unsere Marke für alle gut sichtbar machen wird.

Am Freitagmorgen war der große Moment gekommen: Luis Díaz traf im AXA-Trainingszentrum ein. Endlich war er bei uns. Nachdem wir ein paar Fotos geschossen hatten, setzten wir uns zusammen in Jürgens Büro. Es war einfach unglaublich, dass er jetzt hier war. Eine halbe Stunde lang unterhielten wir uns zu dritt miteinander. Ich übersetzte ihm jedes Wort von Jürgen – und umgekehrt. „Wir haben um dich gekämpft! Aus sportlicher Sicht haben wir wortwörtlich gekämpft“, sagte ich ihm. „Ich bin so froh, dass ich hier sitze“, entgegnete er. „Ich bin in einem kleinen Dorf aufgewachsen, daher bedeutet es mir ungemein viel, es in diese Mannschaft, diesen Verein geschafft zu haben. Ich werde immer mit einem Lächeln kämpfen. Ich wollte nur hierher.“ „Dieser Verein ist von außen betrachtet riesig, von innen gesehen aber sehr klein“, antworteten wir. „Er ist wie eine Familie. Du wirst es erleben und es wird dir gefallen. Die Mannschaft war ungemein froh, als wir ihr erzählten, dass wir dich unter Vertrag genommen haben.“ Er lächelte, dann sagte er aus dem Nichts heraus plötzlich über Jürgen: „Mann, ist der Trainer groß!“ „Warte, bis er seine Stimme erhebt“, scherzte ich daraufhin, „dann wirkt er noch viel größer! Er stellt sich in diesen Momenten auch auf die Zehenspitzen, aber das wirst du ganz schnell selbst sehen und hören.“ Jürgen lachte, ohne dass ich meine Worte übersetzen musste, weil ich ihn imitiert hatte. Dann sagte er zu mir: „Sag ihm, dass unser Stil organisiertes Chaos ist.“ Also erklärte ich Díaz: „Wir nennen unseren Fußball organisiertes Chaos. Das bedeutet, dass du für uns Unordnung ins letzte Drittel bringen musst, das Organisieren kannst du den anderen überlassen.“

Dann richteten wir unseren Blick wieder auf das bevorstehende Spiel. Gegen Cardiff mussten wir uns vor allem darauf konzentrieren, den Gegner nicht zu Chancen kommen zu lassen, insbesondere indem wir sie nicht nah an unser Tor kommen ließen und sie daran hinderten, zu Freistößen und Ecken zu kommen. Gegen Mannschaften, die auf Standardsituationen setzen, geht es vor allem darum, hoch zu stehen und entschlossen auf die zweiten Bälle zu gehen. Brentford zum Beispiel war drei Wochen zuvor, als wir gegen sie spielten, zu keiner einzigen Ecke und keinem einzigen direkten Freistoß gekommen. Das ist eine Qualität, die wir allein unserer Abwehrkette zu verdanken haben. In dieser Spielzeit waren bereits 90 gegnerische Abseitsstellungen zu unseren Gunsten entschieden worden, die Mannschaft mit dem zweithöchsten Wert kam auf 49. Unser Abwehrverhalten sollte unserer Offensive den Rhythmus vorgeben, was es uns ermöglichen würde, die meiste Zeit über in Ballbesitz zu sein. Damit könnten wir unter anderem entscheiden, welche freien Räume wir nutzen wollten. Am Freitag konzentrierten wir uns daher in 95 Prozent unserer Trainingszeit darauf zu zeigen, wie wir so viele Tempogegenstöße wie möglich initiieren, um von außerhalb oder innerhalb des Sechzehners aufs Tor schießen zu können. Chaos kann man nur erzeugen, wenn sich viele Spieler im und um den Strafraum herum aufhalten. Die Jungs mussten wirklich zu Abschlüssen kommen wollen, um Standardsituationen zu schaffen – und unsere neue Idee zahlte sich langsam aus.

Die Mannschaftsbesprechung am Samstag begann Jürgen mit den Worten: „Ich kann viel Nettes über Luis Díaz als Fußballer sagen, aber im Moment versteht er noch nichts davon, also ergibt es keinen Sinn! Vielleicht können die Jungs unter euch, die Spanisch sprechen, es ihm erklären. Milner, du auch. Du kannst ihm die Regeln erklären und ihm sagen, was mit den Strafgeldern geschieht." „Multa [Bußgeld]", entgegnete Millie! Wenn wir wirklich eine Warnung benötigten, was zu viel Selbstgefälligkeit im Auftreten gegen Cardiff für Folgen haben kann, brauchten wir uns nur anzusehen, wie es Manchester United gegen Middlesbrough im Old Trafford ergangen ist, sowie die Schrecksekunden, die auch West Ham und Chelsea hatten überstehen müssen. Wir alle lieben die Geschichten von unterklassigen Mannschaften, die Erstligateams in Pokalspielen schlagen – aber nur, wenn man nicht selbst zu so einem

Erstligateam gehört. Der FA Cup ist wie geschaffen für solche Geschichten, daher ist der einzige richtige Weg, in so ein Finale zu gehen, das Spiel von Beginn an ernst zu nehmen. Wir hatten keinen Schimmer, wie sehr Cardiff gewinnen wollte, aber wir konnten für uns entscheiden, wie sehr wir es wollten. Kurz bevor wir uns zum Hotel aufmachten, blickte ich durch das Fenster im Trainerbüro nach draußen und sah, dass Trent mit Niklas immer noch Freistöße übte. Es regnete, es war windig und kalt – Jürgen hatte sich bei Luis sogar auf Spanisch entschuldigt, als er zum Training rauskam.

Am Sonntagmorgen hielt Jürgen seine letzte Ansprache an die Mannschaft: „Nur zwei Worte. Es wird nur funktionieren, wenn ihr beides tut: kämpfen und spielen. Hat irgendjemand hier schon den FA Cup gewonnen? Hat jemand hier schon das Finale erreicht? Wir wissen, wie großartig es ist, ein Finale zu erreichen, seit wir auswärts gegen Arsenal gewonnen und es selbst gespürt haben. Unsere Abwehr ist offensiv ausgerichtet und gibt damit den Rhythmus vor. Erzeugt Chaos! Und zwar nur aus dem einen Grund: um dem Finale einen Schritt näher zu kommen.“ Wir gewannen das Spiel mit 3:1 und schafften es damit in die fünfte Runde. Wir hatten 80 Prozent Ballbesitz und haben die Chancen unseres Gegners, zu Standardsituationen zu kommen, auf ein Minimum reduziert. Unser Spiel war durchweg flüssig und das freute mich nach zwei spielfreien Wochen ganz besonders. Unsere Reaktionen bei Ballverlusten waren gut, vielleicht nicht immer perfekt, aber einfach gut, und zwar von allen auf dem Feld. Im Vergleich zu den Spielen von Manchester United, West Ham, Leicester oder Chelsea können wir zufrieden sein. Wir hatten viel Qualität im Spiel, aber als wir Díaz, Harvey, Bobby, Taki und Jota einwechselten, war so viel technische Brillanz auf dem Platz, dass es noch mal ein ganz anderes Spiel wurde.

„EINE GUTE MANNSCHAFT LÖST PROBLEME, EIN TOPTEAM LÄSST PROBLEME GAR NICHT ERST AUFKOMMEN.“

Woche 29

Buenas Díaz

Zu Beginn der Woche sprachen Andreas und ich an unserem freien Tag über jeden einzelnen Spieler unseres Kaders. Das nahm natürlich einige Zeit in Anspruch, aber es ist wichtig, Fitnessprogramm und Trainingsintensität aufeinander abzustimmen, weil wir mit unseren Jungs immer ans Limit gehen und eine Unausgewogenheit in diesen Bereichen leicht zu Verletzungen führen kann. Für uns besteht die Hauptaufgabe darin, die Einstellung der Spieler zum Spiel, zur Mannschaft, zum Verein und auch zum Fitnesstraining zu verändern. Andreas hat ein ganz besonderes Talent dafür, genau das Richtige mit den Spielern zu tun, damit das Spiel noch besser wird. Ich glaube, dass die Arbeit im Fitnessbereich im Fußball zu oft dafür sorgt, dass das Spiel schlechter wird. Bei uns ist das nicht der Fall, allerdings gehört es mit zu den schwierigsten Dingen im Fußball, das Fitnesstraining richtig zu verstehen.

Dienstags hatte Luis seine erste komplette Trainingseinheit bei uns. Wir hatten sie unter den Titel „Einführungstag Gegenpressing“ gestellt! Nach dem Aufwärmen und ein paar Rondos gingen wir zum Gegenpressingrondo über, gefolgt von Übungen, bei denen es darum ging, Konter zu unterbinden und Tore zu schießen. Pressen. Spielen. Abschließen. Wieder und wieder, bis der Gegner vor Müdigkeit schlappmacht. Mo war inzwischen auch wieder mit dabei. Wir hatten ihn so schnell wie möglich zurückgeholt, und das Erste, was er zu Jürgen sagte, war, dass er bereit sei.

Für Luis war es ein intensiver Trainingstag, an dem wir ihm klarmachten, wie wir spielen wollten. Ich zweifelte nicht daran, dass er perfekt zu uns passte. Seine Dribblings und Läufe sollten vor dem Hintergrund unseres organisierten Chaos dafür sorgen, dass unser Spiel noch zielgerichteter wurde. Als bei den Rondos nicht klar war, wie sich die Gruppen zusammenstellen sollten, schickte ich Luis in die Gruppe mit Milner, Robbo und Trent, damit er sehen konnte, wie schnell und dynamisch wir unsere Fünf-gegen-zwei-Erholungsrondos ausführen. „Wahnsinn, da ist so viel technische Brillanz auf dem Platz", sagte ich zu Jürgen, als wir ins warme AXA-Gebäude zurückkehrten.

Ich fühlte mich an den Moment erinnert, als mir zum ersten Mal bewusst wurde, dass Jürgen mich wirklich respektiert. Das war vor ungefähr sechs Jahren gewesen, etwa zwei Monate nachdem er zum Verein gekommen war. Er trat mit einem Brief in der Hand an meinen Schreibtisch und bat mich, ihn zu lesen, weil er ihn nicht verstehe. Ich warf einen Blick darauf und erklärte ihm, dass er von einem Trainer stamme, der mit ihm zusammenarbeiten, ihn unterstützen und assistieren wolle. „Im Grunde genommen will er also deinen Job?", resümierte er. „Im Grunde genommen, ja", entgegnete ich. Daraufhin nahm er den Brief, zerriss ihn, warf ihn in den Papierkorb, der neben meinem Tisch stand, drehte sich um und ging. Natürlich hatte er verstanden, was in dem Brief stand. Er hätte ihn mir gar nicht zeigen müssen. Aber von dem Moment an wusste ich, dass wir lange Zeit zusammenarbeiten würden und ich ihm, so gut ich konnte, helfen würde, als Cheftrainer des FC Liverpool so erfolgreich zu werden wie möglich. Geahnt hatte ich das schon zuvor, aber in diesem Augenblick vermittelte er mir ein Gefühl, das bis heute geblieben ist: Vertrauen. Sind wir gelegentlich anderer Meinung? Natürlich. Will er manchmal, dass ich sein Büro verlasse? Sicher. Aber ich glaube und spüre, dass ich auf ihn zählen kann. Er ist so viel mehr für mich als einfach nur ein Kollege. Ein gutes Beispiel dafür, wie sich unsere Beziehung in den Anfangstagen entwickelte, zeigt folgende Begebenheit: Überall, wo ich bis dato gearbeitet hatte, hatte ich meine Spielideen auf fünf großen Flipcharts dargestellt. Auf der mittleren Tafel erklärte ich meine Spielidee mit den Kernprinzipien in acht Schritten. Die anderen vier erläuterten zusätzliche Prinzipien für den Fall, dass wir den Ball haben, für den Fall, dass die Gegner den Ball haben, und für das Gegenpressing sowie individuelle Prinzipien bei und nach Ballbesitz. Die Tafeln bedeckten einen großen Teil der Wand im alten Trainerbüro. Sie enthielten quasi mein Lebenswerk. Etwa eine Woche nachdem Jürgen zum Verein gekommen war, fragte er, wem sie gehören. „Das ist meine Art zu arbeiten, Chef", antwortete ich. „Soll ich sie abnehmen?" „Nein, sie gefallen mir", antwortete er. „Lass sie da, wo sie sind." Wow! Jedes Jahr füge ich neue Ideen hinzu oder optimiere die bestehenden. Konsequenz und Kontinuität beim Training schaffen Beständigkeit – und sind wir Trainer nicht alle auf der Suche nach Beständigkeit?

Wir haben uns in diesem Jahr neu erfunden. Nicht, weil wir etwas Bestimmtes gesagt haben. Nein, weil wir zu unseren Grundlagen zurückgekehrt sind und hier und da ein paar kleine Verbesserungen vorgenommen haben. Und indem wir uns darauf einließen, noch mal zu den Grundlagen zurückzukehren, sind wir über uns hinausgewachsen. Um einen Pokal zu gewinnen, sind 2 Prozent Talent und 98 Prozent harte Arbeit erforderlich – so ist das nun mal. Heutzutage spielen die Teams in der Premier League, im Pokalwettbewerb und in der Champions League alle auf einem ähnlich hohen Niveau, sodass es letztlich darum geht, welche Mannschaft sich besser vorbereitet, um das letzte Quäntchen Wille, das nötig ist, zu mobilisieren.

„Morgen müssen wir engagiert, aber auch sehr mutig sein." Mit diesen Worten schwor Jürgen die Mannschaft auf das Heimspiel gegen Leicester ein. „Wir wollen alles erreichen, das müssen wir uns immer wieder vor Augen führen. Es ist erst das vierte

Premiere-League-Spiel in diesem Jahr, aber es ist der wichtigste Wettbewerb, ein angemessenes Ziel für uns. Der Plan? Einen Vollgas-Auftritt des FC Liverpool abzuliefern." Das letzte Mal waren wir mit einer so mutigen Aufstellung gegen Chelsea angetreten. Jetzt hatten wir uns wieder für das kalkulierte Risiko entschieden, bei dem wir Virgil für drei, vier Sekunden in einem Zweikampf ließen, während wir zum Angriff übergingen. Joel sollte aufrücken und Fabinho bei der Verteidigung gegen James Maddison helfen. Das würde allen anderen die Möglichkeit geben anzugreifen, und wir hätten so viele Positionen besetzt, um Gegenangriffe von Anfang an zu verhindern. Wir gingen davon aus, dass sie wieder in Rautenformation spielen würden, allerdings werden die Systeme zunehmend uninteressant, je höher wir mit dem Ball kommen. Wir brauchten eine Formation, die ihnen direkt ins Auge stach, wenn sie einen Torschuss hatten, denn man darf eine Gegenpressingsituation nie dadurch ruinieren, dass man darüber nachdenkt, wie schlecht der eigene Pass war. Vier, fünf oder sechs solcher Situationen würden die Partie für uns zu einem Spitzenspiel machen.

Wir zeigten den Spielern Bilder von dem Auswärtsspiel, das wir 0:1 verloren hatten. Wir zeigten ihnen, welche Stärken und Schwächen wir an diesem Tag im Mittelfeldpressing an den Tag gelegt hatten. Und dabei gaben wir ganz klare Anweisungen: so und nicht so. Wir brauchen mehr Möglichkeiten rund um den Strafraum, wir müssen schneller in bessere Positionen aufrücken, damit der Spieler am Ball mehr und bessere Optionen zur Auswahl hat. Bei dieser Analyse ging es darum zu zeigen, welche zusätzlichen Möglichkeiten die Spieler haben, wenn das richtig läuft. Warum machen wir uns all diese mühsame Arbeit? Um öfter in der gegnerischen Hälfte zu bleiben, um allen anderen mehr offensive Freiheiten zu geben, um sie einzuschließen, um die Tür zuzumachen. Gemeint ist die imaginäre Tür, die zum

Raum hinter der Mittellinie führt, jene Linie, die wir im Training so oft als den Punkt bezeichnen, den es zu verteidigen gilt.

Am Morgen des Spieltags übten wir noch einmal unsere Defensivstandards. Gegen Brendan [Rodgers] sind die immer knifflig, weil seine Mannschaft auf die erste Standardsituation immer ganz neu und kreativ reagiert. Unsere Jungs mussten sich auf alles vorbereiten. Robbo und Trent wiederholten immer wieder ihre Zuspiele über ihren ersten Mann in der Zone. Die Arbeit mit neuro11 hatte sich in jedem Fall ausgezahlt. In den vier vorangegangenen Spielen waren unsere Eckbälle hervorragend gewesen; wir hatten uns näher an das Tor herangetastet und waren mit mehr Spielern in diesen Raum reingegangen, was in Kombination mit der Qualität der Zuspiele die Chance auf einen Treffer mit dem ersten Kontakt signifikant erhöhte.

Finale Nummer 23 gegen Leicester endete an diesem Abend mit einem 2:0 für uns. Luis Díaz war bei diesem Spiel von Anfang an dabei und gab damit sein Debüt. Ich hatte noch nie erlebt, dass sich jemand so schnell in unser Spiel einfügt. Er war einfach der perfekte Neuzugang. Ich glaube, an diesem Abend hatte er sich keinen einzigen Fehlpass geleistet. Wir waren überlegen und die Mannschaft war im Moment einfach grandios. Ich will es einmal so sagen: Ich hatte den Eindruck, dass wir wieder gewonnen hätten, wenn wir beim nächsten Spiel erneut gegen Leicester hätten antreten müssen. Wir hatten jetzt neun Punkte Rückstand – nur sechs, wenn wir auch unser Nachholspiel gewinnen würden. Mal sehen, in welcher Form wir wären, wenn wir tatsächlich gegen sie antreten mussten – und vor allem, wie groß der Unterschied in der Tabelle wäre. Bei diesem Spiel hatten wir beide Tore nach Ecken erzielt. Beim ersten hat Virgil seinen Lauf perfekt getimt, seinen Manndecker abgeschüttelt und den ersten Kontakt nah am kurzen Pfosten gehabt. Das war einfach großartig. Schmeichel parierte den Kopfball zwar, aber

Jota konnte den abgewehrten Ball aus kurzer Distanz doch noch versenken. Das zweite Tor ergab sich in der zweiten Phase nach einer weiteren Ecke, in der Joel den Ball zu Jota weiterleitete, der zum zweiten Mal einnetzte. Damit war das Spiel entschieden.

Die nächste Aufgabe, die in ein paar Tagen auf uns wartete, war Burnley. Sie waren zwar das Tabellenschlusslicht, aber wir sprechen hier von der Premier League. Das Match würde am Sonntag stattfinden, also hieß es: Lasst uns mit der Vorbereitung beginnen. Früh am Morgen nach dem Leicester-Spiel saß ich auf dem Stuhl neben Jürgens Schreibtisch. Wir fragten uns, ob wir nach der Partie am Abend zuvor die Mannschaft zu hart rangenommen hatten. Nein, wir waren uns einig – wir gaben damit den richtigen Ton vor, also keine Sorge. Danach gingen wir die Aufstellung für das Burnley-Match durch, wobei wir zugleich auch an Inter gedacht haben. Später, als ich aus dem Büro rausging, drehte ich mich noch einmal um und sagte: „Wenn wir morgen gegen City spielen würden, hätten wir eine Chance." „Das ist das Einzige, was man im Leben immer bekommt", antwortete Jürgen, „eine Chance. Es kommt auf uns an und was wir daraus machen."

Burnley gibt immer 100 Prozent. Ja, zu diesem Zeitpunkt standen sie auf dem letzten Tabellenplatz, aber sie hatten nur acht Spiele verloren. Das ist ziemlich ungewöhnlich. 70 Prozent ihrer Chancen ergaben sich aus gewonnenen zweiten Bällen, daher wollten wir uns anders aufstellen. Wir wollten höher stehen und besser positioniert, um in der zweiten Phase im Kampf um den zweiten Ball erfolgreicher sein zu können. Dadurch würden wir weiter von unserem Tor entfernt stehen. Das ist nur eine kleine Änderung, die aber großen Einfluss darauf hat, wo sich das Spielgeschehen abspielen wird. Für die Zuschauer ist das nicht so interessant, aber für uns Trainer ist es entscheidend. Jede Aufstellung soll dazu beitragen, unsere Jungs noch mehr glänzen zu lassen. Und Junge, sie setzten unseren Plan mit so viel Kraft und Überzeugung um. Als Jürgen und ich ihn an der Taktiktafel auf dem Spielfeld erklärten, waren sie sofort voll dabei.

Während der Mannschaftsbesprechung zeigten wir den Jungs das Tor, das wir zu Beginn der Saison gegen Burnley erzielt hatten. Trent stand zwischen den Linien und schlenzte den Ball sofort rüber zu Sadio, der hinterherlief. „Eines der besten Tore, das wir in dieser Saison geschossen haben", sagte Jürgen. Burnley würde versuchen, die entscheidenden Räume dichtzumachen, und gegen Mannschaften, die tief in der eigenen Hälfte die Räume schließen, helfen vor allem Angebote und Bewegungen, damit sich das Feld wieder öffnet. Das Schlechteste, was man bei Mannschaften wie Burnley, die auf Standards setzen, tun kann, ist, dumme Fouls zu begehen. Wenn man an der Mittellinie foult, weiß man, dass der Ball danach in der eigenen Hälfte landet. Das beste Mittel gegen eine kämpferische Mannschaft wie Burnley ist Technik. Mit ihr gelingt es am besten, zu viel Körperkontakt zu vermeiden. Dieses Spiel wird mit einem Ball gespielt, einem runden Ball, und je besser man damit umgehen kann, umso seltener wird es zu Situationen mit zu viel Körperkontakt kommen.

Nach unserem Samstagstraining schaute sich Jürgen mit mir das Finale der FIFA-Klub-Weltmeisterschaft an: Chelsea gegen Palmeiras. „Dieses Turnier war für mich die größte Überraschung im Fußball", sagte er. Daraufhin erzählte ich ihm, wie ich als Zwölfjähriger mit dem Ohr an einem Miniradio klebend miterlebt hatte, wie Ajax 1995 in Tokio den damals noch Weltpokal genannten Wettbewerb im Elfmeterschießen gewonnen hatte. Es war für mich einer der freudigsten Momente in meinen Leben, als wir 2019 selbst Klub-Weltmeister wurden.

Matchday. Mir schien, als würden sie jedes Mal, wenn sie gegen uns antraten, Wind und Regen bestellen. Kurz bevor wir zu unserem traditionellen Spieltagsspaziergang aufbrachen, erklärte ich Luis: „Heute wirst du ein echtes Premier-League-Spiel erleben." Milner, der neben ihm stand, nickte und lachte. Wir unterhielten uns und beschlossen, dass wir, falls wir den Münzwurf gewannen, die erste Halbzeit mit dem Wind spielen wollten, um den Vorteil auszunutzen. Wie immer sprach ich mit James alle Vor- und Nachteile durch, bevor wir die Entscheidung fällten. Es gibt niemand Besseren, um solche Dinge gemeinsam abzuwägen. Finale Nummer 24 endete für uns mit einem 1:0-Sieg in Burnley. „Heute haben wir uns unser Geld echt verdient", war das Erste, was die Jungs sagten, als sie in die Kabine zurückkehrten. Thiago sorgte in der zweiten Halbzeit für die „Kontrolle". Naby war ganz hervorragend, wenn er den Ball hatte. Unsere neue Aufstellung für den Kampf um den zweiten Ball sorgte dafür, dass wir immer in ihrer Hälfte blieben. Wunderbar!

Für das Tor – wieder eines nach einer Ecke – machte Sadio den ersten Kontakt mit einer Kopfballvorlage in den Fünfmeterraum und Fabinho netzte ein. Schon wieder Fabinho! Seit wir ihn als sechsten Spieler in den Strafraum gestellt haben, hat er dreimal getroffen. Die neue Aufstellung wirkte Wunder! In den vorangegangenen fünf Spielen haben wir über Standardsituationen viel Druck aufgebaut. Das hatten wir auch nötig, um die Aufholjagd fortzusetzen. Genau so mussten wir es machen, wenn wir in diesem Jahr noch ein paar Wettbewerbe gewinnen wollten.

Woche 30

Jagen wie ein Wolfsrudel

Champions League im Februar, Auswärtsspiel in Italien. Was könnte es Besseres geben in dieser Phase der Saison? Es ist der interessanteste Wettbewerb von allen, man misst sich mit den besten Mannschaften Europas. Da will man unbedingt dabei sein. „Mit einer Standardleistung kann man gegen diese Mannschaften nicht bestehen“, sagte Jürgen zu Beginn der Mannschaftssitzung. „Inter Mailand ist dafür zu stark, sie haben absolute Gewinnerqualitäten, das Gewinner-Gen. Aber sie sind es nicht gewohnt, gegen uns zu spielen, sie sind unseren Rhythmus nicht gewohnt.“ Am entscheidendsten war daher für uns, das Spiel schnell zu machen: schnelle Einwürfe, schnelles Wiederanlaufen, schnell ausgeführte Freistöße. Nach der Analyse war klar, dass wir sowohl in der Offensive als auch in der Defensive unsere beste Leistung abliefern mussten. Wir wussten, dass wir sie jagen mussten wie ein Rudel Wölfe. Wir durften sie nicht zu früh angreifen, mussten das Pressing gut vorbereiten, aber wenn wir loslegten, dann mit vollem Einsatz und alle gleichzeitig. Als Rudel. Wir mussten auf die richtigen Momente warten, denn wir wussten, dass sie versuchen würden, mutig zu spielen. Und zu früh anzugreifen bedeutete auch, viel zu laufen – zu viel zu laufen. Wer sollte für uns mit dem Pressing beginnen? Derjenige, der den Auslöser erkennt, sollte anfangen. „Du siehst – du gehst!“, riefen wir immer wieder während dieses Trainings. „Vorbereiten! Verdichten! Gehen und folgen!“

Wenn sie in der Offensive sind, spielen sie den Ball oft in die Dreierkette zurück, selbst wenn sie den Gegner überspielt haben; sie fangen immer wieder von vorne an und versuchen, in Ballbesitz zu bleiben. Wenn sie unsere erste Pressinglinie durchbrochen hatten, zogen sie sich zurück und wiederholten das Spiel, bis wir passiv wurden. Das war typisch für Inzaghi. Natürlich würde es schwer werden, sie mit der nötigen Intensität unter Druck zu setzen, um ihnen Probleme zu bereiten, wenn sie mehr Ballbesitz hatten als wir. Der Ball und das Pressing sind wie Zwillinge. Genau das ist der Grund, warum wir uns für Thiago und Harvey im Zentrum entschieden – wir brauchten den Ball und wir mussten geschickt mit ihm umgehen. Individuelle Klasse kombiniert mit unserem System. Sie waren gut organisiert und standen überall hervorragend, daher mussten wir offensiv in die Zweikämpfe gehen, um dafür zu sorgen, dass wir den Ball behielten, Räume fanden und diese mit der Geschwindigkeit von Mo, Sadio und Jota oder mit Querpässen zwischen Trent und Robbo nutzen konnten.

„Morgen Abend brauchen wir unser komplettes Arsenal an Verteidigungswaffen", sagte Jürgen am Ende der Mannschaftsbesprechung. „Es ist eine Herausforderung, für uns zu spielen, aggressiv gegen den Ball, aber mit Klasse, also müssen wir morgen ganz wir selbst sein. Im Fußball gibt es keine Geheimnisse. Man bekommt unser Geheimnis zu spüren, wenn man direkt vor uns steht und den Anpfiff hört: Intensität. Im Fußball hat man alles analysiert, nur nicht das Gefühl, das sich breitmacht, wenn man uns gegenübersteht."

Während der letzten Einheit im AXA-Trainingszentrum vor unserer Abreise nach Italien war es regnerisch und kalt. Tatsächlich fing es genau in dem Moment an zu regnen, als wir nach draußen gingen, und zwar so, wie es nur im Nordwesten Englands regnet: Der Regen kam senkrecht runter, wurde aber horizontal übers Land geweht. Es sah aus, als käme er aus allen Richtungen – genau wie Bobby, wenn er den Gegner unter Druck setzt. Ich ging rüber zu Vitor, Pete und Jürgen und sagte: „Ich liebe dieses Wetter, lasst uns loslegen!" „Was gibt's da zu mögen?", fragte Jürgen gut gelaunt. „Warum sagst du so was?" „Es ist so kalt, dass die Spieler im Training gar nicht stillstehen können", antwortete ich, „sie werden sich zwangsläufig bewegen!" Wo wir gerade über den Trainerstab sprechen: In unserer Trainer-WhatsApp-Gruppe „Diamond Dogs" – ja, Ted Lassos Name für seine Mitarbeiter im Hintergrund ist auch der Name unseres

Gruppenchats – ging es in diesen Tagen hoch her. Mona organisierte wieder eine Dinnerparty. Das sind die besten. Sie enden damit, dass alle singen und tanzen, aber vor allem führt man immer ein paar wirklich gute Gespräche. Am Samstag nach dem Heimspiel gegen Norwich war es wieder so weit. Nach der ganzen Pandemiezeit konnten wir es alle kaum erwarten.

Am Dienstagnachmittag machten wir uns auf den Weg nach Mailand. Der Flug war von unserem Reiseteam wieder einmal perfekt organisiert worden. Philip Holliday hat wieder mal großartige Arbeit geleistet, keinerlei Wartezeiten, einfach einsteigen und so schnell wie möglich wieder unseren Geschäften nachgehen. Als wir landeten, hörten wir ein Statement von Pep Guardiola, der sagte, dass Liverpool für City ein wahrer „Plagegeist" sei. Wunderbar! Wenigstens spürte er unseren Atem.

Am Spieltag beschlossen wir, entgegen unserer Planung nicht direkt nach dem Match nach Hause zu fliegen, sondern noch eine Nacht zu bleiben. Es stürmte gerade in Liverpool und wir wollten kein Risiko eingehen, lieber auf Nummer sicher gehen. Die Jungs sind glücklich, können besser schlafen und sich nach dem Spiel vielleicht sogar ein Bier genehmigen.

Am Abend kamen wir im San Siro an, dem Koloss. „Habt ihr die Aufstellung gesehen? Keine Überraschungen", sagte Jürgen mit einem Blick auf Inters Spielberichtsbogen. „Bei den wirklich guten Mannschaften gibt es nie welche", entgegnete ich. Ich ging zu Virgil und Ali auf den Massageliegen und erklärte ihnen noch mal, worauf es ankam. „Wir vertrauen unseren Jungs", sagte Virgil. Genau so sollte ein Anführer reagieren.

Für uns wurde es ein vergnüglicher Abend. Er endete mit einem 2:0-Auswärtssieg gegen den italienischen Meister in der K.-o.-Phase der Champions League. Wir sahen an diesem Abend, wie eine Bank ein ganzes Spiel drehen kann. Wir waren effizient, was in dieser Phase der Saison immer ein gutes Zeichen ist. Zu

Beginn der zweiten Halbzeit übten sie hohen Druck auf uns aus, sie griffen uns intensiv über unsere rechte Seite an. Dann kamen Perisic und Dzeko ins Spiel. Wir mussten wieder mehr Kontrolle über das Spiel erlangen, und das erreichten wir, indem wir noch vor der 60. Minute Hendo, Naby und Luis einwechselten. Sie hielten den Ball in den eigenen Reihen. Nach der Halbzeitpause war auch Bobby von der Bank gekommen, der mit einem Kopfball nach einer Ecke das erste Tor erzielte. Für den zweiten Treffer sorgte wenig später Mo mit einem schönen Abschluss im Strafraum. Für Jürgen war es der 50. Champions-League-Sieg – eine Erfolgsmarke, die nicht viele Trainer erreichen. Und für Milner war es das 800. Spiel seiner Karriere.

Am Freitagmorgen waren wir wieder in Liverpool. Wisst ihr, was für mich der beste Augenblick in der Woche ist? Wenn wir nach einem Spiel mit Jürgen in seinem Büro sitzen und fünf Minuten über das sprechen, was gut war, was schlecht war und was wir besser machen können, und dann weitermachen. Einen Strich unter alles ziehen und dann einfach weitermachen.

Ich glaube nicht, dass der Wind in Kirkby je so kräftig war wie an diesem Tag. Sogar die teuren Windnetze hatten zu kämpfen. Um ehrlich zu sein, ich hatte Angst, als ich hinausging und sah, wie die Flutlichtmasten hin- und herwankten. Der Sturm fegte über ganz England und Nordeuropa hinweg, was bedeutete, dass unsere Gegner aus Norwich mit dem Bus und nicht mit dem Flugzeug anreisen würden.

Wenn wir auf unsere Art gegen sie spielen wollten, mussten wir die Mannschaft umstellen und mehr Energie freisetzen. Wir brauchten Frische, aber so einfach ist das nicht, die Mannschaft ist ja kein Obstsalat, sie braucht den Zusammenhalt. Wir mussten auf den Punkt genau spielen. Es braucht Zeit, um das richtige Gleichgewicht, die richtigen Spielpartner zu finden, aber als wir unsere Lösung ausgeknobelt hatten, waren wir beruhigt.

Es war verrückt, wie viele Spiele wir absolvierten und wo wir dafür überall hinreisten. Wir brauchten unseren Kader – und zwar den ganzen. Ich war bereits müde. Man stelle sich also vor, wie es erst den Spielern gehen musste, die nur 40 Stunden zuvor 95 Minuten gegen eine starke Inter-Elf im San Siro auf dem Platz gestanden hatten. Für Norwich war das ein ziemlicher Vorteil. „Sie werden alles versuchen, ohne dass sie fürchten müssten, etwas zu verlieren." Mit diesen Worten leitete Jürgen die Mannschaftsbesprechung ein. Wir hatten vier unglaublich schnelle und taktisch gute Innenverteidiger, und gegen Norwich wollten wir drei von ihnen einsetzen. Joe hatte in dieser Saison noch nicht viel gespielt, aber er würde ohne Weiteres in jeder anderen englischen Top-Sechs-Mannschaft klarkommen. Für mich ist er unser bester offensiver Innenverteidiger. Wir wollten ihn anstelle von Trent bringen, dem wir vor dem Spiel gegen Leeds und dem Finale in Wembley zwei Tage freigegeben haben. Er musste frisch und fit sein, um ein wichtiges Spiel noch einmal für uns zu entscheiden.

Jeder kämpfte in diesem Moment um etwas: darum, in den Kader zu kommen, in der Startelf zu stehen, eingewechselt zu werden, in der Mannschaft zu bleiben und so weiter. Es war unglaublich, wie viel Qualität uns zur Verfügung stand. Das ist der Unterschied zwischen einer Mannschaft, die um die ersten vier Plätze spielt, und einer, die das nicht tut. Ich hatte den Eindruck, dass dieser letzte Ansporn uns noch einmal entscheidend weiterhalf. „Wir sind das, was wir aus dem machen, was wir lernen", sagte Jürgen zu mir und Vitor im Titanic. Da muss ich ihm voll und ganz recht geben.

Am Morgen vor dem Spiel eröffnete Jürgen die Mannschaftsbesprechung mit den Worten: „Die Herausforderung für einen Fußballer, die Herausforderung für einen Fußballer in einem großen Verein, die Herausforderung für einen Fußballer in einem großen Verein, der um vier Titel kämpft, ist es, jedes Spiel als ein besonderes Spiel zu betrachten. Das ist die Krux. In Burnley war es windig und es hat geregnet, und wir haben mit einer sehr reifen Leistung darauf reagiert. Danach kam das großartige Champions-League-Spiel gegen Inter im San Siro. Wir müssen aus jeder Partie, in die wir gehen, das Beste machen. Das ist nicht leicht, aber wir helfen euch dabei, indem wir sieben Änderungen vornehmen und die volle Stärke unseres Kaders ausnutzen. Gestern haben wir trainiert – das war ein viel wichtigeres Meeting als das heutige. Ich möchte, dass wir wild, aber organisiert spielen. Wenn wir das tun, ist die Chance, ein besonderes Spiel abzuliefern, sehr hoch." Als wir das Titanic verließen, flüsterte Mo Ox zu: „Ich werde dir damit heute Nachmittag ständig in den Ohren liegen: nicht umschalten, behalte ihn in unserem Dreieck."

Finale Nummer 25 endete mit einem 3:1-Heimsieg für uns – mit drei Toren vor der Kop. „Im Leben geht es darum, Schwierigkeiten zu meistern", sagte Jürgen direkt nach dem Spiel. An diesem Tag haben wir genau das getan. Die Jungs brauchten ein wenig Unterstützung bei der strukturellen Umstellung, aber wir haben es geschafft. Wir hatten 29 Chancen gegen ein tief verteidigendes Norwich City. Wir haben von überall aufs Tor geschossen. Ein gutes Zeichen für eine hervorragende letzte halbe Stunde ist, wenn die vorderen drei Spieler alle ein Tor erzielen. Kurz vor der 60. Minute stellten wir auf ein offensives 4-4-2 um und brachten Thiago und Divock für Naby und Ox ins Spiel. Als Thiago nach dem Spiel zum Essen kam, sagte Vitor zu ihm: „Kennst du schon die Schlagzeile zur heutigen Partie? Sie lautet: ‚Wie man ein Spiel in 30 Minuten gewinnt.'" Sein Lächeln hätte nicht breiter sein können. Was für einen Einfluss er hatte! Von ihm geht jeder Angriff aus, der Ball kommt bei ihm immer in die richtigen Räume oder zu den richtigen Spielern. Wir haben die Mannschaft umgestellt, unseren kompletten Kader genutzt und die richtigen Spieler geschont. Und dabei einen souveränen Sieg eingefahren. Und Luis hat sein erstes schönes Tor vor der Kop geschossen. Hendo hat mit seinem Pass neun Gegner überspielt und Luis vor Angus Gunn an den Ball gebracht. Ali brachte Mo mit seinem ersten Assist in dieser Saison ebenfalls vor Gunn an den Ball. Wenn dein Torwart anfängt, Vorlagen zu geben, weißt du, dass die ganze Mannschaft zusammenspielt. Dem Tor von Luis gingen übrigens 34 Pässe voraus, die höchste Anzahl an Pässen des FC Liverpool seit Beginn der Opta-Erfassung im Jahr 2006 und die höchste in der Premier League in der laufenden Saison. Es gibt kein besseres Beispiel, um zu zeigen, wie man die komplette Breite des Spielfeldes nutzen, die Räume in der gegnerischen Hälfte öffnen und im Zentrum angreifen kann.

Nach dem Spiel fuhr ich mit Vitor zu Monas Dinnerparty. Im leeren Stadion hatten wir uns noch die Begegnung City gegen die Spurs bis zur 70. Minute angesehen, bevor wir uns auf den Weg machten. Zu diesem Zeitpunkt stand es 2:1 für Tottenham. Im Auto war das Radio laut gedreht und die Stimmung ausgelassen. City hatte schon so viele Spiele noch spät gedreht, da war noch alles möglich. Manchmal ist es sogar besser, ein Spiel nur im Radio zu verfolgen, statt es anzusehen, dann sieht man nicht, wie nah eine Mannschaft dem Tor ist. Der Ausgleich fiel, 2:2. Dann begann die Nachspielzeit. Und am Ende stand es 3:2 – für Tottenham. Unglaublich! Genau der richtige Moment, um auf eine Party zu gehen. Wie gesagt, sie spüren zumindest unseren Atem.

„GEGENPRESSING IST KEIN VORSCHLAG – ES IST EIN GEBOT!“

Woche 31

„Wir haben es geschafft!"

Zu Beginn der Woche studierte ich eine Statistik. Virgil hatte während seiner gesamten Karriere bislang nur ein Ligaspiel in Anfield verloren – und das war zu der Zeit, als er noch für Southampton spielte. Was für eine Leistung! Am Abend vor unserem Match gegen Leeds schickte ich ihm ein Video mit seinem Kopfballtor, das er am ersten Spieltag der Saison 2020/21 gegen sie in Anfield erzielt hatte. Seit wir ihn zu uns geholt haben, ist er ein enorm wichtiger Impulsgeber für uns. „Die Akademie und neue Impulsgeber, darin müssen wir investieren", sagte ich, als ich in Jürgens Büro saß. Wir müssen erstklassige Spieler kaufen und gleichzeitig auf unseren Nachwuchs zurückgreifen. Das ist der Weg, den Liverpool gehen muss. Ein gutes System verschafft einem immer gewisse Freiheiten. Das ist es, was die Jungs wollen: dominanten Fußball spielen und Freiheiten genießen. Das ist es, wovon wir als FC Liverpool träumen: wie Cruyffs Dream-Team zu spielen und wie eine rote Maschine zu verteidigen, die wie der Teufel über den Platz jagt. Deshalb wollen wir so viele offensive Spieler auf dem Feld haben. Während des Trainings rufen wir oft: „Jeder muss einmal den Ball berühren, bevor ein Tor fallen darf!" Deshalb ist es besonders cool, dass bei unserem dritten Treffer gegen Norwich genau das passiert ist – ich hätte nicht stolzer sein können. Das hatte ein bisschen was von Cruyffs „totalem Fußball". Bring einen deutschen Sacchi-Fan und einen niederländischen Cruyff-Fan zusammen und sie entwickeln ein Monster! Jürgen hat das so oft gesagt.

Wir mussten sicherstellen, dass wir in unserem Spiel so oft wie möglich mit einfachen Pässen das Tempo anziehen; das verändert die Situation und führt dazu, dass der Gegner sich bewegt. In dieser Hinsicht hatten wir uns im Laufe des Jahres stark verbessert, mit einem besseren Stellungsspiel und einer kollektiven „Wir wollen den Ball und wir wollen ihn schnell spielen"-Einstellung. Wir standen besser zueinander in einfachen Dreiecken und konnten den „freien Mann" viel leichter finden oder in Szene setzen. Wir zeigten guten Fußball in Anfield, sowohl in taktischer Hinsicht als auch als überzeugende Leistung der kompletten Mannschaft. Taktisch verbesserten wir uns fortwährend, weil wir die Mannschaft immer wieder daran erinnerten, die Schlüsselzonen in der Breite und in der Tiefe zu besetzen, in den Innenräumen flexibel zu sein und trotzdem dicht beieinanderzustehen. Wir haben versucht, mit unserer Flexibilität beim Gegner Verwirrung zu stiften. Das gab uns die Möglichkeit, das Spielfeld zu öffnen und den Gegner zu überspielen, zu provozieren oder aus dem Gleichgewicht zu bringen. Unsere Spieler gestalteten so viele dieser Momente gemeinsam, und es ist ihr Verdienst, dass wir in dieser Saison so dominant waren. Die besten Mannschaften entstehen immer aus einer Kombination von System, Talent und positiver Energie. So gaben wir unseren drei Spielern in der Spitze in dieser Saison beispielsweise viel mehr offensive Freiheiten, und sie haben sich dadurch alle bestens entwickelt. Man muss sich nur einmal ihre Statistiken ansehen. Das Gute daran ist, dass das überhaupt keine Auswirkung auf unsere Defensivstrategie mit dem hohen Pressing hatte. Ich muss sogar sagen, dass sich meiner Meinung nach auch das verbessert hat.

Ich bat Dan, mir die Statistiken zu besorgen, und er überraschte mich. Zu diesem Zeitpunkt der Saison hatte unsere Mannschaft in der Premier League 301 erfolgreiche Ballrückeroberungen durch Gegenpressing erzielt, während Man City, das Team, das an zweiter Stelle stand, es auf 242 brachte. Das war ein deutliches Zeichen dafür, dass all unsere Spieler extrem engagiert waren, das Richtige zu tun. Die Veränderungen, die wir in der Vorsaison vorgenommen hatten, zeigten Wirkung; unsere Gegner hatten einen Weg gefunden, unsere erste Pressingphase zu überspielen, und wir mussten uns umstellen. Offensiv wollten wir, dass unsere vorderen drei Spieler den Raum bespielten und sich nicht an ihre Position klammerten, was bedeutet, dass sie ständig nach den entscheidenden Lücken suchen sollten, um die letzte Linie des Gegners zu durchbrechen. Wir wollten mit einer kompletten falschen Sturmreihe ein ganz neues Niveau erreichen. Freiheit – Überraschung – Chaos! Sie benötigten diese Freiheit, um die Räume aufzuspüren, die man auf einer Taktiktafel nicht darstellen kann. Wenn ihnen das während der Trainingseinheiten mit dem richtigen Timing gelang, verfestigte sich bei uns der Eindruck, dass wir zu jedem beliebigen Zeitpunkt eines Spieles ein Tor erzielen konnten. Jürgen bezeichnete das als organisiertes Chaos. Es ist organisiert, weil sich die anderen ständig auf unsere Spieler einstellen und so dafür sorgen, dass wir bei Ballverlusten nah genug an ihnen dran sind. Der einzige Aspekt, für den man eine dauerhafte Lösung finden muss, ist die Verteidigung. Wir brauchen „Respekt vor den 30 Prozent" der Spielzeit, in denen wir nicht in Ballbesitz sind. In diesem Punkt wollen wir uns von den anderen Premier-League-Mannschaften unterscheiden. Unsere besten Offensivspiele waren immer von einer noch viel besseren Verteidigung geprägt. Das war einfach so – es war alles sehr flüssig. Im Grunde genommen haben wir versucht, jeden Tag die Unberechenbarkeit der Mannschaft zu steigern und sie in diesem Punkt beständiger zu machen, indem wir sie dazu anhielten, besser zu verteidigen. In Spiel Nummer 25 hatten wir die meisten Torchancen der ganzen Liga – eine Statistik, die Manchester City mehr als sieben Jahre lang dominiert hatte.

Wir bereiteten uns auf Leeds und unsere nächste Herausforderung vor. Unsere Philosophie ist immer gewesen, aus dem nächsten Spiel ein besonderes Spiel zu machen. Mit der Zeit und mit dieser Einstellung würde dadurch auch aus unserer Mannschaft eine besondere werden – Spiel für Spiel, Training für Training. Normalerweise achten wir bei den Aufstellungen darauf, nur einen Spieler pro Reihe oder pro Dreieck auszutauschen. Wir sind bei unseren Wechseln absolut konsequent, was es leichter macht, diesen Prozess zu kontrollieren. Aber die intensiven Spielphasen, die wir jetzt durchliefen, erforderten umfangreichere Veränderungen. Und wenn wir Jungs von der Bank brachten, dann kamen sie, um es allen richtig zu zeigen. Das hat unsere Mannschaft in den letzten Spielen bewiesen. Sie mussten darauf vertrauen, dass ihr Moment kommen würde, wie beim Boxen: Man bereitet sich sehr lange vor, und wenn die Zeit gekommen ist, schlägt man zu. Jetzt war für Robbo, Trent und Fabinho die Zeit gekommen, genau das zu tun: zuzuschlagen. Vor dem Spiel gegen Leeds bereiteten wir sie mit sehr intensiven Übungen vor, weil es gut für sie war zu trainieren, eine gewisse Körperspannung aufzubauen und wieder viele schnelle Entscheidungen zu treffen. Beim FC Liverpool muss man jeden Tag auf sehr hohem Niveau trainieren, weil das Tempo im Training viel höher ist als in den meisten Spielen. Kurz vor Beginn des Trainings äußerte sich Jürgen lobend darüber, wie die Truppe mit der hohen Anzahl an Spielern umgeht, die der Mannschaft zur Verfügung stehen.

Jürgen eröffnete die Mannschaftsbesprechung im Titanic Hotel am Spieltag folgendermaßen: „Ich denke mir diese Geschichte nicht aus, Jungs … Pep und ich spielen sehr oft Padel-Tennis und sind beide etwa auf dem gleichen Niveau. Pep ist vielleicht ein bisschen besser als ich, aber im Grunde genommen sind wir gleich gut. Ganz oft ist es so, dass einer von uns 5:0

führt. Aber dann, wir wissen gar nicht, wieso, ändert sich der Spielstand auf 5:1, dann 5:2 und plötzlich denkt man über das Ergebnis nach. Natürlich weiß ich es besser, aber ich kann es nicht immer verhindern, also sage ich mir: Denk nicht über das Ergebnis nach, spiel einfach auf den nächsten Punkt hin. Oft kommt es noch zum 5:5-Ausgleich, ehe derjenige, der vorne lag, am Schluss trotzdem 7:5 gewinnt. Dann fragen wir uns: warum? Was ist da im Kopf passiert? Was ich damit sagen will, ist: Im Moment steht es ganz offensichtlich immer noch 5:4 für City, aber ihr solltet über nichts anderes nachdenken als darüber, unseren Fußball zu spielen, ihr solltet bereit sein, Probleme anzugehen und die richtigen Entscheidungen zu treffen. Seid das Team, das vor Energie und Willensstärke nur so strotzt. Nichts hat sich geändert, Jungs, nichts. Seid die unangenehmste Mannschaft, gegen die man spielen kann. Das wahre Rennen beginnt jetzt. Also, auf, seid ihr selbst." Als wir an diesem Abend nach Anfield kamen, warteten unglaublich viele Fans auf den Bus. Man konnte in ihren Augen sehen, dass sich etwas verändert hatte. Das sind die Momente, die ich am Fußball am meisten liebe, wenn man den Menschen ansieht, wie viel es ihnen bedeutet. Wir konnten den Rückstand auf City um drei Punkte verkürzen, und jeder wusste das.

Und genau das taten wir. Finale Nummer 26 war ein Statement an die Welt da draußen. Wir schlugen Leeds im Heimspiel mit 6:0. Wow, was für eine Partie! Wir spielten 95 Minuten höchst konzentriert. Am Ende hatte Leeds nicht einmal mehr den Ball im Blick, sondern nur noch unsere Spieler. Zur Halbzeit führten wir bereits 3:0, wobei einer unserer Treffer durch einen dieser klassischen Läufe von Joel aus der Tiefe vorbereitet wurde, den er auch selbst machte, nachdem der Ball nach einem Pass zu Mo wieder zu ihm zurückkam. Unglaublich! In der ersten Halbzeit spielten wir richtig gut, hatten 13 Torchancen und

Leeds kam nicht auf eine. Dennoch erinnerte Jürgen die Jungs in der Halbzeitpause daran, dass das Spiel noch nicht vorbei war. Erst kürzlich hatte Leeds das in einer Partie gegen Aston Villa wieder unter Beweis gestellt, bei der sie nach einem 1:3-Rückstand am Ende noch einen Punkt einsackten. Wir waren zu routiniert, um so etwas zuzulassen, und unsere Mentalität verbat uns, ihnen etwas zu schenken, daher gingen wir noch auf ein viertes Tor. Abgesehen von Joel trafen bei diesem Spiel Mo und Sadio je zweimal und Virgil einmal. Wie schon gesagt: Es war einfach nur wow!

Danach ging es direkt weiter mit der Vorbereitung auf das Pokalfinale. Auf dem Weg nach Wembley zählte jede Sekunde, denn wir hatten nur zwei Tage Zeit, um uns auf das Match vorzubereiten. Nach dem Spiel gegen Leeds hatten wir unsere Jungs mit einem freien Tag überrascht, den sie bitter nötig gehabt hatten. Beim Pokal ging es immer um den Weg, und dass der für uns im Finale endete, war etwas ganz Besonderes. Ich hatte den Eindruck, geistig rund um die Uhr mit dem Spiel beschäftigt zu sein. Weil es ein Finale war, weil es in Wembley stattfand und vor allem, weil es gegen Chelsea ging und wir ihrer Art, die freien Räume zu nutzen, etwas entgegensetzen mussten. Im Heimspiel hatte unser Pressing gegen sie so gut funktioniert, weil wir sie überrascht hatten. Die Jungs hatten unseren liebsten Trainerspruch wörtlich genommen: Jagt sie über den ganzen Platz. Unser Pressing musste unvorhersehbar sein, wir mussten aus Richtungen kommen, aus denen sie uns nicht erwarteten. Denn wenn wir vorhersehbar spielten, wäre es für sie ein Leichtes, die freien Räume zu finden und ihre technisch brillante schnelle Dreierkette in Szene zu setzen. Sie waren einfach zu gut, als dass uns Vorhersehbarkeit bei ihnen weiterbrächte, vor allem, weil fünf ihrer Spieler unsere hintere Kette anlaufen würden. Wenn diese Spieler den Ball vor unser Tor bekamen, wurde es unkontrollierbar. Auch diesmal würden wir uns etwas einfallen lassen müssen, um sie zu überraschen – diesmal in Wembley. Ich wusste, dass wir dank unserer Intensität dazu in der Lage waren, aber es würde nur funktionieren, wenn wir ein gutes Gleichgewicht zwischen Ballbesitz und Pressing hinbekämen. Der Trick bestünde darin, es nur über 40 Prozent der Spielzeit tun zu müssen, dann aber richtig. Unsere Pressingdynamik musste perfekt sein und wir durften nicht zu oft darüber nachdenken, was hinter uns passiert. Es musste ein wildes Spiel werden, kein Schachspiel – Schach eignet sich meiner Meinung nach ohnehin nicht zum Vergleich, wenn es um die Zukunft des Fußballs geht. Wir würden diszipliniert und kompakt spielen und dabei unsere Prinzipien und Ideen umsetzen müssen, dann könnte uns genau das gelingen, was unser Ziel war: Chaos stiften. Die Taktiktafel sollten wir zu Hause lassen, denke ich.

Wir berieten uns mit unseren Analysten und kamen darin überein, dass ein offensiv ausgerichteter Neuner und offensiv ausgerichtete Achter für das Spiel entscheidend sein würden. Nachdem wir zweimal gegen sie gespielt hatten, kannten wir Chelsea inzwischen besser, ihre Stärken und Schwächen waren uns vertraut. „Nachdem wir uns beide Spiele noch einmal angesehen haben, ist die gute Nachricht, dass wir uns immer noch verbessern können", sagte Jürgen nach dem Meeting. Wir waren alle der Ansicht, dass Chelsea im Hinblick auf das Spiel zwischen den Linien die beste Mannschaft der Premier League ist. Außerdem spielten sie am besten mit einer Überzahl aus dem Rückraum. Dementsprechend mussten wir ihre „Linien" und ihre „Überzahl" aushebeln, indem wir unseren Stürmer und unsere Mittelfeldspieler gegen Thiago Silva, N'Golo Kante und Mateo Kovačić in die Zweikämpfe schickten. Wir würden versuchen, diese drei aus dem Spiel zu nehmen und so die Wege zu ihren kreativen Spielern zu kappen. Oft sind die mutigen, aber einfachen Lösungen die besten, um ein Spiel zu kontrollieren. „Entschuldigung, es tut mir leid!“, platzte es während der Mannschaftsbesprechung am Samstagnachmittag kurz vor unserer Abreise nach London wie aus dem Nichts aus Jürgen heraus. „Bei uns müssen die Offensivspieler sehr viel tun – wirklich sehr viel. Und morgen müsst ihr noch einmal auf einem ganz anderen Niveau zusammenarbeiten. Allerdings spreche ich mit der besten Mannschaft der Welt, das heißt, ich muss nicht extra betonen, dass ihr ihr Pressing überspielen müsst.“

Jürgen und ich sprachen noch mal über unsere letzten beiden Spiele gegen Chelsea und es war klar, dass wir es wieder sehr mutig angehen mussten. Ich schlug vor, dass wir uns nicht das letzte Spiel gegen Chelsea ansahen, sondern das taktische Resümee unserer Analysten von unserem Heimspiel gegen Chelsea zu Beginn der Saison. Jürgen lud es sich auf sein iPad und wir sahen es uns an …Wir würden zwei oder drei Dinge in Sachen Dynamik korrigieren müssen, wodurch wir noch unberechenbarer würden. Am wichtigsten war dabei, ihre Linien aufzubrechen und uns aus den Überzahlsituationen zu befreien.

Der Tag des Finales war endlich gekommen. Die Sky-Reporter vor Ort versuchten, uns ein paar Fragen zu stellen. Die Sonne schien, das war ein gutes Gefühl. Ich machte ein Foto von Jürgen, wie er auf das Spielfeld deutete, um es Warren zu schicken. Wir scherzten: „So sollte ein Spielfeld aussehen!“ Ich spürte an diesem Morgen den Ehrgeiz, die Überzeugung. Ich fühlte, dass wir es wirklich wollten, dass wir bereit waren. Jürgens letztes Statement vor dem Spiel: „Es fühlt sich heute anders an. Die Fans trinken früh ein Bier, unsere Familien fliegen ein. Was das Gewinnen angeht, so unterscheidet sich dieses Spiel jedoch nicht von anderen – wir müssen die Dinge tun, die wir immer tun.“ Es sollte ein besonderer Tag werden. Ein Finale im

Wembley-Stadion, bei dem wir unseren ersten gemeinsamen Ligapokal gewannen. Wir waren wieder im Geschäft. Der FC Liverpool war wieder im Geschäft.

Wir mussten kurzfristig noch eine Änderung an der Aufstellung vornehmen, nachdem sich Thiago beim Aufwärmen verletzt hatte. Als wir in die Kabine zurückgingen, erzählte er uns, dass er seine hintere Oberschenkelmuskulatur spüre, aber er wollte trotzdem unbedingt spielen. Ich schnappte mir Jürgen und wir diskutierten auf dem Flur. Wir beschlossen, mit Naby zu spielen, um kein Risiko einzugehen. Thiago war in Tränen aufgelöst, trotz all der Titel, die er in seiner Karriere bereits gewonnen hatte. Er wusste, dass ein Endspiel in Wembley für Liverpool eine große Sache war. Naby brauchte 15 Minuten, um ins Spiel zu kommen, aber dann diktierte er die Partie auf eine Weise, wie nur er es kann. Dass es in diesem Spiel auch nach 120 intensiven Minuten noch 0:0 stand, war wirklich ein Wunder. Es hätte auch 5:5 stehen können. Die Fahne war mehrmals oben und sogar der VAR entschied zu unseren Ungunsten, als wir dachten, Joel hätte uns in Führung gebracht.

Unser „kleiner Plan“ mit dem Pressing hoch auf dem Platz und im Mittelfeld schnitt ihnen tatsächlich die Wege zu ihren drei Spielern an der Spitze ab. In der ersten Halbzeit lag unsere Ballbesitzquote bei 61 Prozent, und während der restlichen 39 Prozent der Spielzeit konnten wir das Chaos stiften, das wir uns vorgestellt hatten. Klasse! Die Momente, in denen Kante und Kovačić sich befreien und vorrücken konnten, ließen sich an einer Hand abzählen. Hendo und Naby hielten sie gut in Schach. Dass sie dennoch ein paar Angriffe einleiten konnten, ist auf technische Fehler unsererseits zurückzuführen oder auf Situationen, in denen wir in unseren Aktionen hätten klarer sein müssen. Thomas Tuchel verwandelte die Partie in ein Schachspiel, als er die frischen Timo Werner und Romelu Lukaku ins

Spiel brachte und auch Alonso nach vorne schickte. Das höhere Tempo, die Überzahl und die Frische sorgten auf Trents Seite für Probleme, aber er lieferte trotzdem ein großartiges Defensivspiel ab. Jeder, der an seiner Abwehrleistung zweifelt, sollte sich dieses Spiel noch einmal ansehen. Wir mussten clever reagieren und wechselten Joel gegen Ibou aus, um unsererseits neue Energie auf die Seite zu bringen, außerdem wiesen wir Fab an, sich in unsere letzte Reihe fallen zu lassen, als die Lücken zwischen Virgil und Ibou zu groß wurden.

Kelleher, der sich erst relativ spät in seiner Karriere als Torwart etablierte, ließ noch einmal seine alten Stürmerqualitäten aufblitzen, als er beim abschließenden Elfmeterschießen seinen Elfer verwandelte. Den entscheidenden Elfer zu schießen, muss das ultimative Gefühl in einem Finale sein. Als Naby zu mir kam, um mir den Pokal zu überreichen, und die Jungs anfingen zu winken, war das ein ganz unglaublicher Moment für mich. Ich trug den Pokal zu den Fans, und einige wenige Sekunden lang war das mein Moment. Ich brauche nicht mehr als das. In diesen wenigen Sekunden blickte ich mit dem Pokal in der Hand in die Augen unserer Fans. Das hat mir so viel bedeutet.

Wir feierten in der Kabine, und ausnahmsweise konnten wir sofort mit ein paar Bier auf den Erfolg anstoßen.

Als wir wieder im Bus saßen, rief Mike Gordon an. „Wer hat bloß die Abseitsregel erfunden?“, fragte Jürgen ihn lachend. „Herzlichen Glückwunsch – wir sind so aufgeregt!“, sagte Mike. „Ich erkenne keinen Unterschied zur Champions League“, fuhr Jürgen fort. „Wirklich überragend“, sagte Mike noch einmal. Jürgen erklärte ihm, dass uns die Elfmeterliste der neuro11-Jungs schon lange vorgelegen hatte, dass wir aber nur mit unseren ersten fünf Schützen ihren Vorgaben gefolgt waren. Für die nachfolgenden Kandidaten hatten wir Vorschläge berücksichtigt und Erläuterungen zu den Eigenschaften der anderen

Elfmeterschützen. Von da an hatten wir es ohnehin nicht mehr richtig in der Hand, das mussten die Jungs selbst entscheiden. Als sich Ibou zum Elfmeterpunkt aufmachte, fragte Jürgen mich sogar: „Der stand doch gar nicht auf der Liste, oder?" Zum Glück ist er gesprintet und hat den Ball mit Wucht reingedonnert. Er hatte nämlich ein paar Trainingseinheiten mit neuro11 absolviert und sie hatten ihm vor allem geraten, kraftvoller zu schießen. Zum Glück ist er diesem Rat gefolgt, denn Kepa war an seinem Ball dran gewesen.

Später auf dem Rückflug wurde ich emotional. Das Leben kann nicht besser werden, dachte ich. Wir haben dieses Spiel in Österreich gewonnen. Dort hatte im Juli alles angefangen. Wir waren alle sehr beseelt. Es war an der Zeit, den Moment zu genießen und stolz zu sein – stolz auf alle, die den FC Liverpool lieben.

Woche 32

Die Batterien wieder aufladen

Wenn der FC Liverpool einen Titel gewinnt, kennt die Freude und Begeisterung keine Grenzen, weil so viele Menschen ihr Bestes dafür gegeben haben. Deshalb versammelten wir die gesamte Belegschaft in der Sporthalle des AXA-Trainingszentrums für ein Gruppenfoto mit dem Pokal – und ich meine wirklich die gesamte Belegschaft. Alle hatten ein Lachen im Gesicht. Und Jürgen hielt eine Ansprache: „Das wird das eine Bild sein, das ich behalten werde. Es gab so viele unglaubliche Momente, aber dieses Bild werde ich behalten. Ich danke euch. Der Weg war hierbei das Wichtigste, und wir sind ihn zusammen gegangen." Mit anderen Worten: Der Wert eines Pokals bemisst sich immer an der Arbeit, die investiert wurde, um ihn zu bekommen. Das beste Foto vom Finale ist für mich allerdings eine Aufnahme, die zeigt, wie alle auf Kelleher zustürmen. Der Ausdruck auf ihren Gesichtern hat mich wahnsinnig glücklich gemacht, es war einfach nur schön, die Jungs, die ich mag und respektiere, so euphorisch zu sehen. Die Bilder von unserem Sieg werden in die Geschichte eingehen und dies ist dasjenige, das ich aufbewahren werde, weil es mich daran erinnert, dass wir alle elf Elfer versenkt haben, auch wenn Kepa in die anvisierte Ecke flog.

Zum Feiern blieb allerdings nicht viel Zeit, denn am Mittwochabend traten wir schon wieder gegen Norwich an, diesmal im FA Cup bei uns zu Hause in Anfield. Die Mannschaftsbesprechung am Spieltag eröffnete Jürgen mit den Worten: „Von unserer Aufstellung am Sonntag bleibt nur unser Kapitän auf dem Platz. Die restlichen Spieler wechseln wir aus zwei Gründen aus. Zum einen, ganz einfach, weil wir es können. Zum anderen, weil wir Norwich respektieren. Wir haben nach einem Hoch immer die richtige Einstellung gefunden, und das erwarte ich auch heute. Wir glauben, dass wir mit frischen Beinen zeigen können, wer wir sind. Seid ganz ihr selbst, geht stark ins Gegenpressing." Ich liebe diesen Teil des Coachings. Wenn man eine dominante Mannschaft haben will, muss man vor allem auf Gegenpressing setzen, nicht auf Ballbesitz oder fußballerisches Können. Deshalb ist unser wichtigstes Credo, dass Gegenpressing kein Vorschlag, sondern ein Gebot ist.

Die Jungs enttäuschten uns nicht. Wir gewannen 2:1 und zogen damit ins Viertelfinale ein. Wir versetzten Norwich einen Schock, von der ersten Minute an machten wir mächtig Druck, spielten sehr intensiv. Siegeswille und Qualität zeigten sich bei uns in einer guten Mischung, die beste Kombination im Fußball. Bei Spielen wie diesen, in denen viel gewechselt wird, sorgen unsere wichtigsten Waffen dafür, dass uns weder die Konzentration noch die Intensität verloren geht.

Wir hatten bereits eine extrem intensive Spielzeit hinter uns und es standen noch viele anstrengende Spiele bevor: West Ham, Inter, Brighton, Arsenal und jetzt, nach der FA-Cup-Auslosung der nächsten Runde, auch noch Nottingham Forest. Und das alles war das Programm vor der nächsten Länderspielpause. Ich war ja einiges gewohnt, aber das hatte noch mal eine neue Dimension: nonstop, ohne Pause gegen gute Gegner, und jedes Spiel musste gewonnen werden, wenn wir etwas erreichen wollten. Bill Shankly hat es einmal so ausgedrückt: Fußball auf höchstem Niveau zu spielen ist kein Druck, sondern eine Belohnung. Ich sage, das nehmen wir so an, und präzisiere: Druck ist die Belohnung für harte Arbeit. Man schaue sich zum Beispiel mal Mos Pensum an, der in einem Monat fünfmal 120 Minuten gespielt hat.

Es war das erste Mal, dass wir alle gemeinsam das Viertelfinale des FA Cups erreicht hatten, und natürlich das erste Mal, dass wir den Ligapokal gewonnen hatten. Unser Ziel war es, in dieser Saison die maximale Anzahl an Spielen zu bestreiten. Je mehr wir spielten, desto besser, denn das würde bedeuten, dass wir eindeutig auf dem Erfolgsweg waren. Allerdings wurde die Vorbereitung durch das enge zeitliche Korsett erschwert.

In der nächsten Zeit drehte sich alles um das Thema Erholung. Es ging darum, Beine und Geist zu entspannen, und darum, wer Ruhe braucht, wer wieder mitmachen kann und für wie lange. Die Erholungszeit ist genauso wichtig wie die Trainingszeit. Beides geht Hand in Hand. Das Training kann nur fruchten, wenn die Spieler begierig darauf sind, neue Informationen zu verarbeiten und zu spielen. Daher ließen wir diejenigen, die die ganzen 120 Minuten in Wembley auf dem Platz gestanden hatten, gegen Norwich pausieren. Mit Ausnahme von Robbo, der mich beim Aufwärmen fragte: „Bin ich der einzige Überlebende aus dem 120-Minuten-Spiel?" Ich antwortete ihm: „Ja, denn du bist unser einziger Linksverteidiger!" Allen anderen einen Tag freizugeben und das Spiel gegen Norwich aussetzen zu lassen, verschaffte uns Zeit, sie richtig zu trainieren, damit sie sich wieder konzentrieren und sich voll und ganz unserer Spielidee widmen konnten. Sie mussten den Fokus auf das richten, was wir erreichen wollten und wie wir es erreichen wollten, und dabei immer im Hinterkopf haben, dass jeder für alles verantwortlich ist, denn wenn man weiß, was als Nächstes geschieht, hat man einen Sekundenbruchteil mehr Zeit, kreativ zu sein.

Beim Training versammelte ich die Jungs um mich, kurz bevor wir damit begannen, an unserer hoch stehenden Abwehrkette zu arbeiten. Ich blickte Mo, Virgil und Trent tief in die Augen und sagte: „Mit dem Angriff gewinnt man Spiele, aber mit der Abwehrkette gewinnt man Meisterschaften. Das hat uns das Finale gegen Chelsea sehr gut vor Augen geführt. Wir sind gut, aber es gibt immer Luft nach oben, konzentrieren wir uns also jetzt darauf, unsere Abwehrkette gegen diese Weltklasseangreifer kompakt zu halten. Die hintere Kette passt sich der Ballbewegung an." Während ich weitersprach, dachte ich bei mir: Vielleicht bist du jetzt ein bisschen zu weit gegangen. Dann fingen einige Jungs an, in Richtung Mo zu lachen, aber Trent warf sofort ein: „Die Wahrheit tut weh, Jungs!" Er stand mir bei.

Der nächste Spieltag brach an, unser Gegner war West Ham. Bei unseren üblichen Spieltagsspaziergängen wurde es zunehmend rummeliger. Es sah ganz danach aus, als sei die Pandemie in England jetzt vorbei. „Toll, was für ein Team wir haben", sagte ich zu John, als die Jungs vor uns herjoggten. „Luis ist so eine Bereicherung", entgegnete er. Und damit hatte er absolut recht: Luis hat unser Spiel tatsächlich verändert. Milner unterhielt sich gerade mit Mo, als ein paar Leute aus einem Fenster auf der gegenüberliegenden Straßenseite ihnen zuriefen: „Ja, Mo!“ An der Art und Weise, wie die Menschen mit uns interagieren, kann man erkennen, wie die Saison für uns läuft.

Bei unserer Mannschaftsbesprechung eine Stunde und vierzig Minuten vor Anpfiff hielt Jürgen eine starke Motivationsrede vor den Jungs: „Wir haben eine interessante Woche hinter uns: ein emotionales Spiel in Wembley, ein FA-Cup-Spiel mit zehn Veränderungen in der Aufstellung, bei dem sich alle hervorragend geschlagen und tollen Einsatz gezeigt haben, und jetzt gehen wir in den dritten Wettbewerb in dieser Woche. Die Leute fragen mich nach dem Quadrupel, ich denke, sie wollen eine schöne Geschichte erzählen. Es stimmt, dass wir die einzige Mannschaft sind, die das schaffen kann, weil wir den Ligapokal gewonnen haben. Das Problem ist aber, dass dieser Anspruch unsere Einstellung, das jeweils nächste Spiel als das nächste Finale zu betrachten, zunichtemachen kann. Wenn alles gut geht, haben wir noch 21 Spiele vor uns, und das bedeutet 21 weitere Endspiele. Wie können wir eine solche Phase überstehen? Es gibt nur einen Weg: Wir müssen uns immer auf das jeweils nächste Spiel konzentrieren. Darin sind wir gut und das muss auch unbedingt so bleiben. Wir müssen immer darauf vorbereitet sein, dass Probleme auftreten können. Aber das ändert nichts daran, dass wir immer mit der höchsten Intensität spielen müssen. Wir wollen es nicht auf die leichte Tour, wir springen so hoch wir können. Das waren viele Worte, Jungs, aber sie zu verstehen ist nicht kompliziert. Halten wir uns dran. Schafft eine Atmosphäre im Inneren und erzeugt damit die Atmosphäre draußen.“

Und so ging es ins nächste Finale, Premier-League-Finale Nummer 27. Es endete mit einem 1:0-Heimsieg gegen West Ham. Um ehrlich zu sein, mit dem Ergebnis haben wir uns revanchiert, aber nicht mit unserer Leistung. Wir waren nicht wirklich schlecht, aber wir haben zu viele klare Chancen vergeben.

Wir wussten, dass es schwer werden würde, weil West Ham einfach sehr gut war. Nehmen wir als Beispiel die beste Möglichkeit, die sie in dem Spiel hatten, als sie tief aus ihrer Hälfte heraus bis hinter unsere letzte Kette liefen. Läufe wie diese mit so gutem Timing gibt es nur in der Premier League. Aber wie immer bewahrten uns Trent, der den Ball vor der Linie rettete, und Ali, der mit seinem Körper dazwischenging, vor einem Gegentor. Wie immer war es auch hier wieder der unbedingte Wille, der den Unterschied machte. Der einzige Weg, gegen sie zu spielen, besteht darin, auf mehr Ballbesitz zu setzen, um Michail Antonio und die drei Läufer besser kontrollieren zu können, aber wenn man schnell kontert, so wie wir, hatten sie immer eine Chance, den Raum zu nutzen, der sich öffnete, wenn wir den Ball verloren.

Es war ein schwieriges Spiel, aber wir entschieden es für uns. Danach ging es mit Inter und Brighton weiter.

„UNSER TRAINING IST UNSER KOMPASS – ES WEIST UNS DIE RICHTIGE RICHTUNG.“

Woche 33

Große Träume

Am Morgen nach dem Spiel gegen West Ham saß ich mit Vitor und den Analysten zusammen im Büro. Die Sonne schien durchs Fenster. Es sah so aus, als hielte der Frühling Einzug – und der Frühling in England ist etwas ganz Wunderbares. Aber allein schon die Sonne zu sehen war großartig. Wir schauten uns eine Aufzeichnung unseres Hinspiels gegen Inter an und machten drei entscheidende Aspekte aus, die wir verbessern konnten: unser hohes Pressing, unser Mittelfeldpressing und den über den Torwart laufenden Spielaufbau. Es ist cool, wenn man nach zweistündiger Diskussion und Analyse ein Fazit ziehen kann, das aus nur zwei Sätzen besteht, die man den Spielern leicht vermitteln kann. Wenn das nicht gelingt, ist die ganze Analyse nichts wert.

Ich fürchtete, dass das nächste Spiel nicht einfach werden würde. Wir hatten es mit einem schweren Gegner zu tun, der auf jeder Position hochkarätig besetzt war. [Samir] Handanovič beispielsweise hat im Hinspiel unter Beweis gestellt, dass er in puncto Fußabwehr wahrscheinlich einer der besten Torhüter der Welt ist. Wir planten, uns darauf einzustellen. Ich erklärte den Jungs, dass wir eine kreative Lösung gegen ihr hohes Mann-gegen-Mann-Pressing brauchten. Wir hatten jeden Abstoß verloren und immer wieder Konter hinnehmen müssen, wobei ihre Mittelfeldspieler eine echte Waffe sind, wenn das Spiel zu einer Schlacht um den zweiten Ball wird. Ich beriet mich mit Jürgen und wir gingen so viele verschiedene Optionen durch, bis wir uns schließlich einig waren. Ali war unser Zusatzspieler, also sollten wir die Räume um ihn herum öffnen, er ist der zusätzliche Mann und muss zeigen, dass er besser ist als Handanovič.

Jürgen gab das perfekte Beispiel, als er sagte, dass jeder gewonnene Zweikampf gegen eine Mannschaft, die auf Manndeckung setzt, deren Struktur zerstört.

Ich ging in die Kabine, Jürgen zog sich bereits um. „Heute ist Sonntag“, sagte er. „Wenn wir dieses Jahr noch irgendetwas gewinnen, haben wir das diesen Trainings zu verdanken.“ Man muss seine Mannschaft jeden Tag aufs Neue überzeugen und Begeisterung entfachen. Dann sind sie glücklich – und ein Lächeln macht den entscheidenden Unterschied. Ich holte Jota aus der Kantine und sagte ihm, dass er am nächsten Dienstag als Stürmer auflaufen würde. Wir gingen in den Analyseraum, wo Dan zwei Clips von Sadio beim Pokalfinale in Wembley ausgewählt hatte, auf denen zu sehen war, wie er Silva im Zentrum massiv unter Druck gesetzt hatte. Es ist toll, mit Diogo über solche Sachen zu sprechen, weil er wie ein Trainer denkt und spricht. Es ist unglaublich, was für einen taktischen Blick er auf das Spiel hat.

Es war der Tag vor dem Spiel, Zeit für unser Analyse-Meeting. „Gute Nachrichten, Jungs: Morgen ist Champions League. Weniger gute Nachrichten: Die Gegner glauben immer noch, dass sie weiterkommen können, und sie sind gut“, warnte Jürgen die Mannschaft. „Wir sollten wieder ein intensives Spiel erwarten, noch ist nichts entschieden. Wir müssen sehr gut verteidigen, das gilt sowohl für die Startelf- als auch für die Auswechselspieler. Es ist immer die gleiche Geschichte, Jungs, aber wir sind eine der fünf Mannschaften, die diesen Wettbewerb gewinnen können. Wenn man etwas unbedingt will, gibt man alles. Es ist erlaubt, große Träume zu haben. Wenn man sich etwas vorstellen kann, kann man es auch möglich machen. Schaut euch um und seht, wie viel Qualität wir hier haben – deshalb dürfen wir es uns selbstverständlich erlauben, groß zu träumen. Ende Mai in Paris: Wir haben Spieler in unseren Reihen, die diesen Wettbewerb schon einmal gewonnen haben und dieses Gefühl noch einmal erleben, sich noch einmal eine solche Erinnerung schaffen wollen. Wir haben auch Spieler hier, die diesen Wettbewerb noch nie gewonnen haben und die dieses Gefühl unbedingt zum ersten Mal erfahren wollen. Das ist eine gute Mischung, würde ich sagen. Das ist der Grund, warum wir auf dem Platz noch den einen Meter mehr laufen oder, wenn Probleme aufkommen, das eine Prozent mehr geben. Wir spielen vor eigener Kulisse, in Anfield, unter Flutlicht, und unsere Spiele sind immer dann besonders gut geworden, wenn wir uns besonders ins Zeug gelegt haben. Seid einfach ihr selbst, dann bin ich glücklich."

Letztendlich kamen wir weiter und schafften es unter die letzten acht, allerdings nicht, ohne zu Hause eine 0:1-Niederlage gegen Inter einstecken zu müssen, womit wir dennoch in der Gesamtwertung 2:1 gewonnen hatten. Der Job war erledigt, trotzdem gab es nach dem Spiel nicht viele glückliche Gesichter in der Kabine zu sehen. Ich war froh, dass wir in dieser Saison nicht mehr gegen sie antreten mussten. Es war ein wirklich schwieriges Spiel gewesen. In der Champions League ist man normalerweise raus, wenn man an einem Abend mal nicht gut spielt. Aber wir waren bereit gewesen, uns den Herausforderungen zu stellen. Es war wichtig gewesen, dass wir vorher darüber gesprochen hatten, daher hatte es keine Überraschungen gegeben. Trotzdem war es ein sehr vertracktes Spiel gegen sie. Außerdem hatte Inter einen Tag mehr zur Regeneration und Vorbereitung gehabt, was für sie auf physischer, analytischer und Trainingsebene zweifellos von Vorteil war. Es war so schwer zu erkennen, was sie vorhatten und wer sich wohin bewegte, dass ich mehrmals auf den Bildschirm schauen musste, um mir ein klares Bild zu machen. Sie waren so variabel in ihrem Spielaufbau, was vor allem auf Brozović zurückzuführen war. Es war klar, dass sie mit Lautaro Martínez und Alexis Sánchez zwei Spieler hatten, die die Räume hinter unserer letzten Linie nutzen wollten und unsere Innenverteidiger ständig unter Druck setzten. Joel traf die Latte, Mo zweimal den Pfosten und ein Schuss von Luis wurde von Arturo Vidal auf der Linie geklärt. Normalerweise brauchen wir bei solchen Gelegenheiten ein Tor, um uns zu befreien, aber das klappte einfach nicht. Die Geschwindigkeit der einfachen Pässe und die Qualität der ersten Ballberührung bestimmen den Spielfluss der Angriffe; wenn beides gelingt, kann man viel erreichen, aber genau das ist uns zu oft nicht gelungen. Als Alexis vom Platz gestellt wurde, war das Spiel für Inter gelaufen, denn von da an hatten wir alles unter Kontrolle. Für mich war es das Wichtigste, dass wir sie ebenso respektiert haben wie unsere Situation, nicht nur am Spieltag selbst, sondern von der Sekunde an, als wir nach unserem Hinspielsieg in Mailand in die Kabine zurückgingen.

Vor der nächsten Länderspielpause standen uns noch drei Endspiele bevor. Ich war sehr stolz, als ich am nächsten Morgen holländische Musik hörend zu einem Interviewtermin im AXA fuhr. Noch drei Finale, drei große Finale vor der Länderspielpause. Unser Training ist unser Kompass – es weist uns die richtige Richtung. Die Trainingseinheit an diesem Donnerstag war ein gutes Beispiel dafür. Bevor wir loslegten, erklärte Jürgen, dass uns das Spiel gegen Inter gezeigt hatte, dass wir im Gegenpressing viel gefährlicher sein müssen. Wir hatten so viele Gelegenheiten gehabt, sie genau da zu treffen, wo es wehtut, aber wir hatten sie nicht genutzt. Wir mussten nicht nur durch unser gutes Spiel, sondern auch mit unserem Gegenpressing Dynamik in die Partie bringen. Beides geht natürlich Hand in Hand, aber Jürgen sprach hier von unserer Einstellung, es konsequent durchzuziehen. Also trainierten wir hart an unserem Gegenpressing, zunächst in einem Gegenpressingrondo, bei dem drei

Viererteams darum kämpften, den Ball zu behalten; auf einer Fläche von 15 mal 15 Metern trainierten sie den Pressingimpuls bei Ballverlust. Als Nächstes stand ein Zehn-gegen-den-Torwart-Spiel auf der Tagesordnung. Ausgangsposition war ein Mittelfeldpressing, ein hohes Pressing oder ein Gegenpressing, und sie mussten das Erster-Pass-nach-vorne-Prinzip befolgen, während sie den Ball zurückeroberten. Bei dieser Übung gab es die Zusatzregel, dass sich fünf Spieler im Strafraum befinden müssen, bevor ein Tor erzielt werden darf. Als Drittes spielten wir ein „Torchancen entwickeln"-Spiel, bei dem zwei Viererteams die Möglichkeit hatten, mit zwei zusätzlichen Spielern in der Tiefe zu kombinieren – es war also im Grunde ein Sechs-gegen-vier – wobei die Zusatzregel hierbei lautete, dass ein Tor nach einem Gegenpressing doppelt zählt. Es galt das „Wer gewinnt, bleibt"-Prinzip und damit waren Fußballzauberei und höchster Einsatz vorprogrammiert. „Wir dürfen nie vergessen, wer wir sind", sagte Jürgen zum Abschluss des Trainings. Was daran erinnern sollte, dass manchmal, wenn wir uns ans Gewinnen gewöhnen, die Präzision bei den kleinen entscheidenden Details verloren geht. Das Gegenpressingrondo war hervorragend gelaufen, wir mussten nur sicherstellen, dass wir auf das, was wir daraus mitgenommen hatten, am Samstag in Brighton auch zurückgriffen.

Als ich mit Vitor noch einmal die vergangene Woche rekapitulierte, kamen wir zu dem Ergebnis, dass wir am Tag vor dem Spiel gegen Inter sowie am Tag vor dem Spiel gegen West Ham vermutlich zu viel getan hatten. Wir hatten den Jungs zu viele Informationen gegeben, ihnen zu viel körperliche Belastung abverlangt und sie sich im Grunde genommen nicht ausreichend erholen lassen. „Brighton hatte eine ganze Woche Zeit, sich vorzubereiten, und, mal ehrlich, sie sind eine gute Fußballmannschaft, die immer Wege findet, den Ball in den eigenen Reihen zu halten", sagte Jürgen zu den Jungs. „Wir müssen uns auf uns selbst konzentrieren und all unsere Defensivwaffen einsetzen. Wir müssen die entscheidenden Räume dichtmachen und dabei auf unser ältestes Prinzip zurückgreifen: Einer kann zwei verteidigen, zwei können drei verteidigen und unsere drei vorne können fünf verteidigen."

Als wir in die Kabine kamen, erstrahlte sie über und über in Rot. Unsere Analyseabteilung hatte überall große Poster der Spieler aufgehängt und mit Zitaten und Namensschildern dekoriert. Wir versuchen, überall dort, wo wir hinreisen, ein kleines Anfield zu schaffen. Aus dem Augenwinkel sah ich Mo, der auf einem iPad das Verhalten von [Brightons Torhüter Robert] Sánchez beim Elfmeterschießen studierte. Jürgens letzte Worte an die Jungs lauteten: „Wenn man gut vorbereitet ist, hat man die Möglichkeit, das Spiel zu genießen. Und genau das müssen wir heute tun. Wollen wir oder müssen wir? Das ist ein immenser Unterschied. Wir wollen – und sonst nichts. Wir wollen alles geben. Ich will, dass wir heute sehr, sehr positiv eingestellt sind. Ist es möglich, 19 Spiele zu gewinnen? Ja, das ist es, aber nur, wenn man sich immer nur auf eines konzentriert."

Finale Nummer 28 endete mit einem 2:0-Sieg in Brighton. Wir waren gut, vor allem nach unserem ersten Treffer. Díaz kam mit einem perfekt getimten Lauf direkt vor Sánchez, köpfte den Ball ins Tor und wurde von Sánchez umgerempelt. Wenn das keine Rote Karte ist, was dann?, dachte ich. Man könnte Díaz auf einen Aschenplatz stellen und er würde gut Fußball spielen. Es ist völlig verrückt! Er ist unser Joker – genauso wie Thiago, wenn wir ihn von der Bank holen können. Was immer auch passiert, er sticht alle anderen Karten aus. Den Einfluss, den solche Spieler haben, wenn man sie in eine Partie bringt, ist enorm. Auch Naby spielte wieder exzellent. Unser Mittelfeld war die ganze Zeit kompakt. Aber was noch wichtiger war, war, dass wir aus unserem ersten Spiel gegen sie gelernt hatten, wir hatten immer die Kontrolle, wenn wir nicht in Ballbesitz waren. Es ist immer schwer, in Brighton zu spielen, doch wir haben eine herausragende Leistung gezeigt.

Woche 34

Absolute Führungsqualität

Am Montagmorgen saß ich zusammen mit Jürgen im Büro. „Weißt du noch, dass ich letzte Woche mit dir sprechen wollte, wir dann aber nicht dazu gekommen sind?", fragte er. „Nun, ich denke darüber nach, bis 2026 zu verlängern. Der Verein möchte verlängern. Was hältst du davon und wie sind deine Pläne?" „Ich ziehe dieses Projekt bis zum Ende mit dir durch", entgegnete ich, ohne nachdenken zu müssen. „Was auch immer danach passiert, ist jetzt nicht wichtig, jetzt zählen nur heute und morgen."

Neben der Vertragsfrage machte ich mir Gedanken über die Mannschaft und die anstehenden Spiele. Jetzt hatten wir wirklich Druck, und da stellte sich die Frage, wer am besten damit umgehen kann. Wir hatten noch zehn Spiele zu bestreiten. Konnten wir sie alle gewinnen? Sollte uns das gelingen, hieße das, dass wir insgesamt 18 Spiele in Folge gewonnen hätten, und ich würde sagen, in dem Fall hätten wir uns den Titel wirklich verdient. City spielte an diesem Abend auswärts gegen Palace und das Spiel endete mit einem 0:0-Unentschieden. Ich sah mir die erste Halbzeit an, musste dann aber ins Bett, die schiere Menge an Spielen forderte ihren Tribut. Wir würden schon bald selbst gegen Man City antreten müssen. Am Dienstagmorgen betrug unser Rückstand auf sie in der Tabelle vorerst allerdings nur noch einen Punkt und am nächsten Abend hatten wir ein Auswärtsspiel gegen Arsenal.

Die Jungs, die gegen Brighton gespielt hatten, sahen müde aus. Ich merkte, dass sie nicht lachten, also veranstalteten wir nach den Erholungsrondos ein Fünf-gegen-fünf-Foot-Volley-Spiel, Alt gegen Jung, um auf diese Weise den Wettbewerbsgeist zu stimulieren. Am Ende kam es darauf an, wer den stärkeren Willen hatte, aber gleichzeitig emotional die Kontrolle wahrte. Ihr erinnert euch? Es geht darum, sich immer nur auf den nächsten Schritt zu konzentrieren. City setzte uns unter Druck und wir sie, und dabei kamen wir an Grenzen, die wir schon aus früheren Spielzeiten kannten. Das Spiel ging weiter, also träumten wir weiter unsere großen Träume. Alles Gute fängt so an.

Zu Beginn der Mannschaftsbesprechung sagte Jürgen: „Wir können alle so tun, als wüssten wir nicht, was gestern passiert ist [das Unentschieden von Manchester City]. Es ist wichtig, weil die Ergebnisse anderer Mannschaften die Tabelle beeinflussen, aber es ist zugleich auch unwichtig, weil wir uns auf unser Auswärtsspiel gegen Arsenal vorbereiten. Wir haben darüber gesprochen, also können wir jetzt einen Schlussstrich ziehen und uns auf uns selbst konzentrieren. Wir sollten versuchen, das morgige Spiel für sie zu einem Albtraum zu machen. Sie sollten während der Partie ein paarmal aufwachen müssen und hoffen, dass sie nur in einem schlechten Traum gefangen sind." Jürgen leitete dieses Team mit echter Stärke. Er zeigte absolute Führungsqualität. Die Analyse war klar. Pete hatte gute Clips ausgewählt, um unsere Außenverteidiger und unsere Achter auf den Gegner vorzubereiten und ihr Spiel zu verbessern. Immer dazwischen! Fünf Meter mehr oder weniger machen für viele Teams keinen Unterschied, aber für uns sind sie entscheidend, weil wir ins Gegenpressing gehen wollen. Nach vorne drängen, lautet die Devise. „Zumindest sind wir beim Torjubel so schon mal näher beieinander", scherzte Jürgen, „also bleibt zusammen."

Am selben Abend reisten wir bereits nach London. Wir übernachteten in einem alten Gefängnis, das zu einem schönen Hotel umgebaut worden war. Als wir uns an diesem Abend die Champions-League-Spiele ansahen, dachte ich, dass es nichts Schöneres gibt, als selbst schon weiter zu sein und den anderen Mannschaften ohne Druck zuzusehen, weil man weiß, dass man am nächsten Abend kein eigenes K.-o.-Spiel bestreitet. Wir sahen uns Manchester United gegen Atlético Madrid an, während wir gleichzeitig auch verfolgten, wie Ajax gegen Benfica lief.

Matchday. Zehn Wochen zuvor, als uns Man City so gut wie abgehängt hatte, hatte ich noch von unseren 14 Punkten Rückstand gesprochen und uns daran erinnert, dass wir auf eine Mission gehen wollten. Damals hatten wir noch 18 Spiele vor uns gehabt. So gesehen war bei Arsenal jetzt quasi Halbzeit, uns standen jetzt nur noch neun Spiele bevor. In der Zwischenzeit war eine Menge passiert. Die eigentliche Mannschaftsbesprechung vor dem Spiel leitete Milner mit einer Textnachricht in der WhatsApp-Gruppe ein: „Auf geht's, Jungs, lasst uns jetzt nicht schwächeln, gebt 100 Prozent, haut alles rein, was ihr habt, macht dem Gegner das Leben so schwer, wie es geht." Jürgen fuhr fort: „Kommt heute Abend wie ein Gewitter über sie." Und genau das taten sie. Finale Nummer 30 endete mit einem 2:0-Auswärtssieg für uns in London. Aber, um ehrlich zu sein, es war ein Spiel mit zwei völlig unterschiedlichen Hälften. In der ersten Halbzeit hat uns Arsenal wirklich gut unter Druck gesetzt und uns zu tief in unsere eigene Hälfte gedrängt. Glücklicherweise konnten wir das nach der Halbzeitpause korrigieren. In der zweiten Halbzeit gelang es uns dann, unser Tempo länger hoch zu halten und unser Pressing entschiedener durchzuziehen als sie, was meiner Meinung an den vielen freien Tagen lag, die wir unseren Spielern gewährt hatten, sowie daran, dass wir kräftig rotiert haben. Deshalb haben wir gewonnen.

Fitness ist immer auch eine Frage der Erholung. Immer. Das Highlight und zugleich der entscheidende Moment des Spieles war unser Gegenpressing vor unserem zweiten herrlichen Tor durch Bobby. Als wir in die Kabine zurückgingen, sagte Jürgen: „Danke, dass ihr während der gesamten Spielzeit in der Premier League so großartige Plagegeister wart." „Das hier ist eine Riesensache, Jungs", fügte ich hinzu. „Keine Gegentore, lautet die Devise", rief Virgil. Jetzt hatten wir nur noch ein Spiel vor der Länderspielpause. Während der Pressekonferenz nach der Partie sagte Jürgen: „Seit unserem letzten Aufeinandertreffen haben wir sechs Spiele mehr bestritten als Arsenal. Es steht 13:7, wenn ich mich nicht irre, was wirklich verrückt ist. Ich glaube nicht, dass das aufhören wird. Man wacht jedes Mal in einem anderen Hotel auf, die Leute erklären einem, wo es zum Restaurant geht, und man versucht, sich seine Zimmernummer zu merken. So sieht unser Leben aus."

Als wir am Freitag wieder im AXA waren, erfuhren wir, dass unser nächster Champions-League-Gegner Benfica Lissabon hieß. Die Viertelfinalauslosung hatte Benfica als unseren Gegner bestimmt, den Klub aus der portugiesischen Hauptstadt, Jürgens Lieblingsstadt, und die schlimmste, die ich mir vorstellen konnte, weil mein Herz natürlich immer noch für Porto schlug. Aber erst mal stand das nächste FA-Cup-Match an. Und am Sonntag würden wir zum ersten Mal seit Hillsborough wieder gegen Nottingham Forest spielen. Wir können – und dürfen – keine Gelegenheit auslassen, der Opfer zu gedenken, die ihr Leben bei der Katastrophe verloren haben. Einige Forest-Fans kamen nach Anfield, um an der Gedenkstätte Blumen niederzulegen. Ich glaube wirklich, dass wir von den 97 Kindern, Frauen und Männern, die in Hillsborough starben, etwas lernen können. Wie können wir als Fußballmannschaft die Hoffnung verlieren, wenn man sich ansieht, was diese Fans, ihre Familien und Freunde durchgemacht haben und auch heute noch durchmachen? Wenn unsere Fans *You'll Never Walk Alone* singen, dann singen sie es nicht nur, sie leben es. Diese Stadt ist anders als andere. Vor jedem Heimspiel sehe ich die Fahne in der Ecke der Kop bei der Sir-Kenny-Dalglish-Tribüne, auf der die Silhouette von Owen McVeigh an der Hand seines Vaters zu sehen ist. Das rührt mich, wirklich – insbesondere, wenn unsere Fans im Hintergrund *You'll Never Walk Alone* singen. Wir sind anders.

„Wenn wir mit dieser Auslosung falsch umgehen, sind wir schon auf halbem Weg raus aus dem Wettbewerb", erklärte Jürgen der Mannschaft kurz vor Beginn unserer Vorbereitungen auf das Spiel gegen Forest. Es war das letzte Match vor der Länderspielpause und genau aus diesem Grund bestanden wir darauf, dass die Spieler nach der Partie zuerst mit uns nach Liverpool zurückreisten. Niemand konnte sich direkt in den Urlaub oder zu seinen Nationalmannschaften verabschieden. Damit wollten wir sicherstellen, dass die uneingeschränkte Aufmerksamkeit jedes Einzelnen dem Spiel galt. Wir wollten, dass Wembley wieder in Rot erstrahlt. Es ist so, wie Jürgen sagt: Durch die Art und Weise, wie man verteidigt, erweist man dem Gegner seinen Respekt. Forest ist ein großer Verein und es ging gerade mächtig bergauf mit ihnen. Es würde garantiert nicht einfach werden. Um den Erholungsprozess zu fördern, veranstalteten wir ein 1-2-3-Turnier, bei dem jeder gegen jeden antritt. Kurze, einminütige Spiele, bei denen der Gewinner weiterkommt. Es ging darum, den Wettbewerbsgeist zu stimulieren, den Siegeswillen zu aktivieren. Im Finale trafen Firmino und Virgil aufeinander. Wir bildeten alle einen großen Kreis um die beiden, während sie gegeneinander antraten. Virgil zwang Bobby zu Fehlern, was, wie wir alle wissen, nicht einfach ist, aber Bobby machte sein typisches Bobby-Ding. Die Ersatzspieler traten in kurzen Fünf-gegen-fünf-Partien gegeneinander an, bei denen die Regel galt, dass nach der dritten Ecke ein Strafstoß fällig war. Diese „Regel" übernahmen wir von Cruyff. Ich glaube, er hat sie entwickelt, um Elfmetersituationen im Zusammenhang mit einem Spiel zu üben. Bei uns in Liverpool geht es darum, zu Abschlüssen zu kommen, und diese Regel ist dabei sehr hilfreich. Normalerweise gilt: Je schneller man angreift, desto schneller kontert der Gegner. Genau das mussten wir gegen Forest vermeiden. [Keinan] Davis und [Brennan] Johnson sollten möglichst selten die Gelegenheit zu kontern bekommen. Wir wollten Virgil und Ibou auf sie ansetzen, sofern sie ihr System nicht änderten. Gegenpressing, ohne in die richtigen Räume vorzustoßen, ist nicht nur sehr gefährlich, sondern funktioniert einfach nicht.

Bei der Mannschaftsaufstellung mussten wir der Tatsache Rechnung tragen, dass Kostas immer noch Corona hatte. Und auch Milner war immer noch positiv. Ich mag Millie nicht, ich liebe ihn, denn er ist derjenige, der Beständigkeit in unser Spiel bringt. Er sorgt dafür, dass wir nicht mal um ein halbes Prozent nachlassen. Aber noch mussten wir auf ihn verzichten. Robbo war unsere einzige Option für die linke Seite. Für die Partie gegen Forest entschieden wir uns für ein starkes defensives Dreieck: Virgil, Ibou und Fabinho. Wir mussten damit Stabilität in unser Spiel bringen. Wir mussten in der Lage sein, Konter zu unterbinden und zu verteidigen, daher war diese Kombination aus Schnelligkeit und Stellungsspiel in der Abwehr entscheidend.

Forest hatte im FA Cup zuvor Leicester und Arsenal besiegt. Wir durften das Spiel nicht auf die leichte Schulter nehmen, auch allein schon deshalb nicht, weil wir in ihrem Stadion gastierten. Es ist eine der englischen Spielstätten, die es in puncto Atmosphäre mit Anfield aufnehmen kann. „Was Nottingham

Forest im FA Cup geleistet hat, ist beeindruckend, aber sie sollen schon nach fünf Minuten zu spüren bekommen, dass sie mit uns als Gegner kein Losglück hatten“, sagte Jürgen der Mannschaft. Und ich fuhr fort: „Sie decken unsere Mittelfeldspieler, sie werden jeder Bewegung nachjagen, die Räume öffnet – das müssen wir nutzen, um weiterzukommen. In und um den Strafraum herum müssen wir zeigen, wie gut wir sind, da müssen wir technisch glänzen.“ Als Robbo am Samstag zum Training kam, hatte er in der Nacht zuvor nur vier Stunden geschlafen. Daher war es nicht verwunderlich, dass er sich meldete, als wir fragten, ob jemand einen zusätzlichen Erholungstag brauche. Abends erfuhren wir dann, dass er positiv getestet worden war, was bedeutete, dass wir jetzt nur noch Owen Beck als Ersatz für Kostas hatten, der grundsätzlich wieder einsatzfähig war. Trent hatte im Oberschenkel muskuläre Probleme und wir hatten ihm erlaubt, sich in Dubai zu erholen – eine Win-win-Situation, er konnte sich erholen und ein bisschen abschalten. Außerdem beschlossen wir, Mo und Sadio wegen ihrer WM-Qualifikationsspiele eine Pause zu gönnen.

Trotzdem hatte ich den Eindruck, dass wir uns am Sonntag voll und ganz auf unsere Aufgabe konzentrierten, und wir belohnten uns mit einem verdienten 1:0-Sieg. Nottingham Forest war allerdings wirklich die FA-Cup-Überraschung der Saison, das muss man ihnen lassen. Sie haben ihr Herz auf dem Platz gelassen. Sie waren aggressiv, hatten mächtig Zug zum Tor und spielten in einem 4-2-3-1 anstatt mit einer Fünferkette. Bei Kontern waren sie gefährlich und hatten einige brillante Szenen. Der Rasen war nicht toll, der Ball war nicht toll, aber die Atmosphäre war unglaublich. Eine gute Kombination für ein Außenseiterteam im FA Cup, und wir haben dem standgehalten. Zumindest wissen wir jetzt, wie es sich für andere Mannschaften anfühlt, nach Anfield zu kommen, insofern zolle ich deren Fans hiermit meinen Respekt. Aber nur eine Mannschaft mit unserer Mentalität war in der Lage, gegen Nottingham Forest in deren altehrwürdigen City Ground zu gewinnen.

Wir haben schlampig gespielt, aber davon haben wir uns nicht entmutigen lassen. Wir haben nie gemeckert, gejammert oder Ausflüchte gesucht, und ich glaube, das hat den Unterschied ausgemacht. Wir waren bereit zu leiden. Man muss mit Problemen rechnen, vor allem, wenn man Änderungen an der Aufstellung vornimmt und besonders in diesem Pokal. Nach der Halbzeitpause stellten wir auf ein 4-4-2 um, wodurch zwar unser Pressing besser wurde, nicht aber unser Spiel als solches. Gegen eine hoch stehende Viererkette kommt es eher auf den Moment an, in dem man loslegt, als auf das eigentliche Tempo. Es geht darum, Räume zu öffnen und sie zu nutzen. Wir setzten sie an den Stellen unter Druck, an denen wir ihre größten technischen Schwächen ausgemacht zu haben glaubten. Den Sieg verdanken wir Diogo, der den Ball nach einer Flanke von Kostas ins Netz beförderte. Jota zeigte absolute Stürmerqualitäten: Er spielte nicht besonders gut, die Mannschaft spielte nicht gut, trotzdem machte er, wieder einmal, das entscheidende Tor. Das können nicht viele. Als er ins Flugzeug stieg, sagte er zu mir: „Es kommt darauf an, richtig zu stehen.“ Das war ihm gegen Arsenal gelungen und jetzt schon wieder. Wembley, mehr gab es nicht zu sagen. Liverpool war wieder im Anmarsch. Aber jetzt war es Zeit für eine Pause. Im Januar, Februar und März hatten wir einen unglaublichen Lauf gehabt und wir konnten stolz sein auf unsere Leistung in dieser Zeit.

„ES IST EIN PRIVILEG, MIT DIESEN SPIELERN ZU ARBEITEN. SIE SIND MASCHINEN, ECHTE TEAMPLAYER."

Woche 35

Der letzte Boxenstopp

Es war gut, dass die Mannschaft in dieser Woche einmal nichts von uns hörte. Es hätte keinen besseren Moment für diese Pause geben können. Die Jungs waren mal in einem anderen Umfeld und ließen sich mal andere Dinge von anderen Leuten erklären. Auf Dauer verdirbt einem das immer gleiche Essen den Appetit, denke ich, insofern kommt es auch uns zugute, wenn zum Beispiel Virgil von Louis van Gaal trainiert wird, Tite Ali und Fabinho etwas erklärt, Southgate mit Hendo spricht … und Ronaldo mit Jota. Ich hatte keine Zweifel, dass sie heiß darauf sein würden, wieder zu den Kerlen zurückzukehren, die ihnen ständig „Pressing!" hinterherriefen. Und diese Gier, sich im Wettbewerb zu messen, zu beweisen, dieses Brennen für das gemeinsame Ziel, ist etwas, das wir brauchen.

Ich war unmittelbar nach dem Spiel gegen Forest mit Danielle nach Portugal gereist und wollte dann noch einen Abstecher nach Hause machen. Zuvor eröffnete ich jedoch noch eine Tagung für die Trainer aller FC-Liverpool-Fußballschulen auf der ganzen Welt. Es ist immer ein Privileg, mit anderen Trainern zu sprechen.

Was ich an der Länderspielpause im März so sehr mag, ist, dass man noch mal richtig Zeit zum Nachdenken hat, es ist die letzte Verschnaufpause, bevor die Saison in die entscheidende Schlussphase geht. Nach dem Kongress fuhr ich für vier Tage in meine Heimat Holland. Ich nutzte die Zeit, um unsere letzten Spiele Revue passieren zu lassen, das Training für die kommende Woche vorzubereiten und eine Antwort auf die wichtigste Frage von allen zu finden: Wie sollten wir den Monat April mit dem Champions-League-Viertelfinale, dem FA-Cup-Halbfinale und fünf Premier-League-Endspielen angehen? Das hier war der letzte Boxenstopp des Rennens. Und die Antwort, die ich suchte, ergab sich aus der Frage: Wir mussten angreifen, mit allem, was wir hatten, zeigen, dass wir brennen, und uns bewusst machen, wie wir an diesen Punkt gekommen waren, an dem wir uns befanden, nämlich indem wir uns Spiel für Spiel vorangetastet hatten. Wir mussten alles, was uns ablenken konnte, ausblenden. Es ist ein Privileg, mit diesen Spielern zu arbeiten. Sie sind Maschinen, echte Teamplayer. Wir werden uns immer für sie einsetzen und versuchen, die optimalen Bedingungen zu schaffen, damit sie glänzen und ihre volle Leistung abliefern können. Das Problem während dieser Länderspielpause war, dass meine Nervosität nicht nachließ, ich hatte das Gefühl, dass zu viel auf dem Spiel stand. Es war nicht einfach, damit umzugehen. Ich versuchte, mich davon zu befreien, indem ich Zeit mit meiner Familie verbrachte, mit meiner Schwägerin einen Kaffee trank, mich von meinem Vater mit selbst gemachter Pizza verwöhnen ließ, im Haus mitarbeitete und mit meinen Freunden daheim Padel-Tennis spielte, was sich allerdings als wenig hilfreich erwies, weil sie viel besser waren als ich und obendrein „schlechte Gewinner" sind.

Wir hatten eine einfach unglaubliche Aufholjagd hingelegt. Zwischen Januar und April hatten wir den 14-Punkte-Rückstand auf nur noch 1 Punkt zusammengeschmolzen. Keine Frage: Wir waren voll im Rennen. Sie konnten unseren Atem mehr denn je in ihrem Nacken spüren. Doch ist es eine Sache, sich auf einen guten Tabellenplatz vorzuarbeiten, die Nummer eins zu überholen, ist eine ganz andere. Mir schwante, dass es bei uns in dieser Saison zu einer Art Verstappen-vs.-Hamilton-Fight kommen könnte. Sollte es tatsächlich dazu kommen, hätte der Rest der Welt sicher seinen Spaß daran, meine Sorgen würden dadurch aber sicher nicht geringer!

Während der Tagung hatte einer der Trainer von mir wissen wollen, wie ich mich entspanne. Mir fiel in dem Moment keine richtige Antwort ein. Und so habe ich mir eine Antwort ausgedacht in der Hoffnung, dass sie nicht verrät, dass Druck ein permanenter Teil unseres Lebens ist und es während einer laufenden Saison immer sehr schwierig ist. Der beste Weg, mit dem Druck klarzukommen, ist es, die Kontrolle über den eigenen Plan zu behalten, erklärte ich ihnen, sich auf den Prozess zu konzentrieren. Die vergangenen Monate waren der reine Wahnsinn gewesen. Am Trainersein gibt es eine große Schattenseite, und das hat rein gar nichts mit kritischen Medien zu tun. Sie hat damit zu tun, dass man permanent versucht, das Unkontrollierbare kontrollierbar zu machen und einen Weg zu finden, sich auf 90 + x Minuten im Premier-League-Dschungel vorzubereiten. Nur wer je als Trainer in der Premier League gearbeitet hat, wird dieses Gefühl verstehen. Es ist unheimlich aufregend und zugleich enorm belastend.

Woche 36

Die perfekte Ausgangslage

Bei uns gibt es eine WhatsApp-Gruppe für die Spieler, die den Namen „Zahlung vermeiden“ trägt. Wir haben mit den Jungs vereinbart, dass sie uns nach ihren Länderspielen kurz mitteilen, dass es ihnen gut geht. Wir sind räumlich weit voneinander getrennt, wenn sie mit ihren jeweiligen Nationalmannschaften unterwegs sind, und auf diese Weise sind sie uns trotzdem nahe.

Als ich am Montagmorgen einen Blick in die Chatgruppe warf, fand ich darin zehn ungelesene Nachrichten, die alle relativ gleich lauteten: „90 Minuten, mir geht es gut." Jürgen konnte zufrieden sein. Es gab keine Probleme und wir waren vollzählig und bereit für das letzte Kapitel dieser Saison. Jetzt mussten wir noch die letzten leeren Seiten füllen – mit Stolz und Leidenschaft.

Jürgen begrüßte mich mit einem High Five in der Kantine des AXA. Ich schlug leicht verunsichert ein, weil ich ehrlich gesagt nicht wusste, was das zu bedeuten hatte. Dann hob er noch mal die Hand und zeigte fünf Finger – er meinte die fünf Auswechslungen, die seit der Coronapandemie pro Partie in der Premier League erlaubt sind. Die Regel hatte sich durchgesetzt! Top – endlich und zum Glück. Das war eine super Nachricht für die Spieler, eine super Nachricht für den ganzen Kader. Dadurch konnten wir künftig einigermaßen problemlos alle drei Tage ein Match bestreiten. Meines Erachtens sicherte das die Zukunft des Spitzenfußballs, denn die vorherige Beschränkung auf drei Auswechslungen in der regulären Spielzeit hatte sich negativ auf die Qualität der Partien ausgewirkt.

Nachmittags hatte ich ein langes Gespräch mit meinem Agenten. Im Hinblick auf die Vertragsverlängerung sah alles gut aus. Ich hoffte, dass wir sie noch vor Saisonende bekannt geben konnten. Zunächst sprachen wir jedoch über die langfristige Zukunft, und es gab etwas, das ich unbedingt klarstellen wollte: Ich würde ausschließlich für Jürgen als Assistent arbeiten. Nach diesem Projekt würde ich selbst entscheiden, wie es weitergeht.

Kurz vor der letzten Trainingseinheit der Woche wandte sich Jürgen an die Mannschaft. „Wenn uns jemand zu Beginn der Saison gesagt hätte, dass uns nach der letzten Länderspielpause der Kader vollzählig zur Verfügung steht und alle gesund sind, wir einen neuen Pokal in der Vitrine stehen haben, nur einen Punkt hinter City liegen und im FA Cup und der Champions League noch im Rennen sind, dann hätten wir das so unterschrieben.

Die Leute, die vom ‚Quadrupel' sprechen, versuchen, den Eindruck zu vermitteln, als hätten wir etwas zu verlieren. Was wir getan haben, war jedoch, die Basis für das Saisonende zu legen. Wir haben diese Chance, weil wir uns selbst diese perfekte Ausgangslage erarbeitet haben. Aber wie ich immer sage: Auch wenn man alles gibt, bedeutet das nicht, dass man alles bekommt. Es ist aber der einzige Weg, überhaupt irgendetwas zu bekommen. Es wird schwierige Momente geben, aber wenn wir das tun, was wir immer tun, die Dinge, die in den letzten vier Jahren für Stabilität und Konstanz in der Mannschaft gesorgt haben, werden wir eine Chance haben. Dass wir hier in diesem Raum lauter Weltklassespieler sitzen haben, ist die beste Voraussetzung dafür.

Wir werden maximal 16 weitere Spiele bestreiten. Das ist eine Menge, daher werden wir auf jeden in diesem Raum zurückgreifen müssen. Wann immer wir können, werden wir fünf Ersatzspieler einsetzen. Wenn uns diese Saison eines gelehrt hat, dann, dass wir den gesamten Kader brauchen. Wir werden alles gemeinsam erreichen, Querulanten können wir nicht gebrauchen. Wir müssen für all unsere Gegner die unangenehmste aller Mannschaften sein, dann werden wir sehen, was für uns dabei herausspringt. Ihr seid ein Team, und ihr seid bereit, etwas ganz Besonderes zu schaffen. Erreichen können wir dieses Besondere nur, wenn wir uns auf unsere ureigene Spielweise konzentrieren. Jeder ist für unsere Offensive verantwortlich, jeder ist für unsere Defensive verantwortlich. Wenn wir das beachten, werden wir eine positive Situation für uns schaffen."

Unser Premier-League-Finale Nummer 30 endete mit einem 2:0-Heimsieg gegen Watford. Wir traten gegen eine typische Roy-Hodgson-Mannschaft an, die gut organisiert war und an sich glaubte. Sie spielten in einem 4-5-1-System, tief verteidigend, aber mit Qualität. Unsere Mannschaft lieferte ein gutes Spiel ab, insbesondere in den Momenten, in denen wir den Ball verloren. Es war die Schlussphase der Saison, jetzt ging es nur noch um Mentalität und um den Sieg, um nichts anderes. Alle unsere Jungs haben mannschaftsdienlich gespielt und die richtige Einstellung auf den Platz gebracht. Das gefällt mir. Respekt. Watford verfügt über ein paar wirklich gute Spieler, aber wir vermuteten, dass sie uns nicht würden standhalten können, wenn wir unser bestes Gegenpressing gegen sie aufziehen. Das war unser bestes Mittel gegen sie, denn Watford würde 95 Minuten lang aus der Defensive heraus kämpfen und versuchen, zu zwei oder drei erfolgreichen Kontern zu kommen. Darauf müssen wir vorbereitet sein, sagten wir den Jungs vor dem Spiel, und unsere Angriffe daher entschieden und konzentriert ausspielen. Spielentscheidend war der hervorragend verwandelte Strafstoß zum 2:0 von Fabinho, der von der Bank gekommen war. Zuvor schon war in der ersten Halbzeit die mustergültig herausgespielte Führung für uns gefallen: Joe Gomez flankte phänomenal von der typischen Trent-Position an die Fünfmeterraumgrenze auf Jota, der den Ball unhaltbar ins Tor köpfte. „Anfang April an der Tabellenspitze zu stehen, gehört zu den Dingen, die mich glücklich machen", sagte ich, als ich nach dem Spiel zum Essen ging. Aber es dauerte nur fünf Minuten, bis City gegen Burnley den Führungstreffer erzielte. Aber egal, wir waren weiterhin im Rennen. Als Nächstes stand das Hinspiel im Champions-League-Viertelfinale an und danach die Partie gegen den amtierenden Meister.

„FUSSBALL IST EIN MANNSCHAFTSSPORT, UND WENN EINER DEN BALL VERLIERT, REAGIEREN ALLE UND GEHEN DRAUF – KEINE DISKUSSION, WIR GEHEN DRAUF."

Woche 37

So mutig wie möglich

Zu Beginn der Woche trainierten wir noch einmal Standardsituationen und arbeiteten an unseren Spielzügen aus der zweiten Reihe heraus. In beiden Bereichen mussten wir uns verbessern. Das war natürlich immer wichtig, insbesondere aber auch jetzt, wenn wir gegen Benfica ein gutes Ergebnis erzielen wollten. Während des Fluges nach Portugal las ich mir noch einmal die Notizen durch, die ich mir für dieses Buch gemacht hatte. Mir wurde noch einmal bewusst, wie schnell die Zeit vergeht. Sie rast genauso dahin wie wir, wenn wir spielen!

Während der Trainerbesprechung fanden Pete, Jürgen und ich die richtigen Worte: Wir wollten versuchen, Benfica mit unserer Einstellung und dem Timing unseres Pressings zu überraschen. Wir beschlossen, ihnen so mutig wie möglich entgegenzutreten. Wir bereiteten uns auf ein wildes Spiel vor. Die ersten Pässe wollten wir ihnen überlassen, damit sie ausreichend Zeit für ihren Aufbau hatten und den defensiven Mittelfeldspieler Julian Weigel zwischen die Innenverteidiger sowie die beiden Außenverteidiger hoch auf dem Feld in Stellung bringen konnten. Dadurch würden drei unserer Spieler über viel Raum in der Mitte verfügen, weshalb wir Luis, Sadio und Mo gegen sie einsetzen wollten. Das würde uns Vorteile verschaffen, wenn wir beim Mittelfeldpressing Bälle gewannen.

Am Spieltag trainierten wir im Stadion von Sporting Lissabon, dem Lokalrivalen von Benfica. Die Jungs waren guter Dinge. Wir belasteten sie nicht mit noch mehr Informationen, es ging nur darum, ein gutes Gefühl für schnelle Pässe zu bekommen. Wir machten ein paar Passübungen und Rondos, hatten aus England aber leider das Wetter mitgebracht, es war kalt und windig. Pech gehabt! Wir wussten, dass die Portugiesen voller Leidenschaft in dieses Spiel hineingehen würden. Ihre wichtigsten Offensivspieler waren Rafa Silva und Darwin Núñez. Rafa ist wahnsinnig schnell mit dem Ball, ihn nicht zum Zug kommen zu lassen war wichtig, wenn wir das Spiel kontrollieren und dominieren wollten. Er ist ein Alles-oder-nichts-Spieler; wenn man ihm den Raum lässt, geht er immer aufs Ganze. Für das hohe Pressing war Virgil zuständig, beim Mittelfeldpressing mussten wir so kompakt stehen, dass Robbo, Virgil, Fabinho und Thiago immer in seine Nähe kommen konnten. Was die Standardsituationen anbelangte, mussten wir den Linksverteidiger Grimaldo im Auge behalten, er war dabei die Schaltstelle. Am besten war, sie möglichst nicht zu Standardsituationen kommen zu lassen.

An diesem Abend machten wir hinsichtlich des Weiterkommens in der Champions League einen Riesenschritt, auch wenn dies erst das Hinspiel gewesen war. Wir hatten sie mit 3:1 in ihrem Estádio da Luz bezwungen. Dafür hatten sich die Jungs ein schönes Glas Wein verdient. Es war unser fünfter Auswärtssieg in Folge in diesem Wettbewerb und unser achter Auswärtssieg in Folge insgesamt. Für Luis Díaz, Diogo, Vitor und mich hatte der Sieg eine ganz besondere Bedeutung, da wir alle bereits bei Porto unter Vertrag gestanden hatten und ein Sieg gegen Benfica für uns viele Jahre lang das Highlight einer Saison gewesen war. Das Spiel selbst war wild, und das erste Tor von Ibou genau die Initialzündung, die wir gebraucht hatten. Der zweite Treffer entwickelte sich aus einem Pressing über das gesamte Spielfeld, Trent spielte den ersten Pass nach vorne – und wie, so ähnlich wie gegen Arsenal. Luis köpfte den Ball quer rüber zu Sadio, der ihn nur noch einschieben brauchte. Trent spielt diese brillanten Pässe auf unsere Stürmer immer genau zur richtigen Zeit. Die Jungs vorne hatten auch genau das Tempo, das wir von ihnen sehen wollten, und haben perfekt in der Dreierkombination gespielt, wie wir es besprochen hatten. Unser anderes Dreieck – Fabinho, Naby und Thiago – ermöglichte uns übrigens richtig viel Ballkontrolle und unsere drei Einwechslungen – Hendo, Bobby und Diogo – beruhigten das Spiel wieder und brachten es wieder unter unsere Kontrolle, nachdem Benfica wie entfesselt aus der Halbzeitpause kam und mächtig aufdrehte. Sie holten uns zurück, was wir verloren hatten: den Ball.

Wie erwartet hatte Benfica leidenschaftlich gefightet. Nach dem Anschlusstreffer von Núñez keimte im Stadion wieder Hoffnung auf, und es sah so aus, als läge der Ausgleich in der Luft, aber als Díaz von hinten an Nicolás Otamendi vorbeizog, waren wir wieder am Drücker. Díaz lief links an Benficas Torhüter Odysseas Vlachodimos vorbei und musste den Ball nur noch im leeren Tor unterbringen: 3:1 für uns. Vlachodimos war übrigens meiner Meinung nach an diesem Abend der beste Spieler seiner Mannschaft. Das ist immer ein gutes Zeichen bezüglich der gegnerischen Angriffe, bezüglich unserer Abschlüsse gilt das allerdings weniger. Davon abgesehen haben unsere Spieler an diesem Abend wieder einmal ihre Klasse unter Beweis gestellt.

Am Tag nach dem Spiel kehrten wir nach Liverpool zurück und am darauffolgenden Morgen war ich wieder im AXA. Mein Manager Marc, der auch Jürgens Manager ist, schickte mir eine Textnachricht. „Alles geregelt, der Vertrag ist unter Dach und Fach." „Und, glücklich?", fragte mich Jürgen, ebenfalls per Textnachricht. „Ich bin stolz", antwortete ich, „lass uns gemeinsam neue Erinnerungen schaffen. Wir werden unserer gemeinsamen Arbeit neue Kapitel hinzufügen – wie cool ist das? Das wird ein Riesenspaß werden!"

Am Tag vor dem Spiel gegen City ging ich mit Jürgen unsere Aufstellung durch und wir erstellten die kleinen Pläne. Wir mussten wir selbst sein: eine Pressingmaschine, die spielen will. Im

Lauf der Jahre hat Pep seine Mannschaft bei den Aufeinandertreffen mit uns immens verbessert. Sie waren geduldig, fanden Lösungen gegen unser Pressing, versuchten, nach links zu gehen, um über rechts anzugreifen und umgekehrt, nutzten unsere freien Räume aus. Die meisten Tore erzielten sie, weil unser Team zu weit auseinanderstand, sich zum Pressing verleiten ließ, auf eine Seite rückte oder unsere Außenverteidiger in die Zweikämpfe gehen ließ mit viel Platz rundherum. Wir mussten lernen, uns anzupassen, ohne uns untreu zu werden. Das war der kniffelige Teil. Unser Defensivplan musste haargenau umgesetzt werden. Vor allem mussten wir ihr hohes Pressing überspielen, was wir in den letzten fünf Begegnungen gegen sie nicht gut und nicht konsequent genug getan hatten.

Dementsprechend konzentrierten wir uns im Training und in der Analyse genau darauf. Wir zeigten den Jungs, wie wir es schaffen konnten, die sechs Spieler, die uns unter Druck setzten, zu überspielen. Trent und Robbo sollten die Mittelfeldlinie so breit wie möglich ziehen und das Spielfeld maximal öffnen, um die Innenräume für Thiago, Fabinho und Hendo freizugeben; auf diese Weise konnten sie diejenigen, die versuchten, die Linien zu durchbrechen, auf den Außen empfangen. Robbos und Trents Arbeit war entscheidend. „Seid schnell, aber überstürzt nichts!“ und „Nutzt die Lücken!“, rief ich ihnen während des taktischen Überblickes zu. „Ich liebe die Videoanalyse“, sagte Jürgen, „es ist toll, wie wir den Jungs dabei ihre Schwächen vor Augen führen können.“ Wir zeigten ihnen mehrmals das Acht-gegen-sechs und demonstrierten, dass wir, wenn unsere Orientierung, unsere Übersicht, gut ist, den Ball in die gegnerische Hälfte und zu unseren Kreativspielern bringen können. Die Jungs mussten sowohl begreifen als auch fühlen, dass das, was wir machten, richtig war. Deshalb ist das Elf-gegen-elf-Training so wichtig. Wir machen es immer am Tag vor dem Spiel und konzentrieren uns dabei auf das, was wir für entscheidend halten. Den Fokus fördern wir mit einem Sechs-gegen-zwei-Rondo, aber auf der Basis von Zweierteams – wenn einer aus dem Team den Ball verliert, muss nicht nur er, sondern auch sein Partner nach innen wechseln. Jürgen rief die Mannschaft zusammen und sagte: „In dieser Übung steckt eine versteckte Botschaft: Fußball ist ein Mannschaftssport, und wenn einer den Ball verliert, reagieren alle und gehen drauf – keine Diskussion, wir gehen drauf." Mit jeder Minute, die verstrich, wurden unsere Jungs bissiger.

Endlich war es so weit. Die Vorbereitungen waren abgeschlossen. Der Tag unseres Auswärtsspiels bei Manchester City war gekommen. Jürgen eröffnete die Mannschaftsbesprechung: „Wir sind wieder in Manchester, im gleichen Hotel und im gleichen Zimmer wie vor der Partie gegen United. Denkt nicht über das Ergebnis nach, ich möchte, dass ihr euch vor Augen führt, wie gut wir sind. Stellt euch vor, wir säßen nach dem Spiel im Bus und hätten das Spiel gewonnen. Wir haben 550 Millionen Fans – das haben wir gerade gegoogelt, aber die Zahlen sind von 2015, wegen euch sind es inzwischen wahrscheinlich noch ein paar mehr –, die werden alle zusehen. Und jeder, der zuschaut, denkt: Eines Tages will ich bei diesem Spiel dabei sein. Und wir sind es!" Jürgen erklärte den Jungs, dass er bester Laune sei. „Warum? Ihr seid der Grund dafür, Jungs. Ihr habt die Messlatte richtig hoch gelegt, das war eigentlich unmöglich, aber ihr habt es möglich gemacht. Ich verlange nichts Besonderes, nur, dass wir wir selbst sind. Und zwar aus den richtigen Gründen, weil es unheimlich schwer ist, gegen uns zu spielen. Trotzdem müssen wir zeigen, wie sehr wir uns verbessert haben. Seid mutig! Das ist nicht riskant, das ist Fußball. Wir müssen alle mit allem, was wir haben, verteidigen, und alle mit allem, was wir haben, angreifen. Gebt uns dieses kleine bisschen mehr Biss. Mir geht es so gut, weil das niemand besser kann als ihr, Jungs. Sorgt für wildes Gegenpressing. City ist eine Passspiel-Maschine, die versucht, uns einzulullen, passiv zu machen – lasst das nicht zu, seid aktiv und unberechenbar, holt euch die Bälle. Und lasst De Bruyne, Bernardo und Foden nicht in die Zweikämpfe kommen, auf die sie es anlegen."

Finale Nummer 31 endete mit einem 2:2-Unentschieden. Es war einfach nur grandiose Werbung für den Fußball. Zwei großartige Mannschaften versuchten, sich gegenseitig Probleme zu bereiten. In solchen Spielen geht es immer darum, wie konsequent die jeweiligen Teams das, was sie können, über 90 Minuten hinweg verfolgen. In unserem Fall ging es dementsprechend um die Qualität unseres Pressings, darum, wie gut wir in Bezug auf die Abstände mit und ohne Ball zusammenspielen, wie lange wir uns sowohl offensiv als auch defensiv spielend in der gegnerischen Hälfte aufhalten und wie gut es uns gelingt, das Spiel immer wieder in Richtung unserer kreativen Spieler zu verlagern. Wir haben versucht, all diese Punkte bestmöglich umzusetzen – und genauso haben wir uns nach dem Spiel auch gefühlt. Das Ergebnis war durch und durch gerecht und bestätigte uns, dass wir es durchaus mit dieser Mannschaft aufnehmen konnten. Bald würden wir sie im Wembley-Stadion wiedersehen und uns dort hoffentlich so lange wie möglich in ihrer Spielfeldhälfte aufhalten. Vitor kommentierte das Spiel mit den Worten: „Gehirn schlägt Muskeln und Herz schlägt Gehirn." Und es war wahrhaft ein unglaubliches Zeichen von „Herz", auswärts gegen City zweimal nach Rückstand zurückzukommen. Nach dem Abpfiff sagte ich auf dem Weg in die Kabine: „Wenn wir die nächsten sieben Spiele gewinnen, sind wir Meister."

Ich konnte es kaum erwarten, nach Wembley zu kommen, aber am kommenden Mittwoch spielten wir erst einmal wieder in der Champions League und mussten versuchen, das Halbfinale zu erreichen.

Woche 38

Das ist Intensität, das ist unsere Identität

Wie wir uns am Morgen nach dem Auswärtsspiel im Etihad-Stadion fühlten? Nicht schlecht, ganz und gar nicht schlecht, denn wir waren immer noch im Rennen, und jeder, der das vor ein paar Monaten vorausgesagt hätte, wäre für verrückt erklärt worden. Insofern war alles gut. Das nächste Mal würden wir das Thema Auswechslungen noch mutiger angehen, wir würden noch früher einwechseln und mehr frische Spieler bringen. Das müssen wir zwangsläufig tun – unsere Art zu spielen kostet die Jungs eine Menge Energie. Wenn wir die neue Regel mit den fünf Auswechslungen pro Partie in der nächsten Saison von Beginn an konsequent nutzen, wird uns das enorm helfen, unser Spiel durchzuziehen. Als wir jetzt in Jürgens Büro saßen, hatten wir allerdings keine Zeit, länger darüber nachzudenken. Wir nahmen uns gerade einmal zehn Minuten, die positiven und negativen Aspekte des letzten Spieles durchzugehen, dann wandten wir uns schon wieder der nächsten Herausforderung zu. Denn als Nächstes stand das Rückspiel gegen Benfica an, und dafür mussten wir unseren Killerinstinkt noch mal schärfen. Diesmal traten wir in Anfield gegen sie an, vor unseren Fans. Noch immer durften wir uns keine Ruhe, keine Selbstzufriedenheit gönnen. „Wir werden ein paar Änderungen vornehmen", erklärte Jürgen der Mannschaft. Diese Änderungen wirkten sich auch auf die Trainingsintensität aus. Während der Sessions konzentrierte ich mich auf aggressives Pressing, aggressives Gegenpressing und aggressive Abschlüsse – all dies in Kombination mit dem First-Pass-Forward-Prinzip. Vor allem nach einem so emotionalen Spiel wie gegen Manchester City war es gut, sich wieder auf das Wesentliche zu besinnen. Wir befanden uns nicht in einer Phase der Saison, in der es darum ging, gut zu spielen – wir befanden uns in der absolut entscheidenden Phase, in der es darum ging, jedes Spiel zu gewinnen, und genau diesen unbedingten Siegeswillen, die Bereitschaft, in jedem Moment alles zu geben, brauchten wir gegen Benfica. Es würde darauf ankommen, wie gut wir gemeinsam verteidigten. Das sollte sich auch in unserer Aufstellung widerspiegeln: Die Veränderungen, die wir vornahmen, sollten sicherstellen, dass wir hoch konzentriert und mit maximaler Intensität zu Werke gingen.

Später am Tag versuchten Jürgen und ich, unsere Köpfe bei einer Partie Padel-Tennis freizubekommen. Ich gewann noch den Tiebreak, nachdem ich bereits mit 4:1-Sätzen führte, aber dank seiner deutschen Kämpfermentalität und seines neuen, hochmodernen Schlägers kam der Boss schnell wieder zurück ins Spiel. Einen der entscheidenden Punkte erzielte er, indem er sich, um noch an den Ball zu kommen, gegen den Zaun warf, woraufhin er blutüberströmt war. Mir blieb kurz das Herz stehen, als ich sah, wie er in den Zaun flog, doch er verhielt sich wie ein echter Anführer. Er ging mit seinen Blessuren vom Platz, ließ sich vom Arzt behandeln, kam zurück und gewann das Spiel noch, das er zuvor schon so gut wie verloren hatte.

Am Tag vor dem Spiel gegen Benfica ging ich frühmorgens ins Büro der Analysten. „Diesem Pep [Guardiola] werde ich eines Tages noch einen Burn-out zu verdanken haben“, sagte ich lachend. Als wir uns die Aufzeichnung unserer Partie gegen Man City anschauten, fiel uns auf, dass er Cancelo und Walker gebracht hatte, damit sie sich um unsere Zehner Hendo und Jota kümmern. Das war uns vorher so tatsächlich noch gar nicht aufgefallen. In der zweiten Halbzeit positionierte er Bernardo neben Ederson, der den Ball aus dem Rückraum brachte; er stresste unsere hintere Kette genau wie Chelsea und versuchte, in jede Lücke reinzugehen. Wir haben wirklich großen

Respekt vor Pep und seinem Team. In vier Tagen, wenn wir ihn im Wembley-Stadion zu einem der entscheidenden Spiele der Saison wiedersehen, wird er gewiss neue Pläne ausgeheckt haben. Nicht nur, um irgendein weiteres nationales Pokalfinale zu erreichen, sondern auch, weil ein Sieg bei diesem Spiel der Gewinnermannschaft für den Rest der Saison großes Selbstvertrauen verleihen wird, weil man dann weiß, dass man in dieses berühmte Stadion im Finale zurückkehren und um den ältesten und traditionellsten englischen Pokal, den FA Cup, kämpfen wird.

Bei der Mannschaftsbesprechung ging es vor allem darum, unser Pressing durchzuziehen. Am späten Nachmittag gingen wir mit unseren Startelfspielern auf dem Trainingsplatz unsere defensiven und offensiven Ideen durch. Jürgen machte klare Ansagen. Während die Jungs den Ball schnell und kreativ über die verschiedenen Spielfelddrittel passten, rief ich ihnen alle paar Minuten zu: „Gegenpressing!“, woraufhin sie intensiven Druck aufbauen mussten. Einmal rutschte unser Grieche direkt vor mir in ein Tackling und gewann den Ball zurück. „Er ist bereit für morgen!“, rief ich.

Jürgen lieferte wieder einmal ein gutes Beispiel dafür, warum seine Mannschaftsbesprechungen am Spieltag im Titanic Hotel die besten sind. Sie sind wahrscheinlich einer der Hauptgründe dafür, warum die Jungs auf dem Spielfeld all unsere Bedenken ausblenden und einfach spielen können. „Ein großer Teil meines Jobs besteht aus Denken. Es geht darum, darüber nachzudenken, was passieren könnte. Man muss nachdenken, um Antworten zu finden, die Gegner herauszufordern. Villarreal ist gestern [in der Champions League] weitergekommen. Die Leute nehmen an, dass alles so läuft, wie wir uns das wünschen, aber es ist gefährlich, so zu denken. Wenn sie sehen, dass wir auf sieben Positionen wechseln, denken sie wahrscheinlich, dass wir uns ausruhen. Der gestrige Tag hat gezeigt, dass Chelsea gegen Real von Anfang an mit der richtigen Einstellung und mit absoluter Leidenschaft ins Spiel gegangen ist. Die Madrilenen haben das erst während des Spieles gelernt. Es ist Mitte April – Mitte April – und wir haben die Chance, ins Halbfinale der Champions League einzuziehen. Wir müssen von der ersten bis zur letzten Sekunde vollen Einsatz zeigen, deshalb haben wir uns für diese Aufstellung entschieden. Alles ist möglich, das hat uns unser Auswärtsspiel gezeigt. Nennt mir eine Mannschaft im Weltfußball, die auf sieben Positionen wechseln kann und dann eine solche Mannschaft aufbietet! Von jetzt an müssen alle – die Bank, die Startelf, alle – bedingungslos alles geben, um zu gewinnen. Jeder muss bei der Verteidigung mitwirken, dann bekommen wir Stabilität und Sicherheit und können unsere Dreiecke gut einsetzen. Das ist der Plan. Halbfinale – was für eine unglaubliche Chance! Wie viele Leute kennt ihr, die das erreicht haben? Wenn wir alles raushauen, wenn wir uns treu bleiben, haben wir eine gute Chance, es zu schaffen."

Das Viertelfinal-Rückspiel endete für uns tatsächlich mit dem Einzug ins Halbfinale. Es war das vierte europäische Halbfinale in den letzten sieben Jahren für Liverpool. Wir haben es erreicht mit einem 3:3-Unentschieden gegen eine Mannschaft aus Lissabon, die sich nicht aufgeben wollte. Das Glück hilft nur den Mutigen – und mutig waren wir zweifellos gewesen mit den sieben Änderungen in der Startelf vor einem Champions-League-Viertelfinale. Am Ende hatten wir uns nicht nur für die nächste Runde qualifiziert, sondern auch die Spielzeit gut untereinander aufgeteilt und gemanagt. Hoffen wir, dass uns das Glück mit dieser Entscheidung auch in Wembley treu bleiben wird. Wir haben unser Vertrauen in unsere Mannschaft bewiesen, da die Jungs, die auf den Platz kamen, noch ein bisschen müde waren und wir die Kontrolle über das Spiel verloren, sodass

Benfica unsere Unzulänglichkeiten ausnutzen konnte. So vernachlässigten wir beispielsweise zeitweise unser Pressing und wenn man es mit einem schnellen Stürmer wie Darwin Núñez zu tun hat, kann das gegen eine hoch stehende Kette schnell gefährlich werden. Tempo und Einsatz sind immer die besten taktischen Problemlöser. Positiv zu vermerken ist, dass Luis, Jota und Roberto an diesem Abend überragend waren. Sie setzten sich gegenseitig immer wieder ein und waren superaggressiv im Pressing. Sie haben nicht Klavier gespielt, sondern Schlagzeug. Sie haben ein unglaubliches Tempo an den Tag gelegt und sehr energisch gespielt, sie verschafften der Mannschaft in schwierigen Situationen immer Zeit aufzurücken, indem sie den Ball hielten. Als wir nach dem Spiel in die Kabine kamen, herrschte Totenstille. Die Jungs wussten nicht, was auf sie zukommen würde, weil sie unser komfortables 3:1 verspielt hatten. Aber Jürgen stellte sofort klar: „Sobald wir nicht mehr feiern, dass wir das Champions-League-Halbfinale erreicht haben, sind wir selbst zu unserem schlimmsten Feind geworden. Wir haben es geschafft, wir sind im Halbfinale! Im Halbfinale der Champions League!“ Danach brandete Applaus in der Kabine auf.

Am Donnerstagmorgen waren wir wieder im AXA. Es war Mitte April und England litt unter einer Hitzewelle. Nun, ganz so heiß war es nicht, aber man konnte immerhin kurze Hosen tragen. Ich freute mich, dass jetzt die wirklich interessante Phase der Saison begann. Es ist, als ob man den Gipfel des Berges bereits sehen kann, aber der steilste und härteste Teil des Aufstiegs liegt noch vor einem. Dazu zählte für uns unter anderem das Halbfinale in einem Wettbewerb, den wir – jedenfalls in der derzeitigen Konstellation – noch nie gewonnen hatten. Der FA Cup war der einzige Wettbewerb, den wir noch nie gewonnen hatten, muss ich ergänzen. Wieder einmal fand das Spiel in Wembley statt, und das freute mich sehr. Unserer Meinung nach hatte City uns bisher noch nicht in Bestform erlebt, daher war es Zeit, das zu ändern. Das hat mit Arroganz nichts zu tun. Ich will damit lediglich sagen, dass es an der Zeit war, unser Potenzial für diese letzte Phase vollständig auszuschöpfen. Gehörig Wind in die Segel zu bringen. Bei dieser Partie ging es um die Frage, wer sich wem anpassen musste: Pep uns oder wir Pep? Der Trick dabei war zu versuchen, ihnen immer einen Schritt voraus zu sein, was dazu führen würde, dass sie Zeit brauchten, sich unserem Spiel anzupassen. Wenn man den Gegner analysiert, geht es immer darum zu begreifen, wie er in der Vergangenheit gehandelt hat; wenn man die eigene Mannschaft analysiert, geht es hingegen darum, was man in der Zukunft erreichen will.

Vor unserem letzten Training am Freitag versammelten wir uns alle an der Hillsborough-Gedenkstätte auf dem Trainingsgelände zu einer Schweigeminute im Gedenken an die 97 Kinder, Frauen und Männer, die ihr Leben bei dieser Tragödie verloren hatten, die sich in diesem Jahr zum 33. Mal jährte. Dies ist, wie ich bereits erwähnt habe, etwas, an dem sich alles messen lassen muss.

Als Vorbereitung auf die Partie gegen City spielten wir das Abschlussrondo: Jeder, der ein Tor schießt, bekommt einen weiteren Versuch. Wer nicht trifft, muss warten, bis er wieder dran ist. Im Grunde genommen gilt, wer gut ist, darf bleiben, wer schlecht spielt, fliegt raus. Ich liebe das. Es ist mein bevorzugtes Trainingsprinzip: Verdiene dir das Recht, weiter anzugreifen.

„Danke", sagte Jürgen bei der Mannschaftsbesprechung. „Dank euch sind wir in der Situation, in der wir uns befinden. Wir werden an einem neutralen Ort spielen, es gibt keinen Heimvorteil wie letzten Sonntag. Seid überzeugt von unserem Pressing, seid überzeugt davon, die Bälle von hinten erobern zu können, und seid überzeugt davon, dass wir mit dem Ball besser spielen können als ihre Sechser. Ich würde das nicht verlangen, wenn ich nicht wüsste, dass wir es schaffen können. Was im Leben immer hilft, ist zu wissen, was auf einen zukommt. Das ist nun unsere Aufgabe."

Vor dem Spiel im Etihad-Stadion hatten wir ein wenig Feintuning betreiben müssen, aber jetzt ging es darum, wieder wild und frei zu sein und unseren physischen Vorteil zu nutzen. „Wenn wir ein Video aus allen Clips zusammenstellen, die zeigen, was wir beim Spiel am Sonntag gut gemacht haben, werden wir sagen, dass wir unglaublich waren", sagte Vitor. „Leider würde es ihnen genauso gehen, wenn sie dasselbe mit ihren guten Szenen täten." Das zeigte, dass wir uns gegenseitig nicht viel nahmen. So wie ich das sehe, ist Manchester City gegen den FC Liverpool derzeit die beste Paarung im Weltfußball, sozusagen der neue Classico. Aber wir durften nicht zu viel darüber nachdenken. Es stand so viel auf dem Spiel und das sind die Momente, in denen die Jungs fast immer anfangen, sich zu viele Gedanken zu machen. Und genau das sollte man nicht tun. Das Einzige, was am Ende zählt, ist sowieso nur, ob der Ball ins Netz gegangen ist oder nicht. Unser Supercupspiel gegen Man City im Etihad-Stadion 2019 ist das beste Beispiel dafür. Ihre Elfer gingen alle rein, unsere nicht. Das hat ihnen letztendlich den Titel beschert. Was ich damit sagen will, ist, dass wir auf dem Spielfeld all unsere Bedenken ausblenden und sehen sollten, was unterm Strich rauskommt. „Wir wollen keinen Druck auf dich ausüben, James", scherzte ich während der Analysebesprechung, „aber du weißt, dass es allein von dir abhängt, ob wir das Finale erreichen oder nicht!" Ich nehme mir immer viel Zeit für James [French, einen unserer Analysten]. Ich mag ihn wirklich sehr – er und Pete steuern immer wieder neue Variationen zu unseren Grundideen bei. Unsere Analyseabteilung hat in diesem Jahr große Fortschritte gemacht; während sie in der

Vergangenheit lediglich für die Analyse zuständig war, ist sie jetzt voll in den Prozess des „kleinen Planes“ eingebunden und weiß dadurch viel besser, was wir wollen und wie wir es wollen. Greg, Dan, Robbo und James sind quasi das Gehirn des AXA.

Die Mannschaftsbesprechung am Spieltag eröffnete Jürgen mit den Worten: „Das ist jetzt meine siebte Saison hier und ich habe schon so oft das Gleiche gesagt, aber das, was jetzt kommt, habe ich noch nie gesagt: Willkommen zum FA-Cup-Halbfinale! Es ist wirklich cool, hier dabei zu sein. Macht es zu etwas Besonderem, indem ihr normal seid. Wir sind traditionell sehr lebhaft, wenn wir gegen sie antreten.“ Als wir wieder einmal in dieses wunderschöne Stadion kamen, nahm ich mir einen Moment Zeit, um die Atmosphäre auf mich wirken zu lassen. Andreas und Conall bereiteten die Jungs physisch auf das Spiel vor. John sah sich zusammen mit den Elfmeterschützen Grafiken an, Pete bereitete die Taktiktafel vor, unsere Analysten prognostizierten korrekt die Aufstellung von City, Mona sorgte dafür, dass die Spieler ausreichend tranken, Lee und Brendan trugen alles zusammen, was sie in puncto Ausrüstung benötigten, und Smalley, Lee, Lena, Michelle und Chris massierten die Jungs auf den Liegen und machten Dehnübungen mit ihnen. Man merkte, dass man Teil einer gut geölten Maschine war. Wir können so dankbar sein, all diese unglaublichen Menschen bei uns zu haben. Es ist das leidenschaftliche Backstage-Team, das hinter der weltbesten Fußballmannschaft steht. Und am Ende stand ein 3:2-Sieg für uns. Wow!

In der ersten Halbzeit waren wir fantastisch, wir brillierten mit und ohne Ball, zwangen sie, sich auf uns einzustellen. In der zweiten Halbzeit bekamen sie durch ihren frühen Anschlusstreffer Aufwind. Sie versuchten, mehr Kontrolle über das Spiel zu erlangen, indem sie die Flügelspieler weiter außen positionierten. Dadurch standen wir zunehmend tiefer und bis zu ihrem zweiten Treffer waren sie wirklich überlegen – trotzdem: Was für ein Spiel! Zur Halbzeit, als wir schon 3:0 führten, überreichte Vitor mir wortlos einen Zettel. Ich dachte, er hätte darauf einiges notiert, das wir besser machen konnten, aber überraschenderweise stand dort nur: „Unglaublich!"

Nach einem Spiel geht es immer nur darum, ob man in den Spiegel sehen und sagen kann: Ich habe auf dem Platz all meine Bedenken abgelegt. Keine Frage: Luis konnte das, Naby konnte das und Sadio konnte das auch. Die gesamte Mannschaft hat diesen Spiegeltest verinnerlicht und deshalb sind wir so intensiv. Sadio erzielte bei diesem Spiel zwei Treffer, die unterschiedlicher nicht hätten sein können. Beim ersten bedrängte er City-Keeper Zack Steffen beim Abstoß und brachte den Ball über die Torlinie. Den zweiten erzielte er volley nach ein paar hervorragenden Kombinationen im Zentrum. Ibou erzielte per Kopf unseren Führungstreffer und damit sein drittes Tor in den letzten drei Spielen. Jürgen scherzte später, dass er in diesen drei Partien wahrscheinlich mehr Tore geschossen hat als zuvor während seiner gesamten Karriere. Nach dem Abpfiff sangen unsere Fans lautstark *One Kiss* von Dua Lipa. Dieser Song entwickelte sich zu einer Art Hymne. Ich sah zu, wie sie vor Freude hüpften, und dachte: Das ist der Grund, warum wir anders sind – ihr seid es. Auf dem Weg in die Kabine sagte Jürgen: „Das ist das erste Mal, dass ich das hier sage, Jungs: Willkommen zum FA-Cup-Finale!" Wembley, wir sind in dieser Saison hier noch nicht fertig, dachte ich, und ich hoffte, dass dieses Spiel auch so etwas wie eine mentale Ansage für sie war.

Am nächsten Tag saß ich zu Hause mit einem Kamillentee auf der Couch und schaute mir Chelsea gegen Crystal Palace an, um zu sehen, auf wen wir im Finale treffen würden. Das Leben konnte nicht besser und zugleich nicht langweiliger sein. Sadio hatte die falsche Neun gestern mit so viel Überzeugung gespielt.

Am Ostersonntag sah ich mir einen neuen Dokumentarfilm über Cruyff an. Wenn wir schon über die falsche Neun sprechen, warum sich dann nicht mit demjenigen beschäftigen, der sie erfunden hat? Ich habe mich jedenfalls aufs Neue verliebt. Die Mannschaft, gegen die wir im FA-Cup-Finale antreten mussten, war übrigens Chelsea. Dass das ein schweres Match werden würde, war absolut sicher. Aber jetzt war noch nicht die Zeit, sich darüber Gedanken zu machen, denn erst mal uns stand eine weitere entscheidende Woche in der Saisonschlussphase bevor.

„DAS SCHWIERIGSTE IST, EINE GUTE MANNSCHAFT SCHWÄCHER AUSSEHEN ZU LASSEN, ALS SIE EIGENTLICH IST."

Woche 39

Gut im Rennen

Zu Beginn der Woche dachte ich über ein paar Dinge nach, die bei unserem Spiel in Wembley auffielen. Zum einen war es aus Trainersicht absolut brillant, dass wir gezeigt haben, dass wir zwischen unseren beiden Begegnungen gegen City etwas gelernt und uns verbessert haben. Zum anderen war mir völlig klar, dass wir zu einem Fußballspiel und nicht zu einer Theateraufführung angetreten waren, aber wenn es darum geht, seinen Respekt zu bekunden, dann ist genau das geboten, ganz gleich, welcher Mannschaft man die Daumen drückt. Ich sage das an dieser Stelle, weil die Schweigeminute für die Opfer der Hillsborough-Katastrophe von einigen City-Fans gestört worden war, was völlig inakzeptabel ist.

Was mir an unseren letzten beiden Spielen gegen Manchester City am besten gefällt, ist, dass egal zu welchem Zeitpunkt man in die Aufzeichnung eines der beiden Spiele hineinsieht, man immer wieder völlig andere Aufbaustrategien und eine völlig andere Pressingdynamik geboten bekommt. Das ist in meinen Augen Qualität pur. Es beweist, dass die Spieler über Spielverständnis, fußballerische Klarheit und Flexibilität verfügen und ihre spielerische Freiheit zu nutzen wissen. Ein solches Maß an Flexibilität zu erreichen ist nicht einfach. Aber was im Leben ist schon einfach? Ich kann es nicht oft genug betonen: Unsere Spieler lassen Schwieriges leicht aussehen. Und eines ist sicher: In den letzten Jahren sind wir viel besser darin geworden, Spiele zu dominieren. Daher waren wir auch so gut am Ball. Und das zu sein, ist bei allem, was wir tun, immer präsent. Beim Training an diesem Tag spielten wir beispielsweise ein Vier-gegen-vier mit Harvey und Curtis als zusätzliche Spieler im Mittelkreis.

Für zehn Pässe gab es einen Punkt. Mit dieser Übung fördern wir die richtige Einstellung und die Konzentration, die man im Kampf um den Ball benötigt. Vitor war ganz vorne mit dabei. Die Jungs mussten ständig neue Dreiecke bilden, sich aus schwierigen Situationen befreien und das Pressing überspielen. Der Kreis fördert – unbewusst – gutes Stellungsspiel und Übersicht. Danach war unsere „Go and go again"-Übung an der Reihe, bei der es darum geht, ständig zwischen dem Abwehren von Gegenangriffen und eigenen aggressiv geführten Angriffen hin und her zu wechseln. Wie Cruyff sagte: „Entwicklung heißt tun, tun, tun – das ist einfach und logisch." „Wir werden das so lange wiederholen, bis wir kotzen!", rief ich während des Trainings. Für unsere Jungs gab es keine Pause. Der Zeitplan ließ es einfach nicht zu, auch nur ein klein wenig vom Gas zu gehen. Als Nächstes empfingen wir Manchester United in Anfield, und sie würden gegen uns ganz sicher ein Zeichen setzen wollen.

Wir wussten, was mit den von Ralf Rangnick trainierten Red Devils auf uns zukam, mit seinem Konzept kannten wir uns aus. Er setzte auf schnelle, konterstarke Flügelspieler und ein defensives 4-4-2, das sich an der Bewegung des Balles orientiert. Jürgen beschrieb vor dem Training sehr gut, was nun zu tun war: „Wir müssen die gute Stimmung, die wir gerade haben, ausnutzen, aber zugleich dafür sorgen, dass wir nach wie vor die Mannschaft sind, gegen die niemand spielen will." Ich sprach mit Pete und wir sahen uns zur Vorbereitung auf United einige Clips von unserem Spiel gegen City an; die Jungs sollten sehen und verstehen, warum wir taten, was wir getan haben. Jürgen eröffnete die Analysebesprechung mit der Mannschaft am Tag vor dem Spiel gegen United mit den Worten: „Heutzutage können wir jederzeit sehen und lesen, was die Menschen auf der ganzen Welt von uns halten. Die sozialen Medien sind sehr einflussreich. Früher gab es nur 20 Leute, von denen man wusste, was sie über einen dachten, und, um ehrlich zu sein, es ist nicht sonderlich schwierig, die Meinung von 20 Leuten zu ignorieren. Die ganze Welt denkt, dass United nicht gut genug ist, aber das Einzige, was zählt, ist das, was wir denken. Vor vier Wochen stand Arsenal auf dem vierten Platz, vor zwei Wochen war es Tottenham, und jetzt kann wieder ein anderer Klub Platz vier einnehmen. Das 5:0 im Old Trafford liegt lange zurück. Wir müssen versuchen, sie zu verstehen – sie glauben daran, dass für sie etwas drin ist. Sie werden morgen bereit sein zu zeigen, was sie draufhaben. Daher müssen wir vor dem Spiel eine Entscheidung fällen, wir müssen jetzt entscheiden, was wir wollen, nicht erst im Spiel. Es tut mir leid, das sagen zu müssen. Weil ich weiß, dass wir das alles vor zwei Tagen schon mal durchgekaut haben. Aber das ist genau das, was ich von euch verlange. So ist das, wenn man erfolgreich sein will. Jagen und den letzten Schritt machen wie Naby hier gegen Bernardo [zeigt auf eine Szene in einem Videoclip], genau das sollte das Thema für diese letzten elf Spiele sein."

Matchday. Dieses Spiel ist vieles, aber für die meisten Leute ist es ein waschechtes Derby. Für sie geht es um alles oder nichts, denn das Trikot eines großen Vereins kann einem ziemlich schwer auf den Schultern lasten, wenn es nicht gut läuft. Deshalb durften wir nicht zulassen, dass sie in diesem Spiel Oberwasser bekommen. Wir hatten in der Vorsaison beschlossen, dass Verteidigung bei uns an erster Stelle steht. Und daran hatte sich nichts geändert.

Unser 32. Premier-League-Finale endete mit einem 4:0-Heimsieg gegen United. Das war ein Statement. Wir hatten den Ball – meistens lief es über Thiago! – und wir spielten, spielten und spielten. Wir kamen auf fast 900 Pässe – mehr gibt es nicht zu sagen. Unser Dreiergespann vorne hatte zum richtigen Zeitpunkt in der Saison den Dreh raus, sie spielten einfach virtuos.

Luis, Sadio und Mo haben sowohl Treffer vorbereitet als auch selbst getroffen. Ihre Tore waren nicht zu verteidigen, ganz gleich, welches System United gespielt hätte. Als ich danach in die Kabine ging, nahm ich Milner in den Arm. „Pep, weißt du, welches die beste Gegenpressingsituation des Abends war?", fragte er mich. Ich dachte angestrengt nach und überlegte, was ich ihm darauf antworten sollte. „Das war, als du, Jürgen und Pete dem vierten Offiziellen auf die Pelle rückten!" „Na, wenn jetzt schon der Trainerstab in Rudeln jagt, sind wir wirklich die Mannschaft, gegen die niemand spielen will", erwiderte ich.

Der nächste Tag war ebenfalls ein besonderer. Wir feierten Vitors Junggesellenabschied. Wir hatten vor, ihn am Nachmittag zu überraschen, indem wir ihn mit unserem riesigen roten Mannschaftsbus zu Hause abholten. Anschließend wollten wir mit ihm bei PINS im Stadtzentrum bowlen gehen, bevor wir ins Bacaro fuhren, wo seine Familie und Freunde auf ihn warteten. John hatte für ihn sogar ein Benfica-Trikot mit seinem Namen auf dem Rücken besorgt – es gibt nichts, mit dem man einen Porto-Fan heftiger provozieren könnte. Das würde wehtun und ihn direkt ins Mark treffen.

Beim Bowling hatten wir jede Menge Spaß; es gab vier Viererteams, in denen Carl Spellman [einer unserer Transportunternehmer] und Billy Hogan die herausragenden Spieler waren. Ray sorgte dafür, dass Vitor ein großes Glas Bier bekam, bei dem es einiges zu beachten gab: Jedes Mal, wenn er den Bus verließ, musste er trinken, jedes Mal, wenn er Portugiesisch sprach, musste er trinken (was zu vielen lustigen Diskussionen zwischen ihm und Taffarel führte) und jedes Mal, wenn einer von uns einen Strike warf, musste er trinken. Alle sangen *Allez Allez Allez*. Die Stimmung war einfach umwerfend. Ray war mal Reiseleiter und jetzt schlüpfte er wieder in diese Rolle. In diesen Momenten lief er zu großer Form auf und sorgte unter anderem dafür, dass Vitors Glas immer bis zum Rand gefüllt war. „Mit dieser Einstellung werden wir die Champions League nicht gewinnen, Vitor", sagte er, als unser frischgebackener Benfica-Fan Mühe hatte, sein zehntes Bier herunterzukippen. Vitor entgegnete: „Das Bier schmeckt jetzt wie Wodka!" Aber das war noch nicht das Schlimmste für ihn. Wir fuhren mit dem Bus durch die Stadt, und wenn er anhielt, musste Vitor auf unser Kommando hin aussteigen und einen Liverpool-Song zum Besten geben, zum Beispiel *Allez Allez Allez* mitten in den Docks oder *You'll Never Walk Alone* vor dem Hilton. Der Bus mit uns schaukelte im Hintergrund, während ihn die Leute auf der Straße entgeistert anstarrten und sich wohl fragten, was zum Henker da los ist. Was man absolut verstehen konnte, denn da stand ein Typ in einem Benfica-Trikot vor dem Mannschaftsbus des FC Liverpool und grölte Fangesänge der Reds. Irgendwann während der Fahrt, als der Bus an einer roten Ampel hielt, stieg Jürgen aus und ging ins nahe gelegene Jürgen's Bierhaus – von diesem Ereignis wurden später Fotos in den sozialen Netzwerken geteilt. Die Leute, die in der Sportsbar waren, dachten zuerst, es sei ein Doppelgänger des Coaches, sodass es besonders lustig wurde, als ihnen dämmerte, dass tatsächlich Jürgen Klopp vor ihnen stand.

Am nächsten Tag sahen wir, dass eine Zeitung einen Bericht über Jürgens Auftritt in der Bar gebracht hatte. Darin stand, dass er einige Fotos mit Fans und sogar mit einem Benfica-Anhänger gemacht hatte. Ich konnte mich kaum halten vor Lachen, als ich das las. Aber da das Spiel gegen Everton anstand, ging es am Freitag wieder an die Arbeit. Was auch immer wir am Ende der Saison erreichen würden, es hatte alles mit harter Arbeit begonnen, und wir durften jetzt nicht nachlassen. Auch gegen Everton mussten wir vollen Einsatz zeigen, um den Ball jederzeit zurückzuerobern und immer wieder anzugreifen. Dieses Spiel war diesmal für beide Mannschaften von großer Bedeutung – mehr als sonst, nicht nur weil es ein Derby war, sondern auch wegen unserer jeweiligen Tabellenplatzierung, denn auch für Everton, das auf einem Abstiegsplatz stand, ging es um alles. Unsere Aufgabe war klar: Wir mussten mit Mann und Maus draufgehen, wenn wir den Ball gegen sie verloren.

Ich saß zu Hause in meinem Büro und bereitete die letzten Übungen für das Samstagstraining vor. Sie sahen aus wie diese Punkte-verbinden-Zeichnungen. Auch ich verrenne mich gelegentlich bei solchen Dingen. Wie soll man Freiheit und Unvorhersehbarkeit auch auf ein Blatt Papier zeichnen? Das ist unmöglich, aber ich versuche es trotzdem immer wieder. Ich zeichnete alle verschiedenen Möglichkeiten auf, ihre letzte Linie zu durchbrechen.

Was mir an den letzten vier Spielen am besten gefiel, waren nicht nur die Ergebnisse, sondern auch die Tatsache, dass wir ständig andere Spieler auf dem Platz gehabt und in allen Aufstellungen sehr gut gespielt hatten, ob gegen City, United oder in den beiden Partien gegen Benfica. Die Rotation klappte in dieser Saison hervorragend, und dank ihr haben wir einen großartigen Pool vieler guter Spieler, die richtig brennen und sich auch für die kommende Spielzeit empfehlen wollen. Dadurch sind wir ziemlich flexibel. Ich bin mir sicher, dass sich die Art und Weise, wie wir mit dem Kader im Oktober, November und Dezember des vergangenen Jahres umgegangen sind, jetzt auszahlte. Wir hatten den Jungs nach dem Spiel gegen United zwei Tage freigegeben, sodass wir unsere zweitägige Vorbereitungszeit für Everton beibehalten konnten und sie für die letzten wirklich großen Spiele fit waren.

„Ich habe noch nie erlebt, dass ein Abschlusstraining das anschließende Trainingsmatch so sehr beeinflusst hat wie heute", sagte Jürgen direkt nach unserer Einheit. Harvey, Jota, Rhys und

Naby gewannen das Identity Game. Sie schossen vier Tore in Folge, was zuvor noch nie jemandem gelungen war. Zu Beginn des Trainings hatte ich noch provokant gefragt: „Ist das alles, was wir draufhaben?" Und wenig später flogen die Bälle links, rechts oder mittig ins Netz. So viele Leute gaben mir in diesem Augenblick ein gutes Gefühl. Ich hatte den Eindruck, dass unsere Fans nun wirklich alle angefangen hatten, nicht nur an uns, sondern auch an die Erreichbarkeit unserer Ziele zu glauben. Das spürt man einfach, und was noch viel wichtiger ist, unsere Spieler spüren es auch. Das weckte Erinnerungen an die Zeit vor der Pandemie, als wir auch schon um Titel gekämpft hatten. Dieses Gefühl ist einfach unglaublich, aber es setzt einen auch unter Druck.

Im Titanic Hotel saßen wir wieder in demselben Konferenzraum, in dem wir schon unsere letzten Vorsaisonspiele besprochen hatten. Es könnte nicht besser laufen, dachte ich: Die letzten Spiele dort zu besprechen, wo die ganze Saison begonnen hatte. Jürgen hielt eine mitreißende Mannschaftsansprache: „Fußballspiele werden durch die innere Einstellung entschieden, und die Qualität dieser inneren Einstellung bestimmen wir selbst. Ich will versuchen zu erklären, wie die perfekte innere Einstellung aussieht. Sie wird von zwei Dingen bestimmt: zum einen von der Leichtigkeit und dem Selbstvertrauen einer Mannschaft, die ein paar Partien hintereinander gewonnen hat, zum anderen vom Ehrgeiz und dem Kampfgeist einer Mannschaft, die schon lange kein Spiel mehr gewonnen hat. Wir wissen, dass wir gut sind, wenn wir in unseren Rhythmus kommen. Rhythmus bedeutet, dass wir sowohl in der Defensive als auch in der Offensive immer vorne mitspielen und proaktiv sind. Das muss uns wieder gelingen, auf demselben Niveau, auf dem wir gegen United gespielt haben. Begierig darauf, ins Pressing und ins Gegenpressing zu gehen. Im Lauf der

Jahre sind wir in den Derbys immer besser geworden. Und wisst ihr, warum? Weil wir uns bei diesen Spielen nicht extra motivieren müssen, wir gehen da so voll motiviert rein wie in jedes andere Spiel auch. Mit dem Abschlusstraining verfolgen wir einen einfachen Zweck, Jungs: Wir wollen Chaos und Bewegung aus der zweiten Reihe erzeugen. Also haut rein, macht es nicht zu kompliziert, sondern wiederholt das, was wir schon tausendmal gemacht haben."

Divock Origi nahm die Vorgabe „Wiederholt das, was wir schon tausendmal gemacht haben" wörtlich. Wir gewannen das 33. Finale der Saison 2:0 zu Hause gegen Everton. Nach einer torlosen ersten Halbzeit zahlte sich die Systemumstellung mit der Einwechslung von Luis und Divock sofort aus. Es war uns wichtig, ihre Innenverteidiger stärker zu binden und auf den Außenpositionen neue Probleme zu schaffen. In der Halbzeitpause besprachen Jürgen, Vitor und ich, dass wir, wenn Everton müder wird, zwei Spieler gleichzeitig bringen wollten, um unsere Aufstellung zu ändern. Robbo brachte uns nach einer brillanten Kombination von Mo und Divock im Sechzehner mit einem Kopfballtor in Führung. Herrlich! Ich liebe es, wenn die Außenverteidiger im gegnerischen Strafraum mitmischen. „Der Chef und Pep hatten in der Halbzeitpause gesagt, dass wir mehr Leute im Strafraum brauchen, also dachte ich: Da bin ich dabei", erzählte Robbo hinterher. Schließlich erzielte Divock noch ein Kopfballtor, dem eine Ecke vorausgegangen war und eine Flanke auf Luis, der den Ball per Seitfallzieher zwar nicht richtig aufs Tor brachte, dafür aber die Vorlage für Divock lieferte. Wir hatten gesehen, dass er mit Porto auf diese Weise bereits einige Male getroffen hatte, also hat mich das nicht wirklich überrascht. Später in der Kabine wurde es lustig, als Thiago eine Flasche warf und Ali sie auffing und damit zu Boden ging, womit er seinen ironischen Moment am Ende des Spieles wiederholte.

Es lief also bisher für uns im April: sieben Spiele, fünf Siege und zwei Unentschieden, ein Punkt Rückstand in der Liga. Wir lagen gut im Rennen.

Woche 40

Männer auf einer Mission

Am Tag nach dem Derby standen wir in der Sporthalle des AXA-Trainingszentrums. „Wer interessiert sich schon für die Analyse nach einem Derbysieg?", fragte Jürgen die Mannschaft mit einem Lächeln. „Gut gemacht, das gilt für alle. Wie oft schon sind unsere Auswechselspieler in dieser Saison das Zünglein an der Waage gewesen? Und jetzt schon wieder! Das sind wir, das ist die Stärke dieser Mannschaft."

Während des Montagstrainings spielte Hendo mit den Ersatzspielern und jagte Curtis über das gesamte Spielfeld. Ich rief ihm zu: „So fühlt es sich für unsere Gegner an, wenn sie gegen Hendo spielen!" Direkt nach dem Training überreichte uns James, unser Analyst, seine Auswertung. Es ging um unser Heimspiel gegen Brentford, bei dem wir uns entschlossen hatten, mehr Spieler in den Strafraum zu stellen, unser Zielgebiet zentraler und näher am Tor zu definieren und immer dieselben Spieler für die Annahme einzusetzen, um echte Kontinuität bei der Ausführung von Standards zu erreichen. Die Analyse zeigte mir, dass die Zahl der Tore, die wir mit dem ersten Ballkontakt erzielt hatten, von einem in den ersten 31 Spielen der Saison auf sieben in den letzten 22 Spielen gestiegen war. Das bedeutet, dass wir uns von 2 auf 22 Prozent Tore beim ersten Kontakt verbessert hatten. Unsere xGoals [erwartete Trefferquote] war von 0,98 auf 4,59 Prozent gestiegen. Ich würde sagen, das deutete auf ganz klare Verbesserungen hin. Und dafür gebührte Pete und James, die ständig an den Details gearbeitet hatten, ein großes Kompliment. Was mir gut gefiel, war, dass wir unser zweites Tor gegen Everton aus der zweiten Phase heraus erzielt hatten. Das bedeutet, dass erst einmal nichts gegen unser neues Konzept sprach, und das trotz der Auswechslungen, die wir vorgenommen hatten. Man versucht, das Beste aus beiden Welten herauszuholen: aus dem ersten Kontakt und der zweiten Phase. Von nun an mussten wir dafür sorgen, dass unsere Zielbereiche weiterhin nah an das gegnerische Tor herankamen. Vor allem aber mussten wir nach wie vor immer wieder Ecken herausspielen, denn der Trick beim Treffen nach Ecken besteht –? Ganz genau, darin, extrem viele Ecken herauszuspielen. Gegen Everton waren es 13 gewesen, was gar nicht schlecht ist. Für uns als Trainer gibt es nichts Besseres als Tore nach Ecken. Sie sind wie der Aufwärtshaken beim Boxen: effektiv, kraftvoll und können den K. o. des Gegners bedeuten.

Danach war es Zeit für die Analysebesprechung. Der gesamte Trainerstab war anwesend. Ich war gespannt, was Greg und James über Villarreal zu sagen hatten. Klar, wir waren die Favoriten, aber das galt auch für Juve und Bayern und sie alle würden das Spiel von zu Hause aus verfolgen. Wir waren uns einig: Das sagt alles. Unmittelbar nach der Besprechung spielten wir eine Partie Padel – Jürgen und Marc, unser Manager, gegen Billy Hogan und mich. Wir spielten um eine Flasche Rotwein, um die Sache interessanter zu machen. Das war die berühmte Ruhe vor dem Sturm, denn am nächsten Tag flog Mike Gordon ein, um unsere neuen Verträge zu unterzeichnen. „Verrückt, dass das noch nicht durchgesickert ist", sagte ich, als wir in Jürgens Büro zusammensaßen. „Wir werden die Fußballwelt mit diesem neuen Vertrag überraschen." Der Traum vieler Fans wurde Wirklichkeit. Aber auch für uns war es ein Traum.

Während unserer Vorbereitungen erkannten wir, dass sich Villarreal einfach nicht herauslocken ließ. Wir sahen uns viele ihrer Spiele an; sie hielten das Zentrum dicht und verteidigten die Außen nur mit dem Flügelstürmer und dem Außenverteidiger. Von dort aus waren sie bei ihren Kontern mit Danjuma und Gerard Moreno brandgefährlich. Aber wir wollten versuchen, die freien Räume auf den Außen zu nutzen, indem wir unsere Flügelstürmer früh anspielten. Jede Reaktion provoziert eine Gegenreaktion, was bedeutete, dass sie mehr Räume nach innen öffnen würden. Unai Emery sagte in Interviews, dass sie gegen ein – wie er es nannte – „verbessertes" Liverpool eine „perfekte" Performance abliefern müssten. Abends schickte ich Jürgen eine Textnachricht, die aus nur vier Worten bestand: „Was für ein Spiel!" Ich hatte mir gerade das Hinspiel der anderen Halbfinalbegegnung Manchester City gegen Real Madrid angesehen. City hatte 4:3 gewonnen.

Am nächsten Tag waren wir an der Reihe. Unser Champions-League-Halbfinale stand an. Ich war im positiven Sinne aufgeregt, als ich zum Training fuhr. Es ist ein Gefühl, dass ich nie als selbstverständlich ansehen werde. Es hat viel harte Arbeit gekostet, das zu erreichen. Aber jetzt mussten wir erst noch einmal Standardsituationen trainieren. Mike Gordon sah zu, während unsere Startelfjungs und die Ersatzspieler einen Kopfball nach dem anderen versenkten. Jürgen fasste sich bei der Mannschaftsbesprechung kurz. „Ich will dieses Spiel nicht größer machen, als es ist, es ist einfach groß. Alles, was wir bisher in dieser Saison gemacht haben, machen wir, um Spiele wie dieses zu spielen. Wir haben eine traumhafte Bank. Nach diesem Match sollen alle sagen müssen, dass die Identität des FC Liverpool die Intensität ist. Wir müssen in dieser aggressiven Fußballstimmung sein. Sie sind gut. Wenn sie spielen, spielen sie richtig und das ist eine gute Nachricht für uns. Es ist auch eine gute

Nachricht für uns, dass sie noch nie gegen uns gespielt haben. Jetzt steht die Begegnung FC Liverpool 2022 gegen FC Villarreal 2022 an, nicht 2016. Ich weiß, dass es ein Hin- und ein Rückspiel gibt, das Halbfinale geht über 180 oder 190 Minuten, aber das ist im Moment nicht wichtig. Bereitet euch auf Überraschungen bei Standardsituationen vor, sie hatten acht Tage lang Zeit, sich vorzubereiten. Wir müssen sie jedes Mal unter Druck setzen, wenn sie versuchen, das Spiel zu kontrollieren. Sucht die Herausforderungen und nehmt sie an, und wenn ihr sie annehmt, gewinnt sie. Denkt an das ‚Erster Pass nach vorne'-Prinzip! Ich bin nicht nur gut gelaunt, ich bin auch aufgeregt, deshalb rede ich viel. Damit werde ich jetzt aufhören. Lasst uns da rausgehen und wir selbst sein." Die Jungs hörten gut zu. Das Hinspiel des Champions-League-Halbfinals war das bislang beste, das wir in dieser Saison gemacht hatten. Wir erzielten zwar nicht die meisten Tore und machten auch nicht die allergrößten Fortschritte, aber wir waren immer ruhig und sicher. Das zeigte, dass wir die Aufgabe verstanden hatten. Unser Spielfluss und unsere Intensität waren der Wahnsinn. Es gab eine Phase von drei oder vier Minuten nach der 13. Spielminute, in der man das sehr gut sah. Die schwierigste Übung im Fußball ist, eine gute Mannschaft schwächer aussehen zu lassen, als sie eigentlich ist. Wir vermieden Standardsituationen für den Gegner und fanden immer wieder früh den Außenspieler. Wir unterbanden Konterangriffe und hatten immer wieder viele Spieler im Strafraum. Ich würde sagen, das ist die Art dominante Spielgestaltung, mit der man eine Partie kontrolliert. Hendos abgefälschte Flanke eröffnete den Torreigen in der zweiten Halbzeit, nachdem er sich auf der Außenbahn durchgesetzt hatte. Zwei Minuten später spitzelte Mo den Ball gefühlvoll zu Sadio, der zum 2:0 einschob. Anfield stand Kopf. Es dauerte nicht eine Sekunde, bis die Menge nach Manes Tor *Allez Allez Allez* grölte. Das klang nach Power, echter

Power. Es stand also 2:0 nach dem Hinspiel, und in sechs Tagen hatten wir die Möglichkeit, das Finale in Paris zu erreichen. Und am nächsten Tag stand die Unterzeichnung unserer Verträge bis 2026 an sowie die Bekanntgabe der Verlängerung. Das war also nur der Anfang.

Am folgenden Morgen stand ich mit Jonathan, Julian, Jürgen, Pete, Marc und Vitor im Büro und lauschte den Worten von Mike Gordon. „Dies ist eines der fantastischsten Projekte meines Lebens“, sagte er. „Danke, dass ihr dazu beigetragen und diese wichtige Rolle übernommen habt.“ „Vielen Dank für das Vertrauen, Mike“, erwiderte ich. Mike fuhr fort: „2015 stand ich vor Stevies Restaurant und sagte, dass wir gemeinsam die Welt erobern würden. Ich sage nicht, dass wir es schon geschafft haben, aber wir sind nicht mehr weit davon entfernt.“ Und er fügte hinzu: „Das Kostbarste, das wir im Leben haben, ist unsere Zeit, und mit wem wir diese verbringen, sagt alles über uns als Menschen aus. Ich fühle mich so privilegiert, dass ich meine Zeit mit euch und unserer Gruppe verbringen kann.“ Wir applaudierten, unterschrieben unsere Verträge und dann ging es wieder an die Arbeit.

Im weiteren Verlauf des Tages hatten wir eine Kaderplanungsbesprechung mit Mike und Julian. Margaret Aspinall kam kurz vorbei, um Hallo zu sagen, und Jürgen überraschte sie mit der Nachricht, dass wir unsere Verträge verlängert hatten. Sie umarmte ihn herzlich und sagte, sie könne es nicht glauben. Das sind die Momente, in denen ich spüre, wie wahr der Slogan „Wir sind eine Familie“ tatsächlich ist. Das Fazit unseres Kaderplanungsmeetings lautete: Wir geben unserem Kader Raum und schenken ihm Vertrauen, neue Spieler verpflichten wir nur, wenn es die richtigen sind, und wir vertrauen auch der Akademie. Kurz bevor er nach dem Ende der Besprechung ging, sagte Mike, dass die Leute in Amerika „Four more years! Four more years!" singen, wenn man gewählt wird. Jürgen und ich strahlten bis über beide Ohren. Mike ist klasse, er ist sehr intelligent und witzig. Über die Jahre lernt man viele Menschen kennen, aber nur wenige verändern das eigene Leben. Zwei davon hatten an diesem Nachmittag mit mir zusammen in diesem Raum gesessen. Und das war noch nicht alles. Das Training an diesem Tag lief wirklich gut, was wichtig war, da viele der Ersatzspieler bei der Partie im St. James' Park von Beginn an auflaufen würden, wir machten damit also einen guten Schritt in Richtung Kontrolle gegen Newcastle. Jürgen wandte sich mit entschlossenen Worten an die Mannschaft: „Wir akzeptieren die Anstoßzeit 12:30 Uhr nicht, aber wir sollten nicht weiter darüber nachdenken. Wir sind ‚Männer auf einer Spezialmission', und das war noch nie so wahr wie jetzt. Wisst ihr, warum? Wegen euch, Jungs." Und er fuhr fort: „Von echtem Willen angetrieben können das menschliche Gehirn und der menschliche Körper unglaubliche Dinge vollbringen. Sie werden annehmen, dass wir nicht in der Lage sind, die Intensität, die uns in der Partie gegen Villarreal ausgezeichnet hat, noch einmal so auf den Platz zu bringen. Aber natürlich sind wir dazu in der Lage. So werden wir die Zuschauer morgen beruhigen. Seid weiter hungrig, brennt für unsere Sache, unsere Ziele, das wird allen zeigen, dass wir Männer auf einer Mission sind."

Am frühen Morgen des Spieltags begannen wir den Tag mit einem Spaziergang durch Newcastle. Diese frühen Spaziergänge vor dem Anpfiff am Samstagmorgen machen wir immer, um sicherzustellen, dass alle richtig wach werden. Thiago bestellte sein Frühstück bereits vor dem Spaziergang, damit es fertig war, wenn wir zurückkamen, und er sich nicht noch mit allen anderen in die Schlange stellen und warten musste. „Deutsche Effizienz", sagte Jürgen, als er das sah. „Oder einfach nur großer Hunger", entgegnete Thiago. Unsere beiden Kapitäne, Milner und Hendo, standen heute beide in der Startelf. In Situationen wie der unsrigen, auswärts, auf schwierigem Terrain, ist man auf seine Kapitäne angewiesen. Ich war überzeugt davon, dass sie abliefern würden. „Es ist ein warmer, sonniger Morgen in Newcastle", sagte Jürgen zur Mannschaft, kurz bevor wir uns zum Stadion aufmachten. „Wer findet den Fehler in diesem Satz? Ich hoffe, es wird heiß werden", fuhr er fort, „weil es dann wirklich darum gehen wird, wer es mehr will. Das sind natürlich alles nur Worte – wir müssen das der Welt da draußen auch zeigen, wir müssen der Welt da draußen zeigen, dass wir Männer auf einer Mission sind. In den letzten Spielen haben wir uns weiter verbessert und die Intensität in unserem Pressing erhöht. Lasst uns heute da rausgehen und genau das wieder tun."

Finale Nummer 34 endete mit einem 1:0-Auswärtssieg beim neuen Newcastle United. Ich muss sagen, dass ich das St. James' Park Stadion liebe – es hat eine fantastische Fußballatmosphäre. Auch Spiele wie das heutige liebe ich: schwierig, keine Zeit für die Vorbereitung und wir müssen gewinnen. Es kommt auf die Mentalität an, und das war das entscheidende Kriterium, an dem wir uns mit ihnen messen mussten, denn sie hatten ihre letzten sechs Heimspiele gewonnen. Insgesamt waren sie nach zehn ihrer letzten zwölf Spiele als Sieger vom Platz gegangen. Wir fingen ohne Mo, Fabinho, Trent und Thiago an. Bei diesem verrückten Spielplan mussten wir unsere wichtigsten Spieler schonen. Der Führungstreffer gelang uns schon früh. Ich liebe Läufe aus der zweiten Reihe, und Naby überraschte alle mit seinem Treffer, bei dem er sich durch nichts aus der Ruhe bringen ließ. Jotas Zuspiel war brillant, dieses Geben und Nehmen wird so unterschätzt. Bei der Entstehung dieses Tores stoppte Milner den Gegenangriff so, wie nur er es kann, mit einem harten, aber regelkonformem Tackling, bei dem er zuerst am Ball war. Hendo passte sofort nach vorne und von da an gehörte der Ball

Naby Keita. Insgesamt war es ein wirklich hartes Spiel, bei dem Newcastle großen Kampfgeist bewies. Auch ihr Pressing und ihre Organisation auf dem Platz bei unseren Torschüssen waren großartig, was unseren Spielfluss teilweise unmöglich machte. Am Ende konnten wir stolz sein auf den Mut unserer Innenverteidiger und Mittelfeldspieler, die alles gaben, um zu pressen und die Linien zu durchbrechen. Es war ein Spiel für starke Mannschaften, bei dem Einstellung und physische Frische zählten. Am Ende nahmen wir drei wichtige Punkte mit nach Hause; es war ein großer Sieg für die Mannschaft. Nach dem Spiel lobte Jürgen die Jungs und versicherte ihnen, dass wir uns von Spiel zu Spiel verbesserten und neue Maßstäbe setzten. Für ein paar Stunden standen wir wieder an der Tabellenspitze, bis City Leeds an der Elland Road schlug. Aber wir waren immer noch oben mit dabei und ließen uns nicht beirren.

Am nächsten Tag zeigte ich Milner im AXA einen Clip, auf dem zu sehen war, wie er Guimarães in Newcastle dreimal bedrängte und danach bei Dan Burn weitermachte. Er hatte sich im St. James' Park als echte Pressingmaschine erwiesen. „Das Einzige, was ich im Kopf gehabt hatte, war: ‚Folgen'", erklärte er mir. Das gefällt mir, denn es beweist, dass die Spieler unsere immer gleichen Botschaften, das immer gleiche Training tatsächlich verinnerlichen. Und wenn elf Spieler das Gleiche verinnerlicht haben, schwinden die Zweifel. So wird man zu einer gefährlichen Mannschaft. Das ist es, was ich am Fußball so mag: Eine gut trainierte Elf hat immer eine Chance. Gerade deshalb mussten wir bei der anstehenden Partie gegen Villarreal aber auch sehr vorsichtig sein. Wir wussten, dass wir in ein paar Tagen die Chance bekommen würden, die maximale Anzahl an Spielen in dieser Saison zu erreichen. Wie ich schon im Sommer zu unseren Fans gesagt hatte: „In dieser Saison wollen wir euch mit unserer Art, Fußball zu spielen, und unserer Energie stolz machen. Wir sind überzeugt, je besser wir spielen, desto mehr Spiele werden wir in dieser Saison bestreiten. Unser Ziel wird es sein, so viele Spiele wie möglich zu absolvieren. Lasst uns weiterhin gemeinsam Erinnerungen schaffen!“

„MIT COACHING BEEINFLUSST MAN DIE DENKWEISE DER SPIELER, ABER INDEM MAN IHNEN FREIHEITEN GEWÄHRT UND VERTRAUEN ENTGEGENBRINGT, EROBERT MAN IHRE HERZEN."

Woche 41

Jagen

Am Montag brachen wir nach Spanien auf, in den Osten des Landes. Wir trafen uns zuvor zur Besprechung mit den Jungs schon früh am AXA. „Zu Hause werden sie natürlich gewinnen wollen. Ihre Fans werden da sein, das Stadion wird ein Hexenkessel sein, darauf müssen wir gefasst sein. Es gibt verschiedene Möglichkeiten, unsere Situation nach dem 2:0-Vorsprung zu betrachten. Wir könnten sagen: Lasst uns hinfahren und das Ergebnis verteidigen. Aber egal, welches wichtige Ergebnis wir in der Vergangenheit erzielt haben, wir waren uns vor jedem Spiel einig: Wir wollen es auf unsere Art machen. Das bedeutet, dass wir von Anfang an intensiv reingehen müssen. Es ist das dritte Mal in den letzten fünf Jahren, dass wir im Halbfinale der Champions League stehen, aber wir wissen nicht, ob wir das in unserem Leben noch öfter erleben werden."

Am Morgen vor dem Spiel trainierten wir bei CD Castellón, einem Drittligisten, der in der Nähe unseres Hotels beheimatet war. Die Zeit stand still, als wir in diesem wunderschönen Stadion standen und alles besprachen, was zu besprechen war, nur nicht die Taktik. Wir arbeiten mit Menschen, und zu sehen, wie sie lächeln und sich gleichzeitig voll auf ihre Aufgabe konzentrieren, stärkte meine Zuversicht im Hinblick auf das bevorstehende Spiel. Mit Coaching beeinflusst man die Denkweise der Spieler, aber indem man ihnen Freiheiten gewährt und Vertrauen entgegenbringt, erobert man ihre Herzen. Das ist es, was ich am meisten an uns mag: Wir machen uns keinen zu großen Kopf und übertreiben es nicht.

Nachmittags kamen wir mit den Jungs im Hotel zur Mannschaftsbesprechung zusammen. Obwohl es Mai war und wir in

Spanien waren, war das Wetter nicht besonders. Der Anlass, der uns hergeführt hatte, war es umso mehr. „Lasst uns noch mal ganz von vorne anfangen, Jungs“, sagte Jürgen. „Lasst uns das erste Spiel mal vergessen und so tun, als gäbe es nur diese eine Begegnung. Vor diesem Hintergrund würde ich sagen: ‚Willkommen im Halbfinale der Champions League 2021/22!‘ Wir haben uns über die gesamte Saison hinweg verbessert. Und warum? Weil wir uns anstrengen. Wir unterschätzen unsere Gegner nicht eine Sekunde lang. Was auch immer heute Abend passiert, wir werden morgen in den Schlagzeilen stehen. Meine bevorzugte Schlagzeile lautet: ‚Der FC Liverpool hat wieder eine monstermäßige Mentalität bewiesen.‘“

Und so kam es, dass wir nach anfänglichem Rückstand letztendlich doch noch 3:2 gewannen. Mit uns wird es nie langweilig, würde ich sagen. „Sie werden sicher mehr Druck machen“, sagten wir der Mannschaft vor dem Anpfiff. „Wir müssen darauf vorbereitet sein.“ Trotzdem fanden wir gegen die Spanier erst mal nicht richtig ins Spiel. Für die erste Halbzeit haben sie sich auf jeden Fall Anerkennung verdient. Sie wollten viel und machten enorm Druck, vor allem Parejo. Es ist, wie Cruyff sagte: „Wenn du das Mittelfeld dominierst, dominierst du das Spiel.“ Keine Frage: Das galt auch für diese Partie. Die Halbzeitpause und die Einwechslung von Luis waren ausschlaggebend für uns. Wir lagen zu diesem Zeitpunkt 2:0 zurück, wodurch es insgesamt unentschieden stand. „Die ganze Welt denkt jetzt, dass es in eine Richtung geht – wir sind die einzige Mannschaft, die das ändern kann“, sagte Jürgen. „Wir dürfen nicht frustriert sein, es ist Zeit zu zeigen, dass wir verdientermaßen im Finale stehen. Wir werden rausgehen und diesen Beweis jetzt erbringen.“ Luis im richtigen Moment zu bringen, war für uns entscheidend gewesen. Er wurde zur Halbzeit eingewechselt und öffnete auf der Gegenseite Räume für Naby und

Trent. Er behielt den Ball lange genug bei und band damit die gegnerischen Spieler. Fabinho erzielte den Anschlusstreffer, der uns wieder ins Spiel brachte, bevor Luis ausglich und Sadio zum Sieg traf. Das war's. Paris, wir kommen! Nach dem Spiel sah ich Luis' Agenten und stieg noch mal aus dem Bus, um ihn zu umarmen und mich zu bedanken. Wir hatten die maximale Anzahl an Spielen erreicht – und damit das Ziel, das wir uns während der Saisonvorbereitung gesetzt hatten. Jetzt ging es darum, das Maximum an Erinnerungen zu schaffen. „Ich weiß nicht, was die Zeitungen schreiben werden", sagte Jürgen direkt nach dem Spiel in der Kabine, „aber meine Schlagzeile lautet: ‚Monstruos de Mentalidad'."

Zurück in Liverpool sah ich mir im Fernsehen das beeindruckende Comeback von Real Madrid gegen Manchester City im anderen Halbfinalrückspiel an. Jürgen schrieb mir daraufhin: „Zum ersten Mal in der Geschichte hat eine Mannschaft alle Auswärtsspiele in der CL gewonnen." Und damit lautete das Finale der Champions League: Liverpool gegen Real Madrid. Zwei Giganten, zwei Vereine, die bereits Geschichte in diesem Wettbewerb geschrieben hatten, trafen aufeinander. Karim Benzema hatte zu diesem Zeitpunkt bereits 47 Saisontore erzielt; er ist ein Stürmer, der nur eine Chance braucht, um zweimal zu treffen. Aber für uns zählte, dass jetzt die Gelegenheit bestand, uns für das verlorene Finale 2018 zu revanchieren. Unsere Mannschaft hatte jetzt fünf Geschütze – und mit denen wollten wir Real den Garaus machen.

Am nächsten Trainingstag konzentrierten wir uns im AXA voll und ganz auf Tottenham. „Wir wissen, dass sie eine großartige Kontermannschaft sind, sowohl Kane als auch Son sind brandgefährlich", erklärte der Boss den Jungs. „Aber das wisst ihr auch, ohne dass wir euch das sagen. Sie sind eine kompakte Defensiveinheit, die auf ihre Konterchancen lauert. Aber das sind alles fußballerische Probleme – und zu diesen Problemen kennen wir alle Lösungen. Das Wichtigste ist, dass wir den Passgeber unter Druck setzen, nicht den Empfänger. Nicht, weil ich es sage. Nein, weil es den Unterschied macht. Schneidet ihnen die Wege ab." Beim Training wiederholten wir unsere Organisation beim hohen Pressing und unsere Torschussvorbereitungen. Der Taktikplan musste unbedingt stimmen. Trotzdem endete unsere Partie gegen die Spurs in Anfield im Finale Nummer 35 nur mit einem 1:1-Unentschieden. Unser Wahnsinnspublikum hatte uns bis zur letzten Sekunde gepusht. Nach diesem Spiel war es noch schwerer geworden, unser Ziel zu erreichen, die Meisterschaft zu gewinnen. Aber es war nicht unmöglich geworden. Immer, wenn wir eine Partie verloren oder unentschieden spielten, lief es auf dem Platz so ab: versuchen, pressen, angreifen, um jeden Zentimeter auf dem Platz kämpfen, mit und ohne Ball. Das war auch bei diesem Spiel so gewesen. Es war nicht einfach gewesen, die Mauer der Spurs zu durchbrechen, vor allem, weil Kane und Son immer auf Konter gelauert hatten. Deshalb öffneten sich nie irgendwelche Räume und man durfte auch nicht für eine Sekunde den Fokus verlieren, das war wirklich schwer nach den ganzen Spielen, die hinter uns lagen. Trotzdem waren wir überzeugt, dass wir das Spiel hätten gewinnen können, und, um ehrlich zu sein, hätten wir es auch gewinnen müssen, wenn man bedenkt, wie oft wir in den gegnerischen Strafraum vorgedrungen sind. Aber wir müssen Tottenham zugutehalten, dass auch sie ihre Chancen gehabt hatten.

Drei Spieltage vor dem Ende der Saison waren wir aufgrund der besseren Tordifferenz zwar Tabellenführer, aber es fühlte sich eher so an, als wären uns zwei wichtige Punkte durch die Lappen gegangen, da City noch ein Spiel mehr zu absolvieren hatte. Es war ein Unentschieden, das sich wie eine Niederlage anfühlte. Die Leute hatten uns in dieser Saison schon mehrmals aufgegeben, aber wir würden nicht aufgeben, unter keinen Umständen. Ganz gleich, wie es aussah, die Saison war noch nicht vorbei. Wir würden unserem Traum weiterhin nachjagen. Unser Fokus – und zwar unser ganzer Fokus – lag ab sofort allerdings auf unserem nächsten Spiel. Und bei dem hieß der Gegner Aston Villa und nicht City. Diese Partie mussten wir auf jeden Fall gewinnen. Jürgen war einfach unglaublich, als der den Jungs nach dem Spiel sagte, wie stolz er auf die Mannschaft sei. Wir waren alle stolz auf sie, und das zu Recht. Beim Sonntagstraining konzentrierten wir uns darauf, gegnerische Angriffe im Keim zu ersticken. Wir maßen dem Moment direkt nach dem Angriff große Bedeutung bei, konzentrierten uns auf den ersten Kontakt und die zweite Phase des Eckballes, das Spot-and-play, das Gegenpressing. Ich wollte all diese Momente miteinander verknüpfen. Deshalb übten wir es immer wieder, denn wir wollten in den letzten Wochen noch so viel erreichen.

Woche 42

Genießt es und kostet es aus

Wir mussten als Mannschaft weiterhin ständig dazulernen. Wir zeigten den Jungs einen Ausschnitt aus dem Spiel gegen Tottenham, an dem wir ihnen die Möglichkeiten aufzeigten, die wir gehabt hatten, oder genauer gesagt, an dem wir verdeutlichten, welche Folgeaktionen möglich gewesen wären, um einen Spieler mitzunehmen oder die letzte Linie zu durchbrechen. Um unsere Performance und das Ergebnis richtig einzuordnen, will ich nicht unerwähnt lassen, dass Heung-min Son gesagt hatte, es sei das schwierigste Spiel seines Lebens gewesen – und wir waren nicht in Bestform gewesen. Jürgen drückte das, was wir zu sagen hatten, so aus: „Flanken sind durchaus eine Lösung, aber wenn es die einzige ist, die wir haben, weil wir uns keine andere Angriffsmöglichkeit eröffnen, sind wir auf dem falschen Weg. Es geht immer um Qualität, nicht um Quantität. 47 Flanken, aber wie viele davon waren wirklich gefährlich? Eben." Und dann fügte er noch hinzu: „Ich gebe hier nur ein paar Hinweise, Jungs. Genau diese Aktionen haben gefehlt, wir sind besser als das." Am nächsten Tag erklärte er: „Wir dürfen selbst entscheiden, wie wir die Dinge sehen. Dieselbe Situation kann man auch auf ganz andere Weise betrachten. Wir haben vor zwei Tagen gespielt, stellt euch vor, wir hätten gewonnen und City hätte verloren? Dann wären wir obenauf und gingen so in das morgige Spiel gegen Villa. Es ist alles eine Frage der Perspektive, aber es bleibt dabei: Wir müssen das nächste Spiel gewinnen. Wir müssen tun, was wir tun, aber auf wirklich hohem Niveau. Wenn wir in 20 Jahren noch einmal auf dieses Spiel zurückblicken, was werden wir dann sagen? Ich glaube, es ist noch alles offen, aber ich bin nicht derjenige, der spielt. Es gibt keine Garantien, sondern nur eine große Chance, die vor uns liegt."

Während ich die Zeitungen durchblätterte, sagte ich mir, dass wir die Welt da draußen am besten ausblenden und diese ganze Schwarzmalerei und Mutlosigkeit anderen überlassen sollten: Wir waren immer noch im Rennen. Es war immer noch alles drin, wir mussten nur daran glauben. Ich hoffte nur, dass auch unsere Fans noch daran glaubten, denn mit ihrem Rückhalt ergab eins plus eins drei. Was festzuhalten ist: Nach dem Spiel gegen Villa hatten wir insgesamt 86 Punkte auf dem Konto, was ein völlig irrer Wert war.

Wir sagten das Training am Spieltagmorgen ab und gingen stattdessen spazieren. Wir wollten den Jungs mehr Zeit zur Regeneration geben. Wir hatten monatelang alle drei Tage gespielt und nie richtig Zeit gehabt, uns mit mehreren aufeinanderfolgenden Trainingseinheiten auf ein Spiel vorzubereiten. Versteht mich nicht falsch, ich habe es geliebt, jede Sekunde davon. Und man sollte im Leben nie versuchen, perfekt zu sein. Man sollte versuchen, sein Bestes zu geben. Durch den Spaziergang hatten wir neue Kraft und Energie getankt, etliche Schüler staunten nicht schlecht, als sie an uns vorbeikamen, die Sonne schien, und bei jedem Schritt wusste ich, dass wir die richtige Entscheidung getroffen hatten. Hoffentlich würden alle fit bleiben. Wir bewegten uns in diesem Moment auf dünnem Eis.

Für den Fußball war es ein ereignisreicher Tag, denn Man City gab bekannt, ab dem Sommer Erling Haaland zu verpflichten. Es war auch der Tag, an dem verschiedene Geschichten über unsere drei Stürmer aufkamen sowie Gerüchte darüber, dass Bayern Sadio verpflichten wollte. Als Jota während des Frühstücks die aktuellen Nachrichten auf Sky sah, stellte er ihn zur Rede.

Finale Nummer 36 endete mit einem 2:1-Sieg für uns im Villa Park. Es war ein verdammt enges Match. Das Spiel hatte etwas von einem Derby, und der verletzungsbedingte Ausfall von Fab in der ersten Halbzeit war auch nicht gerade hilfreich. Was uns half, war unser Siegeswille in Kombination mit den fünf Änderungen, die wir an der Startaufstellung vorgenommen hatten. Besonders gut gefiel mir, dass wir bei gegnerischem Ballbesitz alles taten, um den Ball wieder zurückzuerobern, und dass wir, wenn wir den Ball hatten, von Anfang bis Ende alles versuchten, um ein Tor zu erzielen. Die Zuschauer bekamen bei diesem Spiel das geboten, was die Premier League ausmacht. Zwei Mannschaften, die voll auf das moderne „Kick-and-rush" setzen. Da macht es jedem Spaß zuzusehen.

Meiner Meinung nach schaffte es Villa nicht, über die gesamten 90 Minuten mit unserer Intensität mitzuhalten, aber während der ersten Halbzeit waren sie uns ebenbürtig, ähnlich wie Villarreal. Entscheidend war auch hier wieder unsere hintere Kette, die die Bewegungen von Ollie Watkins, Danny Ings und Philippe Coutinho kontrollierte. Eine wirklich unglaubliche Dreierkette, die ganz famos zusammenspielt. Als wir erkannten, dass wir das Spiel nicht gewinnen können, indem wir sie in ihrer eigenen Hälfte verhungern lassen, versuchten wir – wie bei unserem zweiten Treffer –, mit einem schnellen Vorstoß die Kontrolle zurückzuerlangen. Eine Kombination aus guter Organisation und richtiger Einstellung bildet oft die Grundlage dafür, dass etwas Gutes entsteht. Beim Pressing eroberte Thiago den Ball und spielte den ersten Pass nach vorne, Luis machte, was er immer macht, und bereitete damit den Siegtreffer vor, den Sadio grandios per Kopf erzielte. Ballgewinne machen im Fußball immer den Unterschied aus, das wurde an diesem Abend wieder mehr als deutlich, aber das ist nur mit einer 100-prozentig defensiven Einstellung möglich. Wenn wir dadurch Chancen kreieren können, kommt bester Fußball dabei heraus. Wir waren auf der Zielgeraden, jetzt standen uns die ganz großen, letzten entscheidenden Spiele bevor. Vier weitere Endspiele, zwei in der Premier League und zwei Pokalfinale.

Am Mittwochmorgen begannen wir im AXA mit den Vorbereitungen auf das FA-Cup-Finale. Einige der Spielfelder im Außenbereich waren bereits frisch gesät, die anderen sahen aus wie Billardtische. „Es geht nichts über ein Fünf-gegen-zwei-Rondo zur Regeneration der Spieler", sagte Vitor, als wir den Jungs beim Aufwärmen zusahen. Alles, was man im Fitnessstudio tun kann, kann man auch beim Aufwärmen machen. Es gibt keine speziellen Übungen für Fußballer, man muss einfach den ganzen Körper trainieren. Verdiene dir das Recht, mehr anzugreifen, auch während der Aufwärmphase. Ein Lächeln, ein Lachen und die ständige Interaktion zwischen den Spielern, ohne darüber nachzudenken, wie steif und müde die Knochen sind. Wenn wir viele Partien absolvieren müssen, ist es wichtig, dass wir uns um die Spieler kümmern, die nicht so oft zum Einsatz kommen. Wir widmeten uns der Übung „Halbes Spielfeld – unsere Art". Es war dieselbe wie in der vorangegangenen Woche: Eine Mannschaft muss versuchen, der anderen mit ihrer Organisation, ihrer Einstellung und ihrem Talent auf dem Platz den Schneid abzukaufen. Beim Training geht es immer zuerst darum, allen neue Energie zu verleihen.

Zusammen mit Ray, Vitor, Jürgen und Andreas schlossen wir endlich auch unsere Planung für die Saisonvorbereitung ab. Ich werde von den Medien so oft nach unserem Fitnessprogramm in der Vorsaison gefragt. Wir nutzen diese Zeit in erster Linie, um die Sichtweise und die Einstellung der Spieler zu beeinflussen. Was wollen wir und wie wollen wir es erreichen? Das hat Auswirkungen auf die ganze Konstitution der Spieler, sodass sie sich nach und nach auf unsere Intensität einstellen können. Wir laden quasi ihre Akkus auf. Wenn man intensiven Fußball spielt, leert sich der Akku schneller, also beginnen wir mit kurzen Phasen, in denen wir konzentriert versuchen, unsere Spielidee zu verinnerlichen, gefolgt von langen Phasen aktiver Erholung. Etwas anderes kommt für mich nicht infrage. Wenn ein Trainer das Interesse an der Saisonvorbereitung verliert, sollte er den Job wechseln und es vielleicht als Sportdirektor versuchen.

Im Verlauf des Abends teilte mir Niklas von neuro11 den Ersatz für Fabinho als zweitem Elfmeterschützen mit, sollte er am Samstag gebraucht werden. Es war wichtig, dass wir uns weiter auf alle Eventualitäten vorbereiteten. Auch im Hinblick auf das Parieren von Elfmetern blieben wir im Training und bildeten uns weiter fort; John ist ein Meister darin, unsere Torhüter entsprechend vorzubereiten. Ich bin überzeugt, dass Intuition und Reaktion gleichermaßen gefragt sind, wenn man Elfer halten will. Man muss den Körper des Schützen lesen, während er anläuft, und instinktiv an die Aufgabe herangehen. „Vertraut Ali", wäre mein Rat in dieser Hinsicht. Je unabhängiger man seine Spieler macht, desto besser kommen sie mit dem großen Druck zurecht.

Vor unserem Finale in Wembley begann ich, alles über dieses spezielle Spiel zu lesen, was ich in die Finger bekam. Dabei stieß ich auf eine unglaubliche Statistik: Jordan Henderson konnte der erste Liverpooler Kapitän in der Vereinsgeschichte werden, der sechs verschiedene Pokale mit der Mannschaft gewinnt – und er wäre der erste Spieler, der im Abstand von zehn Jahren zwei FA-Cup-Endspiele bestreitet. Als ich das las, beschlich mich das Gefühl, dass wir kurz davorstanden, Geschichte zu schreiben. Die Medienabteilung versorgt mich vor jeder Begegnung mit zwei Seiten an Informationen zur nächsten Partie, ganz gleich, gegen wen wir spielen. Die darin enthaltenen Statistiken stammen von Ged Rea und reichen bis zu den Anfängen unserer Vereinsgeschichte zurück. Bevor wir nach London aufbrachen, ermahnte Jürgen die Jungs noch: „Egal, welche Nummer auf eurem Trikot steht, ihr seid alle dafür verantwortlich, Konter zu unterbinden." Zugleich zeigte er einen Clip, in dem zu sehen war, wie Mo wie ein lupenreiner Außenverteidiger verteidigte. „Wir sollten unsere Träume wahr werden lassen. Das Spielfeld ist so groß wie die Anzahl der Spieler, die wir überspielen, wenn sie Druck machen. Es ist riesig, wenn wir ihr Pressing überspielen."

Der Morgen des Pokalfinals war gekommen. Wir übernachteten in demselben Hotel, in dem wir schon vor dem Carabao-Cup-Finale und dem FA-Cup-Halbfinale untergebracht worden waren. Fünf Stunden vor dem Anpfiff ging ich in den Fitnessraum. Ich konnte einfach nicht länger in meinem Zimmer sitzen bleiben. Als ich den Raum verließ, traf ich auf einige Fans und sagte ihnen: „Vergesst nicht, dass das heute ein ganz besonderer Tag ist: Genießt ihn und kostet es aus."

Es ist nicht leicht, immer wieder die richtigen Worte zu finden, wenn man so oft hintereinander in einem Finale steht, trotzdem traf Jürgen bei unserer letzten Besprechung den Nagel auf den Kopf: „Wir mussten lernen, in Endspiele zu kommen und sie zu gewinnen. In unserer ersten gemeinsamen Saison haben wir alles aus uns herausgeholt und waren schließlich in den Endspielen müde. Wir mussten lernen, der Verein musste lernen. Es geht darum, ganz klar vor Augen zu haben, was wir tun wollen. Als man euch das fragte, als ihr nach Liverpool gekommen seid, sagtet ihr: ‚Ich will mit diesem Verein Titel gewinnen.' Heute ist eure Chance dazu. Zwei Dinge können wir in diesem Moment bereits als gegeben voraussetzen. Erstens, die Sonne wird scheinen und zweitens, die Atmosphäre wird unglaublich sein. Alles andere liegt in unserer Hand. Überlegt mal, was Tuchel jetzt über uns sagen wird. Was wird er sagen, wenn er ganz aufrichtig ist? Denkt mal darüber nach. Heute fallen Ostern, Weihnachten und Geburtstag auf einen Tag. Jedes Mal, wenn wir den Ball gewinnen, spielen wir den ersten Pass nach vorne. Niemand sonst hat es in dieser Saison in vier Finale geschafft, aber ihr habt euch das erarbeitet, ihr habt euch das verdient. Jetzt müssen wir nur alles, was wir haben, auf den Platz bringen, dann klappt das schon."

Bei der nächsten Besprechung wenige Stunden später war ich das genaue Gegenteil von Jürgen: Mir fehlten die Worte. Liverpool hatte endlich wieder den FA Cup gewonnen. Es war der Pokalwettbewerb, mit dem ich aufgewachsen war, als ich noch als kleiner Junge in den Niederlanden Fußball schaute. Es war der älteste, geschichtsträchtigste Fußballwettbewerb weltweit. Und vor allem war es der Pokal, der in unserer Sammlung noch gefehlt hatte. In diesem Spiel war so viel passiert, so viel, von dem ich erzählen könnte. Von unserem wahnsinnigen

Stellungsspiel um Kovačić und Jorginho in den ersten 25 Minuten zum Beispiel. Von Alis enormer Konzentration. Davon, wie stark wir in unserem hohen Pressing waren. Von Trents beiden Tacklings, die uns spät in der zweiten Halbzeit gerettet haben. Davon, wie Milner eingewechselt wurde und uns auf der rechten Seite wieder die Kontrolle verschaffte. Von den von Luis kreierten Chancen. Von Trents Pässen. Von Milners Flanke auf Robbo am zweiten Pfosten. Von Virgils, Robbos und Mos Verletzungen. Davon, wie Thiago selbst bei einem Elfmeter im Elfmeterschießen seine einzigartige Klasse gezeigt hat. Ich könnte so, so viel erzählen.

Aber das, was mir wirklich in Erinnerung bleiben wird, ereignete sich erst gegen Ende der Jubelfeier auf dem Spielfeld, als ich Milner fand. Es war die beste Umarmung, die mir je zuteilwurde. Ich respektiere ihn so sehr, er ist etwas ganz Besonderes. Danke, dass du mit deinem Beispiel vorangegangen bist und die Mannschaft mit großem Einsatz geführt hast; ich werde immer dankbar dafür sein, dich als Spieler kennengelernt zu haben. Dem, was ich unter Professionalität verstehe, hast du eine ganz neue Dimension hinzugefügt.

Während ich nach einem alten Freund suchte, von dem ich wusste, dass er im Stadion war, packte mich plötzlich jemand von hinten. Es war Jürgen. Gemeinsam gingen wir zu unseren Fans und reckten dreimal kräftig die Fäuste in die Luft. Das war unser Moment. Er bedeutete mir alles. Zusammen mit Jürgen vor den Fans, vor meinem Freund zu stehen und diesen Augenblick mit allen zu teilen. Wir hatten unser Ziel, der Vereinsgeschichte ein weiteres, besonderes Spiel hinzuzufügen, erreicht. Aber unser Projekt, gemeinsam mit den Fans viele neue Erinnerungen zu schaffen, war damit noch nicht abgeschlossen. Es gab noch drei weitere Endspiele zu bestreiten: gegen Southampton, die Wolves und Real Madrid.

Am nächsten Morgen – nach einer Nacht, in der ich nicht sonderlich viel geschlafen hatte – machten wir uns schon wieder an die Arbeit. Um neun Uhr früh saßen wir im AXA-Trainingszentrum und analysierten unseren nächsten Gegner: Southampton.

Jürgen sagte den Jungs: „Ich bin so stolz auf euch, mehr als je zuvor. 90 Prozent der Menschheit hätte in dieser Saison etwas weniger getan, aber wir nicht. Das ist eine Lektion fürs Leben: Wenn man wirklich zu etwas bereit ist, ist vieles möglich. Normalerweise würden wir heute hoch oben auf einem offenen Doppeldeckerbus stehen und schon um elf Uhr ziemlich hinüber sein, aber in zwei Tagen müssen wir schon wieder auf dem Platz stehen. Ganz gleich, wie City heute Nachmittag spielt, wir werden in Southampton eine gierige Mannschaft mit frischen Beinen brauchen."

Tatsächlich trennten sich Man City und West Ham an diesem Tag mit einem 2:2-Unentschieden, was bedeutete, dass wir mit einem Sieg in St. Mary's das Titelrennen bis zum letzten Spieltag offenhalten konnten. Und genau das musste unser Ziel sein.

„EIN VEREIN KANN NUR DANN ERFOLGREICH SEIN, WENN ER VON OBEN NACH UNTEN GUT GEFÜHRT WIRD.“

Woche 43

Tage wie diese

Nach dem Unentschieden von Manchester City bei West Ham sah die Situation für uns in der letzten Woche der Premiere-League-Saison wie folgt aus: City lag immer noch mit vier Punkten Vorsprung vorne, aber den Ausgang des Spieles gegen Southampton hatten wir in der Hand. Im Leben ist immer alles eine Frage der Perspektive. Die Premier League konnte dankbar sein, dass es uns gab und dass wir standen, wo wir standen – oder fändet ihr die Vorstellung reizvoller, dass City jede Saison durchmarschiert und sich schon im Februar den Meistertitel sichert?

Es war so, wie Jürgen eine Woche zuvor gesagt hatte: „Die Welt ist nicht voller Gewinner, die Welt ist voller Menschen, die es immer wieder versuchen.“ Das sind wir – und so werden wir weitermachen. Ich bin zutiefst davon überzeugt, dass es für alles, was geschieht, einen Grund gibt, und wir würden bis zum Ende alles versuchen. Und das war auch gut so, denn so blieb die Mannschaft bis zum Schluss hoch konzentriert.

Um den Titelkampf bis zum letzten Spiel der Saison offenzuhalten, mussten wir in Southampton unbedingt gewinnen. Pflichtsiege wie dieser hatten schon oft bei uns auf der Tagesordnung gestanden, mit vielen Veränderungen in der Aufstellung, ohne Zeit zum Trainieren – aber noch nie war der Druck dabei so groß gewesen wie diesmal, als es darum ging, im Titelrennen zu bleiben. Allerdings ist das auch wieder eine Herausforderung, wie wir sie lieben, je härter, desto besser. Konnten wir das schaffen? Wir hatten nur einen Tag Zeit, um aus unseren elf Startspielern ein Kollektiv zu machen, einen Tag, um unsere Ideen für das Spiel zu präzisieren. Die Aufstellung, für die wir uns entschieden hatten, war gut. Könntet ihr euch vorstellen, dass Southampton mit exakt dieser Aufstellung gegen uns anträte? „Nennt mir eine Mannschaft auf der ganzen Welt, die neun Wechsel in der Startaufstellung vornehmen und so eine Mannschaft aufbieten kann", sagte Jürgen zu den Jungs. Joe, Harvey und Taki bildeten das Dreieck rechts außen. Harvey sollte sich um den Raum außen kümmern, Taki zwischen den Linien spielen und Joe direkt neben Joel.

Nichtsdestotrotz waren hinsichtlich der Aufstellung für das Spiel im St. Mary's Stadion ein paar richtungsweisende Entscheidungen zu treffen. Es war vor allem der Zeitplan, der uns in dieser Phase zusetzte – drei Tage nach dem 120-minütigen intensiven Finale gegen ein hochklassiges Chelsea mussten wir schon wieder auf den Platz. Jürgen und ich erkundigten uns bei einigen unserer Schlüsselspieler nach ihrem Befinden, und am Ende beschlossen wir, nur Ali und Ibou in der Startformation zu behalten und alle anderen Positionen neu zu besetzen. Ich werde oft gefragt, ob wir uns bei den Entscheidungen, die wir treffen, auf Datenmaterial stützen, aber man kann Müdigkeit im Fußball nicht nur anhand von Daten messen. Um zu entscheiden, wer in die Startaufstellung kommt, kommt es maßgeblich auf das Augenmaß des Trainers an, seine Intuition, seine Kenntnis der Spieler und auch sein Wissen um die kollektive Erwartungshaltung.

Am Montag eröffnete Jürgen die Mannschaftsbesprechung im AXA mit den Worten: „Egal welche elf von euch morgen auf dem Platz stehen werden, selbst wenn wir uns morgen zum Spiel hier vorne auf dem Parkplatz treffen würden, ich gehe davon aus, dass ihr gut verteidigt." Ich denke, dass ein Trainer – unabhängig vom Ergebnis – stolz ist, wenn er sieht, wie seine Ideen von der Mannschaft umgesetzt werden. Wir sind tolerant, was das Offensivspiel anbelangt, aber im Moment eines

Ballverlustes sind wir sehr streng, sodass die Jungs wissen, dass wir hier anders sein wollen. Unsere eine große Idee ist, dem Gegner die Hölle heißzumachen, wenn er in Ballbesitz ist. „Ich bin richtig aufgeregt“, erzählte Jürgen den Jungs, kurz bevor es ins Stadion ging. „Die Leute da draußen werden Fragen stellen. Sie vergessen, wie gut ihr seid. Gott sei Dank treffen wir Trainer die Entscheidungen. Wenn es nicht klappt, ist es meine Schuld. Denkt nicht darüber nach, dass ihr nicht im Spielrhythmus seid, es geht darum, während des Spieles in den Rhythmus zu finden. Das Allerwichtigste ist, nicht zu erwarten, dass alles glattläuft! Sie sind ein starkes Pressingteam, aber die viel wichtigere Frage ist: Wer sind wir? Wir sollten die Mannschaft sein, gegen die keiner spielen will. Sie werden einen müden Gegner erwarten, aber ihr wisst, was sie bekommen werden: eine Kampftruppe. Wir sind alle bereit, Jungs, und jetzt ist es an der Zeit, es der Welt da draußen zu zeigen.“

Im Stadion, kurz bevor wir aufs Spielfeld gingen, brüllte Milner: „Deshalb trainieren wir jeden Tag mit allem, was wir haben, wir sind bereit für dieses Spiel, aber das müssen wir jetzt zeigen!“ Und das taten wir. Finale Nummer 37 endete mit einem 2:1-Sieg für uns im St.-Mary’s-Stadion. Es war eine Spitzenleistung und der Beweis dafür, wie wichtig der Trainingsprozess ist und wie wichtig es ist, sich immer auch um die Spieler zu kümmern, die weniger Einsatzzeit haben. Dass Spieler, die noch nie zusammengespielt haben und zu einer Mannschaft aufgestellt werden, eine solche Leistung bringen, ist kein Zufall. Wir waren stolz auf uns und auf unsere Jungs. Nach dem Spiel sagte Jürgen: „Wir werden weitermachen, diese Saison, nächste Saison, wir werden nicht aufhören. Es macht so viel Spaß, euch spielen zu sehen. Es kommt mir wie eine Sünde vor, einige von euch nicht öfter einzusetzen. Ich bin sehr stolz auf euch.“

In dieser Woche wurde bekannt, dass Erik ten Hag zu Manchester United und damit in die Premier League kommt. Willkommen in der stärksten Fußballliga der Welt, kann ich da nur sagen. Die Meisterschaft in dieser Liga wurde in ebendieser Woche entschieden, und zwar zwischen zwei Teams mit einem aberwitzig hohen Punktstand. Ten Hag ist sowohl ein Kämpfer als auch ein Träumer, insofern wird er sich in der Premier League gut machen, aber um die Meisterschaft zu gewinnen, werden er und sein Team ebenfalls über 90 Punkte sammeln müssen. Allerdings hat Sir Alex Ferguson schon gesagt, dass man, wenn man englischer Meister werden wolle, höchstens acht Spiele pro Saison verlieren dürfe.

Am Freitagmorgen wurde ich im AXA in Jürgens Büro gebeten. „Herzlichen Glückwunsch, Pep! Wir sind Trainer des Jahres", sagte Jürgen. Typisch für ihn, dass er „wir" sagte und nicht „ich". „LMA [Abkürzung für die Auszeichnung *Manager of the Year* der *League Managers Association* (*LMA*)] und Premier League!", fuhr er fort. „Wow! Herzlichen Glückwunsch, das hast du verdient", antwortete ich. „Es gibt nur ein Problem", fügte Jürgen hinzu. „Die Preisverleihung findet in London statt, und ich fahre nur hin, wenn das ganze Trainerteam nächsten Dienstag mitkommt." „Ja, lass uns das machen – das sind die Momente, die man genießen und wirklich auskosten sollte." Später hielt Jürgen eine Mannschaftsansprache. „Uns stehen die spannendsten zehn Tage bevor", sagte er. Milner nickte zustimmend. Wenn er nickt, weiß ich, dass Jürgen seiner Meinung nach das Richtige gesagt hat, wenn ich aber sehe, dass er die Stirn runzelt, lag Jürgen vielleicht nicht ganz so richtig. „Die ganze Welt da draußen hat in keinem Interview je nach unserem Spiel gegen die Wolves gefragt", fuhr der Boss fort. „Es drehte sich alles immer nur um Aston Villa, Stevie und City. Wir müssen uns jetzt aber zu 100 Prozent auf die Wolves konzentrieren. Ich war nie so stolz, wie ich es nach dem letzten Spiel war: neun Änderungen in der Startaufstellung und ein Spiel wie dieses, mit der zusätzlichen Hürde, 0:1 hinten zu liegen. Wir sind eine neue Version der Mannschaft, die in meinen Vorstellungen existiert hat; ich habe von einer Mannschaft geträumt, die unglaublich gut gegen den Ball ist, aber wir haben jetzt eine Mannschaft, die mit dem Ball noch besser ist.“ Milner nickte erneut.

Am Donnerstagnachmittag bereitete ich das Training für den Freitag vor: Rondos, Abschlüsse und Finale. Zum Trainieren der Abschlüsse mussten sechs Spieler den Ball schnell zwischen sich hin- und herschieben, auf mein Zeichen hin ins Gegenpressing gehen, den ersten Pass nach vorne spielen und mit fünf Spielern im Strafraum enden. Eine einfache, aber sehr effektive Übung, um das Zusammenspiel zwischen unseren Linien zu trainieren. Es liegt mir viel daran, unsere Konzepte einfach zu halten. Danach konzentrierten wir uns auf Läufe und Schüsse aus der zweiten Reihe und das Eindringen in den Strafraum nach schnellen, flachen Pässen. Beim Finaltraining (für das wir drei Mannschaften bildeten, die nach dem Prinzip „Der Gewinner kommt weiter“ gegeneinander antraten) setzte sich die Mannschaft von Sadio, Naby, Trent und Luis durch. Einige ihrer Kombinationen und Abschlüsse kann man sich auf YouTube anschauen. Wenn man gute Spieler auf einem großen Spielfeld dicht nebeneinander aufstellt, ist Unberechenbarkeit garantiert.

„Es gibt ein paar Dinge, die wir vor dem vorletzten Spiel dieser Saison sagen müssen“, sagte Jürgen. Es war der Tag vor diesem letzten Ligaspiel und er stand vor der Mannschaft. Die Analysten und der Rest des Trainerstabs saßen im hinteren Teil des Presseraums. „Vor ein paar Tagen haben wir ein fantastisches Spiel gemacht. Das war ein richtiges Statement. Ihr Jungs habt mir meinen Traum erfüllt, dass derjenige, der unser Trikot trägt, genau weiß, was er zu tun hat. Pep hat mich heute daran erinnert, dass es darauf ankommt, WIE wir spielen, und nicht, WER spielt. Bei uns sagt keiner: ‚Thiago ist neben mir, also wird's schon gut gehen.' Wer weiß, was Aston Villa morgen machen wird? Das Einzige, was uns interessiert, ist, was wir tun, und deshalb sitzen wir hier zusammen."

Am Sonntagmorgen war ich der Erste beim Frühstück. Es war noch früh, aber es stand schon alles bereit. Es war der letzte Spieltag der Premier League. Gleich nach dem Frühstück machte ich einen langen Spaziergang, der mich an einem nahe gelegenen Kanal entlangführte. Ich dachte: Was immer heute geschieht, es fühlt sich schon jetzt ganz anders an als 2019. Damals empfand ich alles als so ungerecht. Warum? Weil diese tolle Gruppe, dieses tolle Team, mit leeren Händen dastand. Das war wahrscheinlich der frustrierendste Tag während meiner gesamten Fußballlaufbahn. Jetzt jedoch hatten wir den Ligapokal gewonnen, wir hatten den FA Cup gewonnen und in einer Woche spielten wir um den größten Pokal der Welt. Das vermittelte einem das Gefühl der Freiheit, den heutigen Tag einfach zu genießen. Wir haben nicht aufgegeben, ganz und gar nicht, wir waren immer noch im Rennen. Und sie konnten immer noch unseren Atem spüren. Tage wie diese …

Jürgens letzte Botschaft an die Mannschaft lautete: „Vor drei Monaten sind wir zu unserer ‚Männer auf einer Mission'-Mission aufgebrochen. Wir haben eine völlig unglaubliche Serie von Spielen hingelegt, und jetzt stehen wir hier, vor der letzten Aufgabe unserer Mission. Wir werden uns ein wenig an sie anpassen, aber dann legen wir los. In der Premier League ist es noch nie vorgekommen, dass der Spitzenreiter am letzten Spieltag nicht Meister wurde, aber in Deutschland gibt es ein Sprichwort, das lautet: ‚Ich habe schon mal ein Pferd vor einer

Apotheke kotzen sehen.' Das bedeutet so viel wie, dass es für alles ein erstes Mal gibt. Und es sind schon seltsamere Dinge passiert. Wir können nicht zwei Spiele gleichzeitig spielen, das heißt, wir müssen heute ganz hier sein. Heute ist kein Meter zu viel. Die gute Nachricht ist, dass wir nur das tun müssen, was wir schon 500-mal getan haben. Um Fußball zu spielen, muss man gut drauf sein. Wir hätten es verdient, nach diesem Spiel zu feiern. Es ist ein Finale am letzten Spieltag, und das ist das, was wir wollten, und das haben wir bekommen."

Die Ankunft am Stadion war etwas ganz Besonderes für uns alle. Danke an alle für die Farbenpracht und die tolle Stimmung – einfach danke dafür, dass ihr ihr selbst seid. Wenn jemand eine Bestätigung dafür braucht, dass wir mit die treuesten und leidenschaftlichsten Fans der Welt haben, dann muss er nur für ein paar Tage nach Liverpool kommen und sich ein Spiel in Anfield ansehen. Die echten Fans sagen mir, es sei ihr Job, uns zu unterstützen – nicht einfach nur eine Leidenschaft, sondern ihr Job. Genau das ist der Grund, warum die Kop den Ball quasi ins Tor hineinsaugen kann, besonders wenn Origi auf dem Platz steht! „Fußball ist nichts ohne Origi" war übrigens auch ein wunderbares Banner, das an diesem Tag auf der Kop zu sehen war.

Als die Mannschaftsaufstellung der Wolves bekannt wurde, zeigte sich, dass sie nicht mit einem 5-3-2, sondern mit einem 5-4-1 an den Start gehen würden. Es war nicht das erste Mal und wird gewiss auch nicht das letzte Mal gewesen sein, dass eine Mannschaft auf ein defensiveres System umstellt. Die Wolves brachten diesmal Pedro Neto und Raúl Jiménez als reine Konterspieler. Finale Nummer 38 war eine emotionale, nervenaufreibende Begegnung, die mit einem 3:1-Heimsieg gegen die Wolverhampton Wanderers endete. Es tat weh, dass wir den Titel an diesem Tag trotzdem nicht holten, da City bis zur

76. Minute noch mit 0:2 gegen Stevies Villa zurückgelegen und einer Heimniederlage entgegengesehen hatte, was uns lange glauben ließ, dass wir nur noch den Siegtreffer benötigten, um Meister zu werden. Doch als die Wolves gegen Spielende dreimal kurz hintereinander jubelten, spürten wir alle, dass etwas Entscheidendes passiert war. Sekunden später, als der Jubel in unserem Stadion explodierte und alle feierten, ging mir viel durch den Kopf, woran ich mich aber vor allem erinnere, ist, dass ich dachte, Villa schießt drei Tore auswärts bei City, wow, das ist doch sicher nicht passiert? Das Blut rauschte durch meinen Körper, während ich dachte, dass genau das passiert wäre, aber letztendlich war der Jubel fehl am Platz, denn es endete 3:2 für City. Für uns war dieses letzte Saisonspiel ein echtes Endspiel – und wir haben es gewonnen, obwohl wir wieder einmal in Rückstand geraten waren und mit Thiago erneut einen Schlüsselspieler verloren haben. Wir hatten getan, was in unserer Macht stand. John Wooden sagte es so: „Erfolg bedeutet Seelenfrieden, der eine direkte Folge der Selbstzufriedenheit ist, weil man weiß, dass man sein Bestes getan hat, um das Beste zu werden, was man werden kann." Das ist absolut wahr, und nur die Menschen, die alles geben, werden das bestätigen können.

Was unser Spiel angeht, so ist die Verteidigung die Grundlage für den im Keim erstickten Angriff, und da haperte es bei uns in der ersten Halbzeit. Zu oft konnten wir die Bälle nur in der eigenen Hälfte abfangen. Neto und Jiménez hatten einfach zu viel Platz, auch wenn wir ins Mittelfeldpressing gingen, um zu verteidigen. Ohne unsere effektivste Regel „So schnell wie der Ball läuft, so schnell läuft unsere Formation" war es sehr schwer, João Moutinho und Rúben Neves im Griff zu haben. Und man weiß, wenn diese beiden regelmäßig ins Spielgeschehen eingreifen können, kann man die gefährlichen Pässe nicht mehr unterbinden, da sie die offenen Räume zu nutzen wissen. Das Gleiche gilt übrigens für Toni Kroos und Luka Modrić. Deshalb sind wir so glücklich, Ali im Tor zu haben, der uns immer wieder mit unglaublichen Paraden begeistert. Für uns ist ein supergutes Spiel im Vergleich zu einem guten Spiel eines, in dem wir „Kompaktheit", „Folgen" und „Verfolgen" als unsere goldenen Regeln umsetzen können. Folgen und verfolgen, ohne kompakt zu stehen, ist wie Kaninchen jagen und das hatten wir in der ersten Halbzeit ein bisschen zu oft gemacht. Das war etwas, das wir vor dem Champions-League-Finale am nächsten Samstag unbedingt verbessern mussten, sonst würden Benzema und Vinícius Júnior sehr gefährliche Kaninchen für uns werden. Wir müssen das Spiel mit dem Ball kontrollieren, indem wir ohne Ball dominant sind.

All unsere Familien kamen direkt nach dem Spiel zu uns aufs Feld, um eine Dankesrunde zu drehen. Es zeigte sich, dass die Familie das beste Mittel gegen Rückschläge ist – alle Gesichter hellten sich sofort auf, als unsere Lieben auf uns zukamen. Und als ich ein neues Banner auf der Tribüne entdeckte, auf dem stand „Wir gewinnen Pokale", wurde mir noch einmal warm ums Herz. Das hätte ich selbst schreiben können, dachte ich.

Das Beste an diesem Tag war, dass wir unser Spiel gewonnen haben. Ich denke, wir hätten es uns auch nie verziehen, wenn es anders gekommen wäre. Die andere gute Sache waren Jürgens Worte nach dem Spiel: „Was ich über das Leben gelernt habe, ist, dass man seine Belohnung bekommt, wenn man auf dem Weg bleibt, wenn man weitermacht. Heute gab es für uns nicht die maximale Belohnung. Wir hätten sie sicher auch verdient gehabt. Aber wir werden sie bekommen. Es liegt an uns weiterzumachen, und genau das werden wir tun. Nächste Woche, nächste Saison. Wie ich schon so oft gesagt habe, die fünf Minuten nach dem Spiel sind wichtiger als die fünf Tage davor." Das konnte für uns in der Vorbereitung auf das Champions-League-Finale nicht zutreffender sein.

Jürgen hätte den Jungs nichts Besseres sagen können. Ein Verein kann nur dann erfolgreich sein, wenn er von oben nach unten gut geführt wird. Denn es ist doch so: Man kann sich nur dann immer wieder verbessern, wenn man sich an sich selbst misst. Ich kann die Spieler nicht genug loben; alles, was wir erreichen, ist auf ihren Einsatz zurückzuführen. Hendo ist dabei von zentraler Bedeutung. Warum? Weil er wie kein anderer an die anderen Spieler glaubt. Wenn ihr jemals im Leben Zweifel habt, fragt euch einfach: Was würde Hendo tun? Und schon findet ihr eure Antwort. Natürlich können wir jetzt zurückblicken und uns fragen, wo wir Punkte liegen gelassen haben, aber wenn man sich voll und ganz dem Fußball verschreiben will, sollte man nie nach Perfektion streben. „Lasse das Gestern nicht zu sehr das Heute überschatten", trifft es auf den Punkt. Macher machen Fehler, Macher kommen weiter. Wir mögen die Macher, weil sie mehr Courage beweisen als die Perfektionisten.

Als ich am nächsten Morgen aufwachte, hatte ich bereits eine Textnachricht von Jürgen bekommen: „Was für eine Saison! ♥" Worauf ich antwortete: „Wir haben alles herausgeholt. ♥ Was für eine Reise. Es ist so viel passiert, aber wir haben uns kontinuierlich verbessert, waren fit, fokussiert und in der entscheidenden Phase ehrgeizig genug. Wir haben alle Spiele gespielt, das ist unglaublich. Wir waren Männer auf einer Mission! Es war wichtig, dass wir gestern gewonnen haben. Ich glaube, wir hätten uns das sonst nicht verziehen … Ehrlich, ich bin wirklich stolz auf uns! Morgen wird's toll, wenn wir mit dem ganzen Trainerstab deinen Preis abholen. ♥ Genieß den freien Tag!!!"

Ich bin sicher, ihr könnt erraten, was er zurückschrieb: „UNSER Preis ♥."

Woche 44

Liverpooler Seele

Montag und Dienstag hatten die Spieler frei. Der Countdown zum Champions-League-Finale hatte begonnen. Während ich mit Jürgen und dem restlichen Trainerstab nach der LMA-Preisverleihung im Grosvenor House Hotel in einer kleinen Siebensitzermaschine von London nach Liverpool zurückflog, machte ich mir ein paar Notizen. Wir hatten jetzt zwei Titel mehr, denn Jürgen ist nicht nur die Auszeichnung LMA Manager of the Year verliehen worden, sondern auch die des Premier League Manager of the Season. Nach der Zeremonie hatten wir uns beeilen müssen, weil der Flughafen schloss und wir es uns wegen des Trainings am nächsten Tag nicht leisten konnten, länger zu bleiben. Deswegen flogen wir auch mit dem Privatjet. Der einzige Vorteil einer solchen Maschine ist, dass jeder Platz darin nah an der Bar ist, weil alles so klein ist. Übrigens hatten wir alle an diesem Morgen noch neue Anzüge kaufen müssen, weil keiner von uns mehr in seine alten hineinpasste. Das war ebenso lustig wie traurig zugleich. Wir werden halt alle älter. Als bei der Verleihung die Porträtfotos der ehemaligen Preisträger auf den großen Bildschirmen vor uns aufleuchteten, wurde mir wieder bewusst, was für eine großartige Sache es war, hier dabei zu sein. Manchmal vergisst man, dass man ein Teil von etwas viel Größerem ist. Der englische Fußball ist einfach etwas ganz Besonderes.

Als sich nach der Landung die Türen öffneten, fragten wir unsere Piloten, ob sie sich sicher seien, dass wir in Liverpool gelandet sind, denn es war trocken und völlig windstill! Auf dem Weg zurück nach Formby sahen wir viele Fahnen an den Häusern, und sogar einige Autos waren mit kleinen Flaggen geschmückt. Das machte unmissverständlich klar, dass etwas Großes bevorstand. Wenn Holland in ein Finale einzieht, färbt sich das ganze Land orange, Liverpool wiederum leuchtet glutrot auf. Die Stadt hatte sich eine Parade verdient, ganz gleich wie das Spiel ausgehen würde.

„Danke, dass ihr der Welt gezeigt habt, dass wir gute Trainer sind!", sagte Jürgen bei der Mannschaftsbesprechung am nächsten Morgen. „Wir wissen es sehr zu schätzen, was ihr in diesem Jahr geleistet habt. Das war einfach außergewöhnlich! Ich danke euch dafür. Wie ihr seht, sind heute fünf Millionen Journalisten zum Medientag hier, das heißt, es steht ein großes Ereignis an. Wenn man gesund ist, gibt einem das Leben immer eine neue Chance. Es ist gut, dass diese Chance für uns so schnell kommt. Wir haben die Möglichkeit, es richtig zu machen. In dem Moment, in dem wir ganz wir selbst sind, steht uns die Welt offen. Vergesst nie, dass diese Jungs, die Selbstvertrauen schon zum Frühstück trinken, nur Fußballprobleme verursachen können, und dass wir die fußballerischen Lösungen zu diesen Problemen haben. Auch wenn wir seit Januar etliche Finals bestritten haben, ich kann es gar nicht abwarten, rauszugehen und gegen sie zu spielen." Die wichtige Ausgangsfrage in dieser Woche war: Wie können wir gegen Real Madrid wir selbst sein? Wie können wir in diesem Spiel diejenigen sein, die das Geschehen auf dem Platz stärker dominieren als der Gegner? Wir brauchten ein Spiel mit allen Schikanen, ein Spiel, bei dem all unsere Stärken zur Geltung kamen, wobei wir den Schwerpunkt auf mehr Ballbesitz und mehr Angriffe legen mussten. Es ging darum, Druck auf sie auszuüben und dem Pressing zu folgen, und alle mussten gemeinsam daran arbeiten, das Zentrum und die Abwehr dichtzumachen. Wenn wir das gut umsetzten, würden sich Benzema und Vinícius hoffentlich nicht allzu wohl fühlen. Was das Mittelfeldpressing anbelangte, so konzentrierten wir uns auf zwei Regeln: Nummer eins, derjenige, der dem Ball am nächsten ist, setzt den Trigger, Nummer zwei, die Position im Zentrum muss immer zurückgewonnen werden.

Jürgen, Pete, Vitor und ich waren uns vor der entscheidenden Mannschaftsbesprechung einig, welche Atmosphäre wir schaffen wollten. Nach der Besprechung meinte Vitor dann zu mir: „Dieses Meeting hat ein Kapitel in deinem Buch verdient!" Ich werde also versuchen wiederzugeben, wie es abgelaufen ist. Jürgen sagte: „Wenn man sich auf ein Spiel dieser Größenordnung vorbereitet, ist es wichtig, zunächst alles ins rechte Licht zu rücken. In den letzten fünf Jahren haben wir dreimal das Finale erreicht. Wir haben jetzt eine viel bessere Mannschaft als beim ersten Mal. Ich versichere euch, dass ihr keine Angst haben müsst, aber ihr braucht Selbstbewusstsein. Sie sind die Art von Mannschaft, die überrascht sein wird, wenn sie nicht gewinnt. Einige ihrer Jungs haben ein Selbstbewusstsein, das für drei reicht, aber wir haben Mittel, damit umzugehen. Wir sind die fairste Mannschaft Europas; in den letzten fünf Jahren haben wir diesen [Fairplay-]Preis viermal gewonnen – zweimal sogar auf europäischer Ebene. Was wir brauchen, ist regelkonforme Aggression, wobei wir durchaus bis an die Grenzen gehen dürfen. Aber zurück zu Real: Wenn man sie nicht jede Woche spielen sieht, könnte man meinen, dass Benzema bei jedem Angriff einen Treffer erzielt. Sie hätten in den letzten drei Runden eigentlich immer verlieren müssen. Aber sie sind noch da, und im Finale werden sie besser spielen. Ihr wisst, dass ich jeden Einzelnen in diesem Raum für einen guten, exzellenten Spieler halte – abgesehen von denen in den letzten beiden Reihen [gemeint ist der Trainerstab]. Gehen wir mal ein bisschen in der Zeit zurück: Wer von euch hätte vor zwei Jahren ein Angebot von Real angenommen? Wer hatte als Kind den Traum, für Real zu spielen? Nun, ich kann euch versichern, dass diejenigen, die jetzt fünf oder zwölf Jahre alt sind, davon träumen, zum FC Liverpool zu kommen. Wenn ihr gleich hier rausgeht und in den Spiegel schaut, seht ihr einen Weltklassespieler vor euch. Kein Zweifel: Wir sind bereit – das ist die Wahrheit. Was immer ich als Trainer von Madrid über diese Mannschaft sagen könnte, wäre eine Lüge. Die Frage angesichts des Finals lautet: Lassen wir uns von ihnen beeindrucken? Sie werden nicht aufhören zu kämpfen, aber sie haben auch noch nie gegen uns gespielt."

Noch am selben Tag erfuhren wir von einer interessanten Statistik. Einer Opta-Analyse zufolge hatten unsere Gegner in der Champions League durchschnittlich nur 6,8 Sekunden Zeit gehabt, um einen Spielzug auszuführen, weniger Zeit hatte keine andere Mannschaft ihren Gegnern in der Saison 2021/22 gelassen. Das muss uns erst mal einer nachmachen! Wir hatten unser Ziel in der Champions League, gegnerische Angriffe im Keim zu ersticken, erreicht. Jetzt mussten wir es nur noch einmal tun. Wir mussten noch ein weiteres Mal zeigen, wer wir sind.

Nach dem Taktiktraining übte ich Abschlüsse mit Mo, Luis, Bobby, Jota und Taki. Wenn man als Trainer nicht genau weiß, was man tun soll, ist Abschlusstraining immer eine gute Wahl. Damit lenkt man die gesamte Aufmerksamkeit der Spieler aufs Tor.

Freitags machten wir uns auf nach Frankreich, wo wir noch ein letztes kurzes Training im Stadion absolvierten. „Wenn ihr nur meine Aufregung messen könntet", meinte Jürgen zu den Jungs, als er mitten im Stade de France stand. Wir waren direkt vom Flughafen aus dorthin gefahren, um zu trainieren. Als wir danach ins Hotel kamen, schauten wir uns noch einmal alle unsere in der Saison 2021/22 geschossenen Tore an. Außerdem ein Video über den Weg, der uns nach Paris geführt hatte, sowie einen Zusammenschnitt mit etlichen verrückten Aktionen von Virgil van Dijk. Während wir uns Virgils Kunststücke ansahen, erklärte ich den anderen, dass er mich immer an diesen Spezialknopf erinnerte, den man in vielen Rennfilmen sieht: Die Höchstgeschwindigkeit ist bereits erreicht, das andere Auto überholt, aber man hat diesen speziellen Booster-Knopf, der einem noch einmal einen enormen Schub verleiht. Das ist Virgil für uns. Danach schauten wir uns noch das 1981 ebenfalls in Paris ausgetragene Europapokalfinale zwischen Liverpool und Real an.

Am nächsten Morgen gingen wir mit der Mannschaft auf einen Platz in der Nähe des Hotels, um Pässe und Elfmeter zu üben, und den ganzen Tag über bekamen wir über die sozialen Medien Bilder von unseren Fans zu sehen. Die Geschichte, die uns am meisten beeindruckte, war die von einer Gruppe von Fans, die ein Schnellboot gemietet hatte, um nach Frankreich zu gelangen, nachdem ihr Flug gestrichen worden war. Respekt. Was die Unterstützung unserer Mannschaft bei Endspielen angeht, verfügen wir über eine große Tradition, die Teil unserer Kultur ist. Die Reds eroberten Paris.

Und dann war es so weit: das letzte Spiel der Saison, die letzte Mannschaftsbesprechung der Saison, eine allerletzte Motivationsrede. „Weiß noch jemand, was ich vor dem Finale gegen Tottenham gesagt habe?“ Jürgen blickte um sich, aber niemand reagierte. „Nun, das zeigt, dass das nicht so wichtig ist. Die einzige Aufgabe, die ich in diesem Moment habe, ist, meine Überzeugung an euch weiterzugeben. Die wirklich wichtigen Gespräche finden während des Trainings statt und während der Videoanalyse. Ich muss euch nicht dazu anhalten, motiviert zu sein. Ihr seid motiviert. Jeden von uns treiben andere Dinge an: das Geld, die Familie, die Geschichte dieses Wettbewerbs, die Fans, die Tatsache, dass wir Geschichte schreiben können, Vergeltung. Wahrscheinlich ist es eine Mischung aus allem. Um zu wissen, was jeden Einzelnen antreibt, muss man wissen, woher jeder Einzelne kommt. Wo hat das alles angefangen? Wann genau seid ihr anders geworden als die anderen? Viele von uns wurden nicht vom ersten Tag an geliebt. Wir mussten Überzeugungsarbeit leisten. Aber jetzt gehören wir hierher. Ich werde euch sagen, woher wir gekommen sind: Am 28. Spieltag der letzten Saison standen wir auf dem achten Tabellenplatz. Was wir bis jetzt geschafft haben, kommt einem Wunder gleich. Und das haben wir auf die harte Tour erreicht. Mit Ali im Tor, unseren Mittelfeldspielern als Innenverteidigern und so weiter und so fort. Wir haben die Champions League erreicht und uns durch dieses Turnier gekämpft. Das ist es, was wir wissen müssen. Wer jetzt Druck verspürt, sollte sich daran erinnern, wie es sich anfühlte, als wir Villarreal geschlagen haben. Heute Abend wird es schwer werden. Die ‚Mentalitätsmonster' werden gegen die ‚Comeback-Könige' antreten. In der Fußballwelt sagt man, dass wir Favoriten sind. Das heißt, wir sind gut. Für uns bedeutet gut zu sein zweierlei: dass wir ohne den Ball wie eine rote Maschine über den Platz walzen und dass wir mit dem Ball sehr mutig sind. Der Platz ist groß, und auch das bedeutet für uns zweierlei: zum einen, dass wir viel laufen müssen, um Herausforderungen zu finden, zum anderen aber auch, dass wir Platz haben werden, um den ersten Pass nach vorne zu spielen."

Leider endete das letzte Finale der Saison mit einer Niederlage für Liverpool. Wir haben uns wirklich sehr bemüht, aber an diesem Abend lief es gegen uns. Der herausragendste Spieler der Partie war Courtois. Wir wussten, dass ein Keeper über den Ausgang eines Finals entscheiden kann; das hatte Ali in den letzten Jahren oft bewiesen. Real ist eine großartige Mannschaft. Die Spieler in ihrer Abwehrkette waren alle sehr schnell und das war tödlich für uns, und ihre Mittelfeldspieler wussten, wie man Finale gewinnt. Wenn Kroos ein guter Spieler ist, was ist dann Modrić? Das ist ein anderes Paar Schuhe, würde Vitor sagen. Wir haben gut gespielt, konnten Benzema und Vinícius Júnior immer wieder aufhalten, aber es reichte nicht, um den Pokal noch mal mit nach Liverpool zu nehmen.

In der Kabine herrschte nach dem Spiel Totenstille. Einige weinten, andere waren völlig frustriert, die meisten von uns waren einfach nur desillusioniert. „Diesmal war es anders als beim letzten Mal“, sagte Jürgen. „Ehrlich, vielleicht nicht für euch, aber für mich schon. Das ist jetzt keine leere Floskel, wenngleich ich weiß, dass ich diese Worte schon öfter benutzt habe, aber: Wir werden wiederkommen. Das verspreche ich euch. Ich weiß, dass ihr jetzt nicht stolz auf euch seid, aber mit der Zeit werdet ihr das sein. Danke an alle Mitarbeiter, an euch, und danke an unsere Familien, denn es war nicht leicht, das zu erreichen. Wir müssen heute Abend für sie da sein und wir müssen morgen für sie da sein. Sie haben uns verdient. Auch für sie war es wegen der Probleme beim Einlass heute nicht leicht, ins Stadion zu kommen. Wir haben letzte Woche die Meisterschaft verloren, wobei wir zehn Minuten lang sehr nah dran waren, und wir haben dieses Finale denkbar knapp verloren. Vergesst nicht, dass man durchaus von einer guten Saison sprechen kann, wenn man zwei Pokalwettbewerbe gewonnen hat. Es kann nicht sein, dass wir das hier aufgrund unseres vorangegangenen Erfolges selbst gering schätzen.“

Damit waren die Weichen für die kommende Saison gestellt. Wir waren stolz auf uns. Hoffentlich waren die Fans es auch. Wir sind durch ganz Europa gereist und haben in allen Städten, in denen wir gespielt haben, unsere Spuren hinterlassen: in Mailand, Lissabon, Porto, Madrid, Villarreal und Paris. In den kommenden Jahren werden sich die Menschen an uns erinnern, so viel ist sicher. Das Wichtigste aber ist, einmal ein Vermächtnis hinterlassen zu können, nicht nur gewonnene Titel, und für einen Niederländer bedeutet das sehr viel.

Nach dem Spiel veranstalteten wir eine Party in einem Lokal auf den Champs-Élysées. Unsere gesamten Familien waren mit dabei und, ja, es war eine tolle Party, eine richtige Liverpool-Party. Wir feierten alle gemeinsam. Es gab Drinks auf Eis und einen brillanten DJ. Es war etwas Besonderes, wenngleich ich mich ein paarmal gefragt habe, wie diese Feier wohl ausgesehen hätte, wenn wir das Spiel gewonnen hätten. Wenn man verliert, lernt man, das Gewinnen viel mehr zu schätzen, aber darüber sollte man besser nicht zu lange nachdenken. Mir wurde dabei bewusst, dass es im Leben um Bescheidenheit geht und dass unser Verein in diesem Moment wirklich eine Einheit war – und weiß, wie man eine Party schmeißt. Im Grunde genommen haben wir auf den Champs-Élysées die beiden Pokale gefeiert, die wir gewonnen haben. Ich habe mich erst um vier Uhr morgens verabschiedet. Und es war nicht leicht, meine Frau dazu zu überreden, mich zu begleiten, weil sie so viel Spaß hatte.

Erstaunlicherweise verspürte ich beim Aufwachen am Sonntagmorgen keine Enttäuschung, sondern Stolz. Das hatte ich nicht erwartet, denn so etwas war mir noch nie passiert. Auch erinnerte ich mich beim Aufwachen erst so richtig an die ganze Situation vor dem Spiel, daran, dass Thiago beim Warm-up nicht dabei gewesen war, und daran, dass Danny Stanway in die Kabine stürmte und mir erzählte, dass sich der Anpfiff wegen Problemen vor dem Stadion verzögern würde. Zu diesem Zeitpunkt waren weder er noch ich noch sonst irgendwer sich des Ausmaßes dieser Probleme bewusst.

Die UEFA hat uns übrigens nicht über die Verzögerung informiert. Wir erfuhren davon erst, als wir vom Aufwärmen zurückkamen. Könnt ihr euch das vor einem Champions-League-Finale vorstellen? Noch viel schlimmer war jedoch, wie schlecht unsere Fans behandelt wurden, die zum Stadion gekommen waren, um das Spiel zu sehen. Die Behörden, die UEFA und die

Polizei haben völlig versagt. Sie behandelten die Fußballfans wie Aufrührer. Wir konnten unseren Augen und Ohren nicht trauen, als wir später die Bilder, Videos und Berichte der Betroffenen sahen. Dazu zählten unter anderem auch meine eigenen Familienmitglieder, die mir sagten, dass sie geweint hatten, zunächst aus Angst draußen vor dem Stadion und später vor lauter Erleichterung, als sie es hineingeschafft hatten. Sie sagten mir, die Einzigen, die Ruhe bewahrt hätten, seien die Liverpool-Fans gewesen. Die UEFA, das muss ich leider sagen, hätte es besser machen müssen. Man darf bei einem europäischen Finale dieses Ausmaßes nicht von der Anzahl der Menschen überrascht sein, die zum Austragungsort kommen.

Als wir wieder in Liverpool waren, starteten wir gleich durch mit der Saisonabschlussparade, die uns durch die ganze Stadt führte. Was kann ich darüber sagen? Es war einfach wahnsinnig. Nachdem ich ein paar Bier getrunken hatte, gab ich hoch oben auf dem Bus ein Interview. „Das, was wir heute sehen, ist die Liverpooler Seele. Die Menschen sind stolz. Und das ist wertvoller, als zu gewinnen. Wenn die Menschen stolz auf dich sind, obwohl du verloren hast, hast du etwas ganz Besonderes erreicht." Die 15 Minuten, die wir The Strand entlangfuhren, gehören zu den drei besten Momenten meines Lebens. Ich sagte zu Luis: „Kannst du dir vorstellen, wie es wäre, wenn wir gewonnen hätten?" Und dass Calvin Harris als echter Liverpool-Fan dabei war, machte die Busfahrt umso großartiger. Mein aufrichtiger, tief empfundener Dank geht an jeden Einzelnen, der zu dieser Parade kam, um uns zu empfangen. Ich kann gar nicht in Worte fassen, was das für uns bedeutet hat und was ihr damit für uns getan habt.

Als wir zurück nach Anfield fuhren, sangen alle den Virgil-Song – und dann den Bobby-Song. Und als Nächstes kam der Origi-Song an die Reihe und alle drehten durch. Ich hatte inzwischen definitiv zu viel getrunken. Und dann war's das. Die Saison 2021/22 war zu Ende und der Urlaub konnte beginnen. Es war ein Marathon gewesen, wie schon in den vorangegangenen Spielzeiten. Für Mannschaften wie wir, die auch bei den europäischen Wettbewerben so gut dabei waren, war es wohl sogar eher so etwas wie ein Ironman gewesen.

Zu guter Letzt möchte ich meinen Dank aussprechen. Danke dir, Jürgen, dafür, dass du bist, wie du bist. Du bist nicht nur der weltbeste Fußballtrainer, sondern auch kein schlechter Mensch! Du bist derjenige, der mir alles gegeben hat. Vitor, dir danke ich für deinen Beitrag. Du bist der loyalste Trainer, den ich in meinem Leben kennengelernt habe. Danke auch an Pete, der mir den Fußball auf einfache Weise erklärt hat. Danke an John, Jack und Taffa dafür, dass sie den besten Torwart der Welt zu so einem verlässlichen Rückhalt gemacht haben – und danke für all die Albernheiten. Außerdem danke ich Korny, der unsere Spieler so widerstandsfähig macht. Und natürlich danke ich euch dafür, dass ihr dieses Buch gelesen habt. Es war mir eine Ehre, euch auf unserem Weg mitzunehmen, und auch wenn es sehr anstrengend und eine ganz eigene intensive Erfahrung war, war es ein Privileg, über diese Mannschaft, diesen Verein und unsere unglaublichen Fans zu schreiben. Wenn ihr eine Sache aus diesem Buch mitnehmen möchtet, dann lasst es die folgende sein. Fragt euch im Zweifelsfall öfter: Was würde Hendo tun?

Und Jungs, vergesst nie, nur die besten Mannschaften stehen im Finale.

Danksagung

Die Durchführung dieses Projektes wäre nicht möglich gewesen ohne die Hilfe, die Unterstützung, die Anleitung, das Know-how und den Beitrag unzähliger anderer Personen abgesehen von mir und Pep, denen wir alle unglaublich dankbar sind.

Zunächst möchte ich Jürgen von ganzem Herzen dafür danken, dass er an die Idee geglaubt und uns bei ihrer Realisierung unterstützt hat. Die Kultur, die du beim FC Liverpool geschaffen hast, macht so etwas überhaupt erst möglich. Ich betrachte es keine Sekunde lang als selbstverständlich, was du für mich getan hast, seit du zum Verein gekommen bist.

Des Weiteren danke ich den fantastischen Spielern und den Mitarbeitern des AXA-Trainingszentrums, die die Arbeit für den Verein zu einer so angenehmen Erfahrung machen, sowohl auf dem Spielfeld als auch jenseits davon. Der Verein kann sich glücklich schätzen, so wunderbare, herzliche Menschen in seinen Reihen zu haben.

Billy Hogan danke ich dafür, dass er uns grünes Licht für dieses Projekt gegeben und uns beständig bei allem unterstützt hat.

Mein Dank gilt auch meinen inzwischen zu Freunden gewordenen Kollegen in der Medienabteilung des Vereins. Es ist ein Privileg, von überall auf der Welt die Höhen und Tiefen und alles, was dazwischenliegt, mit euch zu teilen. Mit euch ist es nie langweilig. Danke, dass ihr es mit mir aushaltet und mich zum Lachen bringt. Das Gleiche gilt für die vielen anderen Menschen, die den Klub zu einem wunderbaren Arbeitsplatz machen.

Paul Hepworth, Steve Hanrahan, Paul Dove, Dave Cottrell und Mike Jäggle danke ich für ihre wertvollen Ratschläge, ihr Fachwissen und ihre Hilfe bei dem Projekt. Es war mir ein Vergnügen, mit euch zu arbeiten.

Auch Matt McCann, Chris Shaw, Joe Questier und Tony Barrett bin ich zu Dank verpflichtet. Ohne euch würde niemand das Buch in Händen halten können. Ich stehe tief in eurer Schuld – nicht nur wegen dieses Projektes, sondern auch wegen allem anderen. Ich weiß nicht, wie ich euch das zurückzahlen kann, aber ich werde es versuchen.

Paul und Lorna danke ich ebenfalls für alles, was ihr getan habt, und dafür, dass ihr mich motiviert habt, als ich es am meisten brauchte.

Meiner Mutter und meinem Vater danke ich für ihre bedingungslose Liebe, ihre Fürsorge, ihre Unterstützung und ihren Zuspruch, womit sie mir meine berufliche Laufbahn überhaupt erst ermöglicht haben. Ohne euch bin ich nichts, und ich bin dankbar für alles, was ihr für mich getan habt.

Zu guter Letzt gilt mein Dank natürlich Pep. Dein Engagement und dein Enthusiasmus für dieses Projekt – und für eigentlich alles – sind ansteckend. Du bist der Inbegriff eines Menschen, der den Fußball lebt und atmet, und ich habe von dir so viel über so viele Dinge gelernt. Danke, dass du mir das Vertrauen geschenkt hast, dir dabei zu helfen, diese Geschichte zu erzählen. Es war mir eine Ehre, dir zur Hand zu gehen.

James Carroll